MONGOLIE

ET

PAYS DES TANGOUTES

7832 79 Corbeil. Typ. et stér. Crété

PRJÉVALSKI.

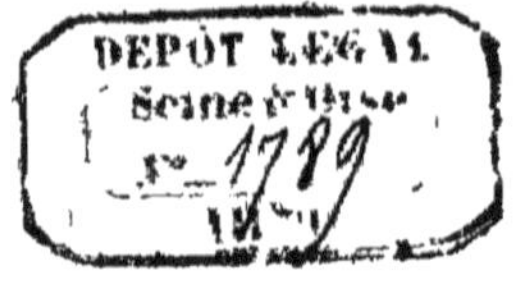

N. PRJÉVALSKI

MONGOLIE

ET

PAYS DES TANGOUTES

OUVRAGE

TRADUIT DU RUSSE AVEC L'AUTORISATION DE L'AUTEUR

Par G. DU LAURENS

MEMBRE DE LA SOCIÉTÉ DE GÉOGRAPHIE DE PARIS

PRÉCÉDÉ

D'UNE PRÉFACE DE M. E. DELMAR-MORGAN ET D'UNE INTRODUCTION DU COL^el YULE

TRADUITES DE L'ANGLAIS AVEC L'AUTORISATION DES AUTEURS

PAR J. BELIN DE LAUNAY

ET CONTENANT :

42 GRAVURES SUR BOIS ET 4 CARTES

PARIS
LIBRAIRIE HACHETTE ET Cie
79, BOULEVARD SAINT-GERMAIN, 79

1880

AVIS DES ÉDITEURS

La traduction française de l'ouvrage que nous publions a été, comme ses devancières en Angleterre et en Allemagne, faite sur l'original russe.

Il nous a semblé utile cependant de mettre en tête de celle-ci, avec l'autorisation des personnes intéressées, les reproductions de la *préface* du traducteur anglais, pour les renseignements qu'elle contient, et des *observations préliminaires* écrites par le colonel Yule, à cause de leur importance et des clartés qu'elles répandent sur le voyage du colonel Prjévalski.

PRÉFACE DU TRADUCTEUR ANGLAIS

En l'hiver de 1873-74, j'assistais à une réunion de la Société russe de Géographie, où le colonel Prjévalski, récemment rentré de ses voyages, rendait compte des aventures qu'il avait rencontrées et des épreuves qu'il avait subies dans le centre de l'Asie.

Je lui étais connu personnellement et, en apprenant qu'il désirait trouver un éditeur pour une version anglaise de son travail, j'eus l'idée de m'offrir pour mettre les lecteurs anglais à même de se rendre compte des explorations que font les Russes dans des contrées sur lesquelles l'attention se porte chaque jour davantage. La tâche aurait été malaisée si je n'avais pas réussi à m'assurer du concours inappréciable du colonel H. Yule, qui, du commencement à la fin, m'a aidé de ses conseils et de ses corrections.....

La plupart des illustrations contenues dans ce livre sont dues à M. le baron Pr. Osten Sacken, ancien président de la section physique de la Société impériale de Géographie, et dont la réputation de géographe, d'explorateur et de botaniste est bien établie en Europe. C'est lui notamment qui a fourni les figures de l'*ovis Poli* (argali à poitrine blanche) et du *gyps nivicola* (gypaëte), d'après son exemplaire du livre de Severtsoff sur la *Faune du Turkestan*. Parmi les autres gravures, nous devons celle de la rhubarbe au professeur Maximovitch, des jardins botaniques de Saint-Pétersbourg; trois reproduisent des photographies de M. J. Thomson, dont les splendides albums concernant la Chine et ses populations méritent l'admiration, et le reste a été emprunté à la publication française le *Tour du monde*.

Il me reste à donner quelques détails sur l'auteur du voyage.

Le lieutenant-colonel Prjévalski est né dans le gouvernement de Smolensk de parents appartenant à la classe des propriétaires terriens. Ses études ont été faites au gymnase ou à l'école publique de Smolensk, et terminées à l'académie du corps d'État-major. Il avait de bonne heure montré beaucoup de goût pour les sciences naturelles, et c'est afin de suivre ce penchant qu'il demanda et obtint la permission de prendre du service dans la Sibérie orientale. Il se rendit à son poste en 1867 et y resta deux années, dont tout le temps que les devoirs de sa fonction laissaient disponible fut employé par lui à chasser et à faire une collection d'objets d'histoire naturelle. De retour à Saint-Pétersbourg en 1869, il publia ses *Notes sur l'Oussouri*, qui contiennent une foule d'utiles renseignements sur les limites de la Russie en Asie. Peu après cette publication, en 1870, le lieutenant-colonel Prjévalski s'occupa d'une nouvelle expédition plus considérable, à laquelle ses tournées et ses études antérieures pouvaient lui servir de préparation. Dans cette entreprise ardue, il eut la compagnie et l'assistance du lieutenant de Piltzoff. Enfin je viens d'apprendre, par une lettre que j'ai reçue de lui, qu'il se prépare à un troisième voyage, avec l'espoir cette fois de pénétrer jusqu'au Lob-Nor, et peut-être jusqu'au Thibet.

E. Delmar MORGAN.

Londres, 1er janvier 1876.

OBSERVATIONS PRÉLIMINAIRES

PAR LE COLONEL H. YULE.

Durant les dix dernières années, l'exploration de la haute Asie, qui, au moins de notre part, avait langui longtemps, s'est ranimée et a fait de grands progrès. L'attaque des frontières de l'*inconnu* a même marché si rapidement que, dans l'avenir, lorsqu'un historien des découvertes géographiques l'examinera, on peut croire que le rétrécissement de ces limites à notre époque lui semblera comparable à la rapide évaporation de la buée que l'haleine a déposée sur une plaque d'acier poli.

A peine y a-t-il une douzaine d'années que nos cartographes, pour placer les positions les plus importantes du Turkestan chinois, étaient obligés de recourir aux observations faites par les Jésuites au dix-huitième siècle et même, quand l'ouvrage de MM. Michell, *Les Russes dans l'Asie centrale*, publia en appendice une transcription nouvelle et corrigée de ces données anciennes, on la considéra presque comme un événement géographique. Les savants, désireux d'augmenter ou d'asseoir sur des bases solides la géographie du bassin central, qui s'étend de l'Himalaya aux monts Thian-Chan, se remettaient à l'étude pénible des notices que contenaient incidemment les extraits fragmentaires ou les traductions des écrivains du moyen âge persan, ainsi que les détails donnés par les livres chinois de géographie, non seulement difficiles à comprendre la plupart du temps, mais qui, souvent aussi, ne sont, comme les tables de Ptolémée, que la description écrite de cartes dessinées sans exactitude ni fidélité. En fait, depuis Samarcand à l'est jusqu'au chemin suivi par les caravanes qui vont de Kiakta, sur la frontière russe, aux portes de la grande muraille, près de Kalgan, pour un espace d'environ quarante-cinq degrés de longitude, on n'avait à consulter aucune source d'étude ou de critique, si ce n'est celles que nous venons d'indiquer. La seule incursion scientifique faite sur cet immense territoire, et cela, si intéressante qu'elle fût, dans un espace fort restreint, ç'avait été la tournée faite, dans l'hiver de 1838, jusqu'au grand Pâmir par le lieutenant John Wood de la marine anglaise. Il est vrai que les Russes poussaient, d'une façon lente mais sûre, leurs explorations et leurs relèvements topographiques, avançant ainsi la connaissance exacte du nord ; mais leurs études étaient bornées par les limites de leurs possessions, toutes vastes qu'elles sont, et ne touchaient au Thian-Chan que vers l'extrémité occidentale de cette région montueuse.

Quant aux Anglais, l'exploration, dans un sens étendu, des pays qui dépassaient les frontières de l'Inde avait à peu près cessé après le désastre de Caboul, c'est-à-dire depuis le mois de novembre 1841. Je ne puis à cette affirmation me rappeler que deux exceptions de quelque importance : la pointe poussée par le savant botaniste, le Dr T. Thomson, jusqu'au col de Karakoroum, et le voyage fait en 1846 par son collègue le capitaine Henry Strachey, de l'armée du

Bengale, à travers l'angle occidental du Thibet propre, entre Ladagh et Koumaon. Mais, de même que les Russes, nos ingénieurs de leur côté avaient par degrés étudié le terrain jusqu'aux limites des États possédés alors par notre feudataire le maharaja de Jamou et Kachemir, et jusqu'à celles des petites provinces thibétaines que baigne le Soutledje et qui nous revinrent à la fin de la guerre du Pendjab comme ayant appartenu aux Seiks. Ainsi, des deux parts, on s'était procuré une base certaine pour des excursions ultérieures dans la *terra incognita* de l'Asie.

Du reste cette terre inconnue ne l'était pas dans le sens que l'était le centre de l'Afrique méridionale avant le premier voyage de David Livingstone. Les documents anciens, comme ceux que nous avons indiqués plus haut, donnaient, après tout, une idée générale de ce que la région contenait. Mais les Jésuites eux-mêmes, qui en avaient fait les cartes, n'en avaient laissé, que nous sachions, aucune description écrite. Pour le Thibet, en particulier, la connaissance que nous possédions de la latitude où se trouvait sa capitale, le « sanctuaire éternel », le Vatican et la cité sainte de la moitié de l'Asie, avait si peu de certitude qu'elle flottait dans l'espace de près d'un degré.

La première incursion mémorable faite dans le pays dont il est question fut le voyage des pères Huc et Gabet en 1845-46.

Les derniers écrits du P. Huc, morceaux d'une facture prétentieuse et infidèle, ont fait du tort à sa première narration. Plusieurs des propres compatriotes du missionnaire ont été presque portés à considérer ce récit comme une œuvre d'imagination ; et même j'ai reçu de Russie des informations où l'on prétendait que le P. Huc était convenu d'avoir inventé le rôle qu'il joue dans le voyage, parce qu'il avait reçu, disait-on, de Gabet, près d'expirer, « à bord d'un bateau sur la rivière de Canton, » ou qu'il avait volé dans ses bagages, après que son compagnon fut mort, les vrais journaux sur lesquels sont fondés ses populaires *Souvenirs d'un voyage à Lhassa*. Ces informations sont de vrais contes, ainsi qu'on le verra d'après les faits que nous allons récapituler. Je me confesse pourtant d'avoir, en jugeant d'après le fatras des derniers écrits du P. Huc, cru longtemps que Gabet avait été le principal auteur des *Souvenirs d'un voyage dans la Tartarie, le Thibet et la Chine*. J'avais même été confirmé dans cette pensée par une conversation dont m'avait honoré le regrettable M. Jules Mohl lors de son dernier voyage en Angleterre [1]. Maintenant je suis tout à fait convaincu que la mémoire de ce savant l'avait trompé.

En effet, sir John Davies assure que M. A. Johnston, qu'il avait pour secrétaire en sa qualité de plénipotentiaire en Chine, rencontra vers la fin de 1846, et en allant de Hongkong à Ceylan, le père Joseph Gabet qui, retournant en France, faisait le passage avec lui. M. Johnston recueillit de son compagnon de traversée beaucoup de détails sur son voyage et les trouva assez curieux, assez intéressants, pour en rédiger les morceaux principaux; il en composa un manuscrit qu'il remit à son chef et que sir John fit tenir à lord Palmerston. « On n'en entendit plus parler, ajoute sir John Davies, jusqu'à la publication des deux volumes de M. Huc », c'est-à-dire jusqu'en 1851. Il y a là cependant une erreur, ainsi que me l'ont démontré des recherches, que j'ai faites avec tout le soin qu'a pu me

1. M. Mohl m'avait raconté que, faisant, vers l'époque de la publication du livre du P. Huc, une visite à l'un des vicaires apostoliques des missions orientales (à Mgr Pallegoix, de Siam, [si je ne me trompe), il avait vu sur sa table le nouveau livre du missionnaire, et que l'évêque s'en était excusé, en disant qu'il aurait dû le laisser dans sa chambre à coucher, attendu qu'il trouvait peu convenable qu'un évêque fût surpris occupé à lire des romans.

permettre le peu de temps dont je dispose, dans la collection des *Annales de la Propagation de la Foi.*

La première mention que ce recueil m'ait fournie concernant le voyage en question est au vol. XIX, p. 265 et suiv. (1847). On y trouve, après quelques lignes d'introduction relatives à l'origine de la mission de Mongolie, une lettre de l'abbé Huc à l'abbé Étienne, supérieur général de la congrégation des Missions, en date de Macao, le 20 décembre 1846. Elle donne un résumé du voyage jusqu'à l'arrivée à Lhassa, le 29 janvier 1846 [1].

Un autre travail se rapportant au même sujet et publié aussi dans ce volume est une notice sur la prière bouddhique et a pour auteur M. Gabet « qui vient de rentrer pour quelques mois en France. »

Le vol. XX contient, p. 5, une lettre que Gabet a écrite en juin 1842, de Tarlané, à M. Étienne. Elle s'était égarée, ce qui explique qu'elle ne soit publiée qu'en 1848. On y lit la description d'un voyage au pays de Souniut et au Grand-Kouren, c'est-à-dire à Ourga. Sur elle sont fondés les passages des *Souvenirs* qui se rapportent à ce sujet.

Dans le même volume, on trouve, p. 118, l'extrait d'un rapport écrit par Gabet, pour continuer, jusqu'à la sortie du Thibet, la narration commencée par Huc dans la lettre publiée au tome XIX. Il est d'un style lourd, manquant de netteté et qui contraste fort avec la vivacité de celui de son compagnon. A la page 223, Gabet donne un récit plus

1. Parmi d'autres passages, en voici un qui est, à n'en pas douter, dans le style des *Souvenirs* : « Tolon-Noor est comme une monstrueuse pompe pneumatique à faire le vide dans les bourses mongoles. » Lorsqu'il dit que le nom de Djao-Naiman-Soumé, porté par la ville de Tolon-Noor sur les cartes, depuis d'Anville, est « également inconnu et incompris des Tartares et des Chinois, » son affirmation a bien le cachet de l'habile mais prétentieux abbé. Il croit savoir la langue mongole et pourtant il ne peut pas expliquer le sens de ce nom qui, à vrai dire, s'applique moins à Tolon-Noor qu'à l'emplacement du palais d'été de Kublai, à Changtou, qui est situé à 26 milles (42 kilom.) au nord de la ville. *Djao-Naiman-Soumé* signifie les *Cent huit temples.*

détaillé de leur séjour à Lhassa. On y remarque qu'il ne dit pas un mot de la conduite fanfaronne que les *Souvenirs* prêtent aux deux missionnaires envers les mandarins. Les volumes XXI (1849) et XXII (1850), contiennent encore des lettres et des extraits dus au P. Huc ; mais cette série cesse là d'être publiée. Les *Souvenirs* ont paru en 1851 (ou 1852 d'après le *Dictionnaire des contemporains*).

Gabet, à ce qu'il paraît, avait déjà été envoyé au Brésil, où il est mort [1]. Je ne doute pas du tout que les *Souvenirs* ne soient l'œuvre propre du P. Huc, fondée sur les papiers dont les deux missionnaires ont publié des extraits dans les *Annales*. Je doute au contraire que le P. Huc ait recouru à l'assistance de quelqu'un des hommes de lettres de Paris : ses écrits authentiques prouvent qu'il n'en avait réellement aucun besoin.

Le colonel Prjévalski taxe à plusieurs reprises d'inexactitude les détails donnés par Huc ; nous en reparlerons tout à l'heure. Même dans une des lettres qu'il a envoyées en Russie pendant son voyage, il a l'air de mettre en doute la véracité du récit [2]. Suivant toute probabilité, il est revenu

1. Huc ne mentionne ce fait que d'une façon vague et sans en indiquer la date, mais dans la préface de son second ouvrage: *l'Empire Chinois*, laquelle est datée de *Mai* 1854.

2. « Dans le Koukou-Nor et dans le Dzaïdam, écrivait Prjévalski, on se rappelle parfaitement la grande caravane dont Huc prétend avoir fait partie, et j'ai été un peu surpris que personne n'ait gardé le moindre souvenir des étrangers qu'elle comptait dans ses rangs. Huc affirme de plus qu'il a passé huit mois à Goumboum (Il écrit *Kounboum;* mais ce devrait être *Kou-Boum*, comme on le verra plus bas) ; et cependant j'ai vu beaucoup de lamas qui avaient habité ce temple depuis trente ou quarante ans, mais tous m'ont donné l'assurance solennelle qu'il n'y avait jamais eu d'étranger parmi eux. D'autre part, cependant, à Ninghia et dans l'Ala-Chan, on se souvenait parfaitement de la présence de deux Français, vingt-cinq ans auparavant » (*Proced. of R. G. S.*, XVIII, 88). A ce sujet, il serait bon de ne pas perdre de vue que, les pères Huc et Gabet étant déguisés en lamas, leur véritable état devait être généralement ignoré.

D'un autre côté, Prjévalski lui-même a, dans le village d'El-Chi-San-Fou, où existe une des missions catholiques romaines en Mongolie, rencontré Samdadchiemba, le serviteur de Huc et de Gabet, que se rappellent les lecteurs des *Souvenirs* aussi bien qu'ils ont présents à la mémoire les noms de Sam Weller ou à d'autres sentiments, puisqu'il ne reproduit pas dans son livre l'expression de ses doutes. A vrai dire, le récit même du colonel Prjévalski suffit merveilleusement à réfuter les suppositions de ce genre. En effet, les descriptions de l'habile prêtre français et du soldat russe, autant du moins qu'ils ont suivi les mêmes chemins, ont une concordance admirable. Néanmoins elles diffèrent en quelque chose. Les descriptions faites par Prjévalski sont des photographies, réelles dans leur exactitude, mais montrant peu d'art quant aux effets de lumière ou au choix du point de vue ; celles de Huc au contraire sont l'œuvre d'un artiste, d'un artiste qui peut trop viser à l'effet, mais qui n'en peint pas moins d'après nature. Huc est un véritable artiste. Si peu scientifique que soit son œuvre, je n'en ai que plus apprécié tous les charmes après avoir lu les récits de Prjévalski, et cela se comprend, parce que, en mettant à part la bravacherie vraisemblablement imaginaire de la conduite du missionnaire à l'égard des fonctionnaires chinois, je demeurais convaincu, après la lecture du voyage du colonel Prjévalski, que les tableaux de M. Huc, en dépit de leurs agréments, ont leur fidélité. Il est vrai que les générations qui se sont formées depuis 1851 ont eu tant de choses à lire qu'elles ont bien pu manquer de temps pour parcourir son livre ; mais enfin quel est celui qui a pu, après l'avoir lue, oublier l'inimitable description des yaks de la caravane chancelant sous le poids des glaçons qui pendent aux longs poils de leurs flancs, après avoir passé les eaux glaciales du Boukhaïn-

de Sancho Pança. « C'est, dit-il, un métis de Mongol et de Tangoute, âgé de « cinquante-cinq ans et qui jouit d'une excellente santé. Il nous a raconté plu- « sieurs de ses aventures et décrit les différents endroits que traverse la route. » Ce passage ne donne aucunement à entendre que les récits de Samdadchiemba ne fussent pas d'accord avec ceux de Huc. Nous ajouterons que M. Ney Elias a également connu Samdadchiemba. — V. notre page 80.

Gol [1], ou celle d'une bande de yaks sauvages qui, voulant traverser à la nage les eaux du puissant Yang-Tseu-Kiang vers leurs sources, avaient été saisis par la glace et y étaient restés pris et gelés, tout le troupeau [2]?

Voici le résumé des inexactitudes dont les récits de l'abbé Huc sont accusés par Prjévalski :

1° Le missionnaire a décrit le passage à gué du Boukhaïn-Gol, affluent du Koukou-Nor, du côté de l'ouest, comme offrant beaucoup de difficultés, parce que la rivière y est divisée en douze bras ; cependant elle n'a qu'un seul lit à l'endroit que traverse la route de Lhassa et ce lit n'a pas plus de trente-deux mètres de large sur soixante centimètres à peine de profondeur (V. notre page 230 et Huc, t. II, p. 200) ;

2° Il a entièrement omis d'indiquer la haute chaîne située au sud du Koukou-Nor ;

3° Il a dépeint le Dzaïdam comme un steppe aride, tan-

1. M. Yule écrit *Pouhain-Gol*; mais on comprendra aisément que nous avons dû adopter ici pour tous les noms de lieu l'orthographe de M. Prjévalski. Voici le passage auquel fait allusion M. Yule : « Les bœufs à longs poils étaient des véritables caricatures ; impossible de se figurer rien de plus drôle ; ils marchaient les jambes écartées et portaient péniblement un énorme système de stalactites qui leur pendaient sous le ventre jusqu'à terre. Ces pauvres bêtes étaient si informes et tellement recouvertes de glaçons *qu'il semblait qu'on les eût mis confire dans du sucre candi.* » (T. II, p. 201).

2. « Au moment où nous passâmes le Mouroui Oussou sur la glace, un spectacle assez bizarre s'offrit à nos yeux. Déjà nous avions remarqué de loin, pendant que nous étions au campement, des objets informes et noirâtres, rangés en file en travers de ce grand fleuve. Nous avions beau nous rapprocher de ces îlots fantastiques, leur forme ne se dessinait pas d'une manière plus nette et plus claire. Ce fut seulement quand nous fûmes tout près, que nous pûmes reconnaître plus de trente bœufs sauvages incrustés dans la glace. Ils avaient voulu, sans doute, traverser le fleuve à la nage, au moment de la concrétion des eaux, et ils s'étaient trouvés pris par les glaçons, sans avoir la force de s'en débarrasser et de continuer leur route. Leur belle tête, surmontée de grandes cornes, était encore à découvert ; mais le reste du corps était pris dans la glace, qui était si transparente qu'on pouvait facilement distinguer la position de ces imprudentes bêtes ; on eût dit qu'elles étaient encore à nager. Les aigles et les corbeaux leur avaient arraché les yeux. » (T. II, p. 219).

dis que ce pays est mouillé par un marais salé et que de grands roseaux le couvrent;

4° Il a omis de mentionner la rivière Dzaïdam, bien qu'elle soit vingt-deux fois aussi large que le Boukhaïn-Gol;

5° Ce qu'il dit des gaz à la traversée du Bourkhan-Boud-dha est fort douteux suivant le colonel Prjévalski;

6° Il a représenté la chaîne de Chouga comme très escarpée, tandis qu'elle a des versants faibles et propres à recevoir les rails d'un chemin de fer;

7° La chaîne de Baïan-Khara-Oula, sur laquelle Huc « fait des récits merveilleux », n'est qu'une série d'élévations peu sensibles, dont la hauteur ne dépasse point trois cents mètres au-dessus des plaines qui s'étendent au nord, et qui n'ont de raideur que du côté du Mour-Oussou. « Il n'y a point de passage (probablement de col à traverser) et la route suit un affluent du Mour-Oussou. »

8° Il ne parle de franchir le Mour-Oussou (c'est-à-dire le Yang-Tseu-Kiang supérieur) qu'après le passage de la Baïan-Khara-Oula; cependant la route de Lhassa longe les rives du Mour-Oussou jusqu'aux sources de ce fleuve dans le massif des Tan-La, sur une distance d'environ trois cent vingt kilomètres[1].

Eh bien! les numéros 4 et 6 sont des erreurs du colonel Prjévalski, ainsi que l'avait déjà signalé M. Ney Elias. En fait, Huc a nommé la rivière Dzaïdam, et il ne représente pas la chaîne de Chouga comme très escarpée. « Le mont Chuga, dit-il, était peu escarpé du côté que nous

1. Les allégations ci-dessus se rapportent probablement, pour les n°s 2, 3 et 4 à la note qui termine la page 238 de cette édition; pour les n°s 5 et 6, à notre page 246; le n° 7, à la page 282, et le n° 8, à la page 285. Mais il est facile de remarquer qu'on ne les y retrouve pas toujours sans des modifications qui n'ont pas d'ailleurs beaucoup d'importance. (*Trad.*)

gravissions. » (T. II, p. 213.) La difficulté de la traversée fut causée par un vent violent et glacial, et par des couches épaisses de neige, où il fallut poser péniblement la tente et creuser pour trouver de l'*argal* afin de faire le feu.

Quant au n° 7, j'ai eu beau chercher; je n'ai pas vu qu'à ce sujet Huc ait conté des choses merveilleuses. Il y parle, sans doute, des frayeurs qu'inspiraient les avalanches, par quoi il entend probablement les dangers que pouvaient faire redouter les neiges amassées. Lors de son passage, effectivement, les neiges étaient profondes et, dans des circonstances semblables, on conçoit aisément que le thalweg d'un ravin ne lui ait pas paru un chemin plein de sécurité.

Dans le n° 8, je ne vois rien qui montre l'impossibilité pour Huc de suivre la grande rivière après l'avoir traversée. D'ailleurs, suivant son compatriote Palladius, Prjévalski n'a pas eu tout à fait raison d'affirmer que la route en question suit le Mour-Oussou jusqu'à sa source, et, après tout, du point où on le passe, il n'y a pas qu'une route qui mène à Lhassa, il y en a trois[1].

Pour les n°s 1 et 2, on trouve fort probable que le P. Huc ait fait sa rédaction de mémoire en la fondant sur des notes prises au jour le jour; or peu des personnes qui ont l'expérience d'un pareil travail nieront qu'il y est trop aisé d'attribuer par le souvenir les caractères d'un objet à un autre. Pourquoi ce cas ne serait-il pas celui du missionnaire confondant le Boukhaïn-Gol avec la rivière Dzaïdam? D'ailleurs, qui pourrait affirmer qu'il n'existe pas là de routes plus ou moins divergentes l'une de l'autre, ou plus ou moins parallèles, qui soient adoptées sui-

1. Je prends ces renseignements dans un itinéraire de la Chine publié en russe par le père Palladius, et obligeamment traduit à mon usage par M. Morgan.

vant les circonstances[1]? En un mot, les critiques du colonel Prjévalski ont l'air de trop se rapprocher de celles d'un compatriote de l'abbé Huc, qui disait : « Je ne crois pas aux tigres, moi, parce que je n'en ai pas vu. »

Quant aux gaz du n° 5, qu'on rencontre suivant Huc en traversant le Bourkhan-Bouddha, cette opinion est trop absurde pour qu'on puisse y fonder une accusation de mauvaise foi, c'est tout simplement une preuve qu'avec tout son mérite Huc ignorait la physique. Le passage, à ce point de vue, est trop curieux pour que nous ne le répétions pas ici : « Au pied de la chaîne, dit-il, la caravane s'arrêta un instant, comme pour consulter ses forces ; on mesurait de l'œil les sentiers abruptes et escarpés de cette haute montagne ; on se montrait avec anxiété un gaz subtil et léger, qu'on nommait vapeur pestilentielle, et tout le monde paraissait abattu et découragé. Après avoir pris les mesures hygiéniques enseignées par la tradition, et qui consistent à croquer deux ou trois gousses d'ail, on commence enfin à grimper sur les flancs de la montagne. Bientôt les chevaux se refusent à porter leurs cavaliers et chacun avance à pied et à petits pas ; insensiblement tous les visages blémissent, on sent le cœur s'affadir, et les jambes ne peuvent plus fonctionner ; on se couche par terre, puis on se relève pour faire encore quelques pas ; on se couche de nouveau, et c'est de cette façon déplorable qu'on gravit ce fameux Bourhan-Bota. » (2ᵉ éd., t. II, p. 210).

Toute cette description des effets que peut produire la raréfaction de l'air sur une personne qui se livre à un exercice physique est vigoureuse. L'expression les *vapeurs*

1. Après avoir quitté les rives du Koukou-Nor, Huc a marché durant six journées vers l'ouest, en n'inclinant que fort peu au sud, avant d'atteindre le Boukhaïn-Gol ; cela indique qu'il a passé à un endroit autre que celui qu'a franchi le colonel Prjévalski, « tout près du lac. »

pestilentielles est la traduction du mot *bich-ka-awa*, « air de poison », par lequel on désigne du côté de l'Inde les effets de la diminution considérable de la pression atmosphérique. Les gousses d'ail elles-mêmes que mentionne Huc sont l'antidote dont se servaient les anciens Asiatiques dans les circonstances indiquées. Benedict Goës, dans sa description du passage du Pâmir, parle de l'usage de l'ail, du poireau et des fruits secs comme « d'un antidote contre le froid », qui était tel que les animaux pouvaient à peine respirer. Faiz Bakhch et le Mirza mentionnent tous deux l'usage des fruits secs, et M. Matthew Arnold, dans son poème de *Sohrab and Rustum,* parle, sur l'autorité d'Alex. Burnes, de « pèlerins venant de Caboul et qui, en passant le Caucase indien, réussissent à peine à humecter leurs gorges enflammées en avalant des mûres sucrées. »

Sans doute, Huc ne sait pas ce qu'il dit lorsqu'il indique sur ces hauteurs « la présence du gaz acide carbonique qui est, comme chacun sait, plus pesant que l'air atmosphérique » et qui s'oppose à ce qu'un feu s'allume. Marco Polo mentionne aussi le dernier de ces faits; mais, vu qu'il n'est pas de l'époque scientifique, c'est en l'attribuant à la grandeur du froid[1].

Dans un itinéraire chinois à travers le Tangoute et le Thibet, que j'ai déjà cité, je trouve l'explication de l'étrange façon dont M. Huc s'est exprimé. Pour un grand

1. Un autre antidote, qu'on employait au moyen âge contre les effets de la diminution de la pression atmosphérique à de grandes hauteurs, paraît avoir été d'appliquer une éponge mouillée sur la bouche. Sir John Mandeville en parle au sujet du mont Athos; ainsi qu'un de ses contemporains, Jean de Marignolli, à l'occasion d'une haute montagne de *Saba*, ce qui signifie probablement *Java*. La justesse de ses expressions est remarquable : « A partir du milieu de la montagne jusqu'au sommet, écrit-il, l'air est, dit-on, si rare et si pur qu'on ne peut pas, ou du moins que bien peu de personnes peuvent le surmonter, si ce n'est en tenant sur la bouche une éponge imbibée d'eau. » Les docteurs Henderson et Bellew, en traversant le haut plateau de Kachgar, ont employé avec succès pour adoucir leurs souffrances le chlorate de potasse.

nombre de stations sur les deux rives du Mour-Oussou, ou Yang-Tseu-Kiang supérieur, on avertit qu'il existe au campement des « vapeurs nuisibles ». Huc n'a sans doute fait qu'accepter et qu'embellir l'expression de ses compagnons de route.

Le Dr Bellew, dans son livre nouveau *Kashmir and Kashgar*, nous fournit un exemple plus amusant de ce préjugé. Il avait donné du chlorate de potasse à un Afghan de sa suite : « Oui, lui dit cet homme ; je le prendrai et, « s'il plaît à Dieu, cela me guérira ; mais ce *dam* est un « air empoisonné qui sort partout du sol. Que vous fassiez « dix pas, il vous rend malade, et que vous enfonciez un « piquet pour attacher votre cheval, il s'élance du trou « que vous avez fait et vous jette privé de sens sous les sa- « bots de l'animal. »

En somme, quelque mérite qu'ait eu l'abbé Huc pour faire des descriptions pittoresques, il n'avait aucune instruction scientifique et même il était dénué de ce sens géographique qui permet à un voyageur, même hors d'état d'employer des instruments pour faire des observations, de contribuer d'une façon importante aux progrès des connaissances géographiques.

Durant les vingt dernières années, l'Asie centrale a subi, par suite des événements politiques, de profondes modifications. Les principaux de ces événements ont été la rébellion, dans le Turkestan oriental et dans la Dzoungarie, des mahométans sujets de la Chine ; les progrès de l'autorité des Russes dans le bassin de l'Ili ; les rapports des Anglais avec les autorités qui venaient de s'établir dans le bassin de Kachgar ; la guerre franco-anglaise avec la Chine, dont les résultats ont été l'établissement des Européens à Pékin et l'abaissement graduel des barrières qui s'opposaient à ce qu'ils pussent explorer les provinces intérieures de la Chine propre; enfin l'accroissement rapide de la puissance russe dans le Turkestan occidental. Tous ces faits ont tourné au profit de la géographie.

Le premier voyage accompli en partant de l'Inde a été celui de l'infortuné Adolphe Schlagintweit à Kachgar, où il a été sauvagement massacré en 1857.

Durant les douze dernières années, le colonel Montgomerie a mis un zèle infatigable à organiser au moyen de *pundits* bien dressés une série d'expéditions dans la région inconnue. D'abord on atteignit Yarkand, ensuite Lhassa; enfin, à l'aide de cette espèce de chevau-légers scientifiques, on fit une foule de courses géographiques sur le territoire du Thibet. Cependant, malgré leur utilité pour compléter nos cartes ou pour en contrôler l'exactitude, ces acquisitions faites grâce à nos remplaçants ne peuvent pas avoir pour nous la même valeur que celles que nous devons à l'esprit d'audace et de persévérance déployé par des voyageurs européens de la vieille école. Ce n'est pas à dire pourtant que celles-ci aient complètement fait défaut. La Russie, l'Angleterre et même la France et l'Allemagne ont donné leur contingent d'explorateurs contemporains dans la haute Asie. Shaw, Hayward et Johnson ont été les pionniers de l'exploration anglaise dans le Turkestan oriental. Ils ont eu pour imitateurs, dans des entreprises moins périlleuses il est vrai, sir D. Forsyth et ses compagnons; ceux-ci ont traversé à cheval le Pâmir et ont réussi à réunir, du moins par un lever préliminaire, les limites de nos connaissances à celles des Russes. Les deux audacieuses tentatives de Cooper pour franchir les formidables barrières que l'homme, plus encore que la nature, a élevées entre la Chine et l'Inde, ne rentrent guère dans notre sujet.

Depuis 1865-66, Armand David, prêtre lazariste comme

Huc et Gabet, mais bien plus qu'eux adonné aux sciences naturelles, a fait une suite d'expéditions aventureuses dans les confins orientaux de cette contrée peu connue. L'une d'elles (1866) a été durant dix mois employée à étudier l'histoire naturelle du plateau mongol dans le voisinage et à l'ouest de Gouï-Kouatchen ou Koukou-Khoto. En 1868, il a visité la province de Chetch-Ouan et a pénétré jusqu'aux terres hautes du Thibet, sur la frontière du N.-O., régions indépendantes et jusqu'alors tout à fait ignorées ; de là, il est allé dans la partie orientale du territoire du Koukou-Nor. Dans ce voyage et dans ceux qui le précédaient, il a, dit-il, découvert *quarante* nouvelles espèces de mammifères et *cinquante* ou plus d'oiseaux. Il compte, parmi les premières, deux nouveaux singes, qui ont pour habitat les très froides contrées forestières du pays de montagnes ci-dessus mentionné; enfin, un nouvel ours blanc. On n'a pas eu jusqu'ici la relation complète des voyages de cet homme aussi plein d'ardeur que de mérite.

Le baron Richthofen, dont les explorations en Chine ont été les plus étendues et à la fois les plus scientifiques de notre époque, n'a parcouru qu'une petite partie du plateau de Mongolie; mais, doué de remarquables facultés pour apprécier et exprimer en peu de mots les caractères distinctifs de la géographie physique, il a plus éclairé la configuration naturelle des pays qu'il a vus, que n'y avait réussi tout autre voyageur.

M. Ney Elias a aussi d'une façon remarquable les meilleures qualités de l'explorateur et les joint à une modestie bien rare. Il a suivi une nouvelle ligne d'observations longeant la diagonale qui traverse la Mongolie depuis Kalgan jusqu'à la frontière russe de l'Altaï, par Ouliassoutaï et Kobdo. C'est une distance qui dépasse trois mille trois cents kilomètres. Nous devons à M. Ney

Elias beaucoup de renseignements avantageux pour notre travail.

Le Dr Bushell et M. Grosvenor ont aussi franchi la grande muraille à Kalgan et ont visité Dolon-Nor et Changtou, l'emplacement désolé du palais d'été du grand Koublaï.

Nous ne pouvons pas essayer de donner ici même les principaux noms des explorateurs sortis de la Russie ; cependant je me reprocherais de passer sous silence le voyage si bien réussi d'un couple accompli, Alexis et Olga Fedchenko. Ils ont étudié le steppe Alaï, qui de fait reproduit dans le nord les traits généraux du Pâmir. Ce steppe est séparé de plateaux relativement méridionaux par la puissante chaîne de montagnes à laquelle Fedchenko a donné le nom de Trans-Alaï et qui est le Kisil-Yourt des voyageurs Anglo-indiens. D'ailleurs, parmi toutes les incursions faites de notre temps dans les limites de ce que nous avons appelé l'*inconnu*, celles du lieutenant-colonel Prjévalski ont été, sans nul doute, les plus étendues, les plus hardies et les plus persévérantes.

Elles ont eu pour théâtre le plateau mongolien, dont nous avons souvent parlé, et la région qui s'élève si fort au-dessus de lui, celle des plaines établies en terrasses et des hauts déserts du Thibet septentrional. Cette région se déploie à un niveau qui atteint celui des cimes dominant l'Oberland bernois, et les chaînes qui servent de contreforts aux degrés de cette immense montée s'élancent à une bien plus grande hauteur.

Le capitaine (aujourd'hui lieutenant-colonel) Prjévalski s'était déjà fait connaître pour un observateur habile, lorsqu'il fut, en 1870, chargé, par la Société impériale de Géographie de Saint-Pétersbourg, de conduire, avec l'autorisation du ministère de la guerre, une expédition dans la Mongolie méridionale. Il sortit, avec son compagnon, le 29 novembre 1870, de Kiakta pour se rendre à Pékin, où tous deux ils passèrent l'hiver.

L'époque se montrait véritablement peu propice à l'entreprise projetée. Les mahométans étaient en armes dans le nord-ouest de la Chine et tous les pays avoisinants se trouvaient en feu. Si-Ngan-Fou, jadis capitale fameuse de la Chine et à présent capitale du Chen-Si, venait d'être investie au printemps de 1870. L'invasion de la province de Chan-Si, et même de celle de Pé-Tchéli, n'avait été empêchée que par une défaite qu'avaient subie fort à temps les révoltés, à Toung-Kouan, position signalée à toutes les époques dans les annales chinoises comme étant la clé des opérations militaires les plus importantes; elle est sur le grand coude dessiné au sud-ouest par le Hoang-Ho ou rivière Jaune. Vers le milieu de l'été, la forte ville de Koukou-Khoto, devenue place de frontière au nord de la grande muraille, était complètement bloquée du côté de la Mongolie ; même des partisans venaient souvent piller jusque dans ses faubourgs. En octobre, Ouliassoutaï avait vu brûler ses quartiers hors des remparts et les Chinois avaient pour Ourga une peur telle qu'ils avaient autorisé les Russes à défendre cette ville en y mettant garnison.

Ce ne sont pas là les raisons que Prjévalski, au moins dans ce livre, donne pour expliquer le retard de son expédition ; au contraire, il semble plutôt faire entendre que ce retard entrait dans son programme. Les circonstances exposées ci-dessus sont empruntées à un mémoire de M. Ney Élias, qui alors se trouvait dans la Chine septentrionale[1].

Il est de fait cependant que l'état des choses ne permettait pas alors l'exécution du voyage projeté. Le colonel

1. *Proced. of the R. Geog. Soc.*, vol. XVIII, p. 76.

Prjévalski employa cet intervalle de temps à faire une tournée préliminaire jusqu'à la ville laborieuse de Dolon-Nor et au lac salé de Dalaï-Nor, dans la Mongolie orientale. Revenu à Kalgan, il réorganisa sa petite caravane et, le 15 mai, il remontait le plateau mongol et se dirigeait à l'ouest en longeant le rebord méridional du plateau, et traversant le pays du Tumet[1], jusqu'à l'extrémité occidentale des monts In-Chan, sur la rive septentrionale du Hoang-Ho. De là il descendit à Baoutou et traversa les tristes plaines de l'Ordoss.

Ensuite on se dirigea vers l'ouest pendant plus de quatre cent cinquante kilomètres, parallèlement au côté méridional de la rivière, dans l'espace où elle dessine son grand coude septentrional, si connu de toutes les personnes qui ont besoin de consulter les cartes de la Chine. Celles qu'on a faites jusqu'ici représentent le Hoang-Ho avec plusieurs bras, dont le principal est le plus au nord. Ce bras existe bien encore, mais le fleuve aujourd'hui coule dans le plus méridional de ses lits, à une cinquantaine de kilomètres plus au sud que jadis.

A Din-Khou (ville qui porte sur les anciennes cartes le nom mongol de Tchagan-Soubar-Khan), les voyageurs passèrent sur la rive gauche du Hoang-Ho et se trouvèrent dans la province d'Ala-Chan. Le récit de Prjévalski est le premier qui nous ait fourni quelques renseignements exacts sur cette contrée. Elle fait partie du *Tangoute* de Marco Polo et, suivant toute vraisemblance, une portion au moins de l'Ala-Chan est le district qu'il appelle *Egrigaia* et dont la capitale était *Calachan*.

Au bout de douze journées de route, nos voyageurs entrèrent à Din-Iouan-In, la ville nommée sur nos cartes

1. Les Chinois prononcent Tumet ou Timet et non Toumet.

Ouei-Tching-Pou. C'est la capitale actuelle de l'Ala-Chan. Ils y furent bien reçus par le prince et par sa famille, qui se sont fait la plus grande idée du pouvoir du khan blanc, c'est-à-dire du tzar. Suivant le colonel Prjévalski ce fut là seule fois qu'ils eurent un accueil si hospitalier; et en effet il n'en rappelle guère de semblable.

En sortant de Din-Iouan-In, il se dirigea vers les montagnes de l'Ala-Chan, qui s'élèvent abruptement du sein de la vallée de la rivière Jaune et dont le plus haut sommet qu'il ait visité monte à 10,650 pieds (3246 mèt.) d'altitude.

Ces montagnes boisées fournirent au voyageur un ample butin de gibier et d'observations zoologiques; mais, lorsqu'il rentra dans la capitale de l'Ala-Chan, il reconnut que ses ressources pécuniaires étaient épuisées et qu'il était obligé de reprendre le chemin de Pékin; ce qu'il fit, en suivant toujours la rive gauche du fleuve, son lit abandonné, et, je n'en fais aucun doute, absolument la même route que celle qu'avait prise Marco Polo dans son premier voyage à la cour du grand khan.

Mettant à profit l'expérience que lui avait procurée cette première partie du voyage, Prjévalski employa deux mois à Pékin à se préparer à une nouvelle expédition et à acquérir, dans l'observatoire russe, quelque habitude de l'astronomie pratique; puis il partit pour la troisième fois de Kalgan en mars 1872.

Il arrivait de nouveau à Din-Iouan-In le 26 mai, y trouvait l'occasion de se joindre à une caravane chinoise avec laquelle il se rendit en traversant le Han-Sou au monastère de lamas situé à Tcheïbsen, à une soixantaine de kilomètres au nord de Si-Ning. Ce fut une marche d'un mois. Ensuite les Russes allèrent chercher une collection d'histoire naturelle dans les monts qui longent la Tétoung-Gol. Ils y firent une récolte abondante qui leur procura quarante-six nouvelles espèces d'oiseaux, dix de mammifères et quatre cent trente et une plantes; enfin ils y eurent l'occasion d'étudier, sur nature et probablement pour la première fois des temps modernes, la célèbre rhubarbe dans son pays originel. Ils en envoyèrent une certaine quantité de semences en Russie, avec le dessein d'y faire essayer l'acclimatation de la plante.

Dès cette époque, Prjévalski avait acquis la certitude qu'il n'aurait pas les moyens de pousser son expédition jusqu'à Lhassa et s'était, malgré le chagrin qu'il en éprouvait, résolu à y renoncer; mais, en même temps, à s'avancer aussi loin qu'il le pourrait et, notamment, à explorer le bassin du grand Koukou-Nor et la partie du Dzaïdam qui s'étend au sud-ouest de ce lac.

Les insurgés mahométans appelés Doungans occupaient alors Si-Ning, Tétoung et Sou-Tchéou; les impériaux étaient à Gan-Tchéou, à Lan-Tchéou et dans plusieurs villes. Des partis de pillards sillonnaient continuellement le pays intermédiaire et poussaient leurs dévastations jusque sous le nez des troupes chinoises.

Néanmoins les Doungans se gardèrent d'avoir affaire aux Russes par suite de la réputation que leur avaient valu leur adresse et la bonté de leurs armes. Le 23 septembre, les voyageurs partaient de Tcheïbsen pour le Koukou-Nor en traversant tout droit la région que fréquentaient les rebelles. Chemin faisant, ils en rencontrèrent une grande bande; mais les Russes, par la fermeté de leur attitude et malgré leur petit nombre, mirent en fuite ces brigands qui tournèrent bride et s'enfuirent honteusement. Le 14 octobre enfin, ils parvinrent dans le bassin du Koukou-Nor et dressèrent leur tente sur les rives du lac, à trois mille cinquante mètres d'altitude. Ici le steppe est fertile et bien fourni de population et de bétail. La population se compose de Mongols et de Tangoutes [1].

Lorsque Prjévaslki se fut procuré des chameaux dont il avait besoin, il ne lui resta plus que mille francs en poche ; mais il résolut d'aller en avant, bien certain que la chasse suffirait à le nourrir.

En quittant le bassin du lac, il eut à franchir une haute chaîne de montagnes ; après quoi, l'expédition entra dans le Dzaïdam qui est dépeint comme un vaste marais salé, couvert de roseaux et ayant tout l'air d'avoir été assez récemment le fond d'un grand lac. Cette contrée marécageuse s'étendrait, suivant les Chinois, à l'ouest et au nord jusqu'au lac Lob. Prjévalski, en ses diverses qualités de voyageur,

1. Voici quelques observations sur les Tangoutes. Leur pays formait au moyen-âge un royaume qui était bien connu sous le nom de Tangoute et répondait à peu près au Han-Sou de nos jours. D'ailleurs, sous les empereurs Mongols (1260-1368), Han-Sou était le nom officiel que les Chinois donnaient au pays appelé Tangoute par les Mongols et les Asiatiques occidentaux. Cependant au moyen-âge, on le désignait encore par le mot *Ho-Si* « pays à l'ouest de la rivière Jaune » et, dans un dictionnaire persan-chinois, fait vers 1,400 après J.-C., *Tangoute* est rendu par *Ho-Si*. La masse de la population avait le sang thibétain ; la capitale était Ning-Hia sur la rivière Jaune. Tchinghiz-Khan, après avoir fait plusieurs incursions dans le pays, finit par y mourir. Le nom de Tangoute est, on le voit, usité encore de nos jours chez les Mongols, mais il a l'air d'être souvent donné au Thibet tout entier. Il y a là quelque chose qui a besoin d'être éclairci. Les Tangoutes de Prjévalski sont les Thibétains orientaux, que les Chinois appellent Si-Fan, ou Barbares occidentaux. Ils habitent le bassin du Koukou-Nor et longent à l'ouest les limites du Szu-Tchouen.

Les relations chinoises sur les Etats de la frontière partagent les Si-Fan en noirs et en jaunes. Les premiers sont sans doute les Kara-Tangoutes de Prjévalski, auxquels leur coutume d'employer des tentes faites d'une étoffe tissée avec les poils noirs du Yak a valu ce nom. Les autres, dit-on, sont toujours gouvernés par un prince qui devient prêtre et porte la robe jaune. Je crois donc que les Chinois désignent souvent par le mot Si-Fan toute la population du Thibet, et je soupçonne que les Si-Fan jaunes sont tout simplement les Thibétains du Thibet, reconnaissant pour chef le grand lama, tandis que les noirs sont les nomades du Tangoute.

Il n'est pas contestable que le vocabulaire donné par Prjévalski (p. 202 et suiv.) appartient à la langue thibétaine ; et cela est parfaitement conforme à ce que contiennent les papiers chinois traduits par Grosier (*Desc. gén. de la Chine*, 1785, in-4°, p. 150 et s.) : « Le langage qu'on parle au Thibet est presque le même que celui des gens appelés Si-Fan et ne s'en distingue que par quelques particularités de prononciation ou par des différences des sens donnés à certains mots. »

de zoologue et de chasseur, fut alors très vivement tenté de faire une pointe vers l'ouest, à la recherche des chameaux sauvages.

Le sujet ne manque pas d'intérêt. Dernièrement encore, comme on l'avait fait avant lui, un savant célèbre, qui est aussi une des autorités les plus compétentes sur la géographie de l'Asie, a nié absolument l'existence des chameaux sauvages. Il devient donc peut-être utile de rappeler que l'opinion contraire n'est pas uniquement fondée sur les vagues rumeurs recueillies par Prjévalski. Les autres indices ne manquent point et, bien que, pris séparément, aucun d'eux ne soit fort concluant, leur ensemble néanmoins constitue un témoignage qui ne me paraît pas des moins solides.

Voici les *memoranda* que j'ai recueillis à ce sujet et je ne doute point qu'il n'y en ait d'autres :

I. L'ambassade que le chah Roukh, vers 1420, envoyait en Chine rencontra à mi-chemin, dans le grand désert, à peu près entre Komoul (Khamil ?) et Ché-Tchéou (Chi-Tchoua ? Ha-Tchéou ?) un chameau sauvage[1]. — II. La géographie persane intitulée *Haft Iklîm* « les sept climats », en parlant du désert de Lob, dit : « Il contient des chameaux sauvages que l'on chasse comme des fauves[2]. » — III. Duhalde[3] écrit, d'après des autorités chinoises : « On trouve, dans les pays limitrophes du nord de la Chine, des chameaux domestiques et des chameaux sauvages ;.... mais ces derniers ne se rencontrent plus guère que dans la région située au nord-ouest de la Chine ». — IV. Dans le *Journal de la Société asiatique du Bengale*, IX. 623., je vois sir Proby Cautley citer Pallas pour prouver, suivant

1. *Cathay and the Way Thither*, I, cc.
2. *Notices et Extraits*, etc., XIV, part. I, p. 414.
3. Edition in-folio anglaise. II, 225.

un *témoignage* tartare, qu'on trouve le chameau sauvage au centre de l'Asie; cela serait, dans l'opinion de Cuvier, le résultat de la coutume bouddhiste de donner la liberté aux animaux domestiques: le fait est qu'il pourrait en être de ces chameaux comme vivent des chevaux sauvages qui aujourd'hui dans l'Amérique du sud et dans la Queensland. Cependant, il faut se rappeler qu'on mentionnait déjà l'existence des chameaux sauvages il y a quatre cent cinquante ans.—V. 'Izzat Oullah, qui voyageait comme *poundit* à la suite de Moorcroft, assure qu'on prétend que le Khotan abonde en ânes sauvages, en chameaux sauvages, en bétail et en chevrotains[1].—VI. M. R. Shaw, dans son livre intitulé *High Tartary*, dit : « Le Youzbachi affirme que les antilopes à cornes en forme de lyre vont en grandes bandes, comme les chameaux sauvages (?), dans le grand désert du côté de l'Orient » (p. 168). — VII. Sir Douglas Forsyth, dans une lettre qu'il m'a envoyée de Chahidoullah, sur sa dernière mission à Kachgar, m'écrivait que l'officier qui y est venu à leur rencontre avait chassé le chameau sauvage dans le désert de Tourfan et que cet animal sauvage était beaucoup plus petit que le domestique. — VIII. Le même sir Douglas, dans son *Rapport sur la mission de* 1873 *à Yarkand*, p. 53, donne des détails plus circonstanciés et qui sans doute lui ont été fournis par un autre Asiatique : « Parmi les animaux sauvages du Lob, il y a le chameau sauvage.... J'en ai vu un qu'on avait tué.... C'est un petit animal, un peu plus gros qu'un cheval et ayant deux bosses. Il ressemble peu au chameau domestique ; ses membres sont très grêles et, en somme, il est faiblement bâti. J'en ai vu au désert ; ils étaient mêlés aux troupeaux de chevaux sauvages (peut-être onagres).

1. *Journ. of the R. asiat. Society*, VII, 319.

Ils n'ont pas de timidité et la vue de l'homme ne les fait pas fuir. Ils ne font rien, à moins qu'on ne les attaque. Dans ce cas, ou ils prennent la fuite ou ils se jettent sur le chasseur. Alors ils sont très féroces et leur action est rapide comme une flèche lancée par l'arc ; ils tuent par des morsures, par des ruades, comme celles de la vache, ou en vous foulant aux pieds. On les chasse pour avoir leur laine, dont la valeur est très estimée et qu'on vend aux marchands de Tourfan. » — IX. M. Ney Elias a aussi recueilli, de voyageurs chinois intelligents et de Mongols, des renseignements nombreux et probants sur l'existence des chameaux sauvages au nord du Thian-Chan. « Parmi les premiers, beaucoup m'ont affirmé avoir vu ces animaux entre Kobdo et Ili, entre Ouliassoutaï et Koutchen. Je leur ai demandé s'ils étaient réellement sauvages ou s'ils l'étaient devenus après avoir été apprivoisés ; ils m'ont toujours répondu en affirmant que jamais ces animaux n'avaient été apprivoisés... En outre, les chameaux sauvages m'ont toujours été dépeints comme étant plus petits et d'une teinte beaucoup plus foncée que les chameaux domestiques[1]. » — X. Le Dr Bellew dit : « Les déserts à l'est de ce territoire et dans le voisinage du Lob-Nor..... sont l'habitat du chameau sauvage. De nos jours on l'y chasse ainsi qu'on le faisait jadis. On le dépeint comme une bête très vicieuse et très rapide, de taille petite, mais un peu plus grande que celle d'un grand cheval. Un berger kirghiz, qui avait passé quelques années à Lob, m'affirmait qu'il en avait souvent vu paître, que souvent il avait pris part à des expéditions de chasse afin de se procurer leur laine, qui est fort estimée pour la confection d'une espèce supérieure de camelot[2]. » — XI. Un Russe, le père

1. *Proc. R. Geog. Soc.*, XVIII, 80.
2. *Kashmir and Kashgar*, p. 318.

Hyacinthe, dans ses *Mémoires sur la Mongolie*, en parlant du milieu de ce pays, écrit qu'on y a trouvé des chameaux sauvages, ainsi que des mulets, des ânes, des chevaux et des chèvres sauvages, principalement dans les steppes les plus occidentaux[1]. — XII. Le capitaine Valikhanoff dit que les livres chinois parlent très souvent de chasses au chameau sauvage ; elles formaient une des grandes récréations des chefs qu'avaient jadis les cités du Turkestan oriental ; mais il n'avait pu se procurer aucun renseignement sur cet animal[2]. — XIII. Ritter, au sujet des anciens Turcs du Gobi, écrit (II, 241) : « Ils forçaient leurs prisonniers de guerre, comme les Germains le faisaient des Romains captifs, à conduire leurs troupeaux. Leurs richesses consistaient en moutons, bœufs, ânes, chevaux et chameaux. Ces derniers ont existé dans ces régions *depuis les temps les plus reculés à l'état sauvage ;* ainsi on peut croire qu'elles sont leur habitat originel et que ce sont les Turcs nomades qui, selon toute probabilité, auront domestiqué les premiers chameaux. » J'ignore sur quelle autorité Ritter fonde l'opinion exprimée dans les mots que j'ai soulignés ; peut-être exprime-t-il uniquement sa façon de voir ; mais on trouvera sur ce sujet d'autres témoignages qu'il cite au tome III, p. 341 et suiv.

Nous nous sommes ainsi laissé entraîner à cette digression à la recherche des chameaux sauvages que s'était refusée Prjévalski, pour se rendre au désert élevé, dénué d'habitants, qui existe dans le Thibet septentrional. En latitude, ce désert se développe sur une étendue d'environ huit cents kilomètres ; en altitude, il monte de quatre mille trois cents à quatre mille cinq cents mètres au-dessus du niveau de la mer. C'est là que Prjévalski a rencon-

1. *Denkwürdigkeiten über die Mongolei*, p. 110.
2. *Russians in central Asiaty*, p. 141.

tré le cours supérieur du grand fleuve Yang-Tseu-Kiang, appelé par les Mongols Mour-Oussou ou l'Eau qui serpente. Dans cette contrée, que l'homme n'habite point, abondent les animaux sauvages : loups, argalis, antilopes et surtout yaks, s'y comptent par milliers ou même, suivant notre voyageur, par millions. Si le fait est vrai, il semble étonnant. Comment une telle foule de bêtes peut elle trouver de quoi se nourrir dans des pâturages si rares et si maigres ? Le yak à lui seul forme une masse énorme, qui pèse six cent quatre-vingt-trois kilos et mesure un mètre quatre-vingt-deux centimètres de hauteur, à la bosse, et trois mètres trente-cinq centimètres de longueur, sans la queue.

L'expédition put donc, avec ses fusils, se procurer en abondance la nourriture animale. qui n'avait pour supplément que des plats d'orge et du thé en briques. Malheureusement les voyageurs avaient leurs chameaux éreintés, leurs bourses épuisées, et c'est ainsi que, se trouvant à une distance de moins d'un mois de la ville de Lhassa, ils furent contraints de ne pas y aller. Pour les mêmes motifs, ils durent renoncer à se rendre au mystérieux Lob-Nor, bien que les routes fussent ouvertes et qu'on pût se procurer un guide [1].

Rebroussant donc chemin sur les plaines du Dzaïdam et du Koukou-Nor, ils employèrent encore plusieurs semaines du printemps au développement de leurs collections zoologiques dans l'humide contrée des montagnes du Han-Sou ; puis, après beaucoup de peines et de souffrances endurées au passage du désert de l'Ala-Chan, ils rentrèrent dans Din-Iouan-In, où enfin ils purent remplir

1. La vraie position de ce lac et ses traits caractéristiques restent fort douteux. Voir les observations dans *Marco Polo* (2e éd. I, 204) et celles de M. Ney Elias dans les *Proceedings of the Royal Geographical Society*, XVIII, 83.

leur bourse, grâce à une somme que le général Vlangali leur avait envoyée de Pékin. Leur air défait et leurs guenilles les avaient mis dans un tel état que les Mongols, à leur arrivée, leur avaient adressé un compliment qui a évidemment semblé à Prjévalski la plus déshonorante des épithètes : « Réellement, ils sont devenus de vrais Mongols ! »

Nos voyageurs envoyèrent leurs chameaux paître pendant trois semaines qu'ils employèrent à des explorations zoologiques dans les montagnes voisines ; puis ils partirent pour retourner à Ourga, en prenant une route que n'avait jamais suivie aucun Européen, à travers l'Ala-Chan et le Gobi.

Ce pénible voyage avait lieu au cœur de l'été, du 26 juillet au 17 septembre. « Ce désert », dit l'auteur (Voir notre page 327) en parlant d'une dépression qu'ils rencontrèrent sur la route et qu'on appelle le Galbin-Gobi (3,200 pieds ou 975 mètres d'altitude), « est si terrible que, comparativement, « ceux du Thibet peuvent être considérés comme une terre « bénie. Là au moins on rencontre souvent de l'eau, et « les vallées des rivières possèdent de bons pâturages. Ici, « rien de tout cela, pas même une seule oasis ; partout « l'absence de la vie, partout le silence absolu, c'est le « pays de la mort dans la pleine acception du mot. » Enfin, après avoir pris une semaine de repos à Ourga, nos voyageurs rentrèrent par Kiakta, le 1er octobre 1873, dans leur pays.

Durant trois années passées dans la haute Asie, ils avaient parcouru près de douze mille kilomètres, dont ils avaient relevé la moitié sur des directions qui n'avaient pas été étudiées jusqu'à eux, en accompagnant leur relèvement de fort nombreuses observations d'altitude, obtenues à l'aide du baromètre anéroïde d'abord, puis au moyen de l'eau bouillante. Dix-huit déterminations de latitude ont servi à vérifier le relèvement ; et un journal météorologique a été tenu durant toute la route. Leur récolte botanique compte cinq mille spécimens qui représentent plus de cinq cents espèces, parmi lesquelles il y en a un cinquième de nouvelles. Cependant c'est surtout en zoologie, la science spéciale de Prjévalski, que leur butin a été considérable. Il comprenait trente-sept grands mammifères et quatre-vingt-dix plus petits; mille échantillons d'oiseaux se rapportant à trois cents espèces; quatre-vingts spécimens de reptiles et de poissons, et trois mille cinq cents d'insectes. Certes, voilà un voyage qui, par ses acquisitions, par le courage et la persévérance qu'on y a déployés, au milieu de fatigues épuisantes, de privations et de difficultés de tout genre, forme un ensemble dont la Russie a bien le droit d'être fière.

Il y a un défaut que le lecteur ne peut pas s'empêcher de remarquer dans l'organisation de cette entreprise : c'est l'absence non seulement d'une connaissance suffisante, mais même d'une interprétation convenable, des langues usitées dans les pays parcourus. Pendant une grande partie de leur expédition, les voyageurs n'ont pas eu d'interprète à vrai dire, et il faut ajouter, suivant une remarque de M. Ney Élias, qu'ils méconnaissaient en général le caractère des Chinois. Le colonel Prjévalski se laisse aisément aller à porter des jugements sévères, hostiles et méprisants sur le peuple au milieu duquel il se trouvait[1]; or, cette hostilité et ce mépris d'un côté, tout en ayant pour conséquence inévitable d'autre part la malveillance, devaient nécessairement être accrus encore par la difficulté de comprendre et d'être compris. Enfin l'absence d'un bon interprète oblige souvent à mettre en doute, sinon à rejeter de suite, le sens que Prjévalski donne aux noms de lieu.

1. Le lecteur qui éprouvera le besoin ou le désir d'avoir une idée de la physionomie et des ressources de la Chine actuelle, aux points de vue du commerce, de la société, de la religion et des forces militaires, pourra trouver quelque satisfaction à lire un article de la *Revue Britannique*, nº d'octobre 1879 (*Trad.*).

Avant de terminer ces observations je crois devoir insister sur quelques points dont l'examen semble mieux placé ici que renvoyé dans des notes à la fin de l'ouvrage.

Une des nouveautés les plus remarquables que cette narration fasse connaître, c'est l'existence d'une région montagneuse douée d'une grande humidité et située dans le Han-Sou, au nord du Hoang-Ho, juste à l'est du Koukou-Nor. D'après le colonel russe, qui la dépeint (ch. IX) comme une chaîne formant un rebord, cette contrée constitue un des traits généraux et caractéristiques du plateau de Mongolie, c'est-à-dire une ceinture de montagnes longeant et formant le bord et le versant du plateau, mais aussi en dépassant d'une hauteur considérable le niveau ordinaire. Après une montée courte et facile du côté du plateau, les voyageurs se trouvèrent, dans cette chaîne, à la distance d'à peine quarante-cinq kilomètres de l'aride désert d'Ala-Chan, sur un sol fertile, qui a des eaux abondantes, des vallées revêtues d'une herbe luxuriante, d'épaisses forêts ombrageant les pentes rapides des montagnes et où la vie animale fourmille dans ses formes variées [1]. Durant le séjour de plusieurs semaines qu'ils y firent, en juin et en juillet, les pluies étaient continuelles et l'humidité pénétrait leurs tentes. Le récit du colonel ne donne pas à cet égard une idée fort nette des faits ; cependant nous y lisons que la chaîne la plus méridionale de ces montagnes, c'est-à-dire celle qui s'élève immédiatement de la plaine de Si-Ning, n'a pas de forêts au moins sur les versants du midi et que sa zone alpine est presque dépourvue de végétation. Ces expressions ont l'air d'indiquer que la région humide, fertile et montueuse, s'élève isolée entre deux contrées arides. Quant aux pays de montagnes

1. Ici le colonel Prjévalski a pu étudier la vraie plante de rhubarbe officinale, dans sa patrie, et il a été, je crois, le premier Européen qui l'y ait vue depuis Marco Polo.

qui sont encore plus au sud, nous ne possédons en fait que des renseignements fort maigres ; mais la courte relation que nous avons de l'excursion faite par le père Armand David dans les hautes terres situées au sud-est du pays du Koukou-Nor, presque sous le même méridien que celles dont nous venons de parler, nous décrit un climat pareil et même plus humide encore. « L'atmosphère, dit-elle[1], était si chargée d'humidité qu'il suffisait, pour que celle-ci fût précipitée en pluie, que plusieurs hommes se missent à faire ensemble un grand bruit et tirassent des coups de fusil. » Là les montagnes étaient enveloppées d'une humidité perpétuelle qui favorisait la croissance des conifères et des rhododendrons ; on y recueillit jusqu'à seize espèces de ces derniers. Plus loin vers le midi, mais toujours à la même longitude, nous trouvons, dans le rapport fait par M. Cooper sur son voyage de Ching-Tou-Fou au Thibet oriental, la peinture de pluies abondantes, tombées entre juillet et septembre (p. 219, 367 et 395). Ici, nous touchons presque à la vallée de l'Iraouadi et aux chaînes qui bornent le Bengale vers l'est, où les pluies d'été tombent dans une quantité et avec une régularité bien connues. Ainsi ces alpes du Han-Sou, avec leur pluie et leur végétation abondantes, semblent appartenir à la frontière nord-ouest d'une aire considérable où les grosses pluies d'été, qui accompagnent dans l'Inde ce que nous appellons la mousson du sud-ouest, forment une règle contrastant d'une façon très accentuée avec les étés secs et les hivers mouillés de la zone tempérée de l'Europe[2].

1. *Bulletin de la Société de géographie de Paris*, 1871, partie 1, p. 463.

2. On pourrait même dire des rivages occidentaux des deux continents. L'aire sur laquelle agit l'influence de ces moussons d'été, ou des vents de mer apportant l'humidité, paraît embrasser en Asie la Mandchourie, les côtes de la mer d'Okhotsk et le bassin de l'Amour jusqu'au Baïkal (Voir un article du Dr Vojeikoff dans les *Petermann's Mittheilungen* pour 1870.)

Un autre sujet auquel le récit de Prjévalski contient de fréquentes allusions et dont nous croyons devoir nous occuper ici, ce sont les caractères du Bouddhisme thibétain, principalement de celui auquel appartiennent les Bouddhas incarnés. Prjévalski n'y fait que des allusions aussi indigestes que décousues. C'est effectivement une matière difficile à digérer et surtout à exposer en peu de mots; aussi vais-je essayer pour la traiter de m'aider de l'admirable ouvrage de Kœppen.

« Le Lamaïsme, écrit-il, est le *Romanisme* de l'Église bouddhiste. Le développement accompli de la puissance cléricale, en elle-même aussi bien que dans ses rapports avec les laïques, et, ce qui s'y rattache étroitement, l'élévation progressive d'une Église extérieure, visible et souveraine, ainsi que d'un État ecclésiastique; ces traits, qui constituent les caractères essentiels par lesquels le Romanisme se distingue de l'ancien Christianisme, sont aussi ceux qui distinguent le Lamaïsme de l'ancien Bouddhisme de l'Inde. Chaque fois que ces religions se sont, à d'autres égards, départies des formes anciennes dans la pratique religieuse, la discipline ou le culte, elles ne l'ont fait, l'une et l'autre, que pour arriver à un but déterminé. »

En outre, les ressemblances, qu'on a toujours signalées entre le Lamaïsme et le Catholicisme romain, dépassent tellement les caractères généraux et extérieurs, pénètrent dans tant de détails, sont souvent si frappantes et même si grotesques, qu'elles n'ont pas pu être envisagées sans inquiétude, on dirait même sans effroi, par les zélés missionnaires que depuis le moyen âge jusqu'aux temps actuels l'Église romaine a envoyés en Asie. On a même assuré mais, j'ai hâte de dire que je n'ai pas pu vérifier si cette allégation était fondée, que l'abbé Huc lui-même[1], ayant, avec sa

1. Pour les ressemblances qui existent entre l'extérieur de l'Eglise catholique

netteté habituelle d'expression, signalé quelques-unes de ces ressemblances superficielles, fut fort surpris de trouver, à son retour en Europe, que, pour ce motif, son livre était compris dans l'*Index prohibitorum* d'une injuste congrégation.

Les détails de ressemblance entre ces particularités du catholicisme romain, qui paraissent aux personnes étrangères à ce rite avoir si peu de rapports avec l'esprit du Nouveau Testament, et celles de cet autre système, où, peut-être sous des influences analogues, elles se sont éloignées tellement de la forme primitive de la doctrine de Sâkya, mériteraient une étude plus approfondie que celle qu'on en a faite jusqu'ici.

Le Lamaïsme dans ses formes anciennes était une espèce de Bouddhisme corrompu, d'un côté par le Chamanisme des aborigènes, de l'autre par la magie et le mysticisme des Sivaïtes. Il permettait aussi, du moins en certains cas, le mariage des prêtres, dans des limites et sous des conditions variables, ayant de l'affinité avec celles qui appartenaient strictement au caractère du pur brahmane. Par exemple, des membres de la hiérarchie avaient l'autorisation de vivre dans le mariage jusqu'à la naissance d'un héritier; d'autres, jusqu'à ce que le fils en eût un à son tour. Il s'en suivait que les dignités sacrées étaient souvent héréditaires dans le sens littéral.

Au milieu du quatorzième siècle, naquit le grand réformateur du Lamaïsme, Tsongkaba, qui vit le jour dans la province d'Amdo, au lieu que marque aujourd'hui, avec la sainteté qui en résulte, le grand monastère de Gounboum[1]. Évidemment ce n'était pas dans le sens de

romaine et le Lamaïsme, on fera bien de revoir l'opinion qu'en exprime l'abbé Huc dans ses *Souvenirs* (2e éd., t. II, p. 110 et s.) (*Trad.*).

1. Kou-boum, prononcé Kou-boum ou Koun-boum, ce qui signifie « les cent mille images », environ à cinquante ou soixante kilomètres au sud de Si-Ning.

Luther ni de Calvin, mais dans celui de François ou de Dominique[1], que Tsongkaba fut un réformateur; pourtant nous ne sommes pas en position d'indiquer jusqu'à quel point furent développées ses réformes. On ne peut pas douter néanmoins qu'il n'ait fait de considérables efforts pour ramener le Bouddhisme à ses pratiques originelles. Il y en a une preuve dans celle de ses réformes qui est la plus extérieure et la plus visible, dans la substitution de la robe et du chapeau jaunes à la robe et au chapeau rouges, que les lamas portaient avant lui. On en peut voir une autre dans la mesure plus importante par laquelle il rappela les prêtres à une profession stricte et universelle de célibat. L'ancien Bouddhisme indien en effet, s'il permettait aux personnes mariées de prononcer quelques vœux secondaires en qualité de frères et de sœurs lais, ne connaissait pas de véritables membres de l'Église ou des *sramanas* qui fussent mariés. Tsongkaba prohiba aussi énergiquement ou s'efforça d'empêcher parmi les fidèles la pratique de la magie. Les anciens lamas y étaient fort adonnés, ainsi que le montre Marco Polo dans les allusions réitérées qu'il fait aux arts diaboliques des sorciers *bakchis de Tebet et de Kechemur*. Il ne paraît pas pourtant que la réforme ait défendu toute la magie, mais seulement ses artifices les plus grossiers, distinguant, d'après l'expression heureuse de Kœppen, la magie noire de la magie blanche; prohibant les incantations des conjurateurs, les sortilèges formels, tout le ragoût cuisiné par la nécromancie, et même les tours charlatanesques d'expirer du feu, d'avaler des lames d'acier et de faire semblant de se couper un membre ou la tête. C'étaient là et ce sont encore des pratiques favorites à l'usage des lamas rouges.

1. Il s'agit ici de deux saints célèbres du XIIIe siècle : saint François d'Assise (1182-1226) et saint Dominique (1170-1220). (*Trad.*)

La réforme de Tsongkaba eut une grande influence et a, depuis longtemps, conservé la prédominance quant au nombre et à la puissance.

Ses sectateurs, nécessairement, canonisèrent Tsongkaba, qui est d'ordinaire considéré comme une incarnation d'Amitâbha, le Dhyâni Bouddha[1] de la période actuelle du monde, ou quelquefois de Manjousri et de Vajrapâni, les Bodhisatvas ou Bouddhas désignés. On voit son image dans tous les temples de l'Église jaune; elle est souvent entre celles des deux pontifes actuels de cette Église, le dalaï-lama de Lhassa et le lama panchhan rinbochhi de Téchiloumpo.

Les réformes de Tsongkaba ont conduit à un nouveau développement de la doctrine et de la hiérarchie lamaïques, ou peut-être n'en a-t-il été que le point culminant : je veux dire l'établissement d'une papauté véritable, bien que double ou bicéphale, et le système d'une hérédité, à laquelle il n'y a sans doute rien de pareil sur la terre.

C'est ainsi que, depuis Tsongkaba, il existe deux prélats principaux ou pontifes de l'Église jaune, qui exercent le pouvoir à la fois spirituel et temporel; deux papes en fait, chacun dans son propre domaine. L'un est à Lhassa, le dalaï-lama, nom mongol sous lequel nous le connaissons surtout et qui signifie « l'océan »; l'autre, à Téchiloumpo (la colline de la grâce), le digarchi, qu'on appelle en thibétain le panchhan rinbochhi, ou « le très excellent joyau. »

1. Les Dhyâni-Bouddhas (ou Bouddhas de contemplation) appartiennent aux subtilités compliquées du Bouddhisme septentrional. — Le Bouddha humain, qui accomplit son œuvre sur la terre, a une sorte d'image réfléchie dans le ciel, c'est-à-dire un représentant dans le monde des formes; on l'intitule Dhyâni-Bouddha. Un *Bodhisatva* est celui qui a accompli toutes les conditions pour mériter d'obtenir la dignité de Bouddha et le nirvâna comme conséquence; mais qui, par charité, continue volontairement à être soumis à la réincarnation pour le bénéfice du genre humain.

On peut les regarder comme égaux tous deux en rang, en sainteté et en dignité spirituelle ; mais, par l'étendue de sa domination, le pontife de Lhassa l'emporte considérablement sur son collègue.

Ces deux princes de l'Église sont en quelque sorte immortels. Lorsque l'un des deux s'évade de son enveloppe corporelle, c'est afin d'en reprendre une autre sous la forme d'un enfant, qui est né pour remplir sa dignité et que des signes miraculeux ont indiqué comme la réincorporation du pontife récemment parti. Telle est la succession surnaturelle de ces saints qui renaissent incessamment et dont le nom mongol est *khoubilghân*.

L'histoire de cette institution est fort obscure. Cependant on peut se rappeler que déjà l'ancienne hiérarchie du chapeau rouge avait, du moins dans quelques-unes de ses sectes, établi le caractère héréditaire des hautes dignités ecclésiastiques. Cette hérédité ne pouvait plus être conservée puisque Tsongkaba fondait l'obligation du célibat ; ainsi le système de succession par une réincarnation imaginaire peut avoir été un plan adroitement combiné afin de maintenir l'union dans la secte du chapeau jaune, qui aurait pu être facilement divisée par les intrigues et les discordes accompagnant une papauté élective, ainsi que cela est fréquemment arrivé à l'Église catholique avant qu'elle ait été contenue par la compression des églises dissidentes. Quoi qu'il en soit, il arriva, plus tôt ou plus tard, que non seulement ces deux principaux pontificats, mais encore les dignités de second ou de troisième rang, dans la secte du chapeau jaune, finirent par se transmettre héréditairement de cette façon surnaturelle.

Chacun sait que la transmigration des âmes est une des principales doctrines du Bouddhisme. Parmi les bouddhistes du nord et au bout d'un certain nombre de siècles, il était né une doctrine, dont l'origine se retrouverait sans doute dans les Avatâras de l'Inde, et qui représentait les Bouddhisatvas, c'est-à-dire les Bouddhas désignés ou virtuels, qui attendent dans un céleste repos le temps où ils seront Bouddhas effectifs, comme pouvant, de temps à autre et volontairement, prendre la forme humaine. De là est parti le Lamaïsme pour faire son troisième pas et compléter sa gradation en inventant la doctrine d'incarnations continues ; elle maintient la succession à la plus haute dignité spirituelle qui soit sur la terre.

Les Bouddhas du passé, ces culminations du progrès spirituel, qui ont atteint et accompli leur jour dans la situation suprême, s'évanouissent dans le nirvâna et cessent d'exister individuellement ; mais, pour le bien de l'humanité, les Bouddhisatvas peuvent, à plusieurs reprises, se mettre dans un corps sur la terre. Leur incarnation volontaire est bien différente de la renaissance telle que l'entend la métempsychose. Celle-ci est le lot commun des âmes vivantes, tant qu'elles ne sont pas dégagées de toutes les impuretés ; au contraire, l'incarnation volontaire est un privilège qui n'appartient qu'aux âmes sans tache et jugées dignes, après l'avoir parcouru, d'être retirées du cycle de la transmigration. En somme, au point de vue bouddhiste, la transmigration est le cours naturel des choses, et la réincarnation en est un surnaturel.

Il n'y a pas de doute que cette doctrine n'ait eu une origine antérieure, mais ce n'est qu'au quinzième siècle qu'elle a pris son développement complet et seulement dans l'Église jaune de Tsongkaba.

Le dalaï-lama de Lhassa passe pour l'incarnation du Bouddhisatva Avalokiteçvara, qui est le protecteur spécial du Thibet. Quand au panchhan rinbochhi, on le considère comme le Tsongkaba toujours renaissant et, en conséquence finale, comme le Dhyâni Bouddha Amitâbha. Il s'en suit qu'au point de vue du rang spirituel et de l'autorité doctrinale qu'il représente, le second pontife a peut-être la situation prédominante; mais celui de Lhassa lui est tellement supérieur en puissance temporelle qu'il le dépasse aussi en influence ecclésiastique.

On ne peut guère savoir comment s'est formée cette double papauté. D'après les faits fragmentaires dont la connaissance nous est accessible, on arrive pourtant à supposer comme probable que le pontificat de Lhassa est un peu plus ancien que l'autre, remontant à peu de chose près à l'époque même de Tsongkaba, tandis que celui de Téchiloumpo date seulement de la fondation du grand monastère où il réside, c'est-à-dire d'environ 1447. Le fait est que tous deux existaient en 1470, puisque l'un et l'autre reçurent en cette année, de l'empereur de la Chine, des sceaux et des diplômes.

Pendant longtemps, ils ne furent que les grands-prêtres de la secte jaune et furent traités comme tels par les chefs qui, dans la rouge, avaient une situation analogue; mais cette égalité cessa d'exister après 1643, époque où le Thibet fut envahi par le Mongol Gouchi-Khan, qui écrasa les rouges et fit du dalaï-lama le souverain temporel de la plus grande partie de la contrée. Les principaux chefs des sectes du chapeau rouge, dans le Thibet propre, le Boutan et le Ladagh, dépendent à peu près de la papauté du chapeau jaune, depuis longtemps. A Lhassa et à Pékin, ils ne sont rangés que parmi les koutouktas ou les *monsignori* de la hiérarchie lamaïque.

Les koutouktas ou *monsignori*, comme je viens de les désigner, ou cardinaux, comme le P. Huc lui-même les intitule, forment le second ordre de la hiérarchie et ont exercé, dans le Thibet propre, l'administration des provinces, ainsi que l'ont fait les cardinaux romains jusqu'en 1870. On les compte aussi au nombre des saints réincarnés. Celui d'entre eux qu'on connaît le plus est le patriarche de la Mongolie qui, depuis 1604, réside à Ourga. Il est, après les *Deux Joyaux* du Thibet central, le plus puissant et le plus révéré des membres de la hiérarchie lamaïque[1]. Au-dessous de lui, vient le second patriarche de Mongolie, qui habite Koukou-Khoto ; enfin un troisième est le représentant du lamaïsme à la cour de Pékin.

Après les koutouktas, est rangé le troupeau plus commun des réincarnés ; ils sont nombreux, attendu que beaucoup des monastères de Mongolie et du Thibet ont pour abbé un saint incarné ou, comme les voyageurs l'appellent parfois, un « Bouddha vivant[2] ». Ce sont les *chaberons* du P. Huc et les *guigens* de Prjévalski. Les sectaires du chapeau rouge qui avaient jadis adopté l'hérédité par descendance naturelle, ont fini par admettre eux-mêmes la succession surnaturelle.

1. Voir notre chapitre I, p. 11. C'est le personnage que le P. Huc désigne sous le titre de *Guison Tamba.*

2. Le Père Armand David raconte une curieuse histoire du « Bouddha vivant » d'un monastère situé au nord du Hoang-Ho, dans le pays d'Ourat. Cet abbé s'était enrichi. Sa dévotion le décida à porter à Lhassa 30,000 taels, qu'il avait amassés et qu'il avait l'intention d'offrir au grand lama. Il partit en conséquence, escorté d'une suite nombreuse de moines. Ceux-ci étaient parfaitement opposés à l'idée de remettre tout leur argent à Lhassa et probablement chantaient tout bas en mongol quelque chose d'analogue aux vers latins du moyen âge sur Rome :

O vos bursæ turgidæ *Lassam* veniatis,
Lassæ viget physica bursis constipatis.

Si bien qu'au passage d'une rivière ils jetèrent à l'eau leur Bouddha vivant, puis s'en retournèrent avec le trésor. Cependant l'abbé ne s'étant pas noyé avait accompli son pèlerinage à Lhassa, d'où il était revenu à son ancien couvent deux ou trois années avant la visite du P. David ; mais les bons frères avaient eu de si puissants motifs pour croire que leur supérieur s'était dépouillé de l'enveloppe mortelle, qu'ils avaient, suivant toutes les règles, choisi un jeune Mongol dans lequel le guigen s'était, disaient-ils, réincarné. Ils furent donc singulièrement contrariés du retour de leur ancien chef. L'abbé avait pour lui le sentiment populaire ; mais les moines, avec leurs biens mal acquis, furent les plus forts, et le malheureux guigen fut obligé de se retirer dans un monastère éloigné où il vécut en simple lama.

Jusqu'à la fin du siècle dernier, la désignation d'un successeur à tous les postes de la hiérarchie, grâce à cette invention des réincarnés, resta entre les mains ecclésiastiques qui, malgré les variations qu'on pouvait exécuter dans le jeu de l'identification, en tiraient toujours les ficelles. Maintenant et depuis un assez grand nombre d'années, c'est la cour de Pékin qui, de fait, détermine cette succession mystique.

Nous n'ajouterons qu'un mot pour terminer cette introduction. En me rappelant l'analyse rapide des explorations récemment faites dans la haute Asie, par laquelle j'ai commencé ces observations préliminaires, je ne puis pas, sans un certain sentiment de satisfaction pour les peines que j'ai prises et le temps que j'ai passé à élucider le récit de Marco Polo, le grand voyageur vénitien du moyen âge, m'empêcher de remarquer que tous ceux que j'ai nommés n'ont guère fait, sans exagération, que marcher sur ses traces et que jeter quelque lumière sur ses notices géographiques.

Wood et Gordon et Trotter ont visité Pâmir; mais Marco l'avait fait avant eux. Shaw, Hayward et Forsyth, dans le Cachgar; Johnson, dans le Khoutan; Cooper et Armand David, sur la frontière orientale du Thibet; Richthofen, dans la Chine du nord et de l'ouest; Ney Elias et Bushell, en Mongolie; Paderin, à Karakoroum; Prjévalski, dans le Tangoute; tous ont suivi ses pas et ont, de propos délibéré ou sans le savoir, éclairci ce qu'il avait indiqué. Et cependant, combien vaste encore est l'étendue des pays qu'il a décrits d'après ses connaissances personnelles, mais qui continuent d'être au delà ou en dehors des investigations et des récits de ces voyageurs modernes, si méritants qu'ils soient!

Je dois ajouter que les voyages de Bogle et de Manning

ne m'ont été connus que trop tard pour que j'en aie pu tirer ici tout le parti convenable.

H. YULE.

Londres, 23 février 1876.

L'auteur de l'important travail qu'on vient de lire a exercé un commandement dans les troupes du génie du Bengale et a publié une belle et savante édition des voyages du célèbre Vénitien Marco Polo, mort en 1323. Le *Tour du Monde* a inséré en 1860 (2me semestre, p. 257 à 304) une traduction d'un voyage qu'il avait fait en 1855, en qualité de secrétaire d'une ambassade envoyée par lord Dalhousie dans le royaume d'Ava.

George Bogle et Thomas Manning, que le colonel H. Yule nomme à la fin des observations ici traduites, ont accompli des explorations qui ne manquent pas d'importance et qui ont été publiées au commencement de 1876; l'un avait été chargé d'une mission au Thibet et l'autre avait pénétré jusqu'à Lhassa.

Quant au colonel Prjévalski, après son premier voyage en Mongolie et au pays des Tangoutes, revenu à Kiakta le 1er octobre 1873, il se remettait en route pour la haute Asie en mai 1876, arrivait à Kouldja à la fin de juillet et à une cinquantaine de kilomètres de Karachar le 14 octobre; il rencontrait, après avoir suivi le cours du Tarim, un lac marécageux, tantôt rempli d'eau douce, tantôt couvert de roseaux, et le prenait pour le Lob-Nor. Il rentra à Kouldja, puis se rendit à Saint-Pétersbourg où il eut à soutenir des discussions contre ceux qui niaient que le Lob-

Nor, lac d'eau salée, pût être devenu le lac d'eau douce qu'il avait décrit. Puis il est reparti pour une nouvelle exploration. A la fin de mai 1879, il avait fait le tiers du chemin qui sépare le Zaissan-Nor des monts Himalayas et était parvenu à Khami, d'où il allait se diriger sur Cha-Tchéou et sur le Dzaïdam occidental. Les nouvelles explorations de cet infatigable voyageur promettent d'être aussi fertiles en résultats importants que les premières dont nous mettons le récit complet sous les yeux du public français.

Parmi les voyageurs dont M. Yule n'a pas pu mentionner les travaux, nous croyons devoir rappeler l'abbé Desgodins, dont le *Bulletin de la Société de Géographie de Paris* a publié de nombreux fragments concernant le Thibet, et M. de Ujfalvy, dont la femme a mis dans le *Tour du Monde* (1879) d'intéressants récits sur le Ferganah, Kouldja et la Sibérie occidentale. Dans son 1er semestre de 1878, le *Tour du Monde* avait déjà fait paraître les Souvenirs d'une ambassade anglaise à Kachgar, par MM. Chapman et Gordon.

Après le premier voyage de Prjévalski, trois de ses compatriotes ont visité la haute Asie : Potanine, la Mongolie au sud du Zaïssan-Nor; Sosnovski, la Chine et la Mongolie; Severtzof, le plateau du Pâmir.

Enfin tous ces efforts ont eu pour couronnement la publication en 1877 du premier volume de *la Chine*, par le baron F. de Richthofen, ouvrage qui paraît devoir être considéré comme un événement capital dans l'histoire géographique.

Paris, 31 octobre 1879.

PRÉFACE DE L'AUTEUR

Il y a quatre ans, grâce à l'initiative de la Société russe de Géographie et au concours éclairé du ministère de la guerre, j'ai été chargé d'une mission dans la Chine septentrionale et dans les États vassaux du Céleste Empire. Nous ne possédons sur ces régions que des renseignements incomplets, les uns puisés dans les livres chinois ou fournis par le célèbre voyageur du treizième siècle, Marco-Polo; les autres recueillis par les rares missionnaires qui ont réussi à pénétrer sur quelques points de ce vaste territoire. Les données provenant de ces différentes sources sont si superficielles, si inexactes, que tout le plateau oriental de l'Asie, depuis les monts de Sibérie au nord jusqu'à l'Himalaya au sud, et depuis les plateaux de Pâmir jusqu'à la Chine propre, est aussi peu connu que l'Afrique centrale et l'intérieur de la Nouvelle-Hollande. Nous n'avons même que des indications en grande partie conjecturales sur l'orographie et sur la nature de ces contrées. De leur formation géologique, leur climat, leur faune, leur flore, nous ne savons presque rien.

Cependant la connaissance de cette *terra incognita*, dont la superficie dépasse celle de toute l'Europe orientale, est du plus haut intérêt scientifique, placée comme elle est au centre d'un des plus vastes continents, plus élevée au-dessus du niveau de la mer qu'aucun autre pays du monde, et enfin sillonnée par des massifs gigantesques ou déployée en solitudes immenses. Le naturaliste et le géographe trouvent là un vaste champ d'études, et, si l'explorateur se sent attiré par la fascination de l'inconnu, la pensée des périls qui l'attendent peut ébranler son courage. Il aura en effet à supporter toutes les horreurs des ouragans, des chaleurs, des gelées, des sécheresses, et il se heurtera sans cesse à une population barbare, méfiante et hostile à l'égard de l'Européen.

Pendant trois ans, mes compagnons et moi, nous avons eu à lutter contre les difficultés de toute nature dans ces contrées sauvages de l'Asie, et ce n'est que par un bonheur extraordinaire que nous avons pu atteindre notre but : pénétrer jusqu'au Koukou-Nor, puis dans le Thibet septentrional et jusque dans la vallée supérieure du fleuve Bleu.

J'ai trouvé dans mon jeune compagnon, le sous-lieutenant Michel Alexandrovitch de Piltzoff, un aide actif et dont l'énergie n'a faibli devant aucun obstacle. Les deux cosaques du Trans-Baïkal, qui, pendant les deux dernières années, nous furent adjoints : Pamphyle Tchebaeff et Dondok Trinchinoff, se sont aussi montrés serviteurs dévoués et intelligents, et leur concours a été pour beaucoup dans la réussite de l'expédition. Je dois encore mes sincères remercîments à notre ancien ministre à Pékin, le général-major Alexandre Egorévitch Vlangali, qui fut le principal promoteur de l'exploration et jusqu'à la fin ne cessa de lui accorder la protection la plus puissante.

Mais, si nous possédions toutes les ressources en courage et en énergie, il n'en était pas de même pour les ressources pécuniaires. Ce manque d'argent exerça une fâcheuse influence sur la marche de l'expédition. Sans parler des privations de toute espèce que notre état besogneux nous fit endurer, nous n'avions pu nous procurer de bons instruments géodésiques. Ainsi nous n'emportions qu'un hygromètre qui se cassa en route; cela nous força de déterminer les hauteurs par l'ébullition de l'eau à l'aide du thermomètre Réaumur, procédé qui donne des chiffres moins exacts.

Pendant près de trois ans, nous avons parcouru onze mille cent verstes (la verste vaut mille soixante-sept mètres); cinq mille trois cents de ces verstes ont été relevées à l'œil nu avec la boussole. La carte jointe à ce volume est construite d'après dix-huit observations de latitude; pour neuf d'entre elles, j'ai déterminé la déclinaison magnétique et, pour sept, la force horizontale du magnétisme terrestre. Quatre fois par jour, je faisais des observations météorologiques; souvent j'observais aussi la température du sol et celle de l'eau. La hauteur absolue a été déterminée par l'anéroïde et par le point d'ébullition de l'eau [1].

Nous avons surtout étudié la géographie physique et, en histoire naturelle, les mammifères et les oiseaux. Les recherches ethnographiques ont été faites dans toutes les conditions favorables [2].

Nous avons réuni deux cent trente-huit espèces d'oiseaux représentées par seize cents spécimens, cent trente robes de mammifères appartenant à quarante-deux espèces et une dizaine d'espèces de reptiles représentées par soixante-dix sujets; onze espèces de poissons et trois mille insectes.

La flore des régions parcourues est représentée par cinq à six

1. Notre baromètre Parrote s'est brisé pendant la route, en Sibérie; car dans un voyage semblable c'est un instrument incommode : il est impossible de le préserver des secousses. Pour les observations magnétiques, j'avais une simple boussole. En un mot, tout l'outillage scientifique de l'expédition, même en objets de première nécessité, était des plus insuffisants.

2. Le récit du voyage, la géographie physique, l'ethnographie et d'assez nombreux renseignements sur l'histoire naturelle des pays parcourus par M. Prjévalski forment le sujet du volume que nous publions. Les autres, contiennent l'étude approfondie de la flore, de la faune, du règne numéral et du climat. (Édit.)

cents espèces de plantes au nombre de quatre mille spécimens.

La minéralogie l'est par des échantillons de toutes les chaînes de montagnes que nous avons explorées.

Tels sont les résultats de notre expédition.

La Société de Géographie et plusieurs sommités scientifiques nous ont accueillis avec la plus chaleureuse sympathie. MM. Maximovitch, Inoztrandzeff, Kessler, Moravitz, Sévertzof, Tatchanovski et Stræouch ont bien voulu se mettre à notre disposition pour faire le triage scientifique de nos matériaux accumulés.

Je dois encore exprimer ma gratitude aux colonels Stubendorff de l'état-major et Bolcheff du corps topographique, pour la part active qu'ils ont prise à la construction de la carte, et au directeur de l'observatoire de Pékin, M. Fritché, qui a obligeamment calculé toutes nos observations magnétiques.

N. Prjévalski.

Saint-Pétersbourg, 1er janvier 1875.

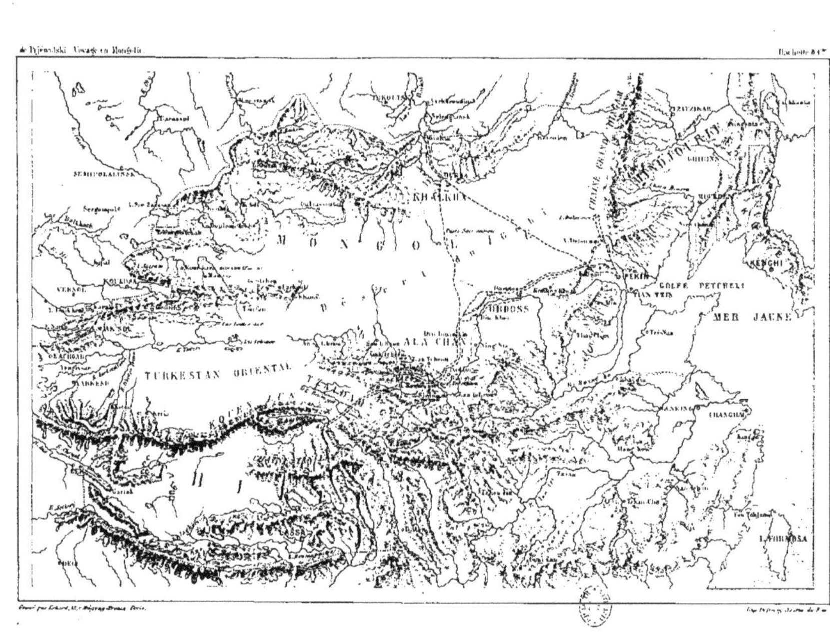

SEMIPOLATINSK
TURKESTAN ORIENTAL
ALA CHAN
ORDOSS
PEKIN
GOLFE PETCHELI
MER JAUNE
LASSA
I. FORMOSA

MONGOLIE

ET

PAYS DES TANGOUTES

CHAPITRE PREMIER

DE KIAKTA A PÉKIN.

La veille du départ. — Communications postales à travers la Mongolie. — Départ de Kiakta. — Aspect de la contrée jusqu'à Ourga. — Description de cette ville. — Gobi, son caractère physique ; oiseaux et quadrupèdes du désert. — Chaînes limitrophes du plateau de Mongolie. — Ville de Kalgan, caravanes de thé. — Grande muraille. — Connaissance avec les Chinois. — Voyage jusqu'à Pékin.

Au commencement de novembre 1870, mon jeune compagnon, M. Piltzoff, et moi, après avoir traversé en poste toute la Sibérie, nous arrivâmes à Kiakta. A partir de cette ville, commençait la première étape de notre voyage en Mongolie. Les longues files de chameaux, les visages brunis et à pommettes saillantes des Mongols, les Chinois à longue queue : tout ce spectacle nouveau pour nous annonçait que nous étions à la veille de franchir le pas qui devait pour longtemps nous séparer de la patrie. Nous nous habituions difficilement à cette idée ; cependant, si nous considérions que nous touchions enfin au début d'un voyage qui avait été le constant objet de mes rêves depuis mes plus jeunes années, le poids nous en semblait moins cruel.

Ignorant les conditions dans lesquelles allait s'effectuer

notre voyage, nous résolûmes de nous rendre d'abord à Pékin, pour y recevoir un passeport de l'autorité chinoise avant de nous enfoncer dans les provinces inconnues du Céleste Empire. Ce projet nous avait été suggéré par notre ministre résident à Pékin, le général Vlangali, qui nous aida constamment de tous les moyens en son pouvoir et dont le généreux concours contribua si puissamment au succès de notre entreprise. Dans la suite nous fûmes à même de nous apercevoir de quelle utilité était un passeport délivré par le ministre des affaires étrangères chinoises et non par le commissaire de la frontière de Kiakta. Le document diplomatique contribua singulièrement à augmenter notre prestige, ce qui est d'une importance incontestable lorsqu'on voyage en Chine, peut-être plus que partout ailleurs.

Le trajet de Kiakta à Pékin peut s'effectuer au moyen de chevaux de poste ou de chameaux loués aux Mongols.

En vertu des traités de Tian-Tzin en 1859 et de Pékin en 1860, le gouvernement russe a obtenu le droit d'installer à ses frais un service postal desservant la route de Kiakta à Pékin et à Tian-Tzin. Jusqu'à Kalgan, ce service est assuré par des entrepreneurs mongols ; à partir de cette ville, il est confié à des Chinois. Quatre bureaux de poste sont ouverts à Ourga, Kalgan, Pékin et Tian-Tzin. Dans chacune de ces villes, réside un fonctionnaire russe chargé de l'administration du service ; celui des voyageurs a lieu trois fois par mois de Kiakta et de Tian-Tzin ; l'expédition des marchandises, une fois par mois seulement. Les marchandises sont portées à dos de chameau et escortées par deux cosaques ; la durée du trajet varie de vingt à vingt-quatre jours. Ce temps est réduit à quinze jours pour les voyageurs. L'entretien de la poste coûte dix-sept mille roubles [1] à notre gouvernement, et la recette réalisée dans les quatre grandes stations n'en dépasse pas trois mille. De plus, entre Ourga et Kalgan, il existe un autre service postal administré par les Chinois; enfin sur la frontière de Kalka, près de la station de Saïr-Oussou, part un embranchement conduisant à Oulia-Soutaï.

1. Il est difficile de donner la valeur du rouble d'argent. En la mettant en moyenne à 3 fr. 75, on a 63,750 fr. pour 17,000 roubles, et 11,250 fr. pour 3,000 roubles.

Ajoutons que, tous les trois mois, le gouvernement chinois assure l'expédition à ses frais, aller et retour, d'un convoi de marchandises destinées à notre mission à Pékin. Le poids du chargement ne doit pas dépasser quatre-vingts pouds [1].

Dans les cas extraordinaires, les dépêches officielles sont portées par un courrier de cabinet russe. Le gouvernement chinois doit être prévenu de ce départ un jour d'avance, et mettre à la disposition de l'envoyé de la chancellerie une voiture de poste à deux roues. Les quinze cents verstes [2] qui séparent Kiakta de Pékin sont franchies en neuf ou dix jours.

Fig. 1. — Voiture chinoise.

Nos marchands russes louent habituellement des chameaux et un guide mongol et traversent le Gobi en caravane. On attelle un chameau à une voiture chinoise en forme de caisse suspendue sur deux roues et le voyageur, enfermé dans ce véhicule, est obligé de s'y tenir couché, en tournant le dos au chameau, s'il ne veut pas avoir les pieds plus élevés que la

1. 80 pouds égalent 1,280 kilog. environ. (*Note du traducteur.*)

2. La verste russe, d'après l'Annuaire des longitudes, vaut 1,067 mètres, ce qui fait 1,600 k. 500 m. pour 1,500 verstes.

tête. Même au pas, les secousses que l'on éprouve dans une pareille boîte sont inexprimables.

C'est un semblable équipage que nous louâmes à un négociant de Kiakta. Nous traitâmes avec un Mongol moyennant soixante-dix lans [1] pour nous conduire jusqu'à Kalgan, et la durée du trajet fut fixée à quarante jours. Ordinairement il n'en faut que vingt-quatre pour gagner Kalgan, mais nous voulions avoir le temps d'examiner la contrée tout à notre aise.

Nous prîmes comme interprète un cosaque bouriate [2] dans les escadrons du Trans-Baïkal. Cet homme nous rendit de grands services; malheureusement les difficultés de la route le rebutèrent, et au printemps nous fûmes forcés de nous séparer de lui.

Enfin le 17 novembre [3] nous partons, entassés avec nos bagages et notre chien Faust dans l'équipage décrit précédemment. Bientôt nous laissons Kiakta derrière nous, et nous entrons sur le territoire mongol. Adieu, patrie! adieu et pour longtemps! Puissions-nous te revoir!

De Kiakta à Ourga, la distance est de trois cents verstes. Le paysage est tout à fait semblable à celui des plus beaux cantons du Trans-Baïkal: même abondance d'eaux et de forêts, mêmes prairies sur le versant des montagnes. En un mot, rien n'annonce encore au voyageur la proximité du désert. Jusqu'à la rivière Kara, la hauteur absolue de la contrée est d'environ deux mille cinq cents pieds; vers la ville d'Ourga, cet exhaussement en atteint quatre mille deux cents [4].

Le terrain entre Kiakta et Ourga est montagneux; mais les élévations sont peu considérables et d'une forme peu accentuée. Tous ces chaînons courent de l'ouest à l'est. Sur la route d'Ourga, nous en remarquons trois, les plus importants par leur grandeur: l'un s'élève sur la rive septentrionale de l'Iro; un second, le Mankadaï, se rencontre à moitié chemin,

1. Le lan chinois équivaut à 2 roubles; les 70 font donc 525 fr.

2. Bouriates, Bourètes ou Bourouts, tribu mongole de la province d'Irkoutsk, soumise aux Russes depuis 1644.

3. Toutes les dates de ce livre sont données en vieux style, c'est-à-dire antérieur à la réforme du calendrier par le pape Grégoire XIII; ce qui met ces dates en retard de douze jours sur les nôtres.

4. Le pied russe étant le même que le pied anglais, c'est-à-dire valant 0m,3047, 2,500 de ces pieds font 761m,97, et 4,200, 1270m, 12.

Fig. 2. — Vue d'Ouargla.

et le troisième, le Monkour, se déploie dans les environs d'Ourga. Le Mankadaï seul présente un col assez difficile à franchir, mais il est possible de l'éviter en se dirigeant plus à l'est.

L'Iro et le Kara-Gol[1], affluents de l'Orkhon, tributaire lui-même de la Sélenga, sont les plus importants cours d'eau de la contrée, qui d'ailleurs est bien arrosée.

Le sol est partout formé de tchernoziom[2], terre silico-argileuse ; mais les environs de Kiakta, dans un rayon de cent cinquante verstes, ont seuls été défrichés par les Chinois.

Parmi les essences forestières nous remarquons : le pin, le sapin, le mélèze, le tremble, le bouleau noir et le cèdre, en petit nombre. Quelques rares spécimens d'arbrisseaux, tels que le pêcher sauvage et le faux acacia, tapissent les pentes rocheuses. Les pâturages sont excellents et les bestiaux mongols y paissent toute l'année en pleine liberté.

Comme nous étions en hiver, la faune n'offrait pas une grande variété ; nous avons vu la perdrix grise, le lièvre, le lièvre nain, l'alouette, la linotte et le choucas. En résumé, les espèces animales étaient identiques à celles de la Sibérie.

Après une semaine de route, nous arrivions à Ourga et nous nous reposions quatre jours dans la famille hospitalière de notre consul, M. Chichmareff.

Ourga est la principale ville de la Mongolie septentrionale. Elle est connue chez les nomades sous le nom de Bogdo-Kourène ou de Da-Kouren. Le nom d'Ourga, venant d'*ourgo* (palais[3]), lui a été donné par les Russes. Cette ville est partagée en deux quartiers : le mongol et le chinois. Le premier est appelé Bogdo-Kourène et le second, à l'est du précédent, Maï-Maï-Tchen ; une distance de quatre verstes les sépare l'un de l'autre.

Ourga compte trente mille habitants. La population de Maï-Maï-Tchen[4] se compose exclusivement de fonctionnaires et de

1. Le mot *gol* signifie en mongol rivière, et on l'ajoute toujours au nom propre du cours d'eau ; de même, le mot *nor*, ou mieux *nour*, lac, se place après le nom propre du lac ; *daban*, chaîne, et *oula*, montagnes, suivent aussi les noms des différents massifs. (*Trad.*)

2. Terreau noir d'une grande fertilité. (*Trad.*)

3. L'enceinte sacrée.

4. Ou mieux Maïmatchin, nom de la ville sur les cartes. Ainsi, la ville a trois

négociants chinois. Toutes leurs maisons sont construites en pisé.

La loi interdisant aux résidents chinois d'avoir avec eux leurs familles, cette prescription a pour conséquence qu'ils entretiennent des maîtresses mongoles.

Au premier plan de la ville mongole, se dressent les temples, avec leurs coupoles dorées, et le palais du *koutoutka*, image de la divinité sur la terre. Ce palais ne diffère pas beaucoup des temples, parmi lesquels le plus grand et le mieux bâti est celui du maïdari, personnage qui doit succéder au koutoukta. C'est un haut édifice, carré, avec un toit en terrasse et des murs crénelés. Dans l'intérieur, se trouve la statue du maïdari, qui est représenté sous la forme d'un homme assis et souriant. Cette statue est haute de cinq sagènes [1] et pèse, dit-on, huit mille pouds ; elle est faite de cuivre doré, travaillé à Dolon-Nor, et a été transportée par morceaux à Ourga.

Devant la statue du maïdari est dressée une table couverte d'offrandes, parmi lesquelles nous avons remarqué, à une place honorable, un bouchon de carafe ordinaire. Les murs de l'édifice disparaissent sous une grande quantité de petites idoles et de tableaux sacrés.

A l'exception des temples et d'un petit nombre de maisons chinoises, toutes les demeures de la ville mongole sont des tentes en feutre ou de petites cabanes en pisé, les unes et les autres entourées de palissades. Tantôt ces habitations s'étendent sur un même alignement et forment alors des rues, tantôt elles sont groupées sans aucun ordre. Au milieu de la ville, s'élève le bazar, où nous remarquons les boutiques de quatre ou cinq de nos compatriotes, qui s'occupent de la vente de quelques marchandises russes et du transport du thé à Kiakta.

Le thé dont on fait le plus fréquemment usage à Ourga, aussi bien que dans tout le nord de la Mongolie, est le *thé en briques* [2]. On emploie généralement le thé ainsi comprimé en guise de

noms : 1° Ourga, — nom russe ; 2° Bogdo-Kourène, — nom mongol ; 3° Maïmatchin, — nom chinois, le seul qui se trouve sur la plupart des cartes.

1. La sagène valant 2m,134, cette statue a 10m,670 de haut.

2. Feuilles de thé comprimées en forme d'une brique ordinaire. (*Trad.*)

Fig. 3. — Une rue d'Ourga.

monnaie. Ainsi un mouton vaut de douze à quinze briques; un chameau, de cent vingt à cent cinquante; une pipe chinoise, de deux à cinq, etc. La monnaie russe, soit fiduciaire, soit métallique, et les lans chinois sont aussi reçus partout. Mais les briques de thé sont la monnaie la plus courante, et il n'est pas rare de voir au bazar un acheteur amener ses briques monétaires dans une charrette.

La population mongole d'Ourga se compose en grande partie de lamas; leur nombre est d'environ dix mille, et un tiers des hommes mongols appartient à cette caste religieuse.

Il existe dans la ville une sorte d'université comprenant des facultés de médecine, de théologie et d'astrologie.

Ourga, par suite de son importance religieuse, vient immédiatement après Lassa [1] dans le Thibet.

Dans cette dernière ville, resident le dalaï-lama et son vicaire le ban-dzin-erdiné [2]; et, à Ourga, le koutoukta, troisième personnage du bouddhisme. D'après le dogme lamaïste, ces saints constituent la divinité incarnée sur la terre. La mort n'est pour eux qu'une restauration: après le décès, leur âme passe dans le corps d'un jeune garçon, de sorte que la divinité reparaît sous une forme plus agréable et plus jeune. Le dalaï-lama et le koutoukta d'Ourga se trouvent prophétiquement dans le Thibet. Une nombreuse caravane part d'Ourga pour amener le nouveau saint; elle emporte avec elle un présent de trente mille lans [3], qui lui est destiné. A l'époque de notre séjour, le siège du koutoukta était vacant depuis deux ou trois ans, et l'ambassade, qui ramenait son successeur, entravée dans sa marche par l'insurrection mahométane, n'avait pu encore regagner la ville.

En Mongolie et même à Pékin, il existe un grand nombre d'autres koutouktas appelés « guigens » ; mais leur sainteté est inférieure à celle de leur collègue de Bogdo-Kou-

1. Lassa ou mieux Lhassa s'appelle chez les Mongols Moudou-dzou, « temple éternellement sacré », ou plutôt Meungké-tching, « le sanctuaire inébranlable ».

2. Le ban-dzin-erdiné ou mieux ban-djin-erkoné habite le couvent de Djess lumbo (plutôt Tachi-loumbo) et non pas Lassa.

3. On a vu plus haut que le lan chinois équivaut à 2 roubles ou à 7 fr. 50.

rène. Lorsqu'ils viennent le voir, ils sont obligés de se prosterner devant lui comme de simples fidèles.

Toute la hiérarchie sacerdotale mongole est protégée par l'administration chinoise, qui utilise l'influence exercée par ce corps sacré sur les nomades pour affermir son autorité et assoupir les haines causées par ses exactions.

Fig. 4. — Un Koutoukta, ecclésiastique d'un ordre supérieur.

L'étude des belles-lettres thibétaines et de la théologie bouddhiste compose tout le savoir des guigens. Élevés et surveillés avec jalousie par les lamas, leur intelligence ne dépasse jamais une parfaite médiocrité. On assure même que ceux-ci, à l'instigation de l'autorité chinoise, n'hésitent point à faire disparaître les jeunes guigens dont les facultés leur paraissent trop remarquables, parce qu'ils redoutent de voir surgir un homme réellement supérieur par l'intelligence.

Le koutoukta d'Ourga possède de grandes richesses personnelles, indépendamment des offrandes des fidèles. Cent cinquante mille âmes, dans les environs d'Ourga et d'autres parties de la Mongolie, lui appartiennent en toute propriété.

L'aspect du quartier mongol est d'une malpropreté révoltante et, même en plein jour, les habitants n'hésitent pas à y satisfaire les nécessités les plus secrètes. Les immondices de toute nature encombrent les rues. Sur la place du bazar ou marché, stationnent de nombreuses bandes de mendiants affamés, et même quelques-uns d'entre eux, surtout des vieilles femmes, y ont établi leur domicile.

Il est difficile de se représenter un spectacle plus misérable. Parfois une pauvre mendiante, âgée et infirme, se couche par terre et les habitants lui donnent, par commisération, des morceaux de feutre usé, dont elle se construit une sorte de tente. La malheureuse vit dans ce chenil, enfoncée dans l'ordure et suppliant les passants de lui donner de quoi soutenir sa triste existence. En hiver, pendant les tempêtes de neige, d'autres mendiants, plus vigoureux, l'arrachent de son repaire pour s'y mettre à sa place, et l'infortunée meurt de froid au milieu de la rue. Si la mort vient la frapper dans sa cabane, le spectacle est encore plus épouvantable ; car la moribonde, qui a conservé conscience d'elle-même, se voit entourée d'une foule de chiens affamés qui n'attendent que son dernier soupir pour se disputer son cadavre. Ces animaux flairent de temps en temps la figure et les mains de l'agonisante, et, si un mouvement ou un soupir indique que la vie n'a pas encore abandonné le corps, ils se retirent à quelques pas, attendant avec patience l'instant où ils pourront déchirer le cadavre.

Mais ce ne sont point encore là les scènes les plus repoussantes de la vie locale dans la cité sainte. Le voyageur est témoin, au cimetière d'Ourga, de faits encore plus offensants pour l'humanité. Dans ce champ du repos, les cadavres ne sont point enterrés à une profondeur convenable, mais simplement jetés sur le sol, exposés à la voracité des chiens et des oiseaux de proie. Je n'oublierai jamais l'impression affreuse qu'a produite sur moi la vue d'un pareil charnier ; le sol est jonché d'ossements, au milieu desquels errent comme des ombres de misérables chiens qui se nourrissent exclusivement de chair humaine. Un cadavre n'est pas plus tôt jeté sur le sol que les vautours, les corbeaux et les chiens se précipitent dessus; une heure après, c'est à peine s'il en reste quelques os.

Les bouddhistes regardent comme un excellent présage que le corps soit rapidement dévoré; c'est pour eux une preuve que le défunt était aimé de Dieu. Les chiens d'Ourga sont tellement habitués à se repaître de cadavres, qu'on les voit, même ceux qui appartenaient au décédé, prendre rang, dans les cortèges funèbres, derrière les parents et les amis et se rendre avec eux au cimetière.

L'administration d'Ourga et des deux aïmaks (khanats) de l'est, qui forment le pays de Kalka ou Mongolie septentrionale, à savoir ceux de Touchtou et de Tzitzin, est confiée à deux gouverneurs. L'un d'eux est toujours un Mandchou, envoyé de Pékin, et l'autre un prince mongol. Les deux autres khanats de Kalka, ceux de Djassaktou et de Saïn-Noïn, sont sous la dépendance du gouverneur général d'Oulia-Soutaï. Les khans administrent toutes les affaires intérieures de leurs possessions d'après leur droit souverain, mais ils sont subordonnés à des administrateurs chinois qui veillent au maintien de la puissance du Céleste Empire sur les populations nomades, toujours prêtes à en secouer le joug.

A l'époque de notre séjour à Bogdo-Kourène, il circulait des bruits effrayants sur les Doungans, insurgés mahométans, qui avaient pillé Oulia-Soutaï et menaçaient la ville sainte. Aussi, dans le but de parer à toutes les éventualités, le gouvernement avait-il renforcé la garnison mongole de deux mille Chinois. Mais, comme ces troupes paraissaient encore insuffisantes, notre gouvernement se décida à faire entrer dans la place un détachement de six cents fantassins et cosaques avec deux pièces de canon, pour protéger notre consul et nos intérêts commerciaux. Cette garnison russe stationna plus d'un an dans la ville et, grâce à elle, les insurgés renoncèrent à leur dessein de mettre à sac la ville sainte.

A partir d'Ourga, cesse le caractère sibérien du paysage qui distingue encore la Mongolie septentrionale. Après avoir traversé la Toula [1], le voyageur ne rencontre plus de cours

1. Cette rivière, affluent de l'Orkhon, et dont les eaux vont au lac Baïkal, a un cours d'environ 500 kilomètres.

Fig. 5. — Camp des forces russes à Ourga en 1871.

d'eau et, sur le mont Kan-Oula, qui se trouve aux environs, il aperçoit les derniers arbres. Cette montagne passe pour sacrée depuis que l'empereur Kan-Ki[1] y a chassé. Plus loin dans le sud, à la limite de la Chine proprement dite, s'étend le désert de Gobi[2], qui occupe une immense superficie dans l'est de l'Asie, depuis le pied des monts Kouen-Loun jusqu'aux monts Hingam, qui séparent la Mongolie de la Mandchourie.

De nos jours encore, la région occidentale de ce désert, surtout entre le Thiun-Chan et les monts Kouen-Loun, n'est pas parfaitement connue. La région orientale, coupée diagonalement par la route de Kiakta à Kalgan, est beaucoup mieux explorée. C'est qu'ici le nivellement barométrique de Fuss et de Boungé en 1832; plus tard, les voyages de Timkowski, de Kavalewski et d'autres savants; les travaux de nos missions lorsqu'elles se rendent en Chine, nous ont fait connaître la topographie de cette partie de l'Asie. Enfin le récent voyage de l'astronome Fritché dans l'est du Gobi et mes propres explorations, dans le sud-est, le sud et le centre, nous ont procuré des données certaines sur la topographie, le climat, la flore et la faune de la moitié orientale du grand désert asiatique[3].

Les travaux de Fuss et de Boungé ont détruit l'opinion commune parmi les géographes sur l'élévation de huit mille pieds russes attribuée au Gobi et l'ont ramenée à la moitié[4]. Les mêmes savants nous ont encore appris qu'en suivant la direction de la route des caravanes de Kiakta à Kalgan, la hauteur absolue du désert, dans sa partie centrale, descend à deux mille quatre cents pieds, et même à deux mille d'après Fritché. Suivant Fuss et Boungé, cet abaissement s'étendrait sur une largeur de cent verstes. Il ne se prolonge certainement pas très loin à l'est ni à l'ouest, car M. Fritché ne

1. Contemporain de Pierre le Grand, et le plus illustre des souverains de la dynastie mandchoue; il accueillait bien les Européens.

2. En mongol le mot *gobi* signifie plaine aride; le steppe proprement dit s'appelle *data*.

3. Pour être juste en même temps que complet, l'auteur aurait dû citer les voyageurs français Huc, Gabet et R. David, et les Anglais Élias Ney et Hooke, qui ont aussi exploré utilement ces régions.

4. Le pied russe valant comme le pied anglais $0^m,3047$, un millier de pieds fait $304^m,79$; et 8,000 donnent pour nombre de mètres 2438,35; dont la moitié est de 1219,17.

l'a pas constaté dans la partie orientale du Gobi, et nous non plus, lorsque, revenant de l'Ala-Chan à Ourga, nous passâmes par le centre du désert.

Il faut ajouter que la région orientale est moins sauvage et moins désolée que ne le sont le sud et l'ouest dans l'Ala-Chan et dans les plaines du Lob-Nor.

A la distance d'une journée de marche après Ourga, le paysage change, et son caractère devient exclusivement mongol. Le steppe, à perte de vue et s'effaçant dans le lointain bleuâtre de l'horizon, se déploie, tantôt légèrement ondulé, tantôt coupé par des collines rocheuses. Des troupeaux paissent çà et là, et les tentes de leurs propriétaires sont disséminées le long de la route. Ce n'est point encore là le Gobi proprement dit, mais une zone intermédiaire et de nature steppienne, ayant un sol silico-argileux, couvert d'une herbe excellente, et embrassant une superficie de deux cents verstes carrées vers le sud-ouest, où elle se confond peu à peu avec le désert.

Cette zone est composée de grandes ondulations, coupées parfois de surfaces planes pendant une dizaine de verstes. On remarque ces mêmes surfaces planes dans la partie centrale du Gobi, tandis qu'au nord et au sud se dressent fréquemment des collines, isolées ou présentant des chaînes continues dont la hauteur a quelques centaines de pieds et qui sont formées de rochers. Leurs gorges et leurs vallées sont creusées par des torrents qui ne se manifestent qu'après les fortes pluies et pendant quelques heures; aussi a-t-on pratiqué, dans leurs lits, des puits de distance en distance. Depuis la rivière Toula jusqu'aux frontières de la Chine propre, sur une longueur de neuf cents verstes, on ne rencontre aucune rivière. En été seulement, pendant la période des pluies et dans les localités argileuses, des lacs temporaires se forment, mais ils disparaissent pendant les grandes chaleurs

Le sol du Gobi proprement dit est composé de graviers rougeâtres à gros grains, parsemés de cailloux et de pierres, parmi lesquels on trouve l'agate. En certains endroits, le sol est rayé de bandes de sable jaune, beaucoup moins étendues que celles de la partie méridionale.

Avec un pareil terroir, le Gobi est impropre à toute culture; aussi l'herbe même y est-elle rare. Toutefois, sur la route de

Kalgan, il est juste de dire que les endroits complètement arides sont peu fréquents; mais en général l'herbe, qui croît sur un fond gris rougeâtre, atteint à peine un pied de hauteur. Dans les localités où l'argile succède au gravier, dans les vallées et sur les montagnes, là où le sol retient plus longtemps l'humidité, il pousse une herbe appelée par les Mongols « dirissou » (*Lasiagrostis splendens*), qui forme des buissons de quatre à cinq pieds de haut et qui est dure comme du fil de fer. Ailleurs on remarque encore l'oignon, la petite absinthe et quelques autres plantes à fleurs composées. Telle est la végétation prédominante du désert. Quand le sol est imprégné de sel, on voit apparaître le *Kalidium gracile*, herbe préférée du chameau. Les arbres et les arbustes manquent totalement. Comment du reste pourraient-ils se développer, lorsque, en surplus de toutes les conditions défavorables, les vents de l'hiver et du printemps, qui soufflent de deux jours l'un, arrachent l'absinthe avec ses racines, et la réunissent en grosses gerbes qu'ils roulent à travers l'immensité du désert?

Dans le Gobi proprement dit, la population devient beaucoup plus rare que dans la zone steppienne. Car le Mongol seul, suivi de son compagnon nécessaire le chameau, peut circuler dans ces régions privées d'eau, soumises pendant l'été à une chaleur tropicale, et se refroidissant, en hiver, jusqu'à atteindre la température des contrées polaires.

Généralement le Gobi produit sur le voyageur une impression pénible, même étouffante. Pendant de longues semaines, le même tableau se déroule devant ses yeux : il voit d'immenses espaces, reflétant une teinte jaune, à cause des herbes desséchées de l'année précédente, ou noirâtre, lorsqu'ils sont sillonnés de chaînes de rochers, sur le sommet desquels se dessine, parfois, la silhouette d'une antilope. Gravement et d'un pas mesuré s'avancent les chameaux; des dizaines et des centaines de verstes se succèdent, mais le paysage conserve le même caractère triste et désolé... Enfin la nuit s'étend sur le désert. Un ciel sans nuages s'illumine de myriades d'étoiles; la caravane continue encore quelque temps sa longue marche, puis s'arrête pour camper. Les chameaux hennissent de joie; on les débarrasse de leurs fardeaux, et les pauvres bêtes ne tardent point à se coucher en rond autour de la tente des chameliers. Ceux-ci procèdent rapidement aux préparatifs de leur modeste souper; une heure ne s'est pas écoulée que bêtes et gens sont ensevelis dans le sommeil et que. de nouveau, un calme de mort règne sur cette terre.

A travers le Gobi, pour se rendre d'Ourga à Kalgan, outre la route postale, desservie par les Mongols, il existe encore quelques autres itinéraires suivis par les caravanes de thé. Sur la route postale [1], de distance en distance, on rencontre des puits et des tentes (iourtes), qui suppléent à nos stations. Les Mongols, sur les chemins des caravanes, connaissent les campements où croissent les meilleurs fourrages. Le long de ces routes, erre une misérable population qui gagne sa vie en demandant l'aumône, en faisant paître les chameaux et en vendant les excréments desséchés des troupeaux, que l'on appelle *argals*. Cette denrée joue un rôle important dans le ménage des nomades, et pour le voyageur elle compose l'unique combustible dont on fait usage dans tout le Gobi [2].

Les journées de notre voyage se succédaient dans une complète uniformité. Ordinairement nous partions à midi et marchions jusqu'à minuit, franchissant toujours de quarante à cinquante verstes par étape. Pendant la journée, mes compagnons et moi nous précédions à pied la caravane, en chassant aux oiseaux, parmi lesquels les corbeaux, à cause de leur impudence insupportable, devinrent bientôt nos ennemis acharnés. Déjà, en sortant de Kiakta, j'avais remarqué que quelques-uns de ces oiseaux se posaient sur les colis portés par les chameaux, en arrachaient quelque chose et s'envolaient. Inspection faite, il se trouva que ces insolents pillards avaient déchiré les enveloppes de nos provisions, volaient nos biscuits et, après avoir caché leur butin, revenaient à la charge. Depuis lors, les corbeaux mongols furent fusillés sans merci.

Leur effronterie dépasse du reste tout ce que l'on peut imaginer: non seulement ils dérobent quoi que ce soit qu'ils

1. On compte, entre Ourga et Kalgan, 47 stations postales sur une étendue de 1,000 verstes = 1,067 kil.

2. Cet usage se retrouve dans le fond de notre Bretagne, notamment dans l'île de Batz, en face de Roscoff (Finistère). (*Traducteur.*)

peuvent emporter, mais, se perchant sur le dos des chameaux, ils becquettent leur bosse. Les chameaux crient à plein gosier, se retournent et leur crachent dessus ; mais les corbeaux continuent et souvent leur font de larges blessures. Cependant, les Mongols se font scrupule de tuer ces hôtes désagréables de la caravane.

Après les corbeaux, ce furent les vautours qui, pendant l'été, nous déclarèrent la guerre, et, s'ils nous volèrent tout ce qu'ils purent, des centaines d'entre eux le payèrent de leur vie.

Parmi les autres oiseaux, il faut encore citer le solitaire et l'alouette mongolienne.

Le solitaire (*Syrrhaptes paradoxus*), découvert et décrit, à

Fig. 6. — *Syrrhaptes paradoxus.*

la fin du dernier siècle, par Pallas, est répandu, dans toute l'Asie centrale, jusqu'à la mer Caspienne et, au sud, jusqu'au Thibet. Les Mongols le nomment *boldourou* et les Chinois *sadji*. Il habite exclusivement le désert où il se nourrit des graines de certaines plantes. De la bonne ou mauvaise récolte de ces graines, dépend le plus ou moins grand nombre de solitaires qui hivernent dans le Gobi. En été, ces oiseaux apparaissent dans le Trans-Baïkal, où ils font leurs œufs, qui, au nombre de trois, sont pondus sur le sol sans aucune litière. La femelle est assez bonne couveuse et reste avec constance sur son nid. Toutefois ces oiseaux sont très prudents et sentent vite le danger. En hiver, lorsque le plateau de Mongolie est couvert d'une épaisse couche de neige, les solitaires, chassés par la faim, se réfugient dans la Chine septentrionale, où ils se réunissent en troupes nombreuses. Mais, à peine le temps redevient-il un peu moins rigoureux, qu'ils s'envolent vers leurs déserts d'origine. Ces oiseaux fendent l'air avec une telle rapidité que, lorsqu'il en passe un certain nombre, on perçoit distinctement de loin un son sourd, qui leur est particulier; leur cri est bref et rauque. A terre, le solitaire court très mal, ce qui tient probablement à la structure de ses pieds, couverts de verrues et dont la plante a quelque analogie avec celle du chameau.

Après leur repas du matin, les solitaires se rendent à la source ou au puits le plus voisin. Arrivée à l'abreuvoir, toute la troupe décrit des circonférences, comme pour reconnaître qu'elle est en sécurité, puis s'abaisse vers l'eau, boit rapidement et reprend son vol. Les localités possédant de l'eau sont donc fréquentées assidûment par ces oiseaux, qui s'y rendent parfois de quelques dizaines de verstes.

L'alouette de Mongolie (*Melanocorypha mongolica*) est une des plus grosses de l'espèce. On ne la rencontre que dans les régions du Gobi où elle trouve des prairies. Aussi cette espèce d'oiseaux n'existe-t-elle dans le désert que fortuitement. En hiver, ces volatiles se réunissent en bandes d'un millier de têtes. Le plus ordinairement, nous avons constaté la présence des alouettes à la limite méridionale du Gobi et dans la Chine proprement dite, où elles ne sont pas rares pendant la saison rigoureuse.

Cet oiseau est le meilleur chanteur des déserts de l'Asie centrale, et son talent n'est pas inférieur à celui de son congénère d'Europe. De plus, il possède la remarquable faculté d'imiter la voix de tous les autres oiseaux et souvent d'agrémenter son propre chant de fioritures nouvelles. Les Chinois l'appellent *baï-line* et estiment beaucoup ses mélodies. Au printemps ces alouettes se rendent dans le nord, dans le Trans-Baïkal, pour se livrer à la ponte. Leurs œufs, au nombre de trois ou quatre, sont déposés par terre, dans une petite cavité. Celles d'entre elles qui couvent dans le désert le font très tard et nous avons trouvé des œufs frais au commencement et même au milieu de juin. Ces oiseaux hivernent dans la région du Gobi où il tombe le moins de neige. Pendant les froids, qui descendent ici jusqu'à 37° C., les alouettes se tiennent dans les buissons du *dirissou* [1], dont les petites graines leur servent de nourriture pendant cette saison. Il est un fait remarquable, et que nous avons pu constater sur d'autres espèces d'oiseaux, c'est qu'elles sont chassées dans le sud non par le froid, mais par le manque de nourriture. Les alouettes mongoliennes sont répandues du sud jusqu'au nord du coude du fleuve Jaune. Quand on a dépassé l'Ordoss, l'Ala-Chan et la province montagneuse de Gan-Sou, elles apparaissent de nouveau dans les steppes du lac Koukou-Nor.

Une grande quantité d'alouettes appartenant à trois autres espèces hivernent aussi dans le Gobi, ce sont l'*otocoris albigula*, l'*alauda pispoletta*, et la *plectrophanes laponica*. Ces dernières se rencontrent en vols considérables dans le territoire de Dzakar, c'est-à-dire dans le sud-est du Gobi.

Parmi les mammifères particuliers au désert, on peut citer le lièvre nain et l'antilope.

Le lièvre nain (*lagomys ogotono*) appartient au genre des rongeurs et, par sa denture, est proche parent du lièvre commun. Il est grand comme un rat ordinaire et vit dans des terriers. On le trouve exclusivement dans les prairies steppiennes couvertes de collines, dans les montagnes du Trans-Baïkal et dans le nord de la Mongolie.

Ces animaux vivent en société. Leurs terriers sont disposés de telle façon que, si l'on en découvre un, on est certain d'en trouver un nombre assez considérable. En hiver, pendant les grands froids, les lièvres nains ne sortent pas de leurs retraites [2]; mais, aussitôt qu'un léger adoucissement se produit dans la température, ils se précipitent dehors, vont et viennent, se chauffent au soleil et courent d'un terrier à l'autre. Leur cri ressemble au glapissement d'un rat, mais avec beaucoup plus de force. Les renards, les loups et particulièrement les buses, les faucons et les aigles détruisent tous les

1. Voir p. 17.

2. Ces animaux ne sont pas soumis au sommeil hivernal.

jours une grande quantité de ces petits animaux, dont la vie est une alerte perpétuelle. Ils se tiennent habituellement à moitié cachés dans leurs terriers et ne laissent paraître que leur tête. Nous avons nous-mêmes été témoins de la rapidité foudroyante avec laquelle les brigands ailés fondent sur ces malheureux quadrupèdes. Les buses surtout s'en nourrissent exclusivement.

Ces petits lièvres se laissent approcher de l'homme et du chien, jusqu'à une dizaine de pas, et se décident alors à disparaître; mais la curiosité, qui fait le fond de leur caractère, ne tarde point à l'emporter sur la crainte : bientôt leurs têtes se montrent à l'entrée des terriers, et, si l'objet de leur peur n'est plus en vue, ils se remettent en campagne.

Certaines tribus de ces lièvres préparent des provisions de foin pour l'hiver, où, soigneusement séchées, elles leur servent de nourriture et de litière. Mais il arrive souvent que les peines qu'elles ont prises sont en pure perte, parce que les bestiaux dévorent toute leur réserve. Dans ce cas il ne leur reste plus, pour subsister, que les herbes desséchées à peu de distance de leurs terriers.

Les rongeurs de cette espèce peuvent longtemps se passer d'eau. On suppose que la neige en hiver et la rosée en été, assez rare du reste, leur suffisent; mais, pendant le reste de l'année, lorsqu'une horrible sécheresse sévit sur le plateau durant des mois entiers, que doivent-ils devenir ?

Le dzeren ou antilope de Mongolie (*Antilopa gutturosa*) se trouve surtout dans la partie orientale du Gobi et dans les environs du Koukou-Nor.

Ces animaux se réunissent en troupes qui varient de cent jusqu'à mille individus; mais leurs bandes considérables ne se rencontrent que dans les cantons les plus fertiles en pâturages; ordinairement elles ne comptent que trente à quarante têtes. Fuyant avec soin le voisinage de l'homme, ces antilopes errent d'un endroit à l'autre selon la saison et l'abondance des pâtures. Elles se tiennent presque toujours dans les plaines; pourtant au printemps elles fréquentent les collines, où les attire l'herbe nouvelle qui y croît avec une grande rapidité. Elles ne recherchent point l'abri des arbustes et des hauts buissons de dirissou; mais seulement, pendant la période de l'allaitement, les femelles se tiennent sous leur ombre pour garantir leurs nouveau-nés. Peu de jours après leur naissance, ceux-ci suivent leur mère et galopent aussi vite que les adultes.

La voix des dzeren se fait entendre très rarement et seulement chez les mâles; c'est une sorte de beuglement assez haut et saccadé. Leurs sens sont admirablement développés ; et chez ces animaux l'odorat, la vue et l'ouïe surtout sont étonnants. La rapidité de leur allure est extrême. C'est grâce à ces qualités réunies qu'ils échappent souvent aux poursuites de l'homme et des loups.

On chasse très difficilement ces antilopes, aussi bien à cause des précautions qu'elles prennent que de leur résistance vitale aux blessures. En plaine elles ne se laissent jamais approcher du chasseur ; lorsqu'elles stationnent et se voient poursuivies, elles se retirent à une distance deux fois plus grande. Ce n'est que dans les localités accidentées qu'il est possible de s'avancer vers elles jusqu'à trois cents et quelquefois deux cents pas ; mais, même à cette distance, il est encore téméraire de compter sur leur capture. A deux cents pas, une balle de carabine abat une antilope, à condition qu'elle l'atteigne au cœur, à la tête ou lui brise l'épine dorsale. Dans tous les autres cas, une antilope, même frappée mortellement, court encore avec une telle vitesse qu'elle est perdue pour le chasseur, et qu'avec une patte cassée son allure est encore supérieure à celle du meilleur cheval. Une carabine à longue portée est indispensable au tireur ; de plus, elle doit être munie d'une fourchette pour assurer la justesse du tir.

En général, il faut dire que le chasseur européen, au premier pas dans les déserts asiatiques, doit abandonner ses systèmes de chasse et apprendre beaucoup de choses des indigènes.

Les Mongols, armés de leurs mauvais fusils à mèche, chassent pourtant l'antilope; voici comment ils s'y prennent. Dans les cantons fréquentés par ces animaux, les chasseurs, après avoir creusé des fosses à une certaine distance les unes des autres, cessent, pendant quelques semaines, de se montrer dans les environs afin de donner le temps aux bêtes de se familiariser avec la vue de ces excavations. Puis plusieurs chasseurs se tapissent dans les fosses tandis que quelques autres poussent les antilopes vers ces embuscades d'après la direction du vent. Il est nécessaire que les rabatteurs possèdent une grande habileté et une parfaite connaissance du caractère du gibier; autrement leurs peines seraient en pure perte. Si par exemple on essaye de couper la route au troupeau, il vous dépasse avec une extrême vélocité et se lance dans une autre direction. Aussi les rabatteurs cernent-ils les antilopes de loin, s'avançant doucement sur leurs flancs, s'arrêtant de temps à autre et les poussant ainsi jusqu'aux pièges qu'on leur a préparés.

Une autre manière de procéder qu'emploient les Mongols est de se rendre dans le steppe sur un chameau bien dressé et de bon caractère. Aussitôt que les antilopes sont en vue, le cavalier descend et conduit son chameau par la bride; il s'avance alors doucement, se dissimulant derrière l'animal et marchant exactement dans ses traces. Les antilopes dressent d'abord les oreilles; mais, à la vue d'un seul chameau, qui s'avance en broutant, elles se rassurent et se laissent approcher, quelquefois à moins de cent pas.

A la fin de l'été, les antilopes, qui sont alors assez grasses, sont chassées avec ardeur par les Mongols. Ils trouvent que leur chair est un mets délicat, et ils utilisent leur peau comme vêtement d'hiver. Pourtant les nomades se servent rarement de pelisses d'antilope; c'est pour les vendre à nos marchands d'Ourga ou en Chine qu'ils s'en procurent.

On chasse encore les antilopes au moyen de pièges qui ont la forme d'un soulier; quand elles tombent dans ces trappes, elles sautent avec une telle force qu'elles se fracturent les jambes et ne peuvent plus sortir, ou du moins qu'elles boitent si elles parviennent à s'échapper. Après l'homme, les loups font un énorme carnage de ces animaux; enfin il leur arrive de succomber subitement et en grand nombre, comme j'en fus témoin pendant l'hiver de 1871.

Durant notre trajet vers Kalgan, nous n'aperçûmes des antilopes qu'à trois cent cinquante verstes d'Ourga; leur vue provoqua chez mes compagnons et chez moi un vif désir de les chasser. Pendant des journées entières nous fûmes à leur poursuite, malgré le vif mécontentement de nos Mongols, forcés de nous attendre avec la caravane. Les murmures de nos guides ne se calmèrent que lorsque nous leur eûmes accordé une de celles que nous avions abattues.

Malgré sa monotonie, le Gobi était alors animé par le passage des caravanes de thé. Nous en comptions parfois jusqu'à plusieurs dizaines en une seule journée.

Après Khalkha, nous passons dans l'aïmak des Mongols Sounites, qui est la partie la plus aride du Gobi. Puis nous entrons de nouveau dans une zone steppienne plus fertile, qui circonscrit, au sud-est et au nord, la partie centrale et déserte du plateau mongolien. Le sol inégal est couvert d'herbages excellents, où paissent les grands troupeaux des Mongols Tzakars. La superficie du canton des Tzakars s'étend sur une largeur de deux cents verstes; mais, de l'est à l'ouest, elle se déploie sur une longueur trois fois plus grande.

Les Tzakars, en relation constante avec les Chinois, ont complètement perdu le type mongol. Leurs vêtements sont chinois; leur visage est allongé au lieu d'être plat et arrondi, et, sans rien perdre de la paresse mongole, ils se sont assimilé tous les défauts chinois. Les métis qui résultent de leurs nombreuses unions avec les Chinoises se nomment Erliadzi. Les autres Mongols confondent dans une même haine Tzakars et Chinois, et, durant notre séjour sur leur territoire, nos guides firent chaque nuit une garde exacte, prétendant que les gens du pays étaient de redoutables bandits.

La contrée n'est pas très bien arrosée; mais on commence à y rencontrer quelques lacs, dont le plus important est l'Angouli-Nor. En approchant de l'extrémité du plateau, on franchit plusieurs petites rivières; puis des cultures et des habitations annoncent au voyageur qu'il arrive au terme du désert pour entrer dans une région plus clémente.

Enfin se dessinent à l'horizon les vagues contours d'une chaîne de montagnes qui forme la séparation entre le plateau glacial de la Mongolie et les chaudes plaines de la Chine propre. La chaîne présente tout à fait les caractères alpestres : versants abrupts, gorges profondes, précipices, pics élevés souvent surmontés d'une couronne de rochers, nature aride et sauvage. Ce massif n'a de versant incliné que du côté de la Chine; car, de l'autre, il rase le bord du plateau. Sa principale arête supporte la fameuse grande muraille. Bientôt le plus admirable panorama se déploie devant les yeux du voyageur : en bas, sous ses pieds, se dressent, dans un fouillis inextricable, les étages superposés de pics gigantesques, des rochers énormes, des gorges, des précipices, et, dans le lointain, il aperçoit de riches vallées où serpentent d'innombrables cours d'eau. Le contraste entre la contrée qu'il a laissée derrière lui et celle qui se présente au-devant est saisissant ; la différence du climat ne l'est pas moins. En effet, pendant notre route, le froid avait atteint jusqu'à — 37° C., toujours accompagné de vents du nord-ouest, d'une extrême violence, et la neige recouvrait presque partout le désert. Maintenant, à mesure que nous descendions, un air plus chaud se faisait sentir et, arrivés à Kalgan, bien qu'en décembre, nous y trouvions une température de printemps. Vingt-cinq verstes seulement séparent Kalgan du point le plus élevé de la descente. L'altitude de Kalgan est de deux mille huit cents pieds russes (853 m.), et celle du plateau, de cinq mille quatre cents pieds (1,646 m.) au-dessus du niveau de la mer.

Kalgan, appelée par les Chinois Djan-Dzia-Kéou, ferme le passage à travers la grande muraille[1]. C'est une ville importante par son commerce ; elle compte soixante-dix mille habitants, tous Chinois, parmi lesquels un grand nombre de mahométans nommés Koï-Koï. Les Européens sont représentés par deux missionnaires protestants et par quelques Russes, dont l'occupation est le transport du thé.

Depuis que l'autorisation d'exporter le thé par mer a été accordée, le transit par la Mongolie a nécessairement diminué ; pourtant un de nos négociants m'a assuré que deux cent mille caisses sont encore expédiées annuellement de Kalgan à Ourga et à Kiakta ; chacune de ces caisses pèse environ trois pouds (48k,114). Le thé qui approvisionne Kalgan arrive des plantations voisines de la ville de Han-Koou[2].

1. Le mot Kalgan vient du mongol *halga*, barrière. Les Russes expédient dans cette ville des draps et des pelleteries.

2. Cette ville est située sur le fleuve Bleu ; il y existe des plantations de thé appartenant à des Russes et à d'autres Européens. Le thé suit la voie de terre ou les bateaux à vapeur jusqu'à Tian-Tzin ; là, la moitié du stock passe entre les mains des commissionnaires russes, et la seconde moitié est transportée par les négociants chinois.

Les voyages des caravanes n'ont lieu qu'en automne et en hiver : en été, les chameaux reprennent de nouvelles forces dans les steppes.

Dès le commencement de septembre, de longues files de chameaux se dirigent sur Kalgan de tous les points de la contrée. Chacun d'eux porte quatre ou cinq caisses. Souvent les caravanes s'arrêtent à Ourga ; car, à partir de cette ville, la neige devient beaucoup plus épaisse ; le cas échéant, on transporte à Kiakta les caisses de thé sur des charrettes traînées par des bœufs.

Le prix du transport d'une caisse de Kalgan à Kiakta [1] est de trois lans (6 roubles, environ 22 fr. 50), et une caravane peut, en hiver, faire deux fois le voyage. Comme deux hommes suffisent pour guider vingt-cinq chameaux, les frais de route sont peu considérables; et l'entrepreneur du transport a pour une campagne un bénéfice très important, même s'il perd plusieurs chameaux, ce qui arrive quelquefois, les chameaux, par suite de l'usure du sabot, étant atteints de claudication ou ayant, par défaut de soins, leurs reins écorchés. Malgré les profits qu'ils réalisent ainsi, bien peu de Mongols savent conserver quelques centaines de roubles, et la plus grande partie de leur gain passe dans la bourse des Chinois.

Ceux-ci, effectivement, en automne, à l'arrivée des caravanes, viennent à la rencontre des conducteurs mongols, les flattent adroitement et leur offrent chez eux une hospitalité gratuite.

Le Mongol, ladre et naïf, accepte; il se prélasse chez un riche marchand qui lui prépare sa pipe et prévient tous ses désirs. Bientôt séduit par tant de petits soins, il chargera son hôte de régler son compte avec ses commettants. Voilà ce que désirait le Chinois. Non seulement il trompe avec impudence le pauvre nomade sur la somme d'argent qui lui est due, mais encore il lui vend diverses marchandises le double de leur valeur. Ce qui reste au chamelier est employé à la débauche, au paiement de l'impôt ou se dissipe en pots-de-vin offerts à différents fonctionnaires. Enfin le Mongol quitte Kalgan avec une somme insignifiante, dont une partie encore

1. Les caravanes retournent de Kiakta à Kalgan non chargées pour la plupart ; parfois elles remportent des bois, du sel, du crin, de la laine ou des vivres conservés.

est obligatoirement consacrée à faire des présents aux prêtres. Aussi rentre t-il dans sa iourte à peu près les mains vides.

A Kiakta, le prix du thé en briques [1] est trois fois celui du lieu de production. Les caravanes mettent habituellement de trente à quarante jours, suivant les conventions avec l'entrepreneur, pour aller de Kalgan à Kiakta.

Nous avons dit que Kalgan ferme une des voies ouvertes dans la grande muraille. Cette construction célèbre est faite en grosses pierres cimentées avec de la chaux, le poids des plus considérables montant à plusieurs pouds. La hauteur du rempart est de trois sagènes [2] et l'épaisseur à la base est de quatre. Aux angles les plus saillants s'élèvent des tours carrées, bâties en briques; la principale d'entre elles a six sagènes en hauteur et en largeur.

La grande muraille serpente sur la crête des montagnes et descend dans les vallées ou les gorges qu'elle rencontre. C'est seulement dans les défilés que son utilité ne peut être contestée, car dans les montagnes les localités sont inaccessibles à l'ennemi. Parfois même le rempart arrive à un mur de rochers verticaux; mais cet obstacle n'a pas paru suffisant, et le rempart double les rochers sur toute leur longueur, laissant entre eux et lui un étroit passage. Qui a pu entreprendre ce gigantesque travail ? Combien de millions de bras y ont-ils été employés? Que de forces énormes dépensées en pure perte ! L'histoire nous apprend que ce travail a été exécuté deux siècles avant Jésus-Christ par les empereurs chinois pour mettre leurs possessions à l'abri des incursions des nomades. Mais l'histoire nous dit aussi que les invasions des barbares ne se brisaient pas toujours sur cette défense artificielle, derrière laquelle manquait la vraie défense de la Chine, c'est-à-dire l'énergie morale des populations.

Au reste, la grande muraille, dont les Chinois évaluent la longueur à cinq mille verstes et qui court du fond de la Mandchourie jusqu'au delà du fleuve Jaune, n'est pas partout la même que dans les environs de Pékin. Ici, construite sous

1. Le thé en briques est employé exclusivement par les Sibériens et les Mongols

2. Trois sagènes valent 6^{m},40.

les yeux du souverain et des grands dignitaires, c'est un rempart gigantesque. Mais, dans bien des régions éloignées de toute surveillance, cette muraille, qui pour les Européens est le monument caractéristique de la Chine, ne se compose plus que d'argile, est souvent en mauvais état et ne dépasse point trois sagènes. Les missionnaires Huc et Gabé ont relaté cet état de choses dans le récit de leur voyage en Mongolie et au Thibet, et nous-même l'avons constaté en 1872 à la frontière de l'Ala-Chan et de Gan-Sou.

Nous passâmes cinq jours à Kalgan dans la maison hospitalière de M. Matrénitzki et chez quelques autres de nos compatriotes, commissionnaires en thé, qui reçoivent cette denrée de leurs fabriques de Kan-Koï. Les habitations des négociants russes à Kalgan sont situées en dehors de la ville, au débouché de la gorge pittoresque par laquelle nous étions descendus [1]. Cette position est inappréciable, parce qu'elle les fait échapper à la saleté et à la mauvaise odeur qui sont les caractères généraux des villes du Céleste Empire.

Comme tous les marchands étrangers fixés en Chine, les négociants russes ne traitent leurs affaires que par l'intermédiaire de courtiers chinois. Cependant, et quoique plusieurs de nos compatriotes ignorent la langue chinoise, ils ne sont pas assujettis complètement à leurs courtiers, car ils s'abouchent souvent directement avec les entrepreneurs mongols. A Tian-Tzin et dans tous les ports ouverts aux Européens, les courtiers sont l'accessoire indispensable des maisons de commerce; c'est par leur canal que passent leurs affaires, et ils volent les deux parties avec tant d'effronterie qu'en peu d'années ils deviennent eux-mêmes chefs d'une maison.

Ces courtiers chinois parlent les langues des étrangers qu'ils mettent en rapport les uns avec les autres; mais le russe est particulièrement difficile pour eux : ils n'en peuvent pas prononcer les mots correctement et ils en construisent les phrases d'une façon incroyable.

Le courtier de Kalgan nous disait souvent, dans son jargon russe, que, seuls de tous les étrangers qui résident en Chine, ce n'était ni aux Français ni aux Anglais que nous ressem-

1. Outre ce passage, il existe encore un autre défilé qui conduit à Kalgan du côté de la ville de Dolon-Nor.

blions, mais aux Chinois eux-mêmes. Cette opinion, si flatteuse pour nous lui était probablement personnelle, car il n'est pas douteux que les Chinois comprennent les Russes dans la haine qu'ils portent à tous les Européens, appelés par eux « diables d'outre-mer ».

Un Européen ne s'entendra pas donner ici d'autre nom, et, dès nos premiers pas dans le Céleste Empire, nous nous sommes aperçus combien y est pénible la situation du voyageur étranger. Mais nous reviendrons plus loin sur ce sujet; continuons encore notre route.

Avec l'aide bienveillante de nos compatriotes, nous louâmes en vue de notre entrée à Pékin des chevaux de selle pour nous et des mulets pour le bagage. À Pékin, les Européens voyagent ordinairement en chaise portée par des mulets, mais nous prîmes des chevaux de selle, car nous pouvions nous les procurer plus aisément.

La distance de Kalgan à Pékin est de deux cent dix verstes et on la franchit habituellement en quatre jours. On trouve sur la route des hôtelleries tenues par des musulmans, émigrés du Turkestan; mais il est extraordinairement rare d'en rencontrer une passable, et l'Européen est réduit à se réfugier dans de méchantes auberges, où il paye le double, le triple et même le décuple, de la valeur de ce qu'il consomme. Bien content lorsque lui et ses chameaux peuvent camper quelques heures sous un hangar, exposés au froid piquant de la nuit. Ajoutez à cela que, malgré la générosité de nos procédés, la haine générale contre les « diables d'outre-mer » est telle que souvent nous ne pouvions obtenir un gîte malgré l'intercession de nos interprètes chinois. Celà nous arriva notamment dans la ville de Cha-Tchan, où nous nous présentâmes inutilement d'hôtellerie en hôtellerie, offrant un prix dix fois plus fort que le prix habituel, pour obtenir le droit de passer la nuit dans une sale et froide habitation chinoise.

L'ignorance de la langue nous jetait aussi dans un grand embarras, surtout lorsqu'il s'agissait de réclamer quelques aliments, bien qu'à Kalgan j'eusse pris en note les noms de certains mets, qui composèrent notre menu jusqu'à Pékin. Je ne sais quelle délicatesse particulière offrent les autres ragoûts de la cuisine chinoise, où l'huile de sésame et l'ail jouent le principal rôle; mais, pour nous, les préparations culinaires du Céleste Empire ne nous inspiraient que le dégoût; d'autant plus que l'aspect des boucheries d'ânes et de chiens nous faisait toujours appréhender qu'on ne nous servît de pareils aliments. Les Chinois ne dédaignent pas de se nourrir des animaux les plus immondes, et nous avons vu les bouchers acheter aux Mongols des chameaux atteints de la gale ou couverts de plaies, et en vendre la viande au public. Les boucheries débitent aussi du bétail crevé, spécialement de l'âne; car les Chinois, avec leur avarice sordide, ne consentiraient jamais à abattre de bonnes bêtes. Aussi est-il facile de s'imaginer avec quel appétit un Européen doit savourer les mets dans une auberge chinoise, connaissant le goût peu difficile des habitants du pays.

A la sortie de Kalgan, une immense plaine bien peuplée et admirablement cultivée se présente aux yeux du voyageur. Au contraire des villes, les villages y paraissent propres. La route est très animée; on y voit des bandes d'ânes chargés de houille, des charrettes attelées de mules, les portefaix à pied et les ramasseurs de crottin, si nombreux en Chine. Ici, partout, dans les villes aussi bien qu'à la campagne, des hommes, des femmes, des enfants, la pelle d'une main et le panier de l'autre, circulent dans les rues et sur les routes, recueillant les ordures humaines et celles des animaux. Il est très comique de voir le Chinois s'empresser de placer un panier sous la croupe d'un chameau, aussitôt qu'il s'aperçoit que cet animal va satisfaire certaine nécessité. Ce fumier est employé comme engrais et comme combustible.

A trente verstes de Kalgan, s'élève la ville de Siouan-Ka-Fou. Cette grande cité a un rempart en terre crénelé, qui ressemble à la muraille du quartier marchand de Moscou. Plus loin, la route coupe des montagnes rocheuses, et nous remarquons la rivière Jaune, profondément encaissée dans une gorge où elle coule avec rapidité. Le chemin traverse ensuite des cols étroits, mais cependant praticables aux voitures. Arrivé à la ville de Dzi-Min, le voyageur entre de nouveau dans une plaine d'une douzaine de verstes en superficie et qui se déploie à l'ouest entre deux chaînes de montagnes. Notre itinéraire traverse une de ces arêtes;

l'autre plus élevée, plus majestueuse, forme la seconde saillie du plateau asiatique qui s'abaisse dans la plaine baignée par la mer Jaune. A la ville de Tcha-Daou, commence la descente à travers la seconde crête. La route suit le col de Gouan-Goou, et s'étend jusqu'à la ville de Nan-Kéoa, située au débouché dans la plaine de Pékin. Le col Gouan-Goou est, en certains endroits, large de dix à quinze sagènes, et entouré partout d'énormes roches de granit, de porphyre, de marbre gris et de schiste argileux. Le chemin était autrefois pavé de larges pierres, qui sont aujourd'hui brisées; aussi les voitures et les caravanes y éprouvent-elles beaucoup de difficultés.

Sur la crête de ces montagnes, court un second rempart en granit, muni de créneaux et flanqué de tours. Son architecture et ses dimensions sont beaucoup plus belles que celles de la grande muraille près de Kalgan. De plus, en arrière de cette fortification, trois enceintes de soutien, à trois ou quatre verstes les unes des autres, protègent encore la capitale et ferment la gorge de Gouan-Goou, dont la porte est défendue par deux vieux canons de fonte, faits, dit-on, par les Jésuites.

Ces enceintes franchies, la gorge s'élargit un peu et le paysage devient ravissant. De tous côtés, de petits torrents se précipitent en cascade, de pittoresques habitations chinoises sont suspendues sur les flancs des rochers; des vignobles, des jardins, des cultures diverses réjouissent la vue. On atteint enfin la ville de Nan-Kéou qui est à mille pieds plus bas que celle de Tcha-Doou, située à vingt-trois verstes plus haut.

De Nan-Kéou à Pékin, la distance est de cinquante verstes. Le pays forme une plaine parfaite très peu élevée au-dessus du niveau de la mer, de nature silico-argileuse et partout très bien cultivée. Les villages sont nombreux. Des bosquets de cyprès et de genévriers arborescents entourent les cimetières. Quoique nous soyons dans la période des froids de l'Épiphanie, au milieu du jour, le thermomètre se maintient à zéro, et il n'y a pas de neige.

A mesure que nous approchons de Pékin, la population devient de plus en plus compacte, et les villages si rapprochés qu'ils semblent des villes; le voyageur arrive sans s'en douter jusqu'aux portes de la célèbre capitale de l'Orient.

CHAPITRE II

LES MONGOLS.

Aspect, vêtements et habitation des Mongols. — Leur genre de vie, caractère, langue, usages. — Religion et superstitions. — Administration et gouvernement.

C'est à Khalkha que la race mongole a conservé le type national dans sa plus grande pureté. L'habitant de ce pays est de taille moyenne et d'une constitution vigoureuse; son visage large et brun a pour caractères la saillie des pommettes, le nez épaté et les yeux petits; de grandes oreilles s'écartent d'un crâne anguleux recouvert d'une chevelure noire; la barbe et les moustaches sont clair-semées.

Partout ailleurs les Mongols ont perdu leur type original, particulièrement dans le voisinage de la Grande Muraille. Car, malgré leur existence errante, les Mongols méridionaux n'ont pu se soustraire à l'influence étrangère, qui, par son action lente, mais séculaire, a fini par les transformer à peu près en Chinois. Si le Mongol du midi mène encore la vie pastorale et nomade, son extérieur et son caractère se rapprochent beaucoup plus de ceux du Chinois que de ceux de son compatriote du nord. Depuis longtemps, les nomades du sud s'unissent avec leurs voisins. Leur visage a perdu son cachet rude et grossier pour emprunter les traits réguliers des Chinois. Dans sa vie privée, le nomade trouve de bon goût d'imiter les coutumes du Céleste Empire; la vie sauvage du désert ne lui offre plus d'attraits, et il lui préfère celle des grandes cités de la Chine dont il a eu occasion d'apprécier les avantages. Malheureusement le Mongol *chinoisé*, tout en conservant les défauts du barbare, ne s'est assimilé que les vices de la civilisation. Aussi cette race s'est-elle plutôt abâtardie qu'elle ne s'est élevée dans l'échelle sociale.

Comme les Chinois, les Mongols se rasent la tête, à l'exception d'une touffe de cheveux qu'ils disposent en longue queue; toutefois leurs lamas ont le crâne entièrement rasé [1]. Personne ne laisse croître la barbe ni les moustaches. L'usage de porter la queue a été introduit en Chine par la conquête mandchoue, et depuis cette époque la queue, chez tous les peuples soumis au Céleste Empire, est un signe de leur vassalité.

Les femmes mongoles disposent ordinairement leur chevelure en deux tresses tombant, de chaque côté, sur la poitrine. Parfois les femmes mariées portent une seule natte, qui retombe par derrière, et le sommet de leur tête est orné de plaques en argent, semées de corail rouge. Les pauvres remplacent le corail par des perles en verre; mais les plaques sont d'ordinaire en argent, très rarement en cuivre. Les oreilles sont garnies de boucles d'argent, et les bras et les doigts, chargés de bracelets et de bagues.

Les vêtements du Mongol se composent d'un caftan, le plus souvent en cotonnade bleue, de bottes chinoises et d'un chapeau plat à bords relevés. Les chemises et les caleçons sont peu communs. En hiver, le costume est complété d'une culotte, d'une pelisse et d'un bonnet, le tout en peau d'agneau. Les élégants font usage, en été, d'un caftan en soie. La pelisse et le caftan sont serrés au corps par une ceinture, à laquelle est suspendu un petit sac contenant du tabac, une pipe et un briquet. Les habitants de Khalkha y joignent une tabatière, dont ils offrent une prise dès le premier échange des civilités. Mais le véritable luxe des nomades réside dans leurs harnachements, qui parfois sont en argent.

Les femmes se vêtent d'une robe flottante et endossent par-dessus une sorte de gilet sans manches. Il faut y ajouter que la coupe des vêtements du beau sexe et sa coiffure présentent de notables différences dans chaque contrée de la Mongolie.

L'habitation nationale des Mongols est la *iourte* [2] en feutre.

1. En guise de rasoir, on se sert d'un couteau chinois et les cheveux sont mouillés avec de l'eau tiède.

2. En Mongol, *ghir*.

C'est une tente de forme ronde à la base ; le sommet est conique et ouvert afin de donner un passage à la fumée et à la lumière. La carcasse est formée par des perches enfoncées dans le sol, reliées par des cordes et laissant entre elles un espace suffisant pour entrer ou sortir en se baissant : c'est la porte. Les extrémités supérieures de ces perches sont réunies par un cercle de trois ou quatre pieds de diamètre : c'est la cheminée et la fenêtre [1]. Tout cet établissement, consolidé par des cordes tendues à l'extérieur, est recouvert de

Fig. 7. — Une iourte.

pièces de feutre, que l'on double en hiver. Le diamètre ordinaire d'une pareille demeure est de douze à quinze pieds et la hauteur de dix. L'âtre est établi au centre de la pièce, les dieux Lares sont placés en face de la porte, et les ustensiles de ménage sont disposés le long des parois. Tout autour du foyer, s'étalent, en guise de sièges, des pièces de feutre, que les gens aisés remplacent par des tapis. Les iourtes princières sont planchéiées et décorées de tentures de soie. Pour le

1. On se procure le bois nécessaire pour les iourtes dans les régions boisées de Khalkha.

nomade, la iourte est une habitation inappréciable : elle le protège de la chaleur et, tant que dure le feu, elle le défend contre les froids les plus vifs. Pendant la nuit, on éteint le foyer, on bouche l'ouverture du toit et la température reste encore suffisamment élevée. En été, le feutre est imperméable aux pluies les plus persistantes.

Ce qui frappe le plus l'Européen dans l'extérieur du Mongol, c'est son horrible malpropreté. Pendant toute leur existence, les nomades ne se baignent jamais que fortuitement ; à peine si un petit nombre d'entre eux se lavent le visage et les mains. Leurs vêtements fourmillent de vermine, et nous avons vu les lettrés et les lamas se dépouiller de leur robe ou de leur pelisse devant une nombreuse compagnie et se livrer à la chasse des insectes qu'ils écrasaient ensuite entre leurs dents. La malpropreté résulte chez ce peuple de sa crainte de l'eau et de l'humidité. Il est impossible de décider un Mongol à traverser une flaque où il risquerait de se mouiller légèrement les pieds, et sa iourte est toujours soigneusement dressée loin du voisinage des sources, des rivières et des marais. On doit reconnaître que l'humidité agit pernicieusement sur la santé du Mongol, comme sur celle du chameau ; effets attribués à leur existence constante sous un climat très sec. Le Mongol ne boit même jamais d'eau fraîche ; l'infusion du thé en briques forme sa boisson habituelle, dont aucun ne peut se passer plus de quelques jours. Dans chaque iourte, la marmite à thé est constamment sur le feu, et on offre à tout nouveau venu une tasse du breuvage qu'elle contient.

Malheureusement la préparation en est des moins appétissantes : la marmite n'a pas été récurée depuis plusieurs mois ou, si elle est propre, elle a été nettoyée avec du fumier (en mongol *argal*) ; l'eau est saumâtre naturellement ou fortement salée. On ajoute à cette eau un morceau de brique de thé réduit en poudre ; mais, au préalable, la brique a été enfouie dans du fumier chaud pour la rendre plus friable et lui communiquer une saveur plus relevée. Lorsqu'on veut rendre cette préparation plus nutritive, on y mêle du sarrasin grillé, du beurre ou de la graisse de chèvre. Il est facile de s'imaginer quelle répugnance éprouve l'Européen pour un pareil mets ; cependant les Mongols en consomment quotidiennement de vingt à trente tasses[1]. Chaque membre d'une famille possède son gobelet particulier qu'il ne lave jamais, mais qu'il lèche soigneusement après s'en être servi et serre dans sa poitrine où pullulent les insectes. Quelques-uns de ces ustensiles sont d'un travail chinois assez soigné. Les lamas boivent dans une moitié de crâne humain montée sur argent.

Les Mongols se nourrissent aussi de laitage apprêté avec du millet, et de *koumis*[2] de jument ou de brebis qu'ils absorbent jusqu'à l'ivresse. L'amour des liqueurs fortes est très développé chez eux : ils achètent de l'eau-de-vie en Chine, à l'époque de leur voyage, ou s'en procurent auprès des marchands chinois qui, pendant l'été, parcourent la Mongolie, trafiquant de diverses marchandises. Ces colporteurs réalisent de beaux bénéfices, et, si le Mongol les paye en nature, ils n'acceptent ses denrées que pour une valeur dérisoire.

En fait de viande, les nomades font usage de celle du mouton, dont ils sont très friands : la queue graisseuse est le morceau qu'ils estiment le plus, et ils disent : « Excellent comme du mouton. » Avec le sang et les intestins non lavés de l'animal, ils préparent des boudins. Chez eux le mouton, le cheval et le chameau sont des emblèmes de dignité.

La gloutonnerie de cette race est extraordinaire : un individu consomme dix livres de viande dans une journée, et certains gastronomes font disparaître un mouton, de taille moyenne, dans le même espace de temps. En voyage, la ration de chaque chamelier est d'une cuisse ; il est juste d'ajouter qu'il jeûne vingt-quatre heures si cela est nécessaire ; mais, quand il mange, il mange comme sept.

En hiver, lorsque le froid est rigoureux et la caravane en marche, le chamelier mange sa viande à moitié crue ; quelquefois il la place sous le bât d'un chameau pour la préserver de la gelée et la consomme couverte de poils et pénétrée de la sueur de l'animal. Il se régale aussi d'un potage de bouillon

1. Les ustensiles du ménage mongol sont peu nombreux : chaque iourte possède une marmite, des tasses, une théière, un soufflet, un baquet pour la viande, des cuveaux pour le lait et l'eau, des pincettes pour ramasser l'*argal*, des chenets et quelquefois une hache chinoise. Les Mongols n'ont point d'heures fixes pour les repas.

2. Le *koumis* est fait avec du lait fermenté, d'où l'on distille une liqueur très forte, appelée *rack*.

de mouton au vermicelle. Avant de manger, les lamas et les gens pieux versent quelques gouttes du potage comme offrande à la divinité.

Les Mongols mangent avec leurs doigts et enfoncent dans leur bouche d'énormes morceaux de viande, qu'ils coupent avec leur couteau au ras des lèvres.

Tous les bestiaux, y compris les chameaux, sont utilisés pour la boucherie ; la charogne elle-même n'est pas dédaignée, si elle est suffisamment grasse. Le pain, inconnu, est remplacé par une sorte de pâte analogue au vermicelle.

Les poissons et les oiseaux, à très peu d'exceptions près, sont considérés comme malsains. La répugnance du Mongol à cet égard est telle qu'une fois, sur les bords du lac Koukou-Nor, nos chameliers nous voyant manger une sarcelle furent pris de vomissements. Quelle dissemblance ne faut-il pas qu'il existe dans les sens ou dans l'imagination des hommes pour que ces mêmes Mongols, vivant dans la plus immonde malpropreté, se nourrissant de viande en putréfaction, éprouvent un pareil bouleversement physique et moral à la vue d'Européens mangeant avec propreté un gibier apprêté convenablement ?

La seule occupation des nomades et leur unique richesse est l'élevage des bestiaux. Ceux qu'ils ont pourtant en plus grand nombre sont les moutons, dont une race, les moutons à queue graisseuse, est particulière à la Mongolie ; une autre espèce, à large queue, est élevée dans l'Ordoss et dans l'Ala-Chan. Les chameaux sont excellents et, à Khalkha, fort nombreux ; le Dzakar abonde en chevaux ; l'Ala-Chan élève des chèvres ; à la place des bestiaux ordinaires, on trouve des yaks dans le pays du Koukou-Nor, où il existe encore une race de moutons avec les cornes en spirale.

Le nomade, retirant de ses bestiaux tout ce qui est nécessaire à son existence, leur consacre tous ses soins et s'en inquiète plus que de sa famille. Les campements avant tout doivent présenter un séjour favorable aux troupeaux. Le bétail en général est traité avec la plus grande douceur, et jamais l'Asiatique n'impose à une de ses bêtes un fardeau supérieur à ses forces.

Son industrie est insignifiante : elle se borne à la fabri-

Fig. 8. — Un Mongol.

cation d'objets de ménage, du feutre, d'arcs, de poignards et d'articles de sellerie. Pour toutes les autres denrées, les Mongols sont tributaires des Chinois et des marchands russes de Kiakta et d'Ourga.

Le commerce consiste en échanges avec Pékin et les villes voisines. Les Mongols troquent des bestiaux, du sel, de la laine et du cuir contre des objets manufacturés.

Le trait distinctif de leur caractère est la paresse. Leur principale affaire est le soin des bestiaux, qui n'exige pas une grande fatigue; les chevaux et les chameaux paissent en liberté, et les autres animaux sont surveillés par les femmes et les enfants. Les riches, propriétaires de plusieurs milliers de têtes de bétail, louent des pâtres. Les soins du ménage et de la laiterie incombent aux femmes. Quant aux hommes, ils se visitent d'une iourte à l'autre, avalent du thé et du koumis, bavardent et vont en pèlerinage. Ils sont passionnés pour la chasse, mais n'y réussissent guère à cause de la mauvaise qualité de leurs armes, qui sont encore des fusils à mèche et des arcs.

Vers l'automne, les nomades partent avec leurs chameaux pour se louer à Kalgan et à Koukou-Khoto. On les emploie à transporter le thé et les fourrages des armées chinoises. Certains d'entre eux extraient le sel des marais mongoliens et approvisionnent les villes chinoises. Ces occupations cessent au mois d'avril, époque à laquelle bêtes et gens vont se reposer dans les steppes.

Leur fainéantise est si grande que, pour franchir une distance de cent pas, ils enfourchent le cheval qu'ils tiennent toujours sellé à la porte de leur iourte. Aller à pied est pour eux une honte. Ce n'est que pendant les plus grands froids qu'ils se décident à descendre de leur monture pour faire à pied une ou deux verstes. Excellents cavaliers, ils domptent les plus sauvages étalons et, rapides comme la tempête, galopent dans le désert.

Habitués dès l'enfance à supporter les températures excessives de leur triste pays, ils jouissent d'une santé excellente et d'une constitution de fer. Pendant ces rudes voyages des caravanes, par trente degrés de froid, avec les intolérables vents du nord-ouest qui soufflent tous les deux jours, le chamelier reste quinze heures par jour sur son chameau et fournit consécutivement quatre traites de Kiakta à Kalgan (5,000 verstes ou 5,335 kilom.). Et pourtant ce même homme ne peut marcher à pied sans une extrême fatigue ; s'il couche sur la dure un peu humide, il est malade, et si, pendant deux jours, il est privé de son thé, il gémit sur son sort infortuné !

L'habitude est tout chez lui ; il n'essaiera donc pas de vaincre les difficultés qu'il n'a pas encore rencontrées, mais de les éluder. L'esprit mâle et flexible de l'Européen, capable de se plier aux circonstances et de surmonter la mauvaise fortune, lui fait totalement défaut.

L'influence de la Chine a même détruit chez les Mongols les vertus guerrières qui ont illustré leurs ancêtres. Ils sont devenus poltrons, fuyant devant l'insurrection des Doungans, sans opposer jamais une sérieuse résistance. Et pourtant ils étaient chez eux, tandis que les Doungans n'étaient qu'un ramassis d'individus mal armés. Néanmoins les bandes de ces rebelles ont pu piller l'Ordoss et l'Ala-Chan, prendre Ouliassoutaï et Kobdo, défendues par l'armée régulière chinoise ; Ourga même, comme nous l'avons dit plus haut, n'a dû son salut qu'à la présence d'un détachement russe.

Au point de vue moral, les Mongols sont doués d'un jugement sûr ; mais ils sont rusés, hypocrites et menteurs, surtout dans les contrées limitrophes de la Chine. Les simples nomades ou, comme on les appelle, les Kara-Koun (hommes noirs) sont moins vicieux que les lamas ; pour la plupart ce sont d'honnêtes gens.

La curiosité est leur péché mignon. Pendant notre voyage, nous étions suivis par des gens qui nous accablaient de questions : Qui nous étions ? d'où nous venions ? où nous allions ? ce que nous vendions ? etc. A peine avions-nous fini de leur répondre que d'autres survenaient et recommençaient les mêmes demandes. Arrivés au camp, nous étions assaillis d'une nuée de visiteurs importuns, qui s'emparaient de nos armes, de nos harnais, de nos vêtements, de mille menus objets, les examinaient avec attention, et parfois même les faisaient disparaître.

Comme, dans le cours de leur vie nomade, ils se guident sur les points cardinaux, ils ne connaissent pas les mots de droite ni de gauche. Même dans l'intérieur de sa iourte, un nomade dira : « Tel objet est placé au nord ou à l'ouest. » On doit de plus remarquer que, pour s'orienter, ils font face au sud, de sorte que l'est se trouve à leur gauche.

Ils estiment les distances par journées de cheval ou de chameau. Dans le pays de Khalkha, l'étape du chameau chargé est de quarante verstes, et celle des chevaux de selle, de soixante à soixante-dix verstes. Dans le pays du Koukou-Nor, le chameau de bât ne franchit plus que trente verstes quotidiennement. Un bon chameau chargé parcourt quatre verstes et demi à l'heure.

Pour eux, l'unité de temps est le jour solaire, qu'ils ne divisent pas en fractions. Leur calendrier est celui des Chinois et ils font usage de mois lunaires de 29 et de 30 jours. Tous les trois ou quatre ans les astrologues chinois ajoutent un mois supplémentaire à une saison de l'année ; ce mois est le jumeau d'un mois quelconque et ne possède pas de désignation particulière. Leur jour de l'an est le premier jour du mois blanc, ce qui répond à notre seconde moitié de janvier ou aux premiers jours de février [1].

Le 1er, le 8 et le 15 de chaque mois sont jours fériés.

On compte aussi par grandes périodes de douze ans; chaque année de la douzaine porte le nom de quelque animal :

1e	année,	de la souris.	5e	année,	du dragon.	9e	année,	du singe.
2e	id.	de la vache.	6e	id.	du serpent.	10e	id.	de la poule.
3e	id.	du tigre.	7e	id.	du cheval.	11e	id.	du chien.
4e	id.	du lièvre.	8e	id.	de la brebis.	12e	id.	du porc.

L'âge se compte par cycle : si un Mongol vous dit qu'il est dans l'année du lièvre, cela peut signifier qu'il a vécu deux douzaines d'années, plus quatre ans de la troisième, et conséquemment qu'il a vingt-huit ans.

Quant à la langue mongole, nous sommes obligés d'avouer qu'il ne nous a pas été possible d'étudier consciencieusement cet idiome, dont les dialectes varient dans chaque province. Le défaut de ressources ne nous a pas permis d'engager un drogman lettré, dont le savoir aurait pu nous guider;

1. Il faut, pour tout ce livre, se rappeler que l'auteur est Russe et fait usage de l'ancien style, qui a été expliqué dans une note du chapitre I

celui que nous avions, homme peu intelligent, était incapable de nous aider dans une pareille étude.

Cependant nous pouvons dire que le mongol nous a paru une langue riche, dont l'accent varie et dont certaines expressions ne sont pas mutuellement comprises dans le nord et dans le midi. L'idiome méridional est plus doux et a une autre construction que l'idiome septentrional ; aussi arrivait-il que notre interprète n'entendait pas toujours ce qu'un méridional lui disait. A l'audition, il nous a semblé que les mots chinois n'étaient pas nombreux, mais que les expressions tangoutes abondaient, surtout vers le Koukou-Nor.

Les caractères mongols sont disposés verticalement et se lisent de gauche à droite. A la fin du siècle dernier le gouvernement chinois fit traduire en mongol, par une commission de lettrés et de prêtres, différents ouvrages historiques, scientifiques et religieux. La langue mongole est enseignée à Pékin et à Kalgan. Le calendrier est imprimé à Pékin en mongol. Le code mongol est employé conjointement avec le code chinois, et il existe une grammaire mongole. On trouve des lettrés parmi les nobles, les lamas et les princes; les lamas étudient aussi le thibétain et les nobles le mandchou. Le bas peuple est illettré.

Les Mongols font un usage fréquent des adverbes *dze* et *ze*, équivalents de *bien;* ils s'adressent la parole par le mot « compagnon ».

Leurs chants sont tristes et célèbrent les anciens exploits de leur race. En route, les chameliers chantent constamment. Les instruments de musique se composent d'une flûte et d'une guitare. Quant à la danse, c'est un art dont les Mongols semblent ignorer l'existence; du moins ne les avons-nous jamais vus se livrer à ce passe-temps.

Le sort de leurs femmes est peu enviable : soumises au pouvoir absolu des maris, elles ont pour lot le soin des enfants et tous les travaux du ménage. Dans leurs rares instants de loisir, elles confectionnent des vêtements; leurs ouvrages sont parfois d'un beau travail; elles y emploient surtout du fil de soie chinoise.

Le Mongol n'a qu'une femme légitime, mais il peut avoir plusieurs maîtresses; l'épouse a autorité sur les concubines;

ses enfants seuls héritent, néanmoins les bâtards peuvent être légitimés.

Dans la parenté, la ligne paternelle, même dans ses degrés les plus éloignés, est la plus honorable. Avant de conclure un mariage, on interroge les signes du zodiaque sous lesquels sont nés les futurs époux. Le mari doit payer une dot (*kolim*), débattue d'avance, aux parents de l'épouse ; celle-ci de son

Fig. 9. — Jeune fille mongole.

côté apporte un mobilier. Le divorce est autorisé ; mais celui qui le demande laisse à son conjoint une partie de ce qu'il a apporté dans la communauté. Les époux divorcés peuvent contracter d'autres liens.

Les femmes sont bonnes mères et excellentes ménagères; mais leurs mœurs laissent beaucoup à désirer, même celles des jeunes filles. Les maris et les pères n'attachent du reste aucune importance au libertinage des femmes. Celles-ci sont égales au mari dans la vie privée ; mais il est bien rare qu'elles soient consultées sur ce qui ne concerne pas le ménage.

Leur type diffère beaucoup ; et la rude existence qui est leur partage ne contribue pas à les rendre belles. En général, leurs traits sont grossiers. Dans les familles princières, quelques jeunes filles sont d'une grande beauté, aussi sont-elles très entourées d'adorateurs ; car le Mongol est fort amateur du beau sexe. D'ailleurs, le nombre des femmes est de beaucoup inférieur à celui des hommes.

Le nomade est bon père de famille : lorsqu'il nous arrivait de donner à l'un d'eux quelque friandise, ne fût-ce qu'un morceau de sucre, il la partageait en autant de parts qu'il avait d'enfants. Les vieillards sont très respectés et l'hospitalité est offerte généreusement à tout venant.

Lorsqu'ils se rencontrent, deux Mongols se saluent toujours par les mots « mendou-se-beïna » (bonjour) et se demandent immédiatement des nouvelles de la santé de leurs bestiaux. C'est la première question qu'ils s'adressent, avant même de s'informer réciproquement de leur santé. On rapporte qu'un jeune officier, se rendant de Pétersbourg à Pékin, était, à chaque relais, obsédé de questions sur la santé de ses bestiaux et que, malgré ses affirmations qu'il ne possédait aucun cheptel, les nomades ne voulurent jamais le croire, tant il leur paraissait impossible qu'un homme pût exister sans animaux domestiques. Nous-mêmes fûmes également en butte à cette interrogation sans cesse renouvelée.

Dans la Mongolie méridionale, avant de se séparer de son hôte, le voyageur échange avec lui de petites serviettes de soie, comme gage de sympathie mutuelle.

Quand vous sortez d'une iourte, le maître sort avec vous, monte à cheval, et ne vous fait ses adieux qu'après vous avoir accompagné à certaine distance. Les lamas et les fonctionnaires sont toujours entourés des plus grands respects.

Malgré la basse servilité qu'on observe dans tous les rangs de la société mongole, il existe pourtant, par une étrange anomalie, une grande liberté dans les relations de supérieur à inférieur. Aussitôt qu'un Mongol a présenté ses respects à un personnage, en se mettant à genoux, tous deux s'asseyent l'un à côté de l'autre et causent familièrement, en fumant leur pipe. Il est bon d'ajouter que le même personnage, son en-

Fig. 10. — Groupe de femmes Mongoles.

tretien terminé, ne se gênera nullement pour extorquer à son interlocuteur des bestiaux ou de l'argent.

La vénalité la plus honteuse règne parmi les fonctionnaires de tous rangs. L'injustice la plus criante restera impunie si vous n'achetez pas les magistrats. Avec de l'argent, tout criminel peut jouir de l'impunité.

La religion bouddhiste [1], qui a pour idéal une sorte de contemplation extatique, s'allie parfaitement avec le naturel paresseux du nomade.

L'office divin est célébré en langue thibétaine et les livres liturgiques sont aussi écrits dans cet idiome [2]. Le plus important d'entre eux (le *Handchour*) se compose de cent huit volumes ; outre la partie relative au rituel et aux matières religieuses, il renferme des connaissances sur les mathématiques, l'histoire et l'astronomie. Trois fois par jour, le son des conques marines invite les fidèles à la prière. Les lamas assis par terre ou sur les bancs psalmodient des antiennes sur un ton monotone, coupé de temps en temps par une exclamation du doyen, que répète tout le chœur, et par de grands coups de timbale. Les cérémonies en grand solennel sont célébrées par le koutoukta, assis sur un trône, revêtu des ornements pontificaux et entouré de thuriféraires et de chantres.

Les prêtres et les fidèles prononcent fréquemment comme oraison jaculatoire les quatre mots : « Om, mani, padmé, koum [3], » que nous n'avons pu comprendre.

Outre les grands temples, il existe dans les endroits éloignés des doungouns ; ce sont des chapelles construites dans une iourte. Enfin, sur les cols et les sommets des montagnes, on trouve des pierres amoncelées en forme d'autels ; on les appelle *obos* et ils sont dédiés à l'esprit de la montagne. Les indigènes ont pour ces obos un respect superstitieux et, en passant, ils y déposent une pierre, un chiffon ou un flocon de

1. On ignore à quelle époque le bouddhisme s'est propagé en Mongolie; mais il y existe encore des traces du chamanisme, une des plus anciennes religion de l'Asie.

2. Quelquefois les prêtres ne comprennent pas le thibétain. L'écriture thibétaine est disposée horizontalement et se lit de gauche à droite.

3. Au dire des lamas, ces quatre mots renferment toute la sagesse bouddhique. — Cette formule, qui date de l'époque indienne du bouddhisme, est en langue sanscrite, et signifie littéralement ; *Amen, diamant dans le lotus, amen!*

poils de chameau; certains jours de fête, la population, chargée d'offrandes, se porte en foule à ces obos.

Le dalaï-lama, qui réside à Lhassa, est le pontife suprême de toute la hiérarchie sacerdotale. Son autorité s'étend sur tout le Thibet et il n'est que nominalement vassal de l'empereur de Chine, auquel il paye une redevance tous les trois ans. Après lui, viennent le ban-dzin-erdiné et le koutoukta d'Ourga. Des koutouktas subalternes et des guigens au nombre d'une centaine sont dispersés dans tout le domaine du bouddhisme.

Ils sont tous l'incarnation de la divinité, et c'est parmi eux qu'est choisi le successeur du dalaï-lama. Dans un but politique, les Chinois veillent à ce qu'il soit d'une naissance obscure, car ils utilisent son autorité dans leurs différends avec la noblesse mongole. Cette basse extraction du dieu vivant est une garantie de la sujétion du Thibet.

L'influence des prêtres sur les nomades est immense : prier ces saints personnages, toucher leur vêtement et recevoir leur bénédiction, ce sont des faveurs enviables; aussi chaque mortel est-il tenu de leur adresser des offrandes. Les temples regorgent de richesses, et, chaque année, de grandes caravanes de pèlerins se rendent à Lhassa pour voir le dieu. Ces pèlerins appartiennent surtout au sexe fort; car les femmes, surchargées d'occupations domestiques, n'ont pas le temps de vaquer aux exercices de la dévotion.

Les lamas comprennent le tiers de la population mâle, si ce n'est plus; ils sont célibataires, adonnés aux vices les plus honteux, conséquence de cet état anormal, et affranchis du service et d'impôts. Les parents qui destinent leurs fils à la cléricature leur rasent la tête et les vêtent de rouge ou de jaune : c'est la marque extérieure des lévites. Ces jeunes enfants sont confiés aux lamas qui les instruisent. A Ourga et à Goumboum, il existe des séminaires pour leur éducation. Les cours de théologie terminés, les jeunes séminaristes exercent les uns la médecine, les autres les fonctions sacerdotales. Chaque grade ecclésiastique jouit de privilèges différents et est obtenu à l'examen. Le prêtre est d'abord *bandi;* puis, successivement, *gedzoul géloun* et *kamba.* Les kambas peuvent devenir koutoukta ou incarnation de la divinité. Certains lamas exercent dans les temples des fonctions particulières, telles que celles d'économe, de surintendant, d'ordonnateur des cérémonies : mais des milliers ne s'occupent que de la prière. Signalons encore une classe infime de lamas, complètement illettrée, mais qui porte aussi le titre et le vêtement sacerdotal. Le clergé vit uniquement des dons des fidèles.

Les femmes peuvent faire partie du monde ecclésiastique ;

Fig. 11. — Lama revêtu de ses habits sacerdotaux.

ce sont surtout des veuves et des personnes âgées qui embrassent cette profession : on les appelle *chabgantza ;* elles reçoivent une consécration, se rasent la tête et mènent une vie pure.

Les lamas sont un horrible fléau pour la Mongolie : ils comprennent l'élite des hommes, et leur influence néfaste, ennemie de tous progrès, maintient les masses dans l'ignorance la plus abjecte.

Ce clergé encourage les plus ridicules superstitions et, dans chaque phénomène de la nature, leurs dupes infortunées n'aperçoivent que sortilèges et manifestations diaboliques. Toute la vie du Mongol est entravée de pratiques superstitieuses. Si, par exemple, le temps est sombre, au coucher du soleil, il n'est pas permis de donner ou de vendre du lait, car il arriverait malheur aux bestiaux; si l'on s'assoit sur le seuil de la iourte, un accident surviendra pendant le voyage ; il ne faut pas prononcer les noms de père ni de mère, et, après qu'un des bestiaux a pris médecine, il est interdit de vendre ou de donner quoi que ce soit pendant trois jours entiers, etc., etc.

L'art de la divination et celui de jeter des sorts sont très en faveur; mais des particuliers (à l'exception des femmes) ne craignent point de faire concurrence en ces pratiques aux chamans et aux lamas. Si un Mongol veut entreprendre un voyage, il consulte un sorcier chaman, qu'il paye grassement, et ce charlatan se charge pendant plusieurs jours d'arrêter les nuages, de fixer le beau temps et de déterminer la route la plus sèche, qu'il indique à son hôte. En cas de maladie, inutile de dire que le seul médecin est le lama, qui se livre à des exorcismes sur le malade.

Malgré d'innombrables déconvenues, la foi superstitieuse du Mongol reste inébranlable.

A sa mort, l'homme du peuple est jeté en pâture aux oiseaux et aux bêtes fauves. La dépouille mortelle des princes et des prêtres est ensevelie dans des caveaux en pierre ou quelquefois brûlée. Moyennant salaire, le clergé récite des prières pour un défunt pendant quarante jours; lorsque les parents sont riches et l'offrande considérable, le décédé reste inscrit au nécrologe pendant trois ans.

Si le Mongol est strict observateur des prescriptions religieuses, il se conduit dans toute autre circonstance comme un sauvage aux passions effrénées. La preuve en est dans la conduite atroce qu'il tient à l'égard des Doungans insurgés qui tombent entre ses mains : ni l'âge ni le sexe ne lui inspirent de pitié. Il est juste d'ajouter que les Doungans lui rendent la pareille. Mais alors à quoi sert la religion sans la civilisation, puisque seule elle est impuissante à changer ou à adoucir les instincts barbares d'un peuple ? Le bouddhisme, on le ait bien, professe les principes de la morale la plus élevée, mais jusqu'ici il n'a pas appris au Mongol à voir un frère dans son prochain ni à être clément envers son ennemi. Le genre de sépulture, dont le cimetière d'Ourga offre un spécimen, est révoltant pour l'homme le plus grossier. Mais le Mongol, comme un animal stupide, regarde avec indifférence les chiens se disputer le cadavre de son père ou de sa mère.

Cela peut servir d'enseignement aux futurs missionnaires du christianisme parmi les nomades. Il est inutile qu'ils prêchent des doctrines abstraites et les observations pratiques des rites s'ils n'enseignent pas aux Mongols les notions civilisatrices de la propreté. On doit leur persuader que la saleté immonde dans laquelle ils vivent leur est préjudiciable, que leur paresse et leur gloutonnerie sont des vices, et que le mérite devant Dieu réside dans des actes de bonté et de justice, non dans la récitation du chapelet, à laquelle ils se livrent toute la journée.

Une nouvelle religion doit non seulement ouvrir au nomade un monde nouveau, intellectuel et moral ; mais encore lui faire changer radicalement sa vie tant privée que sociale. Alors le christianisme apparaîtra comme un principe régénérateur, et la prédication produira un effet salutaire sur ces hordes ignorantes et sauvages.

C'est à la fin du dix-septième siècle que les Chinois ont rangé sous leur autorité la Mongolie [1] presque entière. Ils

1. Géographiquement la Mongolie occupe une superficie qui s'étend depuis les sources de l'Irtich à l'O. jusqu'à la Mandchourie à l'E.; depuis la frontière sibérienne au N. jusqu'à la grande muraille et les contrées mahométanes le long du Thian-Chan, au S. Pourtant la limite méridionale dépasse la grande muraille et forme un coude profond dans le bassin du lac Koukou-Nor. — La Mongolie septentrionale, c'est-à-dire le pays de Khalkha, se compose de 4 aimaks qui se divisent en 86 khochouns. La Mongolie centrale et orientale avec l'Ordoss se partagent en 25 aimaks et ceux-ci en 51 khochouns. Le pays des Tzakars comprend 8 circonscriptions militaires ou drapeaux. L'Ala-Chan forme 1 aimak avec 3 khochouns. Le Koukou-Nor et le Tzaïdam ont 5 aimaks avec 29 khochouns. La Mongolie occidentale ou Dzoungarie contient 4 aimaks avec 32 khochouns ; depuis l'insurrection mongole, elle a été partagée en 7 circonscriptions militaires. L'aimak des Ourianh se divise en 17 khochouns. — Des renseignements plus complets sur la division administrative de la Mongolie se trouvent dans les livres du père Hyacinthe : *Statistique de l'empire chinois*, t. II, p. 88-112, et de Timkowski : *Sur la division et l'administration de la Mongolie*. — J'ai puisé mes renseignements à ces deux sources et moi-même, pendant mon voyage, je n'ai pu en apprendre davantage.

l'ont dotée d'une meilleure administration et ont laissé aux princes nationaux une demi-indépendance pour les affaires intérieures. Néanmoins le ministère chinois statue sur toutes les questions importantes, dont quelques-unes seulement sont soumises à l'empereur.

Au point de vue administratif, la Mongolie est divisée en principautés appelées aimaks, qui se subdivisent militairement en khochouns (drapeaux), composés de régiments, d'escadrons et de dizaines. Les aimaks et les khochouns sont commandés par des princes héréditaires, vassaux de l'empereur, et qui n'ont pas le droit d'entretenir des relations avec les puissances étrangères. Les officiers qui commandent en sous-ordre les khochouns sont appelés *tossalaktchia;* leur charge est héréditaire et leur nombre varie de un à quatre par drapeau. Le colonel de chaque régiment est intitulé *tchjalan-zanghin*, et les chefs d'escadrons *somoun-zanghin.* Toutes les troupes mongoles sont sous la haute autorité d'un dziandzioun, général choisi parmi les princes mongols.

Les princes se réunissent chaque année en assemblée générale (tchouchan) sous la présidence de l'un d'eux, qu'ils élisent eux-mêmes et dont l'élection doit être ratifiée par le pouvoir central. Cette assemblée traite des questions locales et est surveillée par le gouverneur chinois.

Quelques provinces, comme le Tchen-Dou-Fou, voisin de la grande muraille, au nord de Pékin; le Tzakar, au nord-ouest de Kalgan; le Gouï-Kouatchen (Koukou-Khoto), sont administrées à la chinoise. Avant l'insurrection, toute la Mongolie occidentale était divisée en sept cercles militaires, régis d'après une législation particulière.

La noblesse princière se divise en six classes: les khans, les dzins-vans, les dziouns-vans, les beïlés, les beïzes, et les gouns. La plupart des princes descendent de Gengis-Khan.

Les fils aînés légitimes des princes régnants succèdent à leur père, avec l'approbation de la cour de Pékin. A défaut d'héritier légitime, une couronne princière peut être transmise à un enfant naturel, avec la permission de l'empereur. Les autres enfants des princes rentrent dans la classe des nobles (taïdzi), de sorte que celle-ci s'augmente toujours, tandis que celle des princes reste stationnaire. Tous les princes émargent un traitement [1], et leur avancement d'une classe à l'autre dépend de l'empereur ; de plus, dans un but politique, ils épousent des filles de la maison impériale. Tous les trois ou quatre ans, ils sont tenus de porter eux-mêmes leurs félicitations à l'empereur et de lui offrir un tribut consistant en chevaux et en chameaux. De son côté, le souverain leur fait un présent proportionné à leur dignité, en soieries, vêtements, argent ou chapeaux garnis de plumes. La possession de la Mongolie oblige l'empire chinois à de grands sacrifices d'argent [2].

On estime par approximation la population mongole à deux ou trois millions d'âmes. En comparaison de la superficie, ce chiffre est très faible ; mais il ne peut certainement s'accroître beaucoup si l'on prend en considération les conditions de la vie nomade, l'infertilité et le climat du pays. L'accroissement est très lent ; de plus il est entravé par le célibat des prêtres et par plusieurs maladies endémiques (syphilis, variole, typhus) qui déciment les nomades.

Les princes, les nobles et les lamas sont affranchis de toutes les charges et jouissent de tous les droits ; les gens du commun ont seuls tous les devoirs et supportent toutes les impositions.

Les lois mongoles édictées à Pékin doivent servir de règlement pour les princes dans les détails de leur administration. Les affaires minimes sont réglées d'après le droit coutumier ; les peines sont l'amende, l'exil et, pour les grands crimes, la mort.

Les contributions levées par les princes consistent en bestiaux. Dans les cas extraordinaires, comme voyage du prince à Pékin ou à l'assemblée, mariage de ses enfants, changement de camp, etc., on lève un impôt supplémentaire. En Chine, les Mongols sont exempts de toute imposition, hors le service militaire [3]. L'armée se compose exclusivement de cavalerie. Chaque groupe de cent cinquante familles forme

1. Un prince de la première classe reçoit annuellement 2,000 lans (15,000 fr.), et celui de la sixième, 100 lans (750 fr.). La valeur des lans est d'ailleurs sujette à de nombreuses variations (V. p. 58).

2. Ces honoraires princiers coûtent au cabinet de Pékin, annuellement, 120,000 lans (900,000 fr.) et 3,500 pièces de soie.

3. Le service militaire est obligatoire de dix-huit à soixante ans. Sur trois hommes dans une famille, l'un en est exempté.

un escadron; six escadrons, un régiment; les régiments, un khochoun ou drapeau. Les cavaliers s'équipent à leurs frais, excepté les armes. L'effectif complet doit être de deux cent quatre-vingt-quatre mille hommes; mais à peine la dixième partie de ce nombre pourrait-elle être réunie. Les dziandziouns des aimaks doivent, il est vrai, passer des revues et contrôler les effectifs; mais tout s'arrange à l'amiable : les chefs des khochouns offrent des pots-de-vin à leurs inspecteurs et ceux-ci ont soin de ne s'apercevoir de rien. Le Mongol paresseux préfère du reste être largement rançonné plutôt que de servir. Le gouvernement chinois ne s'en plaint point et n'est peut-être pas fâché que l'ancien esprit guerrier du nomade commence à disparaître.

CHAPITRE III

FRONTIÈRE SUD-EST DU PLATEAU DE MONGOLIE.

Préparatifs de l'expédition. — Exiguïté de nos ressources pécuniaires. — Difficultés qu'offre la monnaie chinoise. — Caractère physique de la chaîne qui limite la Mongolie au nord de Pékin. — Ville de Dolon-Nor. — Collines sablonneuses de Goutchin-Gourbou. — Incendie dans les steppes. — Lac Dalaï-Nor. — Travaux géodésiques. — Route de Dolon-Nor à Kalgan. — Pâturages impériaux. — Température du printemps. — Description du chameau.

Comme nous l'avons dit, nous désirions voir d'abord Pékin ou Beï-Tzin (c'est ainsi que l'appellent les Chinois). Parfaitement accueillis par les membres de notre ambassade et par ceux de notre mission, nous y passâmes deux mois, occupés de nos préparatifs. L'immense étendue de la ville, notre qualité d'étrangers, l'originalité des Chinois et notre ignorance de la langue ne nous ont pas permis d'acquérir une connaissance approfondie de cette célèbre capitale. A vrai dire, elle n'a pas produit sur nous une très heureuse impression : le service de la voirie y laisse beaucoup à désirer, les détritus de toute nature et les eaux ménagères en déshonorent les principales rues. Qu'on ajoute à cela l'effronterie impudente des habitants, leurs clameurs assourdissantes, les injures dont ils accablent l'Européen, et l'on peut croire que la promenade en ville n'offre rien de particulièrement agréable. Des ramasseurs de fumier courent de tous les côtés, et des flaques d'eau croupie exhalent une odeur nauséabonde, empestant la cité.

Les maisons sont construites en terre ; les rangées de boutiques présentent toutes les formes architecturales imaginables ; quelques artères principales sont assez larges et d'une grande longueur. La ville est éclairée par des lanternes en papier placées sur des trépieds en bois, disposés à quelques centaines de pas les uns des autres. Les Chinois terminent toutes leurs affaires au coucher du soleil ; le crépuscule venu, on ne voit plus personne dans les rues, même dans les quartiers les plus populeux.

Pékin se compose de deux villes : la ville intérieure, Neï-Tchen [1], qui renferme le palais Impérial, et la ville extérieure, Baï-Tchen. Chacune d'elles est entourée d'un rempart crénelé ; celui de Neï-Tchen a vingt verstes de tour, trente-trois pieds de hauteur et soixante pieds d'épaisseur ; il est percé de dix portes que l'on ferme au coucher du soleil. Le rempart extérieur est aussi percé de dix portes et flanqué de tours de distance en distance.

Le palais de notre ambassade et les établissements de la mission sont situés dans la ville intérieure. On remarque en outre quatre chapelles catholiques, le temple des missions protestantes et le bâtiment de la douane. Ce sont là toutes les constructions européennes de Pékin, les négociants européens n'ayant pas le droit de s'y établir.

Avant d'entreprendre notre exploration, nous aurions désiré nous éclairer des conseils d'une personne expérimentée ; mais parmi les résidents européens aucun n'avait franchi la grande muraille dans la direction de l'occident. Nous résolûmes d'atteindre le coude septentrional du fleuve Jaune, dans l'Ordoss, puis de gagner le lac Koukou-Nor, en un mot de nous enfoncer dans des régions presque totalement inconnues aux Européens. Notre premier voyage de Kiakta à Pékin nous avait appris que le succès d'une exploration dépend beaucoup de la liberté des mouvements du voyageur, et que nous devions tenir compte de l'hostilité des populations, jusqu'ici opposées à toutes tentatives étrangères pour pénétrer dans les provinces centrales. Nous cherchâmes inutilement à nous procurer un guide chinois ou mongol ; l'appât d'un salaire très élevé ne put venir à bout des refus qu'on nous opposait et nous dûmes nous contenter de nos deux cosaques.

Nous achetâmes sept chameaux de charge, des chevaux de

1. Ces noms manquent d'exactitude, puisque les deux villes qu'ils désignent sont situées l'une à côté de l'autre.

Fig. 12. — Ruines du palais des empereurs.

selle, des armes, des vêtements, des instruments et les vivres nécessaires pour un an seulement : car nous projetions, avant de gagner le Koukou-Nor, d'explorer avec soin toutes les contrées riveraines du cours moyen du fleuve Jaune et de retourner ensuite à Pékin. Nos armes et nos engins de chasse formaient un poids considérable, mais nous les croyions indispensables pour nous fournir de nourriture lorsque nous traverserions les contrées dévastées par l'insurrection ou quand, par mauvaise volonté, les habitants refuseraient de nous vendre des vivres. Quatre énormes caisses destinées à contenir nos collections d'histoire naturelle renfermaient déjà les objets nécessaires à leur préparation. Nos vivres consistaient en une caisse d'eau-de-vie, avec une provision de sucre, de riz et de millet. J'avais acheté aussi pour 300 roubles de marchandises diverses qui, dans la suite et vu l'accroissement de notre bagage scientifique, ne furent pour nous qu'un embarras considérable.

Malheureusement l'expédition ne possédait pas de ressources suffisantes. Pour la première année, nous avions reçu du ministère de la Guerre, de la Société de géographie et du Jardin botanique, une subvention de deux mille cinq cents roubles, portée à trois mille cinq cents, les années suivantes ; mon compagnon, M. de Piltzoff, jouissait d'une indemnité de trois cents roubles pour la première année, élevée à six cents pour les années suivantes. Si notre voyage n'a pas été assez fécond en résultats heureux, je ne crains pas de dire qu'il ne faut l'attribuer qu'à la modicité de nos ressources. Ainsi, la solde de nos deux cosaques s'élevant à quatre cents roubles sans compter leur entretien, nous fûmes dans l'impossibilité de leur adjoindre aucun autre serviteur ; nous étions donc obligés de charger les chameaux, de les mener paître, de ramasser le fumier, de nous livrer aux travaux les plus grossiers ; tout le temps ainsi employé se trouva perdu pour les études scientifiques. Nous ne pûmes pas non plus nous procurer un interprète instruit ; celui que nous avions savait à peine la langue usuelle et ne nous fut d'aucune utilité dans bien des circonstances. Il est vrai qu'un de nos cosaques était un garçon laborieux qui fut le « maître Jacques » de la caravane : mais il faut dire aussi que notre misère devint telle qu'il nous arriva, pendant la route, de souffrir de la faim, lorsque notre chasse avait été infructueuse ou que l'on réclamait d'un mouton un prix exorbitant, fort au-dessus de nos moyens.

A notre départ de Pékin, nous ne possédions pour viatique d'une année que deux mille trois cents lans soit quatre mille six cents roubles (17,250 fr.).

Il arriva même que notre subvention, qui nous devait être payée à Pékin, n'étant pas parvenue, nous nous trouvâmes dans la position la plus critique. La générosité du général Vlangali vint heureusement nous tirer d'embarras, et nous empruntâmes aussi une certaine somme à la caisse de la mission.

Il n'existe point en Chine de monnaie légale, à l'exception du *tchok*, petite pièce de cuivre et de zinc ; l'argent est reçu partout selon son poids et sa qualité. L'unité monétaire est le *lan*, qui équivaut à 8,7 de notre zolotnik [1] ; le dixième du lan est le *tziane*, et le dixième du tziane le *fine*. Seize lans forment un *gin*. Le poids du *lan* varie selon qu'il est lan d'État, lan de commerce et petit lan.

L'argent est employé en lingots, appelés *lamba*, qui ont une forme cylindrique. On coupe ces cylindres en morceaux pesant cinquante lans environ, et chacun d'eux porte le poinçon de l'État ou le timbre d'une maison de banque. La plupart de ces rouleaux contiennent du plomb ou de la fonte que la fraude chinoise introduit jusque dans les plus petites quantités d'argent. Ces cylindres sont coupés encore en morceaux plus petits, qui servent pour les transactions de minime importance. On préfère souvent le *tchok* [2], pour éviter la fausse monnaie; mais son poids est si considérable qu'il en faut huit livres pour un rouble. Par là, on peut juger de la facilité des transactions. De plus, dans chaque ville, dans chaque bourg, la manière de compter est différente ; ainsi dans certaines localités trente tchoks sont comptés pour cent pour cinquante ou pour soixante-dix-huit. En un mot, il est im-

1. Le zolotnik russe pèse $4^{gr},2$.

2. Pour plus de facilité, les tchoks sont enfilés sur un cordon par groupe de 500 pièces. Le poids de tchoks que l'on donne pour 100 roubles est équivalent à 20 pouds (320^{kil}., 760) et forme la charge de trois chameaux. (*Notes du traducteur.*)

possible d'imaginer un gâchis monétaire plus complet, si ce n'est celui des poids et mesures, qui varient aussi dans chaque localité. On ne peut donc guère se figurer à quelles fraudes ni à quelles vexations le voyageur est exposé.

Pour éviter une si honteuse exploitation, nous nous étions munis de la balance des marchés de Pékin, mais elle ne nous fut d'aucune utilité, car, à chaque dizaine de verstes, le cours du métal variait.

Nous partîmes de Pékin le 25 février, munis d'un passeport et accompagnés des souhaits de bon voyage de toute la colonie russe. Nous nous proposions de reconnaître la chaîne qui circonscrit le plateau mongolien, puis de nous rendre jusqu'au lac Delaï-Nor afin d'y observer le passage des oiseaux; de là, nous gagnerions Kalgan, puis tournerions à l'ouest et reviendrions dans la direction du coude septentrional du fleuve Jaune. Pour rendre notre marche plus rapide, nous expédiâmes à Kalgan la plus grande partie de nos bagages et ne conservâmes avec nous que le strict nécessaire.

Notre première étape était la ville de Goubéï-Kéou, située à cent quinze verstes (123 kilom.) au nord de Pékin. La plaine que nous traversâmes, couverte de villages et de bourgs, était arrosée par le Baï-Ké et son affluent le Tchao-Ké.

Après deux jours de marche et à vingt verstes de Goubéï-Kéou, les vagues contours d'une chaîne de montagnes se dessinèrent à l'horizon. C'étaient les premiers contreforts de la chaîne composée des deux rameaux de Kalgan et de Nan-Kéou, qui se dirigent sur Goubéï-Kéou où ils se fondent en un seul massif pour séparer la Mongolie de la Chine propre,

Goubéï-Kéou est adjacente à la grande muraille et entourée d'un rempart des trois autres côtés. A deux verstes de la ville, s'élève une citadelle qui défend l'entrée de la gorge où passe la route conduisant à Pékin.

Quoique nous ne fussions encore qu'à la fin de février, nous jouissions d'une température printanière; la journée était chaude et, à midi le thermomètre s'élevait à + 14° C. La rivière Baï-Ké, complètement libre de glaces, était couverte d'oiseaux aquatiques [1], qui, dès la fin de février, font leur

1. Canard (*Anas rutilla*, *A boschas*), et harles (*Mergus merganser* et *M. serrator*).

apparition jusqu'à Kalgan, dont le climat est beaucoup plus rude que celui de Pékin. C'est alors que, dans les claires matinées, vous apercevez leurs vols impatients gagner le plateau pour s'élancer au nord ; mais, repoussés par le froid, ils se rabattent bientôt dans la plaine, où leur nombre s'accroît chaque jour de nouveaux arrivants. Enfin le jour désiré a lui, les déserts mongoliens ont vu disparaître leurs frimas, toute la troupe ailée s'empresse d'abandonner le sol étranger et de regagner d'un vol rapide le pays natal.

De Goubéi-Kéou à Dolon-Nor, la largeur du massif est d'environ cent cinquante verstes, et se compose de chaînons parallèles qui courent de l'ouest à l'est. Ces montagnes sont peu élevées [1], quoique souvent elles offrent un caractère alpestre. Les vallées, ordinairement étroites (à peine une verste), se rétrécissent parfois en gorges resserrées que ferment d'énormes rochers de gneiss. Plusieurs petits cours d'eau baignent la contrée. Le plus important est le Chandou-Gol ou Louan-Ké ; descendu du versant septentrional, il baigne la ville de Dolon-Nor, puis creuse son lit à travers la masse des hauteurs et débouche enfin dans les plaines chinoises.

Les versants de ce massif sont couverts de pâturages, d'arbustes et de forêts, dont les principales essences sont le chêne, le bouleau noir (rarement le blanc), le pin, le sapin [2] ; et, parmi les arbustes, le pêcher sauvage, le chèvrefeuille persistant, l'églantier, le rhododendron et quelquefois le noisetier.

Ces forêts, qui bordent la rive septentrionale du Louan-Ké, étaient autrefois le rendez-vous de chasse des souverains ; le parcours en est encore interdit au public, quoique depuis 1820 on n'y chasse plus. Une grande partie de ces bois a du reste disparu et, sur une vaste superficie, on n'aperçoit plus que des bosquets ou des troncs épars.

Les seuls représentants de leur faune que nous ayons rencontrés sont des cerfs, des faisans, des perdrix et des co-

1. Il n'y a point de sommets élevés ; le pic de Pé-Tcha, mentionné par les missionnaires Gerbillon et Ferbist, n'existe pas, bien que Ritter le cite d'après eux ; nos savants Vassilieff et Séménoff avaient déjà constaté cette erreur en 1856. — Voir *Géog. de l'Asie*, par Ritter, traduite par Séménoff, t. I, p. 292-298.

2. Plus rarement encore le tilleul.

lombes[1]. Les habitants prétendent pourtant que le pays doit abonder en gibier et que les tigres et les chevreuils y sont en grande quantité.

Au point de vue administratif, ces contrées forment le district de Tchen-Dou-Fou, province du Tchi-Li, dont la population, quoique située au delà de la grande muraille, est presque tout entière chinoise. Les villages y sont nombreux, l'agriculture est florissante, mais le goître est une affection endémique parmi les habitants.

La route que nous suivions était incessamment sillonnée de chariots chargés de riz et de sarrasin, et de nombreux troupeaux de porcs, mets favori des Chinois.

A mesure que nous nous éloignions de la plaine chinoise, la température devenait plus rigoureuse et le thermomètre marquait — 14° C. au coucher du soleil.

L'exhaussement du sol se produit par une gradation assez forte. Ainsi Goubeï-Kéou est à sept cents pieds au-dessus du niveau de la mer, et Dolon-Nor, à quatre mille. Cette dernière ville est déjà sur le plateau mongolien, que nous voyons se projeter devant nous en sortant des montagnes au pied desquelles s'arrête la plaine chinoise.

Du côté de la Mongolie, ces montagnes rencontrent une haute chaîne qui, d'après les gens du pays, s'enfonce au loin dans le nord. Ce doit être probablement le Grand Hingam qui sépare la Mongolie de la Mandchourie. A l'endroit où nous avons franchi la chaîne, elle offrait sur son versant oriental le caractère alpestre, tandis que, du côté de la Mongolie, ces monts sourcilleux deviennent tout à coup des collines peu élevées, en forme de dôme. Le caractère de la nature change aussi brusquement : les arbres, les arbustes et les rochers disparaissent; à leur place, se déploie un steppe onduleux avec la faune qui lui est particulière et dont les principales espèces sont le logomys, l'antilope dzeren et l'alouette de Mongolie.

Le 17 mars nous arrivâmes à Dolon-Nor, ville située, d'après notre relèvement, par 42° 16′ latitude nord. Transis de froid et accablés de fatigue, nous y fîmes notre entrée

1. *Cervus pygargus*, *Phasianus torquatus*, *Perdrix barbata*, *P. chukar*, *Colomba rupestris*, *Pterorhinus Davidii*.

en compagnie d'une foule de badauds ; et après de longues pérégrinations d'auberge en auberge, où nous fûmes partout éconduits, nous demandâmes l'hospitalité au couvent mongol. Cordialement accueillis, nous pûmes enfin nous y réchauffer et réparer nos forces complètement épuisées.

Dolon-Nor, en chinois Lama-Miao [1], est aussi un centre commercial entre la Mongolie et la Chine. Les nomades viennent y échanger leurs denrées contre le thé et la soie. La ville n'est pas fortifiée et s'étend dans une plaine sablonneuse, sur les rives de l'Ourten-Gol, affluent du Chand-Gol. Elle se compose d'un quartier mongol et d'un quartier chinois, à une verste l'un de l'autre. Le quartier chinois occupe une superficie d'une verste de large sur deux verstes de long avec des rues étroites et sales ; mais la population est assez considérable. Le quartier mongol renferme deux temples entourés d'habitations qu'occupent deux mille lamas environ, dont le nombre est augmenté l'été par l'arrivée de nombreux pèlerins. C'est à Dolon-Nor que l'on fabrique des idoles en bronze et en fonte, pour la Chine et la Mongolie.

Après une journée de repos, nous nous dirigeâmes vers le lac Dalaï-Nor, situé à cent soixante verstes plus au nord. La route qui y conduit traverse les ruines d'une ancienne cité, connue chez les Mongols sous le nom de Dzagan-Balgasou, qui signifie « remparts blancs. » Il ne reste plus d'intact qu'une partie d'un rempart en briques d'une demi à deux sagènes de hauteur, qui affecte la forme d'un quadrilatère ayant une verste de longueur et cent sagènes de largeur [2]. Les Mongols ne surent rien nous apprendre sur cette antique cité.

A quarante verstes de Dolon-Nor, nous entrâmes dans le cercle militaire de Kechtchikten. C'est à partir de là que s'élèvent les collines sablonneuses de Goutchin-Gourbou, qui se prolongent jusqu'au lac. Ces dunes sont innombrables, disposées sans aucun ordre et variant en hauteur de trente à cent

1. Le nom chinois Lama-Miao veut dire « le couvent du lama » et le nom mongolien Dolon-Nor signifie « sept lacs ». Ceux-ci se trouvaient autrefois près de la ville, mais aujourd'hui ils sont ensevelis sous les sables.

2. Traduit en mesures métriques, ce passage peut se lire ainsi : « Un rempart en briques, de $1^m,72$ à $4^m,268$ de hauteur, qui affecte la forme d'un quadrilatère ayant 583 mètres de long et 213 de large. »

pieds. Elles sont tantôt nues, tantôt tapissées d'herbes et de saules; quelques-unes sont couvertes de chênes, de tilleuls et de bouleaux.

Les renards, les cerfs, les loups et les perdrix abondent dans le pays. De temps en temps apparaissent quelques zones d'un sol favorable à la culture, mais le manque d'eau ne permet pas aux nomades d'y séjourner. La contrée est sillonnée d'innombrables chemins, tracés par les Chinois qui exploitent le bois : c'est un véritable labyrinthe où il serait très difficile de se reconnaître sans guide. Les Mongols prétendent que le Goutchin-Gourbou commence sur le cours supérieur du Chara-Mouren, et s'étend à quatre-vingts verstes à l'ouest du lac Dalaï-Nor.

Ce ne fut que le 25 mars que nous atteignîmes les bords de ce lac. Dès la nuit de notre arrivée, nous eûmes le spectacle d'un magnifique incendie dans les prairies. D'abord, à la tombée de la nuit, des feux épars surgirent à l'horizon; deux ou trois heures après, ils formèrent une immense ligne enflammée, s'avançant avec rapidité à travers les steppes. Bientôt une petite colline atteinte par les flammes prend feu en un instant; on dirait un vaste édifice, à l'architecture fantastique, qui se dessine en un rouge plus ardent sur la masse incendiée. D'immenses lueurs s'élèvent au ciel et projettent au loin leur sinistre clarté, mêlée à des colonnes de fumée qui se dressent en méandres capricieux. Derrière cette zone embrasée, l'obscurité paraît intense et impénétrable. Les oiseaux et les fauves, saisis d'épouvante, unissent leurs mugissements et leurs cris; enfin la conflagration s'éteint peu à peu, tout rentre dans le silence, et la nuit profonde étend un voile sur toute la nature.

Le lac Dalaï-Nor est situé au nord de la zone des collines de Goutchin-Gourbou et mérite par son étendue la première place parmi les lacs du sud-est de la Mongolie. Sa forme est celle d'une ellipse dont le grand axe s'étend du sud-ouest au nord-est. La rive occidentale est échancrée par quelques petites baies, les autres ne présentent aucune déchirure. Ses eaux sont salées et au dire des naturels sa profondeur serait considérable; toutefois, à cent et tant de pas du rivage, le fond se rencontre à deux ou trois pieds. La circonférence est de soixante verstes. Ce lac a quatre petites rivières pour tributaires, qui sont, à l'est, la Chara-Gol[1] et la Gounghir-Gol et, à l'ouest, la Kolé-Gol et la Chourga-Gol. Le Dalaï-Nor est très poissonneux ; nous avons remarqué dans ses eaux le labre, le chabot et l'épinoche. En été, la pêche y attire un grand nombre de Chinois vagabonds.

Dans les environs du lac, le steppe présente de grandes ondulations dont le sol est salin ; les collines de Goutchin-Gourbou viennent mourir à sa rive méridionale. Au sud-est, sur une petite élévation, on remarque un village chinois et le temple de Darkhan-Oula. A l'époque des pèlerinages, les habitants de ce village vendent aux pieux Mongols des quantités considérables de poissons vivants, que les dévots rejettent dans le lac, afin d'obtenir la rémission de leurs péchés.

La hauteur absolue du Dalaï-Nor est de quatre mille deux cents pieds (1,280 m.); le climat est aussi rigoureux que dans tout le reste de la Mongolie, et, au commencement d'avril, les bords du lac étaient encore recouverts d'une épaisse couche de glace.

Ce lac et ses rivages sont fréquentés par une multitude d'oiseaux de passage, aquatiques et échassiers. A la fin de mars, nous avons constaté la présence des canards, des oies, des cygnes, des mouettes, des cormorans, des grues et des hérons. Les oiseaux de proie et des petites espèces sont peu nombreux. Le second volume de cet ouvrage en contiendra une description détaillée. J'ajouterai qu'en général les oiseaux voyageurs se hâtent de traverser les déserts. Pendant les journées orageuses, des vols immenses de palmipèdes, arrivant de l'intérieur de la Mongolie, s'abattent sur les eaux du lac, qui durant les temps calmes sont complètement désertes. Quoique les vents violents fussent peu favorables à la chasse, nous pûmes pendant tout notre séjour nous nourrir d'oies et de canards sauvages.

Enfin, après treize jours passés sur les bords du Dalaï-Nor, nous reprîmes notre route vers Dolon-Nor, d'où nous devions

1. Les Mongols nous dirent que cette rivière prenait sa source dans le lac Gango-Nor, situé à vingt verstes à l'est du Dalaï-Nor. — A l'embouchure de la Chara-Gol se trouve un marais assez considérable, le seul des rivages du Dalaï-Nor.

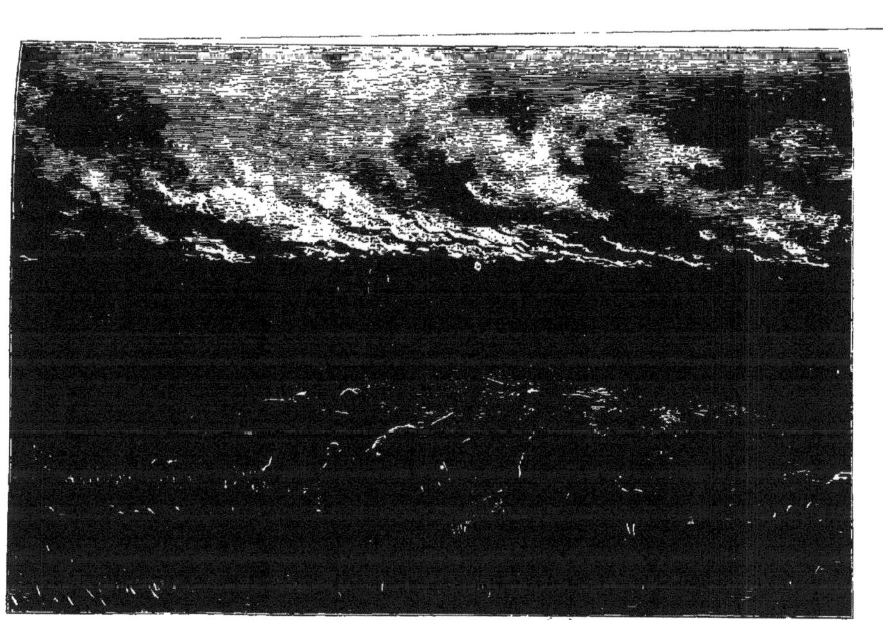

Fig. 13. — Incendie dans les steppes.

nous diriger sur Kalgan. Nous traversâmes encore les collines de Goutchin-Gourbou, toujours aussi tristes, mais pourtant égayées alors par les chants du *saxicola isabellina*, petit oiseau couleur de chair, particulier à l'Asie centrale. Ce chanteur n'exécute pas une mélodie qui lui soit propre ; il imite les autres oiseaux. C'est ainsi que nous l'avons entendu contrefaire le cri du vautour, le caquetage de la pie, le sifflement de la bécasse, le chant de l'alouette et même le hennissement du cheval.

Comme l'uniformité du terrain contrariait beaucoup nos opérations géodésiques, nous étions obligés d'observer la plus scrupuleuse attention dans nos travaux et surtout de les cacher aux yeux des gens du pays qui n'auraient pas manqué de nous susciter mille entraves. Toutefois, pendant nos trois ans d'expédition, nous fûmes assez heureux pour ne jamais être pris en flagrant délit de topographie. Pour la levée du terrain, nous nous servions de la boussole de Chmakhalder. Si les oscillations duraient trop longtemps, nous prenions la moyenne entre les degrés extrêmes de leur amplitude, nous mesurions les distances en prenant pour unité la distance franchie par le chameau en une heure, et nous représentions dix verstes par un pouce anglais[1]. Dans les localités peuplées, où nous étions suivis par une foule de badauds, je devançais notre caravane ou je restais en arrière, afin de pouvoir inscrire mes notes sur mon carnet. Quant à notre guide, dont il fallait aussi nous défier, nous lui avions montré une jumelle, en lui disant qu'avec cet instrument on pouvait distinguer de très loin le gibier. Aussi, dans sa simplicité, il ne fit jamais aucune différence entre la boussole et la jumelle ; en nous voyant travailler, il était persuadé que les fauves seuls étaient l'objet de notre observation. Arrivés au campement, nous prenions soin d'abord de mettre en ordre nos travaux : je me retirais dans la tente, et mon compagnon faisait sentinelle à la porte, amusant les curieux du petit monde et me prévenant s'il survenait quelque personnage important ; dans ce cas, je faisais tout disparaître dans les profondeurs de nos coffres.

1. Le pouce anglais vaut $0^m,0253$. — La carte ci-jointe de notre itinéraire est réduite au quart de la carte originale.

A Dolon-Nor nous fîmes quelques achats d'absolue nécessité, puis nous prîmes la route de Kalgan. La distance entre les deux villes est de deux cent trente verstes par un chemin praticable aux voitures. La circulation y est considérable. Nous rencontrions à chaque instant de grandes arabas chargées de marchandises et surtout de sel, extrait de marais situés à deux cents veretes du Dalaï-Nor. Pendant tout le trajet, nous préférâmes camper à supporter la puanteur et l'immonde saleté des auberges chinoises; ainsi, d'ailleurs, nous échappions à l'insolente importunité des habitants.

Sur cette route, les villages chinois sont fréquents, surtout en approchant de Kalgan; on y voit aussi les iourtes des Mongols et leurs troupeaux innombrables.

Le steppe est ondulé; le sol en est sablonneux, quelquefois salin, mais couvert d'excellents pâturages. Les arbres et les arbustes font complètement défaut, et l'on rencontre, plus que partout ailleurs, des ruisseaux et de petits lacs. L'eau de ces derniers est dégoûtante : sa couleur est celle d'un lait de chaux ; son goût, extrêmement saumâtre, et son odeur, celle du fumier. Les Mongols ne dédaignent pas pourtant de s'en servir pour leur thé, et nous-mêmes fûmes contraints d'en faire usage.

De grands troupeaux de chevaux, d'environ cinq cents têtes chacun, appartenant à l'empereur, vaguaient dans ces steppes. Ces animaux servent à la remonte de l'armée; comme dans toute la Mongolie, ils sont de taille moyenne ou petite, ont les jambes et le cou développés, le poil épais, et sont d'une grande résistance à la fatigue. Pendant les plus grands froids, ils restent dans les pâturages, se nourrissant d'arbustes et d'herbes maigres. Ces troupeaux comptent par étalon de dix à trente juments. L'étalon est extrêmement jaloux de ses compagnes et les surveille attentivement; aussi les batailles entre ces mâles sont-elles très fréquentes, surtout au printemps. Les Mongols, passionnément amateurs de chevaux, ont organisé des courses, qui se tiennent près des temples les plus vénérés. Les courses d'Ourga s nt les plus fréquentées; l'on s'y rend de plus de cent verstes à la ronde et des prix sont décernés par le koutoukta.

Les pâturages du domaine impérial se trouvent dans l'aimak des Tzakars, dont les terres s'étendent, depuis Kechtchikten, sur une superficie de plus de cinq cents verstes à l'ouest, jusqu'à l'aimak des Dourboutes.

Nous nous aperçûmes cette fois-ci des mauvais instincts des Mongols Tzakars, qui sont tous d'effrontés vauriens. Heureusement que nous n'eûmes pas besoin d'entretenir de longs rapports avec eux : les antilopes étaient nombreuses, la chasse suffisait à notre subsistance et nos revolvers tenaient ces pillards en respect.

La température, bien que nous fussions au cœur du printemps, était encore très froide, les vents fréquents et l'air fort sec. Il gelait durant les nuits au 20 avril, et, quand le soleil se levait, la glace des petits lacs pouvait supporter un homme. A cette époque de l'année, le vent du nord-ouest règne sans interruption ; à peine l'atmosphère est-elle calme quelques heures. Souvent ce vent se transformait en tempête ; des nuages de sable et de poussière saline obscurcissaient alors le soleil, et à midi la clarté du jour était celle du crépuscule. A une verste de distance, il était impossible de distinguer une colline ; l'ouragan chassait le sable avec une telle violence que les chameaux s'arrêtaient et faisaient face en arrière pour résister à ce formidable assaut. L'air était tellement chargé de poussière qu'on ne pouvait ouvrir les yeux ; et l'on éprouvait un sentiment de douleur sous l'impression de ce terrible tumulte. Dans la tente, les objets disparaissaient sous une épaisse couche de poussière et, quand la tempête avait commencé la nuit, on avait le matin les paupières closes par le sable. Une embellie complète succédait pendant quelques minutes, l'ouragan redoublait de fureur et se terminait enfin par une pluie torrentielle. Quoique notre tente fût fixée extérieurement par des cordes attachées à douze barres de fer, nous devions la consolider en la liant à nos colis pour éviter qu'elle ne fût emportée dans l'espace. En mars et en avril, il tombe encore parfois un peu de neige.

Nulle part le printemps n'est aussi triste que dans cette partie désolée du pays.

Nous croyons devoir terminer ce chapitre par une courte esquisse du chameau de Mongolie, animal inappréciable pour une pareille contrée et que nous avons été à même de connaître pendant les péripéties d'un voyage de trois années.

On ne trouve en Mongolie que le chameau à deux bosses (*camellus bactrianus*) ; son congénère le dromadaire, commun en Turkestan, est ici complètement inconnu. Les Mongols l'appellent tiné ; l'étalon se nomme bouroun, le hongre atan, et la femelle inga. Un bon chameau se reconnaît à sa forte charpente, à ses larges pattes, à sa croupe également large et arrondie, à ses bosses hautes et droites. La hauteur de sa taille n'a pas d'importance. Les meilleurs chameaux s'élèvent à Khalkha où ils sont grands, robustes et durs à la fatigue. Dans l'Ala-Chan et le Koukou-Nor, ils sont moins vigoureux ; leur couleur est plus foncée et leur mufle plus court. Ces caractères sont persistants et vraisemblablement le chameau de la Mongolie méridionale forme une espèce particulière.

La liberté des steppes est une condition essentielle pour la prospérité physique de cet animal ; parqué dans une écurie, il maigrit et s'étiole.

D'une sobriété excessive, il préfère aux plus gras pâturages les plantes steppiennes : l'oignon, le dirissou, la petite absinthe, le *kalidium gracile* et des aliments salins lui sont en général indispensables. Il lèche avec plaisir la poussière salée appelée goudjir, qui couvre les marais salants et même les steppes herbacés. Parfois il mâche des cailloux blancs qu'il prend pour de petits morceaux de sel aggloméré. Plusieurs de ces animaux mangent absolument de tout : de vieux os, du cuir, de la paille pourrie, de vieilles selles, etc. Des Mongols nous ont assuré que, chez eux, une tente entière avait été dévorée. On prétend que quelques chameaux ne dédaignent ni la viande ni le poisson, et nous en avons eu un en notre possession qui a avalé, devant nous, des oiseaux que nous nous disposions à empailler.

Tout le monde connaît leur faculté de se passer d'eau ; en hiver, ils se rafraîchissent avec de la neige, et jamais on ne leur donne à boire.

L'intelligence de cet animal est assez faible et sa poltronnerie est extrême. Le plus petit accident met en déroute toute une caravane. Attaqué par les loups, il préfère cracher et crier à tue-tête, quand d'une seule ruade il pourrait tuer un de ses adversaires ; il est aussi la victime des pies et des corbeaux, qui piquent ses bosses à coups de bec. La bave est chez lui le signe de la colère, mais la méchanceté n'est pas dans son caractère, si ce n'est chez les étalons, à l'époque du rut. Alors ils deviennent furieux et attaquent l'homme lui-même. La saillie ne peut avoir lieu sans l'aide du chamelier. Les femelles portent treize mois et mettent bas un seul petit, rarement deux.

Avec son chargement de sept pouds (plus de 112 kil.), un chameau peut parcourir quarante verstes par jour et continuer ce trajet pendant des mois entiers. Après cinq ou six mois de fatigue, vers la fin de l'hiver, l'animal ayant considérablement maigri, le Mongol le lâche en pleine liberté dans le steppe. Pendant notre voyage, nous avons surmené beaucoup de chameaux, car nous les faisions marcher presque continuellement, sans repos prolongé.

En liberté, le chameau reprend très vite son embonpoint. Sa mue commence en mars et, à la fin de juin, il est couvert d'un nouveau poil; pendant cette période critique, il est très faible et fort sensible aux variations de la température.

En été, et après qu'il a été déchargé, il faut le couvrir soigneusement, car il prend froid avec facilité.

Le chameau aime beaucoup la société de ses semblables; il marche jusqu'au complet épuisement de ses forces; s'il tombe épuisé, on doit renoncer à le faire relever : il faut abandonner le pauvre animal à son malheureux sort. Dans ce cas, les chameliers préviennent de l'accident les habitants de la plus proche iourte et quelquefois, plusieurs mois après, on retrouve l'animal complètement rétabli.

Un chargement mal fait blesse le chameau d'écorchures qu'il est difficile de guérir, surtout si les mouches y déposent leurs œufs. Les Mongols pansent ces blessures avec de l'eau salée ou de l'urine humaine. L'usure du sabot se produit aussi fréquemment; les chameliers adaptent, dans ce cas, au pied de l'animal un coussinet de cuir, opération très douloureuse. Le chameau est aussi sujet à la gale et à la morve.

Quelques mois après sa naissance, on sépare le jeune chameau de sa mère; à un an, on lui perce le nez et on y passe un petit bâton qui sert à attacher la bride; à deux, on lui fait suivre la caravane pour l'habituer aux fatigues de la route; à trois, on l'accoutume à la selle, puis au bât; à cinq, il est dressé; dès lors il travaille jusqu'à son extrême vieillesse qui arrive entre vingt-cinq et trente ans.

Le 24 avril au soir, nous étions de nouveau sur le même point du plateau où commence la descente vers Kalgan. Le panorama splendide, dont nous avons déjà parlé, se développait encore à nos regards. A Kalgan, le printemps étalait tous ses charmes et nous pûmes recueillir plus de trente espèces de plantes en pleine floraison.

CHAPITRE IV

RÉGION SUD-EST DU PLATEAU DE MONGOLIE (SUITE.)

Trajet de Kalgan au fleuve Jaune. — Mission catholique de Zi-Inza. — Chaînes de Chara-Khada et de Souma-Khada. — L'argali. — Territoire militaire des Ouroti et des Toumites occidentaux. — Importunité des Mongols. — Animosité et fourberie des Chinois. — Montagnes de Mouni Oula. — Région alpestre et forestière. — Tradition locale sur l'origine de la chaîne. — Notre séjour de deux semaines. — Visite à la ville de Baoutou. — Traversée du fleuve Jaune jusque dans l'Ordoss.

Le voyage de deux mois que nous venions d'accomplir nous permettait de prévoir dans quelles conditions s'effectueraient nos explorations ultérieures. L'animosité des gens du pays nous avait appris qu'il ne fallait compter que sur nous-mêmes ; mais le prestige du nom européen sur ces populations pusillanimes nous donnait le ferme espoir que nous parviendrions à surmonter tous les obstacles.

A Kalgan, notre caravane est réorganisée ; nous trouvons là deux cosaques, arrivés de Kiakta, pour remplacer les deux autres. L'un de ces nouveaux compagnons est Russe, l'autre, Bouriate ; c'est ce dernier qui doit nous servir d'interprète.

Le nombre de nos chameaux est porté à huit et le poids de notre bagage s'élève à 50 pouds (802 kilos). Nos cosaques sont chacun sur un chameau, tandis que M. de Piltzoff et moi montés nous nous servons de nos chevaux de selle.

Enfin, le 3 mai, nos préparatifs sont achevés et nous recommençons à gravir le plateau de Mongolie.

Dès le lendemain, nous laissons sur notre droite le chemin

de Kiakta et nous nous engageons vers l'ouest sur la route de Koukou-Khoto. Pendant trois étapes, nous traversons un steppe ondulé, parcouru par des Mongols nomades. La population chinoise forme des groupes épars, composés d'agriculteurs, qui ont acheté des terres aux Mongols; ceux-ci reculent devant cette invasion et se réfugient dans le nord. Au village de Si-Inza, nous trouvons une mission catholique. Les missionnaires étaient deux Belges et un Hollandais. Deux appartenaient à la mission d'El-Chi-San-Fou, situé à quarante verstes au sud. Nous reçûmes de ces messieurs une cordiale hospitalité. Ils se plaignirent que le christianisme faisait peu de progrès parmi les Mongols, attachés au culte de Bouddha; mais les Chinois, indifférents aux questions religieuses, acceptaient le baptême, lorsqu'ils supposaient en retirer un avantage matériel. Ces missionnaires avaient construit une église et une école de jeunes garçons, et fondaient les plus grandes espérances sur cette jeunesse pour régénérer le pays.

Outre Si-Inza, les missions catholiques possèdent quatre stations dans le sud-est de la Mandchourie, parmi lesquelles nous citerons celle des « Eaux-Noires », sur la Chara-Mouren. C'est de là, qu'en 1844, partirent les pères Huc et Gabet pour leur voyage dans le Thibet.

A El-Chi-San-Fou, nous avons trouvé Samdadchiemba, l'ancien compagnon de Huc. Son vrai nom est Seng-teng-chimta. Il appartient aux races tangoute et mongole, est âgé de cinquante-cinq ans et a une santé excellente. Il nous a conté plusieurs de ses aventures et décrit les endroits que traverse la route; mais, prenant pour excuse l'avancement de son âge, il refusa de nous accompagner au Thibet.

D'après le conseil des missionnaires, nous avions engagé à Si-Inza, pour sept lans par mois (52 fr. 50), un Mongol chrétien, qui connaissait bien le chinois. Nous espérions être utilement servis par ce compagnon; mais, dès la première nuit, il prit la fuite en nous emportant un poignard et un revolver. Nous revînmes sur nos pas prévenir les pères de la conduite de leur protégé, et quelque temps après on nous fit parvenir les objets dérobés.

Cet incident nous engagea à prendre les plus grandes précautions à l'égard des indigènes et pendant plusieurs se-

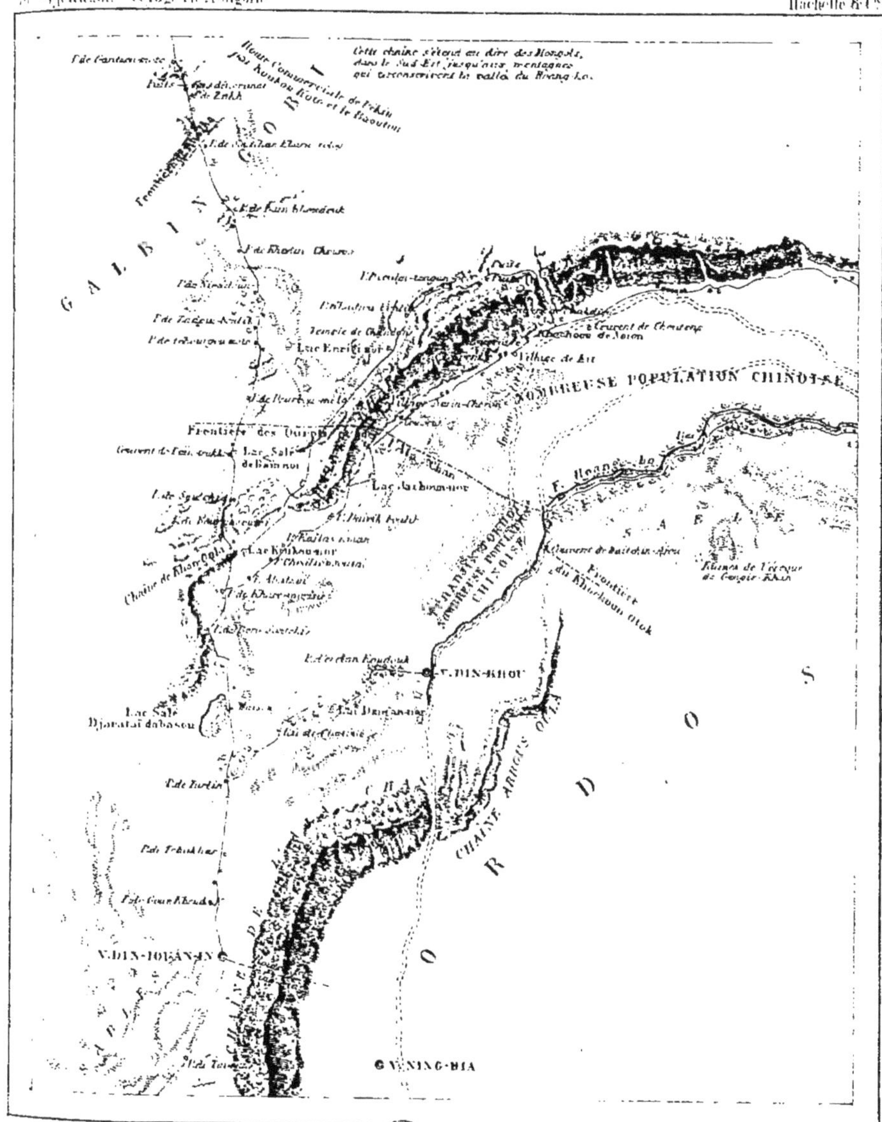

Gravé par Erhard, 12 r. Duguay-Trouin, Paris.   Imp. Dufrénoy, 32, r. du Four

maines, nous montions la garde à tour de rôle, à la porte de notre tente. Dans la suite nous nous relâchâmes de cette surveillance, mais nous gardâmes, toutes les nuits, nos armes à portée de la main.

D'après les entretiens que nous avions eus avec les missionnaires, nous résolûmes de modifier notre itinéraire : en dépassant Koukou-Khoto, nous nous dirigerions vers des monts boisés, qui, au dire des Chinois, étaient baignés par le fleuve Jaune. Ce changement fut très heureux, car nous explorâmes ainsi une contrée qui nous fournit des renseignements scientifiques aussi nombreux qu'utiles, et nous évitâmes les rapports avec les Chinois, dont la présence augmente toutes les difficultés.

Après avoir rencontré le petit couvent de Tchortchi, dont parle le père Huc dans la relation de son voyage, nous atteignîmes le lac Kiri-Nor [1], et tournâmes à droite de la route postale de Koukou-Khoto [2]. Là, une vaste plaine s'étendait devant nous, bornée à l'horizon par une chaîne, connue chez les Mongols sous le nom de Chara-Khada, c'est-à-dire chaîne Jaune. Cette dénomination provient, sans doute, de la couleur des rochers. La hauteur de la Chara-Khada est d'environ mille pieds au-dessus de la plaine du Kiri-Nor, qu'elle surplombe verticalement. Toute cette série de montagnes présente une suite de plateaux abondants en gras pâturages et peuplés d'antilopes

Au sud-est de la Chara-Khada, dans une zone étroite et rocheuse, croissent un certain nombre d'arbustes, parmi lesquels on distingue le noisetier, l'églantier, le pêcher sauvage, la spirée, l'épine-vinette, le cornouiller, le chèvrefeuille, le genévrier et le groseiller. Tous ces arbres étaient chargés d'insectes, ce qui permit à mon compagnon de faire une ample moisson de richesses entomologiques.

Parallèlement aux monts de la Chara-Khada et à une distance de cinquante verstes, court une seconde chaîne appelée Souma-Khada [3], dont l'aspect est beaucoup plus sauvage. En

1. Ce lac se dessèche en été. A dix verstes au nord-est, on remarque les vestiges d'anciens remparts; nous aperçûmes aussi les ruines d'un autre rempart dans cette même plaine du Kiri-Nor, non loin de la chaîne de Chara-Khada.

2. Les stations de relai sont entretenues par les Mongols.

3. Les deux chaînes forment probablement les rameaux de la grande arête

effet, dans la Chara-Khada, le paysage alpestre ne se manifeste guère que sur les premiers plans ; à l'intérieur de la chaîne, on trouve des pâturages et des champs cultivés.

L'altitude de la Souma-Khada[1] est plus considérable que celle de la Chara-Khada ; mais leur hauteur relative au-dessus de la plaine ne diffère pas beaucoup. Les rochers de la première chaîne présentent des surfaces polies et des contours arrondis, traces incontestables de leur origine glaciaire ; ils sont presque toujours de composition granitique.

Les essences particulières à la Souma-Khada sont les mêmes que celles de la Chara-Khada ; de plus, elles comptent l'orme, l'aulne et l'érable (*acer ginnal.*). Il est à remarquer que, dans ces montagnes, la pente septentrionale et les gorges sont seules boisées ; nous avions déjà constaté la même particularité dans les petites collines de Goutchin-Gourbou.

Ces montagnes sont habitées par l'animal le plus curieux des hauts plateaux de l'Asie centrale ; nous le rencontrâmes ici pour la première fois ; je veux dire le mouton des montagnes (*ovis argali*), qui séjourne dans les localités les plus inaccessibles et qui, au printemps, quand l'herbe nouvelle est plus savoureuse sur les plateaux, se mêle aux troupeaux d'antilopes.

Lorsqu'une fois les argalis ont jeté leur dévolu sur un canton montagneux, ils y demeurent habituellement plusieurs années de suite. Habitués à la présence de l'homme, car les indigènes presque entièrement dépourvus d'armes à feu ne peuvent leur faire une chasse bien meurtrière, ils paissent souvent avec les animaux domestiques et vont s'abreuver vers la même iourte. La première fois que nous aperçûmes une troupe de ces beaux animaux, c'était à moins d'une demi-verste de notre tente et nous fûmes fort étonnés de les voir pâturer tranquillement sans s'inquiéter de notre présence.

Après deux chasses où le mauvais temps et l'ignorance des mœurs de ces fauves entravèrent notre ardeur, nous fûmes assez heureux, la troisième fois, pour abattre deux argalis femelles.

frontière du plateau mongolien ; mais elles ne doivent pas se prolonger bien loin au nord.

1. La hauteur absolue à la base de la Souma-Khada, dans sa partie sud-est, est de cinq mille six cents pieds (1,707 mètres).

Fig. 11. — Argali.

Ces bêtes ont des sens d'une extrême subtilité, et on les chassera très difficilement aussitôt qu'ils auront appris à se méfier de l'homme. Ordinairement ils sont réunis en hardes de cinq à quinze têtes sur les sommets les plus élevés. Si le pâturage ne leur paraît pas offrir une sécurité suffisante, ils détachent une vedette qui grimpe sur un rocher et interroge l'horizon pendant quelques minutes, puis retourne vers ses compagnons. Au bruit d'un coup de feu, toute la troupe détale avec la rapidité de l'éclair, mais s'arrête au bout de peu d'instants pour observer de quel côté vient le danger. Il est alors possible au chasseur de recharger son fusil et de s'approcher beaucoup plus des argalis. Un moyen de distraire leur attention est de faire flotter un morceau d'étoffe à l'extrémité d'une perche. Nous avons nous-mêmes essayé de ce procédé mongol et nous avons réussi à venir fort près du gibier.

Il est difficile de tuer les argalis d'un seul coup de feu; frappés même mortellement, ils s'élancent à travers les rocs et les précipices avec une telle rapidité qu'ils sont souvent perdus pour le chasseur.

Les Mongols prétendent que leur période du rut commence en août, mais je n'ai pas pu apprendre à quelle époque elle se termine. La femelle porte sept mois; elle met bas un seul petit, en mars, très rarement deux; dès leur naissance, les nouveau-nés peuvent suivre leur mère.

Généralement ce fauve est un animal très doux. Outre les hommes, il a aussi à redouter la poursuite des loups, qui cherchent à s'emparer des jeunes animaux, mais auxquels l'adulte échappe avec une grande facilité.

Les argalis sont cantonnés dans la chaîne de Souma-Khada; dans celle qui entoure le coude septentrional du fleuve Jaune et dans les monts de l'Ala-Chan. Plus loin, dans les monts Han-Sou, au Thibet, on trouve une autre espèce qui leur est congénère.

Nous étions alors au mois de mai, réputé le plus beau du printemps, mais qui est loin de l'être sous ces latitudes. Les vents prédominants soufflaient du sud-ouest et du nord-ouest, et leur violence était la même qu'en avril. Les froids ne cessèrent qu'au milieu du mois; le 24 et le 25, nous essuyâmes encore de très fortes tempêtes. Au froid, succédèrent des chaleurs excessives, mais le ciel restait habituellement couvert, quoique pourtant la pluie tombât rarement. A la fin du mois, la végétation paraissait à peine se réveiller et quelques maigres plantes se détachaient sur le sol argilo-sablonneux du steppe. A la vérité de petits arbustes étaient en fleurs sur les flancs des montagnes; mais c'étaient des plantes basses et rabougries. La grande culture, retardée par les derniers froids, n'était pas plus avancée. Les céréales se sèment ici à la fin de mai ou au commencement de juin. En un mot, toute la nature demeurait engourdie et nulle part ne se manifestait l'exubérance de son énergie végétative. Les oiseaux chanteurs s'y trouvaient en bien petit nombre et, de fait, l'alouette était à peu près le seul qui nous fit entendre ses mélodies.

Vers l'extrémité orientale de la chaîne Souma-Khada, se termine le territoire des Tzakars et commence le territoire militaire des Ouroti, qui s'étend dans l'ouest jusqu'à l'Ala-Chan. Vers le sud, les Ouroti confinent aux Toumites de Koukou-Khoto et à l'Ordoss; vers le nord, aux Sounites et à Khalkha. Administrativement, ce territoire est partagé en six districts: Dourbout, Mingan, Baroun-Goun, Doundou-Goun, Dzoun-Goun et Darkan-Bil. Le siège de l'administration générale est installé à Oulan-Sabo.

Physiquement les Ouroti diffèrent beaucoup des Tzakars et rappellent davantage les Mongols pur sang; mais moralement ils sont corrompus par le contact des Chinois.

Les plus proches voisins des Ouroti sont les Toumites occidentaux ou de Koukou-Khoto. Ces populations ont une forte empreinte des mœurs chinoises, comme les Tzakars; elles habitent les mêmes villages que les Chinois, en conservant toutefois leurs iourtes. Elles s'adonnent aussi à l'agriculture, mais leurs terres sont généralement fort mal tenues.

Toutes les hordes mongoles dont nous venons de parler se font remarquer par leur amour pour l'argent et, sur ce point, elles ne le cèdent qu'aux Chinois. Pour un morceau de ce métal, on peut obtenir d'un Mongol tout ce que l'on désire. Cette passion semble devoir être profitable au voyageur; mais, pour traiter une affaire d'argent avec un Mongol, on doit être doué d'une remarquable dose de patience, car, pour la chose la plus minime, il surgit infailliblement une foule de difficultés. Désirez-vous, par exemple, acheter un mouton? cela vous paraît une affaire des plus simples; il en est bien autrement. Si de prime abord vous priez un Mongol de vous vendre un mouton, il vous en demande dix fois sa valeur, et, si vous consentez trop facilement à satisfaire ses prétentions, il renonce au marché.

Lors donc qu'on veut acheter un mouton, on doit aller trouver un nomade; après les politesses d'usage, on boira le thé et on s'informera de la santé de son bétail. Alors, le Mongol entame un long discours sur tout son cheptel et vante successivement les qualités de chacun des individus qui le composent. On sort pour aller visiter le bétail. Le Mongol qui commence à deviner le but de votre visite, vous fait tâter chacun de ses moutons pour apprécier leur degré d'embonpoint et continue à vanter sa marchandise. L'acheteur de son côté dénigre hautement chacune des bêtes qui lui est présentée. Ensuite on rentre dans la iourte, on se remet à boire du thé en commençant à débattre les prix. Le Mongol exagère fantastiquement la valeur de son mouton, l'acheteur en rabat d'autant; les tasses de thé se succèdent avec plus de rapidité et les partenaires échangent les plus chaudes protestations d'amitié; puis la critique et l'éloge recommencent. Enfin, on tombe d'accord. Pour y parvenir, un des contractants baisse la manche de son caftan, l'autre y enfonce sa main, et le prix est fixé par différentes manières de se serrer les doigts, sans qu'il ait été prononcé à haute voix. Quand on procède au payement, les protestations d'amitié redoublent, l'acheteur offre ses balances pour peser l'argent, le vendeur ne les trouve pas justes et apporte les siennes, qui ne valent pas mieux; puis des contestations s'élèvent sur la plus ou moins grande pureté du métal; une dispute s'en suit, qui dure quelques instants et finit par s'apaiser. L'argent est reçu et la marchandise livrée, mais le vendeur insiste encore auprès de l'acheteur pour obtenir les intestins de l'animal, consolation qu'on lui refuse.

Une pareille procédure exige bien une heure ou deux, et jamais nous ne pûmes acheter un mouton sans passer par là. Le prix moyen d'un de ces animaux monte à deux ou trois lans (de 15 à 22 francs). Les moutons de Mongolie sont en général excellents, surtout à Khatkha. Un beau mouton donne ordinairement de vingt-quatre à trente-deux livres de viande, et la queue en pèse douze ou quinze.

Si nous voulions acheter du lait, c'étaient des embarras analogues. Le temps était-il couvert? Personne ne voulait vendre, et, si une ménagère mongole, séduite par des aiguilles ou des perles rouges, consentait à nous en livrer, elle nous priait instamment de le cacher afin que le ciel ne s'aperçût pas du péché. La laiterie chez les Mongols est tenue très salement; les récipients, qui ne sont jamais lavés, sont bouchés avec de la bouse de vache. Nous payions habituellement de cinq à dix kopeks la bouteille de lait et de quarante à soixante kopeks la livre de beurre [1]; quant aux vaches, elles ne sont jamais pansées [1].

Malgré notre ardent désir d'éviter tout contact avec la population, le besoin d'eau potable nous obligeait à camper près des villages. Comme nous jouions le rôle de marchands, nous étions harcelés, jusque sous notre tente, de clients importuns, qui demandaient à examiner les marchandises et, trouvant tout trop cher après d'interminables pourparlers, s'en allaient sans acheter. Lorsque les clients étaient des Chinois, non seulement ils ne voulaient rien acheter mais refusaient de rien nous vendre, espérant se débarrasser de nous par la famine. La chasse devenait alors notre unique ressource; mais, nous ne pouvions pas pendant les grandes chaleurs faire provision de gibier, car il se corrompait presque immédiatement; c'est ainsi que parfois nous fûmes contraints d'observer un jeûne sévère.

Notre interprète cosaque ne pouvait rien obtenir de cette population méfiante et hargneuse, qui se doutait que le but de notre voyage n'était pas la vente de quelques menus objets et dont l'insolente importunité mettait obstacle à nos travaux. Aussi nous résolûmes de ne plus employer notre subterfuge; nos marchandises furent empaquetées définitivement et, à toutes les questions, nous répondîmes que nous étions fonctionnaires russes voyageant pour notre agrément; que leur

1. Le kopek russe est égal à 4 cent., la livre russe à 410 g. (*Note du traducteur.*)

empereur nous connaissait et nous avait donné toute liberté de parcourir ses provinces, en sorte qu'il était inutile de se préoccuper du but de notre voyage.

Nous nous délivrâmes ainsi de beaucoup d'importuns, n'acceptant dans notre société que quelques Mongols, dont nous tâchions d'obtenir d'utiles renseignements. Ceux-ci entreprenaient volontiers trois sujets de conversation qui leur étaient chers : le bétail, la religion et la médecine.

Les nomades considéraient volontiers tout Européen, si ce n'est comme un demi-dieu, au moins comme un sorcier puissant, et s'efforçaient de nous arracher quelqu'un de nos précieux secrets médicaux. Notre collection botanique augmentait encore le prestige que nous exercions, et notre renommée médicale atteignit son apogée après que j'eus coupé la fièvre à quelques malades au moyen de la quinine. Quant à la religion, le Mongol est un fanatique qui ajoute aveuglément foi à toutes les jongleries de ses prêtres et ne permet pas le moindre doute sur l'authenticité de leur doctrine.

Notre transformation de marchands en fonctionnaires nous rendit notre indépendance à l'égard de la population. Nous pouvons dire, en connaissance de cause, que traiter poliment un Asiatique est une faute : la bonté, la douceur est prise par lui pour de la pusillanimité, et les bons procédés ne mènent à rien. Je ne préconise pas ici le droit du plus fort; mais le voyageur européen, qui s'engage dans ces contrées lointaines, doit renoncer à toutes ses habitudes d'homme civilisé.

Pour nous rendre jusqu'au fleuve Jaune, il nous fut impossible d'obtenir jamais le moindre renseignement sur la route à tenir; nous nous égarions donc à chaque carrefour et nombre de verstes furent parcourues ainsi sans utilité. Chaque fois que nous traversions un village, notre arrivée occasionnait un tumulte épouvantable : jeunes, vieux, hommes, femmes, enfants, accouraient dans la rue, se pressant, se bousculant, escaladant les murs, grimpant sur les toits pour nous considérer avec une stupide curiosité, en poussant des clameurs insultantes. Pour que rien ne manquât au vacarme, les chiens y joignaient leurs aboiements et se jetaient sur notre Faust; les chevaux se cabraient, hennissant de frayeur; les bœufs et les vaches mugissaient et les pourceaux mêlaient les notes aiguës de leurs grognements à cette infernale cacophonie.

Après que la caravane avait défilé, l'un de nous restait en arrière pour demander la route; les Chinois se pressaient alors autour de lui, l'interpellant de mille questions, tâtant ses bottes et son harnachement; mais la réponse désirée n'arrivait point. Au village suivant, nous trouvions la même envie d'être serviable; aussi cheminions-nous à peu près au hasard.

Un jour, des villageois excitèrent tous les chiens du pays contre notre Faust, qui aurait certainement été mis en pièces, si d'un coup de révolver je n'eusse couché par terre un des assaillants; chiens et Chinois disparurent aussitôt, la rue fut dégagée et chacun se barricada chez soi.

Les excellents pâturages que nous avions trouvés sur le territoire Tzakar ne se rencontraient plus à partir de la chaîne de Souma-Khada; nos animaux en souffraient beaucoup, particulièrement nos chameaux, auxquels manquait aussi le goudjir ou poussière salée. Nous fûmes donc très contents d'atteindre le petit lac salé de Dabassoun-Nor, où nos pauvres bêtes purent satisfaire leurs goûts.

La nouvelle région où nous entrions était, comme la précédente, très élevée; mais le manque d'eau se faisait partout sentir, particulièrement aux environs de la chaîne limitrophe du fleuve Jaune et qui est connue par les géographes sous le nom d'In-Chan [1].

Cette chaîne prend naissance sur le plateau de Mongolie non loin de la ville de Koukou-Khoto [2] et se prolonge en forme de mur vertical le long du coude septentrional du Hoang-Ho. Son étendue est de deux cent cinquante verstes. Elle se termine dans la plaine du fleuve par les contre-forts rocheux de Mouni-Oula. Ce massif d'In-Chan présente un caractère sauvage et alpestre, et se distingue des autres chaînes

1. Les habitants du pays ne connaissent pas ce nom, mais donnent différentes appellations à chacune des parties du massif.

2. Dans le sens le plus général, on nomme In-Chan toutes les montagnes depuis le coude septentrional du Hoang-Ho, à travers le pays des Tzakars, jusque vers les sources de Charamouren et même plus loin dans la Mandchourie.

du sud-est de la Mongolie par l'abondance de ses forêts et de ses eaux.

Un peu plus loin, comme continuation de l'In-Chan, le long du coude septentrional du fleuve Jaune, se trouvent les montagnes Cheïten-Oula et après elles la chaîne Kara-Narin-Oula, qui, à partir de la rivière Khalutaï, se prolonge jusque dans le nord de l'Ala-Chan. Ces deux massifs sont unis par une série de collines qui présentent pourtant quelque solution de continuité.

Le massif de Cheïten-Oula se distingue de l'In-Chan par le manque absolu d'eaux et de forêts, et par une moindre élévation de sommets. Les monts Kara-Narin-Oula ont des pics d'une grande hauteur mais entièrement déboisés ; ils forment la limite du plateau et ne se déploient entièrement que dans la vallée du Hoang-Ho.

Nous voici arrivés dans la partie de l'In-Chan que les Mongols connaissent sous le nom de Siroun-Boulik. Après les steppes désolés et arides que nous avions si longtemps parcourus, nous ressentions une véritable satisfaction à la pensée de pouvoir nous reposer sous les épais ombrages des forêts qui s'offraient à nos yeux. Le jour même de notre arrivée nous gravîmes un sommet élevé et, de là, nous entrevîmes, pour la première fois, le fleuve Jaune qui déroulait ses larges sinuosités dans les vastes plaines de l'Ordoss.

Le lendemain, au moment où nous nous disposions à nous enfoncer dans les montagnes, il s'éleva sur les dix heures du matin un vent violent accompagné d'une trombe, qui déconcerta tous nos projets. Notre tente avait été dressée dans le lit desséché d'un petit ruisseau : en un instant, l'eau, qui se précipitait violemment hors de deux gorges étroites, nous eut envahis, et le courant commença à emporter tous nos menus objets. Par bonheur, une portion de notre campement était placée sur un terrain un peu plus haut, ce qui nous donna le temps d'y transporter nos bagages et de les couvrir de pièces de feutre, pour les défendre contre ce nouvel assaut. La situation était désagréable, mais tout s'apaisa en moins d'une demi-heure : l'eau disparut avec la même rapidité qu'elle était survenue, et nos personnes et nos bagages restèrent seuls, tout ruisselants, comme les tristes témoins du phénomène.

Le jour suivant, après une traite de quinze verstes, nous allâmes camper près du couvent de Batgar-Cheïloun, appelé par les Chinois Oudan-Djoou. Ce monastère, très pittoresquement situé au milieu des montagnes, est un des plus importants du sud-est de la Mongolie. Il se compose d'un superbe temple à quatre étages, autour duquel sont disposées les habitations des lamas. Il y a là deux mille prêtres, nombre qui, en été, est porté à sept mille par l'arrivée de pèlerins, venant de tous les points de la Mongolie. Nous avions rencontré, au printemps, près du lac Dolon-Nor, un prince mongol, qui se rendait à Batgar-Cheïloun. Ce seigneur voyageait avec une suite nombreuse, un fourgon chargé de vivres et de présents, et un troupeau de moutons. Comme nous demandions à quoi étaient destinés ces moutons, on nous avait répondu que le prince se nourrissait exclusivement de la queue graisseuse de l'animal, le reste du corps étant abandonné à ses gens.

Outre le clergé ordinaire, trois guigens sont en résidence fixe à Batgar-Cheïloun, et tous ces personnages vivent des offrandes des pèlerins. Le couvent possède autour de son enceinte une vaste pâture où sont parqués ses bestiaux. Les lamas fabriquent des idoles en terre glaise qu'ils vendent aux fidèles, et ils instruisent de jeunes garçons dans le séminaire du couvent, où ils sont préparés à l'état sacerdotal.

Les antilopes abondent sur les escarpements rocheux qui entourent Batgar-Cheïloun ; mais les lamas ont interdit de les chasser, car c'est un péché de verser le sang d'un animal dans le voisinage du monastère. Toutefois, comme j'estimais que cette interdiction ne m'était pas applicable, je me mis en chasse et fus assez heureux pour abattre un beau mâle. La robe de cet animal est employée comme vêtement d'hiver par les gens du pays.

Le troisième jour de notre halte à Batgar-Cheïloun, nous fûmes investis dans notre tente par une troupe de soldats chinois, ayant à leur tête un officier. Ces braves gens nous entourèrent le sabre à la main et la mèche du fusil allumée : il s'agissait simplement de viser notre passe-port. Tandis qu'on prenait copie de ce document, j'offris du thé à l'officier, sur lequel la vue du passe-port diplomatique avait fait une grande impression et je lui donnai un canif. Les soldats profitèrent de mon entretien avec leur supérieur, pour me dérober plusieurs menus objets. On nous informa plus tard que les lamas, nous prenant pour des espions doungans, avaient envoyé prévenir le gouverneur de la province, ce qui nous avait valu cette visite militaire.

Du couvent de Batgar-Cheïloun, nous gagnâmes les monts Mouni-Oula, canton occidental de l'In-Chan. Les Mouni-Oula réunissent tous les caractères propres aux différentes parties de l'In-Chan [1]. Aussi leur caractéristique peut servir à la chaîne tout entière, qui s'étend sur une longueur de cent verstes entre deux vallées, l'une au nord, l'autre adjacente au Hoang-Ho. Ce massif se dresse en arête bien accentuée et large de vingt-cinq verstes. La hauteur absolue de ses cimes ne dépasse pas huit à neuf mille pieds, et nulle part ne s'élève au-dessus de la limite des neiges. L'axe de direction suit à peu près le centre du massif, qui descend en versants abrupts, sillonnés de gorges et d'étroites vallées. Le caractère alpestre commun à toute la chaîne s'accuse principalement sur le flanc méridional.

Les monts Mouni-Oula sont de nature volcanique; leurs roches sont composées de granit ordinaire, de granit syénitique, de gneiss, de porphyre et d'espèces plutoniennes de formation récente. Les grandes forêts ne se rencontrent point à la base de la chaîne, où l'on ne peut signaler que des arbres de petite futaie ou des arbustes : le pêcher sauvage, le noisetier, l'églantier. On remarque pourtant quelques pins et quelques ormes épars et solitaires. A huit ou dix verstes de l'extrémité nord de la chaîne et à une hauteur approximative de cinq mille trois cents pieds, apparaissent les grands bois, qui croissent spécialement dans les gorges, sur le versant septentrional; le méridional en possède beaucoup moins.

Les principales essences que nous avons remarquées sont :

1. Le point culminant des Mouni-Oula est le mont Chara-Oroï, situé vers l'extrémité occidentale; nous n'avons pu préciser sa hauteur, car nous ne sommes pas allés dans cette partie de la chaîne. Au centre du massif, nous avons constaté 7,400 pieds (2,255 m.) d'altitude pour le pic le plus élevé. Le Chara-Oroï peut avoir de plus 1,000 pieds (300 m.). Ajoutons qu'il existe deux montagnes du même nom dans les Mouni-Oula; nous n'avons pas non plus constaté la hauteur du second Chara-Oroï.

le tremble, qui atteint parfois une grande élévation, le bouleau noir et le saule, ce dernier est un arbuste d'environ vingt pieds (6 mètres). Parmi les essences moins nombreuses, nous citerons le bouleau blanc, l'aune, le sorbier, le prunier sauvage, le chêne nain, dont la hauteur ne dépasse pas sept pieds (2^m,13) le genévrier et le thuya. Ce dernier n'apparaît que sur le versant sud.

Les arbustes, réunis quelquefois en buisson touffu, ont une taille de trois à quatre pieds. Les plus rares sont l'églantier, le framboisier, l'aubier, le cornouiller, etc. Dans les vallées de l'extrémité du massif, on trouve l'épine-vinette, la clématite, le tilleul et l'ail. Parmi les plantes alpestres, nous avons distingué : le muguet, l'hélénie, l'anémone, la ronce des rochers, le fraisier, etc.; dans les prairies, la pivoine, le lis, la valériane, le géranium, etc.; dans les gorges et près des petits ruisseaux, l'ancolie, la véronique, la douce-amère, l'aconit, la benoîte, la mille-feuille; enfin, sur les flancs des rochers, la violette, le pavot, la joubarbe, etc.

En somme, toute cette flore a beaucoup d'analogie avec celle de la Sibérie. La nature, dans ces contrées, ne déploie pas une force productive aussi exubérante que sur les rives de l'Amour. Les arbres sont d'une hauteur moyenne avec un tronc assez mince; les arbustes sont bas et rabougris; les torrents sont à peine sortis de leur source qu'ils disparaissent sous le sol et ne se montrent dans leur lit desséché qu'après les fortes pluies et pour une heure ou deux. Malgré les défenses les plus sévères, les forêts des Mouni-Oula ont vu détruire les plus beaux types de leurs essences et, en certains endroits, de vastes espaces ne comptent plus que des troncs épars et desséchés.

Immédiatement après la zone des forêts, on retrouve les prairies alpestres, émaillées d'une multitude de fleurs du plus riche coloris, dont les tons rouges, jaunes, blancs et bleus, se marient harmonieusement. Au lever du soleil surtout, ces prairies étaient ravissantes; leur calme profond n'était troublé que par le chant de l'alouette et l'on y jouissait d'un admirable point de vue sur le fleuve Jaune, qui se déroule dans les plaines de l'Ordoss.

Contre notre attente, les mammifères étaient peu abondants

dans les Mouni-Oula. Nous n'y remarquâmes que deux espèces de cerfs, l'antilope, le loup et le renard. Les naturels prétendent qu'il y existe aussi la panthère et le tigre. De plus, nous vîmes des rongeurs : le rat, la marmotte de Sibérie, le lièvre, etc. Les oiseaux étaient plus nombreux, mais pourtant la faune ornithologique était assez pauvre. Nous avons remarqué le vautour et le gypaëte, qui atteignent dix pieds d'envergure, le martinet, le corbeau, la colombe des rochers; puis au-dessous de la zone des prairies, l'alouette, la huppe, le traquet (*saxicola isabellina*), la perdrix et le choucas.

Le contraste fortement accusé entre les Mouni-Oula et les autres chaînes de la Mongolie orientale a donné naissance à une légende sur son origine. Il y a plus de mille ans, dit-on, que vivait à Pékin un koutoukta, qui, malgré sa nature divine, menait une vie si licencieuse que l'empereur ordonna de le mettre en prison. Furieux, le koutoukta créa un oiseau gigantesque auquel il enjoignit d'abattre d'un coup d'aile la capitale de l'empire. L'empereur effrayé rendit la liberté au divin personnage qui, de son côté, donna contre-ordre à l'oiseau. Malheureusement celui-ci avait eu le temps de soulever une partie de la cité, qui depuis lors est restée bâtie sur un plan incliné. Néanmoins le koutoukta quitta la ville et finit par arriver sur les rives du Hoang-Ho, mais les Chinois refusèrent de le laisser passer sur l'autre rive. Le saint différa sa vengeance. Quelque temps après, cependant, il rapporta du massif de l'Altaï une chaîne de montagnes avec laquelle il barra le cours du fleuve. Une terrible inondation s'en suivit. Heureusement, Bouddha intervint et invita son représentant à se modérer ; celui-ci voulut bien alors pousser la chaîne le long du fleuve, qu'il traversa sur un pont formé de sa ceinture, et se dirigea dans le Thibet. Mais, en déplaçant sa chaîne de montagnes, le koutoukta l'avait orientée de telle sorte que le versant nord fut tourné au sud et vice versa. Cela explique parfaitement, pour les indigènes, la présence des arbres sur le versant méridional.

Une autre tradition rapporte aussi que Gengis-Khan habita ces montagnes, pendant une guerre avec la Chine. Le plat où le conquérant prenait ses aliments existe encore, sur la montagne de Chara-Oroï, où malheureusement on ne peut pas le voir. Pourtant, chaque année, à la belle saison, les lamas tiennent en cet endroit un chapitre, au couvent de Mirghin. Le nom de Mouni-Oula serait même, à ce qu'il paraît, celui qui a été donné par Gengis-Khan, qui se plaisait beaucoup dans ce pays très giboyeux.

Les Mongols assurent aussi qu'il existe un éléphant pétrifié sur le mont Chara-Oroï et des dépôts d'argent dans divers endroits de la chaîne ; mais ces trésors sont gardés par des génies, au fond d'une fosse profonde, que ferme une porte solide, munie d'un guichet, au travers duquel on aperçoit le trésor. En hiver, quelques aventuriers ont bien essayé de descendre, au moyen d'une corde, sur les rouleaux d'argent, de la viande afin qu'elle se congelât sur ces derniers, qu'on pourrait, grâce à son adhérence, attirer ; mais à peine amenaient-ils la corde et voyait-on apparaître les rouleaux, que ceux-ci retombaient au fond de la fosse.

Trois jours entiers nous furent nécessaires pour gagner la partie centrale de la chaîne, aucun indigène ne voulant jamais nous indiquer la route véritable ; vingt fois nous tombâmes dans des gorges impraticables, d'où nous étions forcés de revenir sur nos pas. Enfin, le troisième jour, en suivant le cours du torrent Ara-Mirin-Gol, nous arrivâmes presque à la principale crête. Nous nous y établîmes à l'ombre d'un petit bois.

Notre venue dans ce canton répandit la terreur parmi les indigènes qui se perdaient en conjectures, n'ayant jamais vu d'Européen auparavant. En conséquence, les lamas ordonnèrent de ne rien nous vendre. Un pareil ordre, émané du couvent de Gimpin était sacré. Les suites en furent très pénibles pour nous, car nous étions au bout de nos provisions et, pendant huit jours, notre chasse fut infructueuse. A la fin pourtant, les Mongols se décidèrent à nous vendre quelques vivres.

Dans cette région, notre collection d'histoire zoologique ne put guère s'accroître, car, depuis notre départ de Kalgan, nous étions arrivés à la période de la mue. Nos récoltes d'insectes et de plantes furent beaucoup plus abondantes. En outre, à cette époque, des pluies ayant favorisé la végétation, les plantes et fleurs commencèrent à se montrer sous un plus riant aspect.

Notre séjour au cœur des Mouni-Oula fut occupé par des chasses et de longues excursions ; mais il nous fut impossible d'abattre aucun cerf; car les Mongols font à cet animal une guerre acharnée pour en vendre le bois aux Chinois. Ces cornes atteignent en Chine un prix élevé et les plus estimées sont celles à trois ramures, qui valent de 50 à 70 lans (de 375 à 525 fr.). Le demande de cette singulière denrée est toujours supérieure à l'offre, et d'énormes quantités en sont expédiées de la Sibérie par Kiakta. Les Chinois établis sur les bords du fleuve Amour, en achètent des stocks considérables qu'ils dirigent sur Pékin. Nous ne pûmes pas réussir, pendant tout le temps de nos voyages, à savoir exactement ce que les Chinois en font. L'usage de cette marchandise étrange est tenu secret ; seulement j'ai ouï dire qu'elle jouait un grand rôle dans la pharmacopée de la Chine, où on lui attribuait des vertus aphrodisiaques.

L'exercice de la chasse exige ici une grande force physique et une adresse peu commune pour franchir heureusement les roches escarpées et les précipices.

Au moment où nous allions quitter les Mouni-Oula, nous engageâmes à notre service un Mongol, qui devait nous conduire jusqu'à la ville chinoise de Baoutou, située de l'autre côté du versant méridional.

Nous franchîmes toute la largeur de la chaîne par un col d'un passage assez facile, puis nous suivîmes une gorge où coule la rivière Oubir-Mirin-Gol, et, après une descente de seize verstes, nous débouchâmes dans la vallée du fleuve Jaune.

Ici le caractère topographique des localités diffère complètement de celui qu'offre la contrée d'où nous sortons : l'arête des Mouni-Oula surplombe la plaine ; les forêts, les torrents et les prairies alpestres ont disparu, remplacés par un steppe plat, aride et sablonneux.

Nous nous dirigeons vers l'est de la vallée qui s'étend entre l'In-Chan et le fleuve Jaune ; le paysage n'y tarde pas à changer encore. C'est un pays très peuplé, où de nombreux villages chinois apparaissent au milieu d'immenses champs de céréales de toute espèce. La végétation est déjà très avancée et les paysans sont occupés à rentrer les orges.

Le jour suivant, après une course de quarante verstes,

nous faisons notre entrée à Baoutou. La ville est bâtie à sept verstes du fleuve Jaune et à une cinquantaine à l'ouest de celle de Dzagan-Kourène qu'a décrite le père Huc. Baoutou est assez considérable; un rempart en terre glaise l'entoure, formant un carré de trois verstes de côté. Nous n'avons pu savoir le nombre de ses habitants. La place fait un commerce important avec les Ouroti, l'Ordoss et l'Ala-Chan, et possède des usines de fonte. Comme toutes les villes chinoises, elle paraît horriblement sale aux yeux d'un Européen.

A peine eûmes-nous franchi la porte où se tenait un factionnaire, qu'on nous demanda notre passe-port. Un soldat du poste nous conduisit au bureau de police, où nous attendîmes vingt minutes dans la cour, sous les regards insolemment curieux d'une foule considérable. Enfin un mandarin sortit et nous prévint que le mandarin général commandant en chef désirait nous voir. Nous retraversâmes la rue et atteignîmes bientôt la demeure de ce personnage. On nous invita à descendre de nos montures et à traverser la cour à pied, ce que nous fîmes. A la porte de la maison, se tenait le général, vêtu complètement d'écarlate. Notre Mongol, à la vue de ce puissant seigneur, se précipita à plat ventre, tandis que mes compagnons et moi le saluions d'une légère inclination de tête. Le général nous engagea à entrer, nous fit servir du thé, et s'enquit de notre identité et du but de notre voyage. Quand je lui eus dit que notre intention était de nous rendre dans l'Ala-Chan par l'Ordoss et de revenir, il nous prévint que c'était une entreprise difficile à cause des brigands qui infestaient le pays. Sachant qu'en Chine rien ne peut se faire sans cadeau et comprenant qu'il nous susciterait peut-être des obstacles, je lui offris une petite montre et m'abstins de le mettre plus au courant de nos affaires. Le présent produisit immédiatement son effet habituel; visiblement satisfait, le mandarin refusa d'abord, puis finit par accepter notre cadeau, en nous promettant un sauf-conduit pour gagner l'Ordoss. Nous prîmes alors congé de lui en le priant de donner des ordres pour nous procurer un logement; ce qu'il fit.

Nous avions pour guides des agents de police et nous les suivions de rue en rue, au milieu d'une foule compacte de curieux; de temps en temps, ils entraient dans une maison pour nous demander un gîte où nous fussions reçus; mais partout nous étions éconduits. Enfin une sorte de marchand, qui logeait des soldats, voulut bien nous accepter, moyennant un prix exorbitant, et force fut de nous contenter du chenil qu'il mettait à notre disposition.

Nos chameaux déchargés, nous espérions enfin pouvoir nous reposer; mais la foule qui avait envahi la rue et la cour ne nous en laissa pas le loisir. En vain avions-nous fermé la fenêtre, elle fut défoncée et remplacée par une clôture de visages grossiers et insolents. Quelques uns des plus hardis sautaient dans l'appartement et venaient nous palper; nous les reçûmes à coups de cravache; ils se sauvèrent en riant, puis se mirent à nous injurier. En vain les agents de police auxquels nous avions promis un pourboire, essayaient-ils de faire circuler la foule; ils étaient débordés, impuissants, et des rixes s'engageaient entre eux et la canaille. On parvint pourtant à fermer la porte cochère; ce fut inutile : les curieux grimpaient sur le toit et de là sautaient dans la cour. Ce manège dura jusqu'au soir. Harassés de fatigue, nous pûmes alors nous coucher; mais les allées et venues des locataires nous empêchèrent de fermer l'œil. Aussi le lendemain nous étions levés dès l'aube avec un violent mal de tête, disposés à faire quelques emplettes indispensables et à partir au plus vite.

Mais les scènes de la veille se renouvelèrent aussitôt. A peine étions-nous sortis que la foule formait une muraille humaine devant nous. Nos agents avaient beau fouetter ces importuns avec leurs longues queues, nous ne pouvions nous avancer que doucement. Entrions-nous dans une boutique? le peuple s'y précipitait avec violence, et le marchand, de peur de voir détruire son établissement, nous suppliait d'en sortir au plus vite. Enfin, grâce à nos agents, nous pûmes compléter nos provisions dans une maison isolée. Revenus dans notre logement, la situation, sans être encore passable, s'améliora un peu : les agents de police autorisaient le public à venir nous visiter moyennant quelques sous; ces spectateurs payants se conduisirent un peu plus convenablement que les autres.

Vers midi, on nous prévint que le général désirait nous revoir et, en attendant son audience, on nous conduisit dans une caserne, où nous fûmes témoins de la vie privée des soldats. La garnison de Baoutou était forte d'environ cinq mille hommes, armés de fusils à mèche et de lances en bambou qu'ornaient des flammes rouges. L'immoralité de ces soldats dépasse toute description ; ce sont de véritables brigands à l'égard des populations paisibles ; ajoutez à cela que les guerriers du Céleste-Empire sont presque tous des fumeurs d'opium. Dans la caserne, on n'apercevait que fumeurs s'enivrant et fumeurs ivres complètement endormis. Le général, n'ayant pu parvenir à arracher ces hommes à cette funeste habitude, désirait prendre nos conseils à ce sujet et nous offrit une récompense considérable si nous voulions lui indiquer un remède. Il nous interrogea ensuite sur la Russie, examina curieusement nos vêtements et fit servir le thé. Il offrit à chacun de nous un petit sac en soie pour contenir le tabac, et nous fit délivrer notre passe-port visé, plus un sauf-conduit donné par lui.

Nous sortîmes immédiatement de Baoutou et gagnâmes la rive du fleuve, que nous traversâmes dans de grandes barques à fond plat, dont le bordage s'élevait de trois pieds au-dessus de l'eau. Nous eûmes toutes les peines du monde pour y arrimer convenablement nos bêtes et nos bagages ; les chameaux, surtout, durent être embarqués de force. Enfin, après deux heures de travail, nous payons 4,000 tchoks (4 roubles = 15 francs) pour prix du passage, et nous nous embarquons ; on nous remorque une verste en amont, puis on nous laisse aller au gré du courant ; nous prenons les rames et, bientôt après, nous débarquons sur la terre d'Ordoss.

CHAPITRE V

L'ORDOSS.

Topographie de l'Ordoss. — Divisions administratives. — Coude septentrional du fleuve Jaune. — Sa vallée. — Sables de Kouzouptchi. — Séjour près du lac Dzaïdemin-Nor. — Traditions sur Gengis-Khan. — Continuation du voyage. — L'antilope kara-soulta. — Couvent de Chara-Dzou. — Troupeaux sauvages. — Ordre de marche de la caravane. — Montagnes d'Arbous-Oula. — Ce qui nous arrive dans la ville de Din-Khou.

L'Ordoss [1] est une contrée située dans le coude septentrional du fleuve Jaune ; au sud, elle confine aux provinces de Chen-Si et de Han-Sou, dont elle est séparée par la grande muraille ; de tous les autres côtés, elle est bornée par le fleuve. Il est à remarquer que, d'un côté de cette grande muraille, les populations sont sédentaires et civilisées, et que, de l'autre, ce sont des hordes nomades et pastorales. Le même contraste se retrouve dans le caractère physique des deux contrées : dans l'une, le climat est chaud, le sol fertile, bien arrosé et sillonné de montagnes ; dans l'autre, le climat est froid et le territoire ne présente qu'un plateau élevé, vaste et désert. Aussi les destinées historiques des deux populations ne sont pas moins dissemblables ; rien de commun ne se rencontre dans leur manière de vivre ni dans leurs mœurs ; elles ne ressentent l'une pour l'autre que de l'éloignement. Les Chinois ont horreur de la vie nomade ; les Mongols de leur côté méprisent le cultivateur et estiment la liberté sauvage plus que tous les biens de la terre. Le Chinois,

1. On trouve des développements plus complets dans l'œuvre classique de Karl Ritter (traduite par Séménoff).

agriculteur laborieux, avait, à une époque déjà reculée dans la nuit des temps, atteint un degré de civilisation relativement élevé; doué d'une nature pacifique, il considérait la guerre comme le plus grand des fléaux. L'homme des déserts glacés était, au contraire, un pasteur nomade, hardi, rompu à la fatigue et au danger, toujours prêt pour le pillage et l'invasion. Était-il vaincu? il avait peu à perdre; était-il victorieux? il avait tout à gagner.

Aussi, pendant des siècles, les hordes pastorales se massèrent à l'extrémité de leur haut plateau et de là se précipitèrent dans les riches plaines de la Chine. La grande-Muraille était impuissante contre de pareilles invasions. Les barbares vainqueurs ne pouvaient toutefois établir leur domination sur des fondements solides. Pendant les quelques années qu'ils pliaient sous leur joug les populations, ils perdaient, au contact de cette civilisation, leur énergie militaire et finissaient par être repoussés dans leurs déserts. Les Chinois parvinrent à leur tour à les subjuguer et, moins par la force de leurs armes que par leur politique habile, ils apprirent à conjurer les périls dont les nomades les menaçaient.

Physiquement, l'Ordoss est une plaine steppienne dont les limites sont marquées, en certains endroits, par des montagnes peu élevées. Le sol en est partout sablonneux ou argileux, salin et impropre à la culture, à l'exception de la vallée du fleuve Jaune. La hauteur absolue du plateau varie entre trois mille et trois mille cinq cents pieds [1]; des montagnes le séparent du Gobi au nord, et une autre chaîne court à l'est du fleuve Jaune. L'Ordoss est une marche ou province frontière entre la Mongolie et la Chine.

Cette province fut successivement la proie de divers conquérants. Les Mongols apparurent d'abord vers le milieu du quinzième siècle; puis, à la fin du seixième et au commencement du dix-septième [2], le pays fut subjugué par les Tzakars, qui reconnurent bientôt l'autorité de la dynastie

1. Non loin de Baoutou, on trouve 3,200 pieds, et à 27 v. à l'O. de Din-Khou, 3,500 p.

2. A cette époque, cette espèce de presqu'île fut appelée Ordoss; son nom précédent avait été Ké-nan et plus rarement Ké-dao.

des Mandchoux. Plus tard l'Ordoss reçut l'organisation administrative appliquée à tous les territoires des nomades. Actuellement il se divise en sept districts, savoir : au nord, Daldi et Hanghin ; à l'est, Otak et Zasak ; au sud, Ouchin ; à l'ouest, Djoungar, et, au centre, Van. Il n'y a aucune ville dans le pays.

Comme nous l'avons dit, il forme une espèce de presqu'île enveloppée par les sinuosités du cours moyen du Hoang-Ho ou fleuve Jaune[1], qui est un des plus importants de l'Asie o rientale. Ce fleuve prend sa source dans des montagnes situées au sud du Koukou-Nor, coule longtemps entre deux murs de rochers énormes, puis entre dans la Chine proprement dite. A partir de la ville de Lan-Tchéou, il se dirige au nord en déviant légèrement vers l'est et conserve la même direction sur une étendue de cinq degrés de latitude. Arrêté brusquement par le Gobi et le massif de l'In-Chan, il s'infléchit à l'est sur une longueur d'environ cinquante milles géographiques (92 kilom.), puis tourne droit au sud, parallèlement avec certains de ses affluents. Plus loin, il se dirige encore à l'est, puis vers le nord-nord-est et son bras principal atteint enfin le golfe de Petchéli. Une modification nouvelle et importante s'est produite, en 1855, dans le cours inférieur du Hoang-Ho, qui, à la hauteur de la ville de Kaï-Fin-Fou, rompit ses digues et se creusa un second lit aboutissant aussi au golfe de Petchéli[1], mais à plus de quatre cents verstes au sud de son ancienne embouchure. Le régime des eaux de cette grande artère est soumis, dans les contrées montagneuses, à des pluies fréquentes qui occasionnent de désastreuses inondations.

Nous résolûmes de continuer notre route en remontant la vallée du fleuve, laissant de côté la diagonale qui est plus courte mais qu'ont suivie le P. Huc et d'autres missionnaires. Nous pensions que notre itinéraire nous permettrait d'enrichir nos collections beaucoup plus que si nous nous enfoncions dans le désert aride de l'intérieur du pays, et nous tenions aussi à résoudre la question des dérivations du fleuve dans cette partie de son cours.

1. Ou plutôt dans la mer Jaune directement.

Nous avons parcouru quatre cent trente-quatre verstes depuis Baoutou [1] jusqu'à la ville de Din-Khou, et nous avons constaté que les bras du coude septentrional du Hoang-Ho diffèrent de ceux qu'on représente sur les cartes, et que le fleuve en cet endroit a changé de lit.

Je donnerai d'abord un aperçu général de la vallée du Hoang-Ho ; puis je décrirai les péripéties de notre exploration à travers l'Ordoss.

Malgré son énorme parcours et ses profondes sinuosités, le fleuve coule avec une vitesse de trois cents pieds (91 mètres) par minute. Sa vallée est circonscrite, au nord, par l'In-Chan et ses ramifications occidentales et, au sud, par les sables de Kouzouptchi. Les rivages et le lit du fleuve sont d'argile mêlée de vase ; les eaux sont troubles et d'une couleur jaune sale, sans être pour cela malsaines. La largeur, dans les localités que nous avons parcourues, est peu différente : en face de Din-Khou, nous lui avons trouvé deux cent trois sagènes ($433^{m},20$) et elle nous avait paru la même à Baoutou, où la présence des indigènes ne nous avait pas permis de prendre la mesure. La profondeur est suffisante pour le tirant d'eau de petits steamers. A l'époque de notre passage, le fleuve était sillonné par de grandes barques chargées d'approvisionnement pour les garnisons stationnées sur la rive gauche. Nous fûmes prévenus que nous avions quarante étapes entre Baoutou et Nin-Sia, distance que les barques descendent en sept jours.

Sur tout notre trajet, le Hoang-Ho coulait entre des rives plates, basses, sans échancrure et s'effrondrant sous l'action des eaux.

A partir du méridien qui coupe l'extrémité occidentale de la chaîne Mouni-Oula, le fleuve envoie de chaque côté plusieurs bras dont la largeur varie entre vingt-cinq et quarante sagènes (de 53 à 85 mètres). Ces bras se joignent bientôt à l'artère principale ; un seul d'entre eux, sous le nom de Baga-Katoun, court assez loin vers l'est. Quant à ceux que l'on trace sur les cartes à la droite du coude (à l'ouest des Mouni-Oula), ils n'existent pas ; car le fleuve a changé de lit et coule

1. Appelée sur certaines cartes Tchagan-Souban-Khan.

cinquante verstes plus au sud. L'ancien lit, appelé Oulan-Katoun, est encore très bien conservé, et nous l'avons vu à l'époque de notre retour de l'Ala-Chan à Pékin. Les Mongols sont unanimes à affirmer qu'entre l'ancien lit et le lit actuel, il existe deux bras qui atteignent l'extrémité occidentale des Mouni-Oula et que là s'embranchent encore de nouvelles dérivations. Ce sont probablement ceux qui sont tracés sur certaines cartes au sud de la rive méridionale du lit actuel.

Ce changement de lit a eu lieu certainement à une époque récente et l'on peut avancer à l'appui de cette opinion que le territoire de l'Ordoss n'est pas délimité par le cours actuel du Hoang-Ho, mais se prolonge jusqu'à l'ancien lit. Les gens du pays nous ont aussi raconté qu'il est de tradition que, lorsque le fleuve, grossi par des pluies considérables, s'était rejeté dans le sud, des difficultés s'élevèrent entre l'Ordoss et le pays des Ouroti au sujet de la délimitation des frontières. Une commission, réunie à Pékin pour examiner cette contestation, jugea que le territoire de l'Ordoss devait continuer à s'étendre jusqu'à l'ancien lit.

La vallée du Hoang-Ho, dans les parties que nous avons parcourues, a une largeur de trente à soixante verstes et son terrain est une alluvion argileuse. Au nord du fleuve, elle s'élargit beaucoup vers l'ouest des monts Mouni-Oula, tandis qu'au sud elle est enserrée par les sables de Kouzouptchi, qui s'approchent fort près de la rive. Sauf une zone peu étendue, adjacente aux montagnes, la vallée septentrionale a un sol partout favorable à la culture, et la population rurale y est fort nombreuse. On peut dire la même chose de la partie méridionale, depuis le point où nous avions débarqué jusqu'aux environs du méridien occidental des Mouni-Oula. La contrée n'est qu'une vaste prairie, arrosée par de petits ruisseaux et coupée par des étangs. La flore en est très riche, surtout près des lacs et des ruisseaux, et nous pûmes en cueillir de nombreux spécimens [1].

Les sables de Kouzouptchi sont séparés de la vallée par un

1. Sur les prairies submergées : *odontites rubra*, *aster tataricus*, *ranunculus*, *tanacetum*, *oxytropis adonophora*, etc. ; plus près du fleuve, *artemisia sp.*, *elymus sp.*, *salix sp.* ; sur les marais, *phragmites communis* ; à des endroits secs, *alisma plantago*, *hippuris vulgaris*, *butomus*, *lactuca*, etc.

mur naturel, sableux et argileux, qui se dresse perpendiculairement à une hauteur de cinquante à cent pieds, et qui paraît avoir été jadis la berge même du fleuve. Cette espèce de falaise est bordée de petites dunes, couvertes de faux acacias et d'armoises (*artemisia campestris*). Les racines de réglisse y abondent; c'est une plante caractéristique de l'Ordoss, appelée *tchikir-bouïa* par les Mongols et *sogo* par les Chinois. La réglisse, qui appartient à la famille des légumineuses, est un arbuste de quatre pieds de haut et de deux pouces d'épaisseur à la base. Si le sujet est jeune, son épaisseur est celle d'un doigt et sa hauteur de trois pieds environ. La réglisse croît dans des terrains très secs.

Des industriels viennent ici l'exploiter. Ils l'amassent dans de grandes fosses pour la préserver des ardeurs du soleil, puis la réunissent en fagots dont ils chargent des barques.

A partir du méridien occidental des Mouni-Oula, la topographie de la vallée change complètement. Le sel s'y mêle à la terre, et de grandes superficies sont composées d'une poussière blanchâtre. A part le fleuve, on ne trouve plus une goutte d'eau.

La végétation se ressent nécessairement de pareilles modifications : la flore variée n'existe plus et les plantes steppiennes reparaissent. Les arbustes deviennent plus grands et bordent la rive sur de vastes étendues. Le plus commun est le tamaris, qui atteint jusqu'à vingt pieds de haut et trois ou quatre d'épaisseur. Les dunes, qui jusqu'alors se maintenaient à une vingtaine de verstes du fleuve, s'en rapprochent beaucoup plus et parfois arrivent jusqu'au bord. Leur nom *kouzouptchi* signifie « collier »; elles décrivent en effet la forme de cet ornement sur une étendue de trois cents verstes, depuis Baoutou; elles passent ensuite sur la rive gauche.

Ces dunes de sable mouvant dispersées à une sagène ($2^m,13$) l'une de l'autre, ont une hauteur variable de quarante à cent pieds (de 12 à 30 m.); leur sable est jaune et très fin. Lorsque le vent souffle, il les amoncelle comme la neige.

Ces sables produisent sur l'âme une sorte d'angoisse étouffante. Si, monté sur un de ces tertres, vous interrogez l'espace, aucune végétation ne vient réjouir votre regard; vous n'apercevez pas un brin d'herbe, pas un animal, excepté le lézard. Le silence n'est même pas troublé par le cri d'un grillon ; vous êtes perdu au milieu d'une mer de sable ; le calme du tombeau vous entoure, et, malgré vous, vous êtes envahi par une tristesse douloureuse. Aussi les légendes locales abondent-elles en souvenirs sur ces sables redoutables. Elles rapportent que, là, les conquérants mongols livrèrent aux Chinois leurs plus terribles batailles et que bien des milliers d'hommes furent ensevelis sous ces monceaux de sable, que le vent apporte des profondeurs du steppe. De nos jours encore, les dunes frappent le Mongol d'une terreur superstitieuse. Il croit entendre les cris et les gémissements de ceux qui ne sont plus. Il prétend que parfois la tempête soulève le sable de telle façon qu'on aperçoit distinctement des objets précieux abandonnés par les combattants, mais qu'on ne peut pas essayer de s'en emparer, car une pareille témérité entraînerait la mort. Une autre tradition plus fantastique veut que ces dunes aient été élevées par Gengis-Khan, pour dériver le fleuve Jaune et se mettre à l'abri de toute agression.

La largeur des sables de Kouzouptchi varie entre quinze et trente verstes. En certains endroits de cette contrée désolée, émergent de petites oasis, couvertes d'une végétation assez variée. Nous y avons remarqué le bel arbuste de sainfoin (*hedysarum sp.*), qui, au mois d'août, est tout couvert de fleurs roses, et quelques autres, le *calligonum sp.*, *tragopyrum sp.* et *pugionium cornutum*. Jusqu'à présent, ce dernier n'est connu que par de petites branches qu'a rapportées le naturaliste Gmelin aux muséums de Londres et de Stuttgard. A mon grand regret, j'ignorais la rareté du *pugionium* et je n'en ai recueilli que quelques brindilles. Il se rencontre souvent dans les Kouzouptchi, et atteint sept pieds de haut avec une épaisseur d'un pouce ou d'un pouce et demi.

A trois cents verstes de Baoutou, aussitôt que les sables ont disparu pour passer sur la rive gauche, un changement s'opère encore une fois dans la nature du sol. Au terrain argileux et salin, se mêle un sable à gros grains, et la vallée est sillonnée par les lits de torrents qui ne roulent leurs eaux qu'à l'époque des pluies. Sur ce sol tout hérissé de petites buttes de trois à six pieds, la végétation est misérable ; des plantes basses et rabougries (*nitraria Scholeri*, *sygophyllum sp.* et un arbuste de la famille des légumineuses), tapissent parfois ces petites taupinières.

On peut expliquer leur formation par l'action du vent, qui soulève le sable et la poussière. Ces buttes sont agglomérées par les racines des plantes; les pluies en égalisent les contours, de sorte qu'elles semblent travaillées à la bêche.

Peu à peu des tertres, puis des collines, qui vont toujours en s'exhaussant, apparaissent dans la vallée; enfin elles forment une chaîne de montagnes qui s'élève en face de la ville de Din-Khou. Cette arête suit parallèlement le cours du fleuve et se prolonge dans le sud; elle est aussi aride et dénudée que la plaine. On peut présumer que celle-ci conserve aussi le même aspect physique dans l'intérieur de la province, que les habitants appellent la « Terre Grise ».

La hauteur absolue de la vallée varie très peu; nous avons constaté 3,200 pieds vers le lac Dzaïdemin-Nor; 3,500, à vingt-sept verstes à l'ouest de la ville de Din-Khou, et, au pied des montagnes qui bordent la rive gauche du fleuve, 3,500 également.

Les principaux quadrupèdes sont l'antilope noire, le lièvre, le renard, le loup et quelques petits rongeurs; parmi les oiseaux, nous avons vu le faisan, l'alouette, la mouette, l'aigle, le traquet (*saxicola deserti*) et la huppe. Les eaux des lacs ou des ruisseaux sont peuplées d'oies, de canards, de cygnes, et, sur leurs bords, vivent divers béchassiers : écassines, bécasses, etc. Nous n'avons trouvé, dans le fleuve Jaune, que six espèces de poissons : le silure, la carpe, le carassin, le chabot et deux autres qui doivent appartenir à la famille des cyprins. Les tortues y existent en grand nombre.

Depuis l'insurrection des Doungans en 1869, la population ne se rencontre plus qu'à quatre-vingt-dix verstes à l'ouest de Lan-Kaïsa, point où nous avions abordé; partout ailleurs, la contrée est déserte et l'herbe a envahi les chemins. Dans un grand nombre de places, les villages étaient à moitié détruits et, çà et là, on voyait dispersés des squelettes humains à moitié rongés, par les loups. Aussi les paroles de Humboldt revenaient-elles malgré nous à notre pensée : « Que si l'historien trouve, dans la suite des événements, « les traces des massacres des hommes entre eux, le voya-

« geur, lui, les rencontre partout, à la surface de la terre. »

Revenons maintenant au récit de notre voyage.

Le lendemain du jour où nous avions débarqué nous fûmes encore obligés de traverser le Baga-Katoun, large de cinquante sagènes et qui se trouve à dix verstes du bras principal. Les passeurs chinois ne manquèrent pas de nous étriller scandaleusement. Nous fîmes halte de l'autre côté de ce bras du fleuve, résolus à nous mettre en route le lendemain de grand matin. Mais un violent orage, qui survint pendant la nuit, détrempa le sol de telle façon que les chameaux s'enfonçaient profondément dans la boue; de plus, il fallut envoyer un cosaque et le Mongol à la recherche du chameau acheté à Baoutou, qui manquait à l'appel; ce qui nous obligea de demeurer en cet endroit quatre jours.

Pendant notre séjour involontaire dans cette localité, appelée Li-Fan-Di, nous fûmes harcelés continuellement par les indigènes qui venaient s'enquérir de ce que nous faisions là. Des soldats voulurent même nous obliger à leur donner un fusil et un révolver et, sur notre refus, menacèrent de venir nous les enlever de force; nous chassâmes ces drôles à coups de cravache et les prévînmes que, s'ils revenaient, nous les recevrions à coups de fusil.

Enfin, le chameau retrouvé, nous pûmes partir pour le lac Dzaïdemin-Nor, dont l'existence nous avait été apprise par les Mongols, qui assuraient que, dans ses environs, les pâturages étaient excellents. Notre intention était d'y passer deux semaines pour donner le temps de se refaire à nos pauvres animaux, fortement éprouvés par un voyage prolongé sans aucune interruption. De notre côté, nous avions aussi besoin de repos et nous comptions utiliser nos loisirs en étudiant la flore de la vallée. A cette époque, dans le courant du mois de juillet, il était presque impossible de voyager en plein jour, même par petites étapes. Quoique le thermomètre ne marquât que + 37° C (à l'ombre), le soleil échauffait tellement le sol que celui-ci donnait 70°, de sorte qu'il était impossible aux chameaux d'avancer. La température des eaux du fleuve atteignait + 24°,5 et celle des lacs et des marais était de + 32°,3. Malgré leur fréquence, les orages ne rafraîchissaient pas l'atmosphère : si le ciel venait à s'éclaircir sensiblement, le soleil dardait ses rayons les plus vifs; l'air restait presque toujours parfaitement calme, à peine agité quelquefois par un léger vent du sud-est.

Le lac Dzaïdemin-Nor ne trompa pas notre espoir : ses eaux et ses rives étaient couvertes d'oies et de canards, les environs offraient de bons pâturages et les gens du pays voulaient bien nous vendre du lait et du beurre. Nous dressâmes notre tente au bord d'un limpide ruisseau qui présentait des endroits très convenables pour prendre un bain. Ce fut là notre halte la plus agréable et nous n'en rencontrâmes plus de pareille dans toute la Mongolie.

Pendant notre marche sur le Dzaïdemin-Nor, nous avions rencontré un autre lac, nommé Ourgoun-Nor, dont les rives étaient habitées par une nombreuse population mongole et chinoise; l'une habitant ses iourtes et l'autre ses fansa. Les Mongols avaient ici essayé de s'adonner à l'agriculture; mais leurs champs faisaient un contraste frappant avec ceux des Chinois. La seule chose pour laquelle ils ne se laissent pas surpasser par ces derniers, c'est l'abus de l'opium. Ce vice affreux est répandu dans toute la Chine, où l'opium est apporté par les Anglais de leur colonie de l'Inde. Les Chinois, d'ailleurs, préparent eux-mêmes la drogue enivrante et sèment, à cet effet, de grands champs de pavots. Comme cette culture est interdite par les lois, nous avons remarqué quelquefois au milieu d'épaisses jungles, dans la vallée du fleuve, des espaces défrichés et semés de pavots, qu'on espérait dissimuler ainsi à la vigilance des autorités.

L'habitude de fumer l'opium gagne rapidement les Mongols, mais n'a pourtant pas encore pénétré jusqu'au cœur du pays. Nous avons essayé nous-mêmes de fumer cette drogue; elle n'a produit sur nous aucun effet, nous lui avons trouvé un goût de plume brûlée. On reconnaît facilement le fumeur d'opium à sa figure livide, à sa démarche incertaine et à son air vieilli.

Tout le temps de notre halte se passa en chasses et en excursions botaniques; dans l'après-midi, nous faisions la sieste, puis prenions un bain. Il fut impossible de décider nos deux Cosaques à en faire autant par crainte des tortues. Les Mongols, qui attribuent une influence magique à ces animaux et qui en donnent pour preuve la présence de caractères thibétains gravés sur leur carapace, avaient persuadé à nos hommes qu'elles se cramponnent au corps du baigneur qui ne peut s'en débarrasser que très difficilement. Les cris du chameau et du bouc blanc pouvaient seuls, disaient-ils, leur faire lâcher prise. Ils ajoutaient qu'autrefois il n'y avait point de tortues dans le pays et qu'elles avaient été créées depuis peu par le guigen d'un couvent voisin.

Nous déterminâmes la latitude du lac Dzaïdemin-Nor par un relèvement astronomique que les Mongols ne furent pas éloignés de prendre pour un sortilège. Pour les détourner de cette idée, m'étant rappelé qu'il y avait à cette époque beaucoup d'étoiles filantes, je les prévins de leur apparition; le soir même, ils la constatèrent, et nos travaux leur parurent alors beaucoup plus naturels. De même, nous ne pouvions exécuter une observation avec de l'eau bouillante qu'en leur disant que c'était là un rit de notre religion.

A onze verstes au nord-est du lac Dzaïdemin-Nor, non loin du fleuve, on remarque une colline en forme de dôme, appelée Toumir-Alkou par les Mongols, et Djiou-Djin-Fou par les Chinois : c'est là qu'est ensevelie une des épouses de Gengis-Khan. La légende rapporte qu'un des princes vassaux du terrible khan avait une femme si belle que le conquérant somma son mari de la lui céder. Celui-ci effrayé remit son épouse au terrible Gengis-Khan. Comme la belle prisonnière traversait avec son ravisseur la terre des Tzakars, elle parvint à s'échapper et se réfugia sous une butte de sable; bientôt se voyant sur le point d'être prise, elle se précipita dans le fleuve, que les Mongols appellent Katoun-Gol (rivière de la princesse). Gengis-Khan fit repêcher et mettre dans un cercueil en fer le cadavre, qu'on enterra sous la colline où s'était réfugiée l'infortunée princesse.

Dans toute la contrée, les légendes abondent sur Gengis-Khan; les deux plus intéressantes sont celles de l'oriflamme blanc et de la résurrection du grand khan.

On raconte que le grand khan, chassant dans les montagnes des Mouni-Oula, rencontra un chasseur russe. — Qu'as-tu tué? lui demanda Gengis. — Je chasse depuis plusieurs années et je n'ai tué qu'un loup, mais ce loup dévorait des dizaines d'hommes par jour et un grand nombre d'animaux, répondit le Russe. — Si tu as fait cela, tu es un brave, et je promets de te donner tout ce que tu désireras, répartit Gengis. Le chasseur choisit la plus aimée des femmes du conquérant et celui-ci, esclave de sa parole, la lui donna, mais en partant il remit au chasseur russe et à sa compagne un oriflamme blanc en souvenir de lui. On ne sait pas « au juste dans quelle par-« tie de la Russie ce couple s'est retiré ; mais il est certain que « l'étendard blanc de notre grand monarque est toujours dans « votre pays », nous dit en terminant le narrateur de cette histoire.

La seconde légende nous apprend que la dépouille mortelle de Gengis-Khan repose au sein de l'Ordoss, dans le district de Van, qui est situé à deux cents verstes au sud du lac Dabasoun-Nor. Ces restes sont contenus dans deux cercueils, l'un d'argent, l'autre de bois, placés sous une tente de soie jaune ; les armes du monarque sont auprès de lui et les autres membres de la famille royale sont ensevelis dix verstes plus loin. Tous les soirs, on offre un mouton et un cheval aux mânes royales, et, le lendemain, l'offrande a disparu. A sa mort, le conquérant a prédit qu'il ressusciterait dans huit siècles ou au plus tard dans dix ; par conséquent, il ne reste plus à attendre que cent cinquante ou trois cent cinquante ans pour cette résurrection. Alors une guerre éclatera entre Gengis-Khan et le souverain de la Chine ; Gengis sera vainqueur et ramènera les Mongols de l'Ordoss dans le Khalkha, leur patrie.

Il nous a été impossible de savoir où était le temple mortuaire dont parle cette légende.

Après dix jours de repos, nous reprîmes notre marche vers le haut de la vallée et nos deux haltes suivantes eurent lieu près des ruisseaux de Kourcï-Koundou et de Kouraï-Koundi ; celui-ci fut le dernier cours d'eau que nous aperçûmes dans l'Ordoss. Les deux petites rivières viennent de l'intérieur, ont un courant rapide avec des eaux fangeuses, et se jettent dans le fleuve Jaune. Les Mongols prétendent du reste que le fleuve ne veut recevoir que les affluents dont les eaux sont de même couleur que les siennes, et ils en donnent pour preuve que le Takilka, dont les eaux sont limpides, est tributaire du Dzaïdemin-Nor.

A notre étape de Kouraï-Koundi, nous consacrâmes trois jours à la chasse de l'antilope à queue noire, que nous y rencontrâmes pour la première fois.

Cette antilope, appelée par les Mongols kara-soulta, ne se distingue de sa congénère que par une petite queue noire de sept ou huit pouces de long. Elle est répandue, depuis le 45e parallèle, dans l'Ordoss, le Thibet et dans tout l'Ala-Chan jusqu'au Han-Sou. On la trouve aussi dans le bassin du Koukou-Nor et dans les plaines salées du Tzaïdam.

La kara-soulta se plaît dans les localités les plus sauvages et dans les sables, se contentant des plus maigres pâturages; elle redoute surtout la présence de l'homme, ne se rend à l'abreuvoir que pendant la nuit, et même peut se passer d'eau assez longtemps.

Cet animal vit isolé ou par hardes de trois à sept individus; on ne le voit jamais sur les pâturages se mêler aux troupes des autres animaux.

L'antilope à queue noire est très prudente ; ses sens excellents lui servent à déjouer aisément les ruses du chasseur. Elle résiste bien aux blessures et se repose habituellement au milieu du jour. Il est difficile alors de la distinguer, car sa robe se confond avec le sable ou avec la couleur jaune des rochers. On ne peut guère l'examiner que lorsqu'elle reste perchée des heures entières sur une éminence.

Si elle est effarouchée, elle s'élance par sauts, franchissant ainsi quelques centaines de pas, et s'arrête pour s'assurer du danger. En suivant ses traces, on peut être certain qu'elle s'échappera. Ce n'est qu'après avoir perdu beaucoup de temps et par hasard que j'ai pu m'approcher assez près pour abattre un grand mâle. Ordinairement, à deux cents pas, on a dix-neuf chances sur vingt de la manquer.

Quoique ces animaux affectionnent particulièrement le désert, nous en avons pourtant rencontré un certain nombre dans la vallée du Hoang-Ko, près des montagnes de Cheiten-Oula, au milieu d'une population nombreuse. Il est vrai de dire qu'on ne les chasse pas dans cette région. L'époque du rut est au mois de novembre et les femelles mettent bas au mois de mai.

Après l'étape de Kouraï-Koundi, nous atteignîmes le couvent de Harganti, d'où part, à travers les sables, une route qui conduit au Dabasoun-Nor. Ce lac, décrit par le père Huc, est à cent verstes du fleuve Jaune; les Mongols estiment sa circonférence à trente ou quarante verstes. On en extrait du sel qui alimente toute la contrée.

Une étape après avoir dépassé la route du Dabasoun-Nor, nous rencontrâmes encore un couvent, celui de Chara-Dzou. Ce monastère a été très florissant et contenait deux mille lamas ainsi que deux ou trois guigens; aujourd'hui on n'y trouve pas une âme. Des vols de pigeons et d'hirondelles sont installés dans tous les bâtiments. On remarque des débris d'idoles qui jonchent le sol et quelques statues intactes qui sont restées à leur place. La grande statue de Bouddha elle-même a la poitrine entr'ouverte par la hache des Doungans, qui y ont certainement cherché un trésor, car les lamas se servent habituellement de ces sortes de cachettes.

Comme dans les autres temples bouddhistes, tout était organisé à Chara-Dzou pour frapper d'épouvante l'imagination enfantine des nomades : les Dieux sont représentés avec des visages terribles, assis sur des taureaux, des lions, des éléphants ou écrasant des démons, des serpents, etc.

« Comment pouvez-vous croire à des divinités en terre? » demandai-je à notre Mongol. — Il me répondit que ces statues n'étaient que le simulacre des dieux, que ceux-ci ne les habitaient pas, et qu'ils étaient au ciel.

A partir du temple de Harganti, nous n'avons plus rencontré de population, à part quelques rares Mongols occupés à la récolte de la réglisse. La vallée est enserrée de plus en plus par les sables, le sol devient salin et se couvre de buissons de tamaris. Ces fourrés étaient habités par une très belle espèce de bêtes à cornes devenues sauvages et dont les Mongols nous avaient souvent parlé. Ce sont des bestiaux qu'ont abandonnés leurs propriétaires, fuyant devant l'insurrection doungane; les rebelles ont quitté l'Ordoss, mais les bœufs et les vaches, laissés en liberté, sont devenus tout à fait sauvages et rapides à la fuite. Ils se tiennent habituellement en troupe de cinq à quinze individus; toutefois les vieux taureaux vivent solitaires. Ils ont perdu l'air stupide produit par un long esclavage et ont rapidement reconquis toutes les habitudes de la vie libre au milieu des jungles de la vallée. Ils paissent la nuit, et, à la moindre émanation leur annonçant la présence de l'homme, ils prennent la fuite à toute vitesse; les individus jeunes, venus au monde en liberté, sont particulièrement agiles.

Nous ne parvînmes à abattre que quatre têtes de ce cheptel sauvage. Quant aux Mongols, ils ne peuvent chasser ce bétail, car ils n'osent s'aventurer dans l'Ordoss et les animaux résistent parfaitement au choc de leurs balles, faites d'une petite pierre recouverte d'une couche de plomb. Ces troupeaux, dont on estime le chiffre à deux mille têtes environ, finiront certainement par disparaître avec le temps, parce qu'ils n'ont pas pour se multiplier les vastes espaces des pampas américaines. On dit aussi qu'il existe ici une petite quantité de chameaux; mais les brebis y ont été dévorées par les loups.

La chair des animaux que nous avions tués vint fort à propos augmenter notre réserve de vivres ; nous la découpâmes en lanières fort minces et la fîmes sécher au soleil. Les aigles et les vautours qui voulurent y goûter enrichirent notre collection d'histoire naturelle.

Pendant que notre viande séchait, nous pêchions dans le fleuve et, malgré la petitesse de nos filets, nous pûmes nous procurer plusieurs carpes et des silures.

Le 17 août, nous continuions notre route, ayant les sables à notre gauche et cruellement tourmentés par des nuées de moustiques, qui n'existent nulle part ailleurs dans les déserts du plateau.

Dès notre première étape, nous campâmes non loin d'un petit lac salé, nommé Gourboundouti; nous ne le vîmes pas, mais les Mongols estiment sa circonférence à quatre verstes. Il est situé dans les dunes et on en retire du sel.

Quelques jours après, nous rencontrâmes les ruines d'une ancienne cité de l'époque de Gengis-Khan, située au milieu des sables à trente verstes du fleuve. Cette ville formait un carré de huit verstes de côté ; ses remparts élevés avaient une épaisseur de sept sagènes et renfermaient des puits nombreux et profonds. Aujourd'hui le sable la recouvre en entier, certaines parties des remparts apparaissent seules et sont assez bien conservées. Aucune légende que je connaisse ne se rattache à cette localité.

Les chaleurs devinrent horriblement suffocantes dans les derniers jours du mois. Nous levions toujours le camp avant l'aube, mais le chargement des chameaux et la collation du Mongol et de nos Cosaques, qui ne se seraient jamais mis en route sans avaler de nombreuses tasses de thé, nous faisaient perdre un temps précieux. Au départ le soleil était déjà haut sur l'horizon, et un ciel d'une inaltérable pureté nous promettait une journée torride.

Mon compagnon et moi, nous marchions en avant, chassant, herborisant et faisant nos relevés topographiques; les chameaux suivaient attachés à la suite les uns des autres, un des Cosaques tenait la longe du premier, son camarade et le Mongol fermaient la marche.

Nous cheminions ainsi deux ou trois heures à la fraîcheur matinale; puis le soleil dardait des rayons de plus en plus brûlants, et le sol échauffé devenait une fournaise. Vous vous sentez alors accablé, la tête vous tourne, la sueur vous inonde, la prostration s'augmente sans cesse. Les animaux ne souffrent pas moins : les chameaux marchent les naseaux dilatés et le mufle ruisselant de sueur; notre intrépide Faust, lui-même, ne court plus, mais suit, la tête et la queue basses, la langue pendante. Les Cosaques interrompent leur chanson habituelle et se traînent silencieusement. Enfin une iourte mongole apparaît. « Où y a-t-il de l'eau? » Telle est la première question, et on apprend qu'il faut encore marcher cinq ou six verstes. Arrivés au puits, nous déchargeons les chameaux, chacun s'étend sur le sol et repose un moment, puis nous dressons la tente, une pièce de feutre étendue sur le sol nous sert de sièges et de lits. Les Cosaques ramassent l'argal, allument le feu et préparent le thé, avec de l'eau trop souvent mauvaise. Nous mettons en ordre notre herbier et nos notes, nous empaillons des oiseaux, et dessinons nos cartes.

Aussitôt le dîner prêt, nous nous mettons à table; le couvercle de la marmite nous sert de soupière, nous buvons dans des tasses en bois, car l'usage des fourchettes est ici inconnu.

Notre repas rapidement expédié, nous partons immédiatement en chasse ou en excursion.

Le soir arrivé, on avale du gruau et une tasse de thé. Les chameaux ramenés du pâturage sont assujettis dans leurs entraves et s'accroupissent en cercle autour de notre tente, les chevaux se couchent près de nos bagages, les hommes s'étendent sous la tente et bientôt bêtes et gens s'endorment d'un profond sommeil.

Pendant une de nos haltes sur les bords du Hoang-Ho, le défaut d'attention du Mongol fut cause que le cheval de M. de Piltzoff tomba dans le fleuve et s'y noya. Ce Mongol chinoisé nous causa du reste une foule de désagréments. Engagé à raison de cinq lans par mois, il se montra pendant quelque temps un serviteur assez passable, mais ne tarda pas à devenir un insupportable vaurien. Paresseux et entêté, il était constamment en querelle avec les Cosaques; il se permit même d'être insolent à notre égard et reçut une vigoureuse correction qui le rendit un peu plus poli; mais il resta toujours aussi fainéant. Pour comble d'agrément, il finit par nous avouer qu'il était atteint d'une maladie honteuse de la nature la plus maligne. On peut juger de notre satisfaction en apprenant ce détail lorsqu'on saura que nous vivions dans la plus étroite promiscuité avec cet individu. Ce ne fut qu'arrivés à la ville de Din-Kou que nous pûmes nous débarrasser de ce fléau.

A quatre-vingts verstes en amont de Din-Kou, les dunes abandonnent la rive droite pour reparaître sur la rive gauche. Des collines surgissent alors dans la vallée et se transforment ensuite en une chaîne appelée Arbouz-Oula, qui continue en amont en se rapprochant du rivage, avec lequel elle finit par se confondre, à peu près en face du point où, sur la rive opposée, commence la grande chaîne de l'Ala-Chan. La tradition mongole veut qu'un des sommets de l'Arbouz-Oula ait servi d'enclume au forgeron de Gengis-Khan.

Le 2 septembre nous arrivions en face de Din-Kou. Nous comptions traverser là le fleuve pour passer dans l'Ala-Chan; mais notre séjour dans cette ville fut accompagné de mésaventures encore plus désagréables qu'à Baoutou.

On nous avait signalés à quelques verstes de la ville : un

grand nombre de curieux garnissaient les remparts pour jouir de notre arrivée. A peine avions-nous dressé notre tente qu'une barque, montée par vingt-cinq hommes, abordait sur notre rive et réclamait notre passe-port. Je remis nos papiers au chef de l'escorte et notre Mongol profita de la barque pour s'en aller. Une demi-heure après, survint un fonctionnaire qui nous apprit que le mandarin désirait me voir et qu'il fallait apporter mon fusil et amener mon chien. Je pris passage dans le canot avec mon cosaque, et à peine débarqués nous fûmes entourés par les badauds.

La ville est peu considérable et les Doungans l'ont presque détruite ; une partie du rempart d'une demi-verste de circuit est seule encore debout. Il n'y a guère d'autres habitants que la garnison, forte d'environ cinq cents hommes. Suivi d'un cortège considérable, je m'engageai dans l'intérieur de la ville où quelques officiers m'indiquèrent la demeure du général. L'intérieur de ce domicile était décoré de longues bottes d'ail qui parfumaient l'appartement d'une odeur peu flatteuse. Après dix minutes d'attente, je fus introduit auprès d'un personnage revêtu d'un manteau jaune ; il me demanda gravement qui j'étais et pourquoi je voyageais dans ces contrées? Je répondis que je voyageais pour mon agrément et en vue de recueillir des plantes médicinales, et que mon compagnon et moi nous étions de hauts fonctionnaires dans notre pays, comme le portait notre passe-port.

« Mais votre passe-port est falsifié, car le sceau et la signa- « ture nous sont inconnus. » — Je répliquai que, connaissant à peine dix mots de chinois, il m'était impossible de savoir ce que contenait le passe-port. — « Quelles sont vos marchan- « dises? » continua le personnage. — « Il me reste encore des « objets achetés à Pékin, mais tous ceux qui sont de manufac- « ture russe ont été vendus. » — « N'avez-vous pas des armes? » — « Oui, mais elles ne sont pas à vendre : d'après « les traités, nous n'avons pas le droit d'en importer en Chine ; « elles ne nous servent que pour notre sécurité personnelle. » — Le mandarin voulut alors faire l'essai de nos armes et, après que j'eus abattu une hirondelle au vol, il se livra à plusieurs expériences qui ne furent pas couronnées de succès ; il rentra ensuite chez lui. — On nous introduisit dans le logement d'un officier où était préparée une collation. Au bout d'une demi-heure, le général nous fit appeler pour recevoir une déclaration officielle des armes que nous possédions. Cette formalité accomplie, il voulut acheter un révolver et, sur notre refus, nous fit rembarquer. Nous fûmes tout heureux en arrivant à notre campement de retrouver notre Faust, qui nous avait quittés et avait passé le fleuve à la nage pour rejoindre notre compagnon.

Fig. 16. — Soldat mongol.

Le lendemain un officier et dix hommes, en blouses rouges de grande tenue, vinrent passer la visite de nos bagages. Cette opération eut lieu très négligemment, de sorte que nos travaux géodésiques purent échapper aux investigations.

La visite terminée, l'officier me pria de lui donner deux révolvers; je refusai. Il me dit alors que le général voulait absolument voir encore ces objets; j'y consentis, sous condition que la barque nous transporterait tous de l'autre côté. Il me le promit et, en effet, nous nous embarquâmes quelque temps après avec tous nos bagages; mais nous fûmes obligés de laisser nos chameaux sous la garde de mon compagnon et d'un des Cosaques, faute de place dans le canot.

A peine arrivés, je déposai tous mes bagages dans la cour d'une maison voisine du fleuve et me disposai à obtenir qu'une barque allât chercher nos chameaux et un sauf-conduit pour la continuation de notre voyage. Mais le général vint sur ces entrefaites et exigea que je misse à sa disposition tous les objets qui lui paraissaient curieux, « afin, disait-il, « de les examiner tout à son aise ». Comme cette inspection dégénérait en pillage, je lui fis dire par mon interprète que, puisque nous étions volés, nous allions immédiatement quitter le pays; le général interrompit alors ses perquisitions et ses exigences.

Pourtant nos chameaux restaient toujours sur l'autre rive et, malgré mes réclamations, on prétendait que le vent était trop fort pour qu'on pût opérer leur passage. Enfin le général se décida à donner l'ordre d'aller les chercher et, comme il ne fut pas possible de les faire entrer dans la barque, on les attacha au bordage; c'est donc en nageant que les pauvres bêtes traversèrent un fleuve de deux cents sagènes (427 mètres) de large.

Aussitôt que nos chameaux eurent touché le sol, je me rendis chez le général pour reprendre mon passe-port. On me répondit que le noble personnage dormait et que je pouvais attendre. Exaspéré je lui fis dire que nous partirions sans passe-port, et qu'il pouvait être sûr que je me plaindrais de ses vexations. Je ne sais comment mes paroles lui furent rapportées; mais, quelques minutes après, nous étions entourés de dix hommes de garde, et l'officier nous prévenait que le général nous défendait de nous éloigner sans feuille de route et sans qu'il eût procédé à une nouvelle révision de nos colis. Il fallut nous soumettre, nous bouchonnâmes soigneusement nos chameaux et attendîmes; la nuit se passa ainsi.

Le lendemain, comme je me disposais à rentrer en ville, les soldats du poste m'interdirent l'entrée jusqu'à midi sous prétexte que le général dormait encore. En ce moment un messager nous arriva de sa part, pour nous engager à lui faire un présent. Je refusai tout net et dis à son envoyé que je n'étais pas assez riche pour donner des armes de prix à chaque général chinois; je l'invitai aussi à rappeler à son chef qu'il s'était déjà octroyé des cadeaux lui-même en nous volant plusieurs objets. J'étais tellement outré d'avoir affaire à un dignitaire de cette espèce que je ne voulus plus me mettre en rapport avec lui personnellement, et j'expédiai mon cosaque avec son aide de camp pour lui porter mon refus. Le général revint encore à la charge en nous demandant à faire des achats. J'étais disposé à tout refuser, lorsque, d'après le conseil d'un Mongol, qui était venu faire connaissance avec nous, j'y consentis, à condition toutefois qu'on me donnerait un prix raisonnable et qu'on me délivrerait un passeport et un sauf-conduit. On me les apporta peu d'instants après; mais, au lieu de soixante-sept lans, l'honnête personnage ne m'en fit remettre que cinquante, promettant de me rendre le reste à une nouvelle entrevue. Je me résignai à cette dernière avanie et nous quittâmes la ville dès le soir. Le Mongol dont nous avions fait la connaissance, nous apprit alors que, quand le mandarin avait su que nous voulions partir sans sa permission, il était devenu furieux et avait menacé de nous faire trancher la tête; sans le prestige du nom européen, il aurait probablement passé de la menace à l'exécution.

CHAPITRE VI

ALA-CHAN.

Aspect physique du désert de l'Ala-Chan. — Mongols du pays. — Notre voyage dans le nord de l'Ala-Chan. — Ville de Din-Iouan-In. — Le prince de l'Ala-Chan et ses fils. — Lama Baldin-Sordji. — Vente de nos marchandises. — Dalaï-Lama actuel. — Prédiction sur le pays de Chambalin. — Entrevue solennelle avec le prince. — Monts de l'Ala-Chan. — Chasse des koukou-laman. — Cause de notre retour à Kalgan.

La partie méridionale du Gobi, à l'ouest du cours moyen du Hoang-Ho, est une contrée sauvage et stérile, peuplée par les Mongols Olioutes et connue sous le nom d'Ala-Chan ou de Trans-Ordoss. Des sables mouvants s'étendent à l'ouest jusqu'à la rivière Edziné, touchent vers le sud aux montagnes élevées de la province de Han-Sou, et se confondent au nord avec les plaines argileuses du Gobi central. Ces sables forment une limite à la fois politique et naturelle qui sépare l'Ala-Chan, au nord, de Khalkha et des Ouroti, et, sur tous les autres côtés, du Han-Sou et de l'Ordoss.

La contrée entière n'est qu'une plaine, qui, semblable à l'Ordoss, formait jadis, probablement, le fond d'un vaste lac ou d'une mer intérieure. En effet, tout le sol est formé d'une argile salée, et couvert de sable dans ses parties hautes, et de marais salants dans les endroits les plus bas, où se sont concentrés les derniers vestiges des anciennes eaux.

L'Ala-Chan, dans certaines zones variant de dix à cent verstes de largeur, présente des sables mouvants ; le voyageur risque de s'y enfoncer dans leurs brûlantes profondeurs, ou d'y être étouffé par un ouragan. Sur toute l'étendue de ces lizes désolées, que les Mongols appellent « tingeri » (ciel),

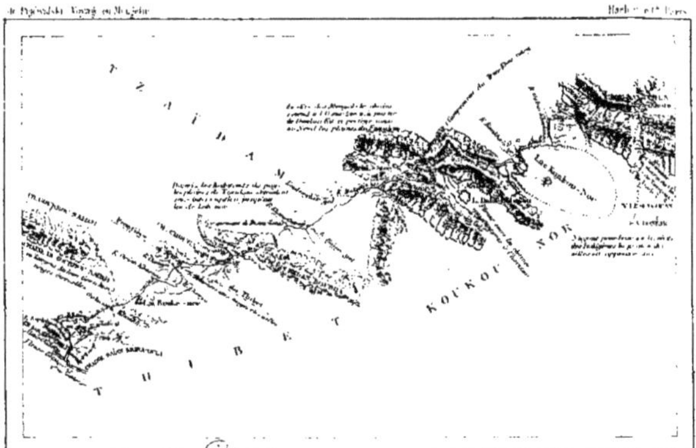

on ne rencontre ni une goutte d'eau, ni un oiseau, ni aucun autre animal ; le calme de la mort remplit d'un effroi involontaire l'aventureux qui les traverse.

Les Kouzouptchi, par comparaison avec les lizes de l'Ala-Chan, ont un riant aspect, quoique leurs petites oasis ne soient pas couvertes d'une bien luxuriante végétation. Ici les oasis n'existent pas ; à perte de vue s'étendent, alternativement, de vastes surfaces de sables jaune ou de terre glaise salée, et, près des montagnes, des amas de gravier. La végétation est d'une excessive pauvreté : à peine avons-nous pu remarquer quelques arbustes et une dizaine de plantes différentes. Entre tous ces produits du règne végétal, il faut citer le saksaoul appelé par les Mongols zax (*haloxylon sp.*) et le soulkhir (*agriophyllum gobicum*).

Dans l'Ala-Chan, le saksaoul apparaît sous la forme d'un petit arbre de dix à douze pieds de haut et d'un demi-pied d'épaisseur, formant quelques rares bosquets au milieu des sables. Il ne peut être utilisé que pour le chauffage, car c'est un bois tendre et qui s'émiette trop facilement. Les branches, dépourvues de feuilles et hérissées de piquants, sont avidement dévorées par les chameaux. Les Mongols se servent encore de ces arbustes pour protéger leur iourte, qu'ils recouvrent de branchages pendant les hivers rigoureux. Partout où croit ce petit arbre, on peut espérer de trouver bientôt un puits ou une source.

Le saksaoul se rencontre seulement dans le nord de l'Ala-Chan et dans tout le Gobi ; il croît jusqu'aux environs du 42° de latitude nord.

L'herbe nommée soulkhir (*agriophyllum gobicum*) est encore plus importante que le saksaoul pour l'habitant de l'Ala-Chan. Elle atteint deux pieds de haut, rarement trois ; elle est épineuse et saline, fleurit en août et ses petites graines, qui constituent un aliment nutritif, mûrissent à la fin de septembre. Si l'été a été trop sec, la plante meurt et les nomades souffrent de la famine.

On récolte ces graines au moyen du battage, on les expose ensuite à un feu doux, puis on les écrase dans un mortier. Après ces diverses préparations, l'aliment qu'elles donnent est assez semblable à la farine. Les Mongols l'emploient délayé dans du thé. Nous avons fait aussi usage de cette farine du désert, qui non seulement nourrit les hommes, mais encore dont sont friands tous les animaux domestiques. Le soulkhir se trouve également dans l'Ordoss, dans le Gobi central et même dans le Tzaïdam. Aux endroits argileux, croissent le *callidium gracile*, la *nitraria Scholeri*, le *convolvulus tragacanthoïdes*, l'armoise, l'*inula amophila*, la *sophora flavescens*, le *convolvulus Ammani*, le *peganum sp.*, le *haplophyllum sp.*, l'*astragalus sp.*, etc. En général, toute cette flore est chétive, rabougrie et végète avec peine.

La faune est représentée par le loup, le renard, le lièvre et quelques petits rongeurs. Pendant des jours entiers, on entend les cris de ces animaux, cris tristes et monotones, comme toute la nature de l'Ala-Chan.

Parmi les oiseaux, nous remarquerons le kolo-djoro (*podoces Hendersoni*), qui est à peu près de la taille d'un geai et qui ne se rencontre que dans les localités les plus sauvages. Sa présence est toujours un fâcheux indice pour le voyageur. Pendant notre exploration, nous l'avons trouvé dans le Han-Sou, dans le Tzaïdam et, au nord, dans le Gobi, jusqu'au 44e parallèle. La faune ailée est encore représentée par le solitaire (*siraphtes paradoxus*), par l'alouette, le vautour, le traquet (*saxicola deserti*), le corbeau et la grue. Cette dernière se nourrit de lézards, très abondants dans le désert. Nous ne comptons pas dans cette nomenclature les volées d'oiseaux voyageurs.

Le lézard qui sert de pâture aux grues est encore recherché par les mouettes du Hoang-Ho, qui viennent le prendre jusqu'ici. Les loups, les renards et les chiens s'en contentent même, faute de mieux.

La population se compose de Mongols Olioutes, auxquels appartiennent une partie des habitants du Koukou-Nor, les Tourgouti et nos Kalmouks. L'aspect physique des Olioutes tient le milieu entre le Chinois et l'indigène de Khalkha. Le vice de l'opium est répandu parmi eux.

Leur dialecte diffère beaucoup de celui de Khalkha et se distingue par une prononciation plus douce et plus rapide.

Les Olioutes, généralement très pauvres, se louent en qualité de conducteurs pour les transports des Chinois. Leurs bêtes à cornes sont très peu nombreuses; mais les chèvres abondent chez eux, et il existe, dans les montagnes, des troupeaux de yaks qui appartiennent au prince régnant.

Administrativement l'Ala-Chan est partagé en trois districts d'une faible population. Depuis l'insurrection des Doungans, le nombre des habitants a encore diminué. La ville de Din-Iouan-In, résidence du prince, a échappé pourtant au pillage ; elle est située à l'ouest des monts Ala-Chan.

Après avoir quitté Din-Kou, nous nous dirigeâmes sur Din-Iouan-In. A notre première étape, nous fîmes une halte de trois jours près de la iourte du Mongol qui s'était lié avec nous. Nous lui achetâmes des chameaux pour remplacer six des nôtres qui étaient hors de service ; un de nos Cosaques, tombé malade, put se rétablir à cette halte. Nous remplaçâmes notre guide par un autre Mongol, qui bien que musulman se montra honnête serviteur. C'est avec lui que nous prîmes la route de Din-Iouan-In ; elle consiste en un sentier, disparaissant parfois sous les sables et qu'il faut parfaitement connaître pour ne pas s'égarer. Nous n'avons rencontré personne pendant ce trajet de cent quatre-vingt-sept verstes ; mais, toutes les vingt-cinq verstes environ, étaient creusés des puits près desquels se trouvaient des iourtes de refuge.

A notre seconde étape, nous avons passé près d'un petit lac appelé Dzagan-Nor. Aux environs, inestimable trésor pour une pareille contrée ! coulait une source d'eau fraîche et pure, ombragée de deux saules. Grande fut notre joie à la vue d'une pareille trouvaille ; car, depuis plus d'un mois, nous n'avions pas goûté de bonne eau. A dix sagènes autour de la source, s'étendait un frais tapis vert, formé par des plantes inconnues dans tout le reste du désert.

Les vols d'oiseaux de passage, qui avaient commencé dès la fin du mois d'août, devenaient bien plus considérables au mois de septembre. Rien que dans les trois premiers jours du mois, nous en comptâmes plus de quatre-vingts. Ils suivent ordinairement la vallée du Hoang-Ho ; un très petit nombre seulement passe par le désert. Souvent plusieurs de ces pauvres oiseaux tombaient morts de faim sur le sol. Nous avons pu ramasser des grives, dont l'estomac ne contenait aucun aliment, et M. de Piltzoff trouva dans une gorge, au pied de l'Ala-Chan, un beau canard qu'il prit avec la main, tant il avait peine à se soutenir.

A cette époque les fortes chaleurs étaient finies et nous accomplissions nos étapes sans de trop grandes fatigues. Autour de nous et à perte de vue, se dressaient des dunes ; le sentier serpentait entre elles, limité par des arbustes, et traversait même parfois d'étroites langues de sable. Malheur ici au voyageur égaré! la mort l'attend à coup sûr.

A soixante-dix verstes de Din-Iouan-In, les lizes disparaissent et la route traverse une vaste plaine argileuse, couverte de buissons d'armoise clair-semés, que les Mongols appellent charaldja, et qu'on utilise comme combustible. Cette plaine s'étend jusqu'aux monts Ala-Chan, qui se dressent en mur énorme, au faîte déjà couvert de neige, et qu'on aperçoit à une centaine de verstes de distance.

Le 14 septembre, nous fîmes notre entrée à Din-Iouan-In et, pour la première fois, nous rencontrâmes un accueil hospitalier de la part d'un chef. Trois des officiers du prince régnant vinrent à notre rencontre et nous conduisirent dans une fanza préparée en notre honneur. La première question qu'on nous adressa fut de nous demander si nous n'étions pas des missionnaires; car, en ce cas, le prince refusait de nous admettre en sa présence. Il faut dire qu'une des causes qui facilita notre voyage fut notre tolérance religieuse à l'égard de toutes les communions.

La ville de Din-Iouan-In est une forteresse dont les remparts en terre glaise occupent une demi-verste de circonférence. A l'époque de notre séjour, elle était sur le pied de guerre et des amas de poutres et de pierres étaient disposés sur les fortifications. Au nord de la principale enceinte, sont construits trois fortins entourés de palissades.

Cette place est éloignée de quinze verstes de la partie centrale des monts Ala-Chan et de quatre-vingts verstes, au nord-ouest, de la grande ville chinoise de Nin-Sia.

Outre l'habitation du prince, nous avons remarqué des boutiques chinoises et la caserne des soldats mongols. Une centaine de maisons qui se trouvaient en dehors de la ville avaient été brûlées par les insurgés. La villa du prince n'a pas non plus été épargnée : son parc a été rasé, ses étangs comblés.

Le prince de Din-Iouan-In appartient à la deuxième classe dans la hiérarchie chinoise. Il administre l'Ala-Chan en baron féodal du moyen âge. Allié à la famille impériale, il est veuf depuis plusieurs années ; c'est un Mongol complètement chinoisé. Il nous a paru âgé d'une quarantaine d'années et doué d'une figure assez agréable, quoique très pâle par suite de l'abus de l'opium. Vénal et despote, il a pour lois sa volonté, un simple caprice ou un mouvement de colère. C'est le *Sic volo, sic jubeo; sit pro ratione voluntas.* Un pareil état social existe dans toute la Chine et la Mongolie, et ne peut se maintenir que grâce à la profonde ignorance des populations.

Enfermé dans sa fanza, ce seigneur passe ses journées au milieu de son sérail à fumer l'opium. Il ne paraît jamais en public et voyage très rarement de peur des Doungans.

Ce prince ou amban, comme disent les Mongols, a trois fils déjà grands ; l'aîné doit lui succéder, le second s'est fait guigen et le troisième n'a encore aucune profession.

Le guigen est un beau jeune homme de vingt et un ans, très vif et complètement perverti par les lamas ; d'une intelligence médiocre, il est indifférent pour tout ce qui ne concerne pas son autorité sacrée. Du reste, il est pleinement persuadé de ses métamorphoses, de ses miracles et de sa divinité, qu'il estime surtout comme source des riches présents que lui font les fidèles. Pour donner un essor à la fougue de son âge, il s'est passionnément adonné à la chasse ; mais la piété des dévots le poursuit jusque dans ce divertissement. Les lamas ne voient pas d'un bon œil un guigen se livrer à cet exercice, qu'ils considèrent comme incompatible avec ses divines fonctions. Mais celui-ci les tient dans une discipline sévère et il a organisé parmi eux une compagnie de deux cents hommes armés de fusils anglais, qu'il lance à la poursuite des brigands, dont les ravages désolent si souvent le pays.

Le plus jeune fils ressemble au guigen ; il nous a dit lui-même qu'il n'aimait que la guerre, la chasse et l'équitation. Il organisa en notre honneur une grande chasse où il se montra cavalier accompli.

Quant au prince héritier, nous ne l'avons vu qu'une fois et n'en pouvons rien dire ; mais les personnages de la cour nous ont assuré qu'il était pensif et sérieux comme il convient à un futur chef d'État.

Le favori du prince est un lama nommé Baldin-Sordji, instruit à fond dans la théologie bouddhiste. Il a étudié à Lassa, et est revenu dans l'Ala-Chan investi du sacerdoce. Intelligent et rusé, il a su rapidement capter les bonnes grâces de son souverain. Toutes les années il fait un voyage à Pékin pour les emplettes de l'amban, et il s'est même rendu à Kiakta où il a vu des Russes.

Ce Baldin-Sordji fut très aimable pour nous et, sans lui, nous n'aurions peut-être pas trouvé bon accueil. C'est lui qui affirma au prince que nous étions bien Russes ; car les Mongols appellent Russes tous les Européens : ils disent les Français Russes, les Anglais Russes, car ils supposent que ce sont des peuples vassaux du tzagan-khan, c'est-à-dire du tzar blanc.

A peine entrés dans la ville, nous fûmes comme toujours harcelés par les curieux. L'aubergiste chinois qui avait reçu l'ordre de nous recevoir était mécontent et fut très longtemps avant de trouver la clef d'une fanza. Enfin nous nous installons et, après un frugal repas, nous nous endormons harassés de fatigue. Le lendemain de grand matin nous fûmes réveillés par l'invasion de la foule qui, après avoir arraché nos vitres en papier, nous contemplait stupidement. En vain les soldats du prince écartaient ces imbéciles ; ils revenaient toujours avec plus d'acharnement. Nous ne pouvions nous livrer à aucune occupation puisqu'il nous suffisait de nous moucher pour attirer l'attention générale. Force nous fut de rester oisifs dans ce sale chenil et de perdre un temps qui nous était si précieux.

Deux jours après notre arrivée, nous eûmes une entrevue avec deux fils du prince, le guigen et le plus jeune ; cinq jours après, avec l'héritier présomptif et, seulement huit jours plus tard, avec l'amban lui-même. Il était obligatoire d'offrir des présents à toute la famille royale. Le prince régnant eut pour sa part une montre et un anéroïde cassé, le prince héritier une jumelle, et les autres des accessoires de chasse et de la poudre. Ils nous offrirent à leur tour des présents d'assez grande valeur : une paire de chevaux, un sac de rhubarbe et un pain de sucre. De plus, les deux jeunes princes me donnèrent un bracelet en argent, et à M. de Piltzoff une bague en or.

Toute cette famille fut pleine de prévenances pour nous, et tous les jours nous envoyait des paniers de poires, de pastèques et de pommes qui, après toutes nos privations, nous faisaient grand plaisir. Le père nous envoya un jour un dîner complet de plats chinois. Nous fîmes avec les jeunes princes plusieurs parties de chasse, et nous passions souvent la soirée ensemble jusqu'à minuit. Ces jeunes gens étaient d'un naturel aimable et franc; ils aimaient à rire et à plaisanter, et nous interrogeaient avidement sur l'Europe, ses habitants, leurs mœurs, leurs usages, les télégraphes, les chemins de fer, les machines, etc. Nos récits éveillaient en eux un violent désir de voir de leurs propres yeux toutes ces merveilles et ils me priaient sérieusement de les emmener en Russie.

Cependant notre audience avec leur père était toujours remise sous différents prétextes et nous ne pouvions entreprendre nos excursions dans les montagnes. Le lama Sordji et plusieurs autres fonctionnaires venaient nous voir tous les jours, et nous leur avions vendu toutes nos marchandises chinoises avec un bénéfice de 30 à 40 p. 100. Il ne nous restait malheureusement plus que pour quelques dizaines de roubles de quincaillerie russe; et nous vendîmes : aiguilles, savons, perles, canifs, ciseaux, tabatières, miroirs, etc., avec un bénéfice de 700 p. 100. Cette vente prodigieuse est certainement une exception, mais il nous semble qu'il serait avantageux d'entretenir des relations commerciales régulières avec toute la Mongolie. Les peluches, draps, maroquins, que l'on exporte déjà en grande quantité, sont des articles très recherchés. Les objets en fer et en acier trouvent aussi un débit assuré : ciseaux, rasoirs, couteaux, plats en cuivre et en fer, etc., sont des objets de première nécessité, que fournissent les Chinois, mais en mauvaise qualité. La lustrine jaune et rouge employée par les lamas pour leurs vêtements, les coraux, le brocard, les aiguilles, les montres, les tabatières, les stéréoscopes, le papier, les plumes et les crayons seraient aussi d'un placement très avantageux.

Un de nos visiteurs les plus assidus fut le lama Sordji, qui était constamment à notre porte. Il nous parla beaucoup du Thibet. Il nous apprit qu'arrivés à Lassa les pèlerins ne pouvaient jouir de la vue du dalaï-lama qu'en payant trois à cinq lans pour la première fois et un lan pour les visites suivantes. Ce n'est du reste qu'un tarif applicable aux pauvres gens, car les personnes riches et les princes sont tenus à des présents d'une grande valeur.

Le dalaï-lama actuel est un garçon de dix-huit ans et, d'après les récits bouddhistes, il est parvenu à la dignité suprême dont il est revêtu dans les circonstances suivantes. L'ancien dalaï-lama vit un jour une femme thibétaine qui l'adorait et reconnut en elle la mère de son futur successeur. Il lui fit alors manger du pain et quelques fruits, et la femme sentit qu'elle avait conçu. Bientôt après le dalaï-lama mourut en désignant cette femme comme la mère de son successeur. A la naissance de cet enfant miraculeux la poutre de la iourte laissa échapper du lait, signe évident de la divinité du nouveau-né.

Une autre curieuse prophétie bouddhiste que nous tenons encore du lama Sordji est celle qui concerne « Chambalin », terre promise pour laquelle partiront tous les dévots du Thibet.

Chambalin est une île située au large dans la mer du Nord. L'or et les récoltes y sont abondants, la pauvreté y est inconnue... en un mot ce n'est que miel et lait. L'entrée des bouddhistes à Chambalin doit avoir lieu 2500 ans après la prophétie; comme 2050 années se sont déjà écoulées, il ne reste plus à attendre qu'un temps relativement court.

Voici comment les événements se passeront.

A l'ouest du Thibet existe un guigen qui ne meurt jamais, son âme passe seulement d'un corps dans un autre. Peu de temps avant l'accomplissement de la prophétie, il naîtra fils du prince de Chambalin.

Cependant les Doungans s'insurgeront encore et recommenceront à dévaster le Thibet, l'Asie, l'Europe et à envahir Chambalin. Alors le guigen fils du prince de Chambalin réunira les fidèles bouddhistes, battra les Doungans et installera son peuple dans la terre promise. La foi bouddhiste triomphera à cette époque dans le monde entier.

A l'heure qu'il est, le guigen se rend fréquemment à Chambalin pour préparer l'affaire; un cheval qu'on tient toujours sellé le transporte en une seule nuit à Chambalin, aller et retour; mais ces voyages ont toujours lieu inopinément.

Un serviteur du guigen monta un jour ce coursier pour se rendre dans sa famille. L'animal l'emporta avec une vitesse effrayante : des bois, des lacs, un paysage inconnu s'offraient aux yeux du serviteur qui ne savait plus où il était. Enfin, très effrayé, il parvint à faire tourner bride au cheval, cassa une petite branche des arbres qui l'entouraient et revint chez son maître. Le guigen s'aperçut au matin de l'escapade de son serviteur et voulut voir la branche qu'il avait rapportée; après l'avoir examinée, il lui dit : « Peu s'en est fallu que tu « n'aies atteint les rivages de la bienheureuse Chambalin; « regarde cette branche : elle appartient à des arbres inconnus « dans nos contrées et mon cheval seul connaît la route de « Chambalin. » Après ce récit, Sordji me demanda si je ne connaissais pas Chambalin, en ajoutant qu'il existait dans cette île une ville immense où vivait une reine qui était veuve. Je lui nommai l'Angleterre. — C'est bien cela, me répondit-il avec joie, et il me pria de lui indiquer sur la carte la position de l'Angleterre.

Enfin, après huit jours d'attente, notre entrevue fut fixée; on nous demanda si nous saluerions à l'européenne ou à l'asiatique et, sur ma réponse que nous saluerions à l'européenne, on me supplia de faire qu'au moins le cosaque interprète se tînt à genoux, ce que nous refusâmes également.

A huit heures nous fûmes introduits dans la fanza de réception, meublée à l'européenne; le principal ornement de la pièce était une grande glace achetée à Pékin, sur les tables étaient disposés des chandeliers ornés de bougies allumées et une collation composée de noisettes, de pains d'épice, de sucreries, de pommes, de poires, etc.

Après les politesses d'usage, le prince nous invita à nous asseoir sur des sièges européens. Outre ses fils et notre interprète cosaque, il y avait encore dans l'appartement un marchand chinois de Pékin.

Le prince s'informa de notre santé, du but de notre voyage et nous dit que nous étions les premiers étrangers qui pénétrions dans l'Ala-Chan; que lui-même voyait des Européens pour la première fois et qu'il était heureux de faire leur connaissance. Puis il nous questionna sur notre religion, sur la Russie, sur notre agriculture, sur la fabrication des bougies, sur les chemins de fer et la photographie. « Quant à la photo- « graphie, ajouta-t-il, je sais comment cela se pratique : on « enferme dans la boîte de la liqueur extraite des yeux hu- « mains et c'est pour cela que les missionnaires à Tian-Tzin « crevaient les yeux aux jeunes enfants; aussi le peuple s'est

Fig. 17. — Ruines de la chapelle des sœurs de la Merci à Tian-Tzin.

« soulevé et plusieurs d'entre eux ont été massacrés [1]. » — Je m'efforçai d'enlever de son esprit cette absurde croyance. Il me pria alors instamment de lui apporter un appareil photographique. Puis il me demanda combien les Français et les Anglais nous payaient de contribution, croyant qu'ils étaient

1. En juillet 1870, vingt Français et trois Russes furent massacrés par la populace, persuadée que les religieuses françaises, chargées de l'éducation des jeunes enfants, leur crevaient les yeux pour préparer des photographies.

nos vassaux, et si ces peuples avaient entrepris la guerre contre les Chinois avec notre consentement : « En tout cas, ajoute-t-il, « c'est grâce à la clémence de notre grand empereur qu'ils « ont pu quitter sa capitale et qu'ils n'ont pas été détruits « jusqu'au dernier homme : il s'est simplement contenté de « leur imposer une forte indemnité [1]. »

Pendant ces discours les fils du prince s'amusaient en véritables écoliers avec notre interprète, profitant de ce que leur père ne les regardait pas. Car leurs rapports avec lui sont empreints d'une extrême servilité ; ils le craignent terriblement et exécutent ses ordres sans réplique et sur-le-champ.

Après une heure de conversation, nous fîmes nos adieux ; le prince remit vingt lans de gratification à l'interprète et nous autorisa à chasser dans les montagnes voisines.

Dès le lendemain nous allâmes planter notre tente dans le haut d'une gorge, presque au sommet de la crête. Nous laissâmes en ville nos chameaux et le cosaque malade, qui était atteint de nostalgie, confiés aux soins du lama Sordji. Le prince nous avait donné des guides dont l'un d'eux était lama, probablement en guise de mentor.

La chaîne où nous allions nous engager forme la frontière entre les provinces d'Ala-Chan et de Han-Sou ; elle est connue sous le nom de chaîne d'Ala-Chan. Elle se dresse sur la rive même du Hoang-Ho, en face de la crête d'Arbouz-Oula de l'Ardoss. L'Ala-Chan court du nord au sud et s'éloigne peu à peu du fleuve ; sa longueur d'après les Mongols est de deux cents à deux cent cinquante verstes et sa largeur n'en dépasse pas vingt-cinq. Ces montagnes s'élèvent en pentes abruptes au-dessus de la vallée et ont partout un aspect très sauvage. Le caractère agreste prédomine surtout sur le versant oriental, hérissé d'énormes rocs qui peuvent avoir huit cents pieds de hauteur, et creusé de gorges profondes. Les sommets isolés ne s'élèvent pas sensiblement au-dessus du niveau général ; les principaux d'entre eux sont le Baïan-Dzoumbour et le Bougoutou au centre du massif. Le premier a dix mille pieds de hauteur absolue et le second onze mille

1. Dans toute l'Asie centrale, les populations croient fermement que ce sont les Européens qui ont été vaincus pendant la guerre entre les Chinois et les Franco-Anglais.

environ. Entre ces deux pics, la chaîne s'abaisse, et on trouve là le seul col praticable qui conduit à la grande ville chinoise de Nin-Sia.

Ce massif n'atteint point la limite des neiges perpétuelles; bien plus, au printemps, la neige disparaît même des plus hautes cimes; pourtant il en tombe encore quelquefois en mai et en juin.

La quantité annuelle des pluies y est assez considérable; mais les sources sont bien peu nombreuses et, au dire des Mongols, dans tout le massif, on ne trouve que deux torrents assez considérables. On peut attribuer ce phénomène au peu de largeur du massif, comparativement au degré de verticalité des versants. L'eau manquant de place pour s'étendre se précipite en chutes impétueuses qui disparaissent dans les sables de la plaine sans laisser de traces.

Ce soulèvement de l'Ala-Chan, qui se dresse comme un mur étroit et gigantesque au milieu des plaines où il a surgi, est complètement indépendant de tout autre système montagneux. Il paraît qu'il ne se rattache pas aux chaînes du Koang-Ké supérieur, mais se termine dans les déserts sablonneux de l'extrémité sud-est de l'Ala-Chan. Nous avons remarqué parmi les espèces minérales qui le composent: le feldspath, le porphyre, le granit, le gneiss, le schiste, le grès et des gisements de houille.

Dans toute la zone la plus rapprochée de la plaine, on ne trouve que de maigres pâturages et de rares arbustes; mais, sur le versant occidental, à une hauteur absolue de sept mille cinq cents pieds, apparaissent des forêts de pins, de sapins, de trembles et de saules. Sur le versant oriental, la région forestière est probablement à une altitude moins élevée. Parmi les arbustes, nous avons remarqué la spirée, le coudrier et le caragan ou faux acacia (*Caragana jubata*), que les Mongols nomment « queue de chameau ».

Ces montagnes étaient jadis habitées par des Mongols et trois couvents y étaient bâtis, mais ils ont été détruits par l'insurrection doungane.

Par suite du manque d'eau, la flore de l'Ala-Chan est très pauvre. Nous avions trouvé que les oiseaux étaient aussi bien peu nombreux, et nous l'avions attribué à la saison déjà avancée; mais, pendant l'été 1873, nous constatâmes le même fait.

Outre le gypaète, le vautour, la grande mésange, la sittelle, le chouca, deux espèces de perdrix, nous avons remarqué le faisan à grandes oreilles (*Crossoptilon auritum*) que les Mongols appellent « poule noire ». Cet oiseau diffère de ses congénères par une longue touffe de plumes attachées sur le sommet de la tête, et par une taille plus élevée. Ses jambes sont fortes et sa queue, composée de quatre grandes pennes, est allongée et aplatie. Sa couleur est d'un gris bleuâtre, sa gorge et l'extrémité des grandes pennes sont blanches et celles de la queue ont un reflet d'acier, ses pieds sont rouges. La femelle ne se distingue pas du mâle. Ces oiseaux vont en troupe de quatre à dix individus et habitent les forêts. L'hiver rigoureux de 1869-70 en a fait périr beaucoup; ils sont pourtant encore assez nombreux.

A la fin de septembre, les seuls habitants de ces bois étaient le merle, la *Ruticilia erythrogastra*, l'*Accentor montanellus*, la *Nemura cyanura*. Le passage des oiseaux était accompli.

Les grands mammifères étaient seuls abondants; nous avons pu constater la présence de huit espèces: le cerf, le chevrotin porte-musc, le bouquetin des montagnes, appelé par les Mongols bouc bleu, le loup, le renard, le lièvre et quelques rongeurs.

Grâce aux ordres du prince, les cerfs sont très nombreux; cependant les braconniers les chassent pour leurs bois qu'ils vendent aux Chinois. Pendant notre exploration, nous étions à l'époque du rut et les échos des forêts retentissaient des bramements des mâles appelant les femelles. Nous parvînmes avec beaucoup de peine, mon compagnon et moi, à tuer un vieux mâle dont la robe magnifique vint enrichir notre collection. Nous chassâmes aussi le bouc bleu des Mongols. C'est un animal un peu plus grand que le mouton ordinaire; son pelage est d'un gris brun, blanc sous le ventre, sa queue noire, son bois assez élevé, et une des ramures est recourbée en arrière. Chaque troupe, de cinq à quinze têtes, est sous la direction d'un chef et, à l'approche du péril, cet animal siffle d'un ton haut et saccadé qui ressemble au sifflet d'appel d'un chasseur. Parfois, des heures entières, il reste perché au sommet de quelque rocher, et complètement immobile. Dans le milieu du jour, il fait la sieste, couché sur le flanc, les jambes étendues comme le chien. Ainsi que les cerfs, les bouquetins étaient à l'époque du rut, et nous fûmes plusieurs fois témoins des combats des mâles, dont beaucoup avaient les cornes brisées.

Souvent accompagnés d'un chasseur mongol, auquel la montagne était familière, nous partions avant l'aube et gravissions les sommets les plus élevés de la chaîne. Comment décrire le grandiose panorama qui, au soleil levant, se déployait à nos yeux éblouis des deux côtés de l'Ala-Chan ? A l'est, scintillaient les paillettes argentées de l'étroit ruban du fleuve, et une foule de petits lacs, brillants comme des diamants, s'éparpillaient dans la plaine ; à l'ouest, se perdait à l'horizon la large zone des sables d'où émergeaient, comme des îles, de verdoyantes petites oasis. Autour de nous, le grand silence qui nous enveloppait n'était troublé que par les lointains bramements des dix-cors en quête d'aventure.

Enfin, après deux semaines de séjour dans ces montagnes, nous descendîmes à Din-Iouan-In, d'où nous résolûmes de retourner à Pékin. Notre viatique était presque épuisé et il était nécessaire de nous approvisionner encore d'objets indispensables pour la continuation de notre voyage. Du point où nous nous trouvions, six cents verstes nous séparaient du lac Koukou-Nor, et deux mois nous étaient nécessaires pour franchir cette distance. Malgré la plus stricte économie, il nous restait moins de cent roubles, produit de la vente de deux fusils. De plus notre passeport n'était valable que jusqu'à la province de Han-Sou et le courage de nos cosaques les abandonnait.

Dans ces conditions, il ne nous était plus permis de marcher en avant ; arrivés presque au but de nos aspirations, nous étions forcés, malgré notre amer chagrin, de renoncer encore à le toucher.

CHAPITRE VII

RETOUR A KALGAN.

Maladie de mon compagnon. — Lac salin de Djarataï-Dabasou. — Chaîne de Kara-Narine-Oula. — Caractéristique des Doungans. — Rive gauche du fleuve Jaune. — Difficultés de la route en hiver. — Perte de nos chameaux. — Halte forcée près du couvent de Chiréti-Dzou. — Rentrée à Kalgan.

Le 15 octobre au matin nous quittions Din-Iouan-In, après avoir passé une dernière soirée avec nos bons amis qui se montrèrent fort affligés de notre départ. Nous leur promîmes de ne pas les oublier et leur donnâmes nos photographies. Le lama Sordji et un autre dignitaire nous accompagnèrent jusqu'en dehors de la ville.

La route que nous avions à parcourir était longue et difficile, car douze cents verstes environ séparent Din-Iouan-In de Kalgan. Déjà les fortes gelées et les grands vents de l'hiver avaient fait leur apparition. Pour comble d'infortune, M. de Piltzoff fut atteint de la fièvre typhoïde, peu après notre départ, et nous fûmes obligés de séjourner neuf jours près du torrent de Kara-Morité. La jeunesse du malade finit heureusement par triompher, car, dans un cas si grave, je ne savais trop comment employer les médicaments dont nous étions pourvus. Quoiqu'il fût bien faible encore et qu'il s'évanouît à chaque instant, nous dûmes l'emmener et marcher chaque jour depuis le lever jusqu'au coucher du soleil.

Désireux d'explorer la rive gauche du fleuve et les montagnes qui en circonscrivent la vallée, nous avions pris la route qui traverse le territoire des Ouroti, limitrophe de l'Ala-Chan. A cent verstes de Din-Iouan-In, nous rencontrâmes le lac salé de Djarataï-Dabasou, qui occupe le point le plus bas de tout l'Ala-Chan et dont la hauteur est de trois mille cent pieds au-dessus du niveau de la mer. Dans un rayon de cinquante verstes autour du Djarataï-Dabasou, le sol est couvert de dépôts salins de deux à six pieds d'épaisseur. L'exploitation de cette richesse naturelle est peu florissante ; à peine quelques dizaines de Mongols s'en occupent-ils. Le sel chargé à dos de chameaux est expédié à Nin-Sia et à Baoutou; sa vente est le principal revenu du prince. La charge de sel d'un chameau varie de sept à dix pouds et se vend à Baoutou de un et demi à deux lans.

Tout ce pays est presque entièrement dépourvu de végétation et offre le plus triste aspect, surtout en été, où les chaleurs deviennent si intolérables que les travaux des sauniers restent suspendus.

La brillante couche salifère de la surface du lac apparaît au loin comme une nappe d'eau glacée. L'illusion est si parfaite que des troupes de cygnes s'abattent parfois sur cette eau imaginaire et, reconnaissant leur erreur, s'envolent à tire-d'aile en poussant des cris de colère.

Non loin de la source du Kara-Morité, au nord de l'Ala-Chan, se dresse la petite arête rocheuse et sauvage de Kan-Oula ou Kaldzin-Bourgontou ; c'est la dernière ramification du soulèvement qui circonscrit la vallée. Il commence à la rivière Kalioutaï et court dans le sud-ouest pendant trois cents verstes sous le nom de Kara-Narine-Oula; il se termine à la frontière nord de l'Ala-Chan. Cette chaîne est composée de sommets rocheux et peu élevés, dont quelques-uns seulement atteignent une hauteur assez remarquable dans le Khan-Oula; mais ces pics s'abaissent de nouveau non loin du lac Djarataï-Dabasou. A l'est, le Kara-Narine-Oula se réunit par une suite de collines, parfois interrompue, avec le Cheïten-Oula et par conséquent avec l'In-Chan.

Ces différentes chaînes séparent le Gobi de la vallée du Hoang-Ho; la différence de hauteur entre ces deux endroits est de deux mille quatre cents pieds. Le massif s'étend dans toute la vallée du fleuve comme un mur prodigieux, percé de temps en temps par des gorges étroites. Le centre est la partie la moins élevée, l'aspect général est nu et agreste. Les grands rochers qui parfois couronnent les sommets sont composés de gneiss, de porphyre, de feldspath, de pierre calcaire et de schiste. Çà et là sur leurs flancs croissent quelques arbrisseaux et se montrent quelques pâturages. Les animaux les plus nombreux sont les bouquetins. Il y a une assez grande abondance d'eaux, ce qui est d'autant plus remarquable que ces montagnes sont déboisées.

A partir du Khan-Oula, deux routes s'offraient à nous : l'une suivant la vallée du fleuve et côtoyant le pied des montagnes, et l'autre passant à l'ouest de la même chaîne, c'est-à-dire à travers le haut plateau des Ouroti. Je préférai la dernière afin de pouvoir étudier ce territoire.

Nous atteignîmes le plateau en gravissant une série de petites collines rocheuses. Le paysage rappelle celui de l'Ala-Chan, la nature y est sauvage et le sol couvert de lèzes. La végétation, extraordinairement pauvre, n'est représentée que par l'armoise et le liseron à balais. A mesure que nous nous enfonçons dans le nord-ouest, la terre s'améliore et, à cent vingt verstes de l'Ala-Chan, elle est couverte de l'herbe des steppes ; les antilopes commencent à y apparaître.

Le climat était très différent de celui des plaines de l'Ala-Chan. Là, pendant le mois d'octobre, le temps resta beau et même chaud ; durant toute la seconde quinzaine, à midi et à l'ombre, le thermomètre marquait + 12°,5 C. ; le 25 octobre, la température du sol atteignit + 45°,5 C. ; pourtant les nuits étaient froides et, au lever du soleil, le thermomètre ne marquait que — 7°,5 C.

Mais à peine fûmes-nous engagés dans la chaîne du Kara-Narine-Oula que des froids rigoureux se firent sentir. Le 3 novembre nous subîmes une pourga [1] plus violente que nous ne l'aurions éprouvée en Sibérie un mois plus tard. La tourmente ne discontinua pas de la journée, des tourbillons de neige fine mêlée à des flots de sable nous empêchaient de rien distinguer à dix pas ; la violence du vent était telle que nous ne pouvions avancer, et force nous fut de nous réfugier dans notre tente, d'où nous sortions de temps en temps pour rejeter la neige qui menaçait de nous ensevelir. Vers le soir la tem-

1. Tourmente de neige. (*Trad.*)

pête redoubla et nous empêcha de retrouver nos chameaux, restés au pâturage.

Le lendemain la neige avait plusieurs pouces d'épaisseur et formait en certains endroits d'énormes amoncellements. Les difficultés de la route s'accrurent, l'état de santé de mon compagnon s'aggrava. Nos malheureuses bêtes de somme souffraient aussi beaucoup de la disette de fourrage ; bientôt, deux chameaux et un cheval se trouvèrent hors de service, accident d'autant plus regrettable que nous avions déjà dû nous remonter complètement dans l'Ala-Chan.

Enfin, arrivés à cent cinquante verstes sur le versant occidental du Kara-Narine-Oula, nous acquîmes la certitude que

Fig. 18. — Le plateau du Gobi.

ce massif ne projette pas de ramifications dans l'intérieur du plateau, et nous redescendîmes dans la vallée par la gorge de la rivière Ougin-Gol. En parvenant à la plaine le 11 novembre, nous n'y trouvâmes aucune trace de neige ; la température y était aussi belle que dans l'Ala-Chan. Néanmoins, dans la vallée du Hoang-Ho, on sentait l'approche de l'hiver : l'eau se congelait et, au lever du soleil, le thermomètre marquait — 2°,6 C. ; mais durant le jour il faisait chaud et le temps était serein.

Pendant tout notre trajet nous n'avions rencontré aucune

population. Tous les habitants, effrayés par la présence d'une petite bande de brigands, étaient descendus dans la vallée. L'émigration si précipitée n'est pas rare en Chine, aussitôt qu'une bande insurrectionnelle est signalée. Ces insurgés, ramassis de vauriens armés de piques et de sabres, rarement de fusils à mèche, sont la terreur des Mongols et des Chinois. Pendant notre séjour à Din-Iouan-In, le prince de l'Ala-Chan, qui envoyait un détachement contre eux, nous pria de prêter nos casquettes à ses soldats, afin que les Doungans, les prenant pour des Européens, fussent frappés de terreur. Ce petit fait prouve le prestige que nous exerçons sur ces misérables populations; elles avouent malgré elles notre supériorité morale.

Le dixième chapitre de cet ouvrage traitera des Doungans et des armées chinoises; ici je me contenterai d'ajouter que ces rebelles ne peuvent être redoutables qu'aux Mongols et aux Chinois. Quant à nous, nous n'hésitons pas à affirmer que nous préférions traverser les contrées où la présence des insurgés était à redouter, parce que, les habitants ayant pris la fuite, nous cheminions plus tranquillement, et les Doungans, eussent-ils été cent, n'inspiraient qu'une crainte des plus médiocres à quatre Européens bien armés; tandis que, dans les contrées peuplées, malgré notre passeport qui ordonnait aux autorités de nous protéger, nous étions en butte aux insultes et aux vexations dont rien ne nous garantissait. Les visites aux villes de Baoutou et de Din-Kou ont édifié le lecteur à cet égard.

Après les sables mouvants de l'Ala-Chan, la rive gauche du fleuve devient à peu près semblable au côté opposé. Le sol est argileux, couvert de prairies steppiennes, de buissons de dirissou et, près des montagnes, de divers arbrisseaux. La hauteur absolue de la contrée n'atteint pas trois mille cinq cents pieds. La population chinoise y est fort nombreuse, et surtout concentrée le long des cours d'eau, tandis que les Mongols résident près des montagnes. Tous les villages sont gardés militairement. L'armée est supposée forte de soixante-dix mille hommes; mais elle compte à peine la moitié de cet effectif, qu'ont diminué les désertions. Ces troupes sans honneur sont un fléau pour les populations, et un Mongol nous disait que la présence des soldats leur était plus préjudiciable que la visite des Doungans : ceux-ci au moins ne pillaient qu'une fois à chacune de leurs incursions, tandis que l'armée se livre à un brigandage sans cesse renouvelé.

Nous eûmes aussi maille à partir avec les guerriers du Céleste Empire. Certains d'entre eux voulurent réquisitionner nos chameaux pour leur usage personnel et d'autres prétendirent nous forcer à donner à boire à leurs chevaux. Nous reçûmes ces insolents comme ils le méritaient et ils se retirèrent plus vite qu'ils n'étaient venus.

A notre descente des montagnes, nous avons trouvé l'ancien lit du fleuve. Il est très bien conservé, mais complètement sec et recouvert d'un tapis de verdure. Cet ancien lit se sépare du fleuve actuel au point où les sables de l'Ordoss paraissent dans l'Ala-Chan ; il passe au pied des montagnes, décrivant de nombreux contours, et se réunit au lit actuel près de l'extrémité occidentale des Mouni-Oula.

Entre ces deux lits, il existe deux bras peu larges et qui ne se remplissent que pendant les crues du fleuve. A l'exception de ces bras, le principal et les secondaires, on ne trouve aucun cours d'eau : ceux qui descendent des montagnes se perdent dans les sables et n'atteignent pas le fleuve. On y a suppléé dans la vallée en creusant des puits très profonds.

Parmi les oiseaux hivernants nous avons trouvé : le *Falco tinnunculus*, le *Circus sp.*, le *Plectrophanes laponica*, l'*Otis tarda*, le *Coturnix muta*, l'*Anas rutila* et des faisans, qui se remisent dans les buissons de dirissou. Je les chassais habituellement au chien courant ; en une seule fois, mon Faust me rapporta vingt-deux pièces, sans compter les blessés, dont il perdit la piste en en faisant lever d'autres, et qui couraient malgré leur blessure avec une extrême rapidité.

A partir de la rivière Khalioutaï, la hauteur du massif diminue et peu à peu s'élèvent de petites collines, puis l'arête de Cheïten, qui se prolonge dans l'est jusqu'à la rivière de Koundoulin-Gol. Le Cheïten est rocheux, peu élevé, déboisé et très pauvre en eau.

Sur la rive du Koundoulin-Gol, nous retrouvâmes notre ancienne route et pûmes nous diriger d'après la carte que nous avions dressée précédemment. Nous fûmes heureux d'interrompre nos opérations géodésiques, car pendant l'hiver elles sont si pénibles que je m'y étais gelé deux doigts de chaque main.

A la fin de novembre, nous avons quitté la vallée et nous nous sommes élevés de nouveau sur le Gobi.

L'hiver y déployant toutes ses rigueurs, le thermomètre marquait le matin — 37° C., et le vent mêlé à des tourbillons de neige était épouvantable.

Nous cheminions à pied ; mon compagnon seul, encore trop faible pour marcher, restait à cheval, enveloppé de sa pelisse en peau de mouton. Lorsque le soleil couchant, d'un rouge écarlate, disparaissait à l'ouest, nous faisions halte, et, après avoir balayé la neige très fine et peu épaisse, nous déchargions nos chameaux et plantions notre tente. Puis nous nous occupions du chauffage, qui était notre constante préoccupation ; un des cosaques allait en acheter à la iourte la plus voisine, parfois il essuyait un refus ; si bien qu'un jour, après une étape de trente-cinq verstes par une pourga terrible, nous dûmes sacrifier notre selle pour nous faire du thé. Le feu réchauffait un peu notre tente, mais la fumée était insupportable ; les aliments se figeaient aussitôt sortis du plat et nous couvraient les lèvres d'une couche de graisse.

Pendant la nuit, nous entourions notre gîte de tous nos bagages, surtout à l'entrée ; malgré cela, la température n'était guère plus élevée en dedans que celle du dehors, car nous ne pouvions avoir un feu continuel. Nous dormions enveloppés de pelisses et de feutres, Faust toujours couché à côté de M. de Piltzoff; mais il était rare que toute la nuit fût tranquille : les loups effrayaient nos bêtes, et les chiens chinois poussaient l'audace jusqu'à escalader nos bagages et à entrer dans notre tente pour voler nos provisions. Au matin, nous nous levions grelottants ; nous nous hâtions de faire le thé et nous partions par une gelée à pierre fendre.

Le 30 novembre au soir, nous arrivâmes au couvent de Chireti-Dzou, à quatre-vingts verstes au nord de Koukou-Khoto. Le lendemain nos chameaux furent envoyés au pâturage dans les environs ; mais de nombreuses caravanes sillonnaient la contrée, et le soir il nous fut impossible de retrouver nos bêtes. Mes hommes, dispersés dans toutes les directions, ne purent en avoir aucune nouvelle ni reconnaître leurs traces.

Je fis prévenir les autorités mongoles, au temple de Chireti-Dzou, du vol dont nous étions victimes. Notre interprète y fut très mal reçu, la présentation de notre passeport ne produisit aucun effet et nous ne pûmes rien obtenir que : « Cherchez « vous-mêmes vos chameaux, nous ne sommes pas des pâ- « tres. »

Pendant ce temps-là, le seul chameau que nous avions conservé près de notre tente, mourut de froid parce qu'il était malade, et, faute du fourrage qu'on refusa de nous vendre, un des chevaux eut le même sort.

Notre caravane se réduisait maintenant à un seul cheval, et toutes nos recherches restant décidément infructueuses, je résolus de louer des chameaux pour gagner Kalgan. Malgré les promesses d'une forte gratification et l'âpreté des habitants au gain, aucun d'eux ne voulut nous en louer : ils craignaient sans doute de se compromettre aux yeux de leurs autorités.

Dans cette situation critique, il ne nous restait d'autre ressource que d'envoyer le cosaque interprète et le guide mongol à Koukou-Khoto pour acheter de nouveaux chameaux. C'était malaisé, n'ayant plus qu'un cheval ; enfin, à force de recherches, je réussis à en acheter un second, et nos deux messagers purent partir. Ils firent emplette de très mauvaises bêtes ; mais nous pûmes quitter Chireti-Dzou après un arrêt forcé de dix-sept jours. Nous regrettions cette perte de temps d'autant plus que nos ressources étaient fort diminuées et menaçaient de manquer complètement. Pendant cette première année, nous avions perdu douze chameaux et onze chevaux.

Nous avions employé notre séjour involontaire à chasser, car le froid était tellement vif que nous ne pouvions ni écrire ni dessiner.

A partir de Chireti-Dzou, nous nous croisâmes continuellement avec des caravanes chargées de cuirs, de laine, de blé, de thé, de tabac, de farine, etc. A l'exception du thé, le commerce russe pourrait aisément détourner ce trafic à son profit et approvisionner les Mongols limitrophes de la Sibérie.

Ce fut pendant cette seconde partie de notre route que nous fûmes témoins d'une épidémie qui sévissait sur les antilopes. Leurs corps recouvraient le steppe et servaient de pâture aux corbeaux, aux loups et aux Chinois. C'est aussi à cette époque que notre hache et notre marteau nous furent volés par quelque visiteur mongol. Il fut tout aussi impossible de les retrouver que nos chameaux, et nous dûmes les remplacer par une scie et par un gros caillou.

L'influence de la température de la plaine chinoise commençait à se manifester, et le 10 décembre le thermomètre marquait à l'ombre — 2°,5 C. Les froids nocturnes atteignaient encore — 6°,5 C.; précédemment ils étaient arrivés à — 29°,7 C. En général, la partie du plateau avoisinant la Chine jouit d'une température moins rigoureuse que les régions éloignées du Gobi, dont les vents glacés de la Sibérie font une des contrées les plus froides qu'il y ait dans l'Asie centrale.

Enfin, le 31 décembre 1872, nous arrivâmes à Kalgan assez tard dans la soirée, et nous y retrouvâmes la plus cordiale hospitalité.

La première partie de notre tâche était accomplie. Le succès que nous avions obtenu enflammait encore davantage notre ardent désir de nous enfoncer au cœur de l'Asie, jusqu'aux rives lointaines du lac Koukou-Nor.

CHAPITRE VIII

SECOND VOYAGE DANS L'ALA-CHAN.

Préparatifs d'une seconde expédition. — Nouveaux cosaques. — Mars et avril dans le S.-E. de la Mongolie. — L'Ala-Chan au printemps. — Résistance du prince de l'Ala-Chan à notre départ. — Caravane de Tangoutes avec laquelle nous nous dirigeons vers la province de Han-Sou. — Aspect de l'Ala-Chan méridional. — Grande muraille. — Ville de Dadjin.

Après quelques jours de repos à Kalgan, je partis pour aller à Pékin chercher des fonds et différents objets indispensables à une nouvelle expédition. M. de Piltzoff, resté à Kalgan avec les cosaques, devait s'occuper de quelques menus détails et surtout se procurer de nouveaux chameaux, car nous ne pouvions pas compter sur ceux que nous venions d'acheter.

Les mois de janvier et de février furent employés en divers préparatifs, à classer et à expédier nos collections et à rédiger le récit de la première partie de notre voyage. La question d'argent restait toujours notre grand embarras et, comme précédemment, la générosité de notre ambassadeur vint nous tirer d'affaire. Grâce à lui, un nouveau passeport nous fut délivré; seulement il y fut mentionné que le gouvernement ne garantissait pas notre sécurité personnelle dans les contrées qui étaient au pouvoir de l'insurrection. En conséquence, nous remontâmes notre arsenal de nouvelles et excellentes armes de précision, et nous fîmes une provision suffisante de cartouches, de poudre et de dragée[1].

1. Notre arsenal se composait de 5 carabines avec 4,000 cartouches, 13 revolvers, 2 pistolets Remington, 1 carabine à deux coups de Lancaster, et 4 fusils de chasse, plus 8 pouds de plomb et 2 pouds de poudre.

Cela nous obligea d'économiser sur toutes les autres emplettes. J'achetai cependant à Tian-Tzin, dans les magasins européens, pour six cents roubles de marchandises diverses, en sorte qu'à notre départ de Kalgan, il ne nous restait plus que quatre-vingt-sept lans.

Nous remplaçâmes nos deux cosaques par deux nouveaux, qui sortaient du détachement en station à Ourga. L'un d'eux était Russe et se nommait Pamphyle Tchebaeff, âgé de dix-neuf ans; l'autre était Bouriate et s'appelait Dondok Irintchinof. Ils ne tardèrent pas à se montrer serviteurs dévoués, intelligents et laborieux; nous leur avons dû une grande part du succès de l'expédition et nous conserverons toujours le souvenir de ces deux braves garçons. Pendant quelques jours, à Kalgan, je les exerçai à la chasse et à différents exercices militaires qu'ils ignoraient. Les Chinois qui nous regardaient manœuvrer étaient saisis d'admiration et prétendaient qu'avec un millier de soldats comme nous on vaincrait tous les Doungans réunis.

Outre notre chien Faust, nous avions un énorme chien mongol, qui avait le précieux avantage pour nous de ne pouvoir pas sentir les Chinois et de nous débarrasser très prestement de leurs visites importunes. C'était un fort méchant animal, nommé *Karza*, et qui fut toujours en très mauvaise intelligence avec Faust. Il est à remarquer que les chiens européens ne se croisent jamais avec leurs congénères mongols ou chinois.

Nous nous étions aussi munis de quatre barils, d'une capacité totale de douze védros [1]; nous avions l'année précédente trop cruellement souffert de la soif pour oublier une pareille précaution.

L'expérience, qui est souvent une dure institutrice, nous avait beaucoup appris, et nous nous trouvions cette fois-ci mieux équipés pour parer à toutes les éventualités. Mais nos bagages pesaient quatre-vingt-quatre pouds [2] portés par neuf chameaux, et nous n'étions que quatre hommes pour les charger. Le Mongol que nous avions pris dans l'Ala-Chan, ne voulant pas retourner dans son pays, refusa de nous accompagner

1. Le védro russe est égal à 1 décalitre 22 centilitres. (*Note du traducteur.*)
2. 1,387 kilog. (*Trad.*)

et nous ne pûmes pas réussir à nous procurer un autre guide.

Avant de partir, j'adressai mon rapport à la Société russe de géographie et j'exprimai notre confiance dans la réussite de la seconde partie de notre voyage. Cet espoir n'a pas été déçu et notre bonne étoile nous a conduits jusqu'au but si ardemment souhaité.

Le 5 mars nous franchissions les portes de Kalgan et reprenions la route que nous avions déjà parcourue. Dès le soir de la première journée, nous ressentions la rude étreinte du climat mongolien; tandis qu'à Kalgan, vers la fin de février, la température était déjà assez chaude. A la vérité nous ne trouvions plus de neige, mais les ruisseaux étaient couverts d'une couche de glace et le thermomètre marquait, pendant la nuit, une très basse température, — 20°C.

Comme l'année dernière, les fortes gelées et les tempêtes alternèrent avec quelques journées chaudes, pendant tout le mois de mars et la première moitié d'avril. Les transitions atmosphériques furent d'une très grande violence; ainsi le 13, à une heure, à l'ombre, la température était de 22°C. de chaleur, et le lendemain à la même heure de 5°C. de froid. Les derniers jours de mars furent chauds, puis la neige tomba le 1er avril, atteignit près de deux pieds d'épaisseur et le froid descendit à 16°. Les froids et la neige se succédèrent jusqu'à la fin du mois, après lesquels les fortes chaleurs de l'été commencèrent dans la vallée du fleuve.

Les tourmentes et les grands vents du nord-ouest furent relativement moins fréquents qu'au printemps précédent; cependant nous essuyâmes des tempêtes qui durèrent trois journées sans interruption. La sécheresse de l'atmosphère fut aussi beaucoup plus grande, et nous pouvions la constater aussi bien par les crevasses de nos lèvres et de nos mains que par l'hygromètre.

Après avoir employé un peu plus d'un mois pour atteindre la chaîne des Mouni-Oula, notre intention était d'y faire une nouvelle halte de plusieurs journées afin de compléter nos études ornithologiques et botaniques. Mais, le 10 avril, jour de notre arrivée, le passage du plus grand nombre des oiseaux était déjà terminé.

Dans ces montagnes, à la mi-avril, les progrès de la végétation

Fig. 19. — Exercices militaires des cosaques.

étaient assez sensibles, surtout dans la zone moyenne et dans la zone méridionale. Les fleurs roses des pêchers sauvages tranchaient agréablement sur la fraîche verdure des versants ; les gorges étaient tapissées de fleurs, aconit, astragale, anémone, etc.; les arbres laissaient éclater leurs bourgeons ; mais les hautes prairies alpestres n'avaient point encore secoué leur sommeil hivernal ; toutefois la neige avait entièrement disparu.

Le 22 avril nous quittions les Mouni-Oula pour continuer notre route sur l'Ala-Chan en suivant notre ancien chemin par la rive gauche du fleuve. Au sortir de la vallée, nous fîmes une halte de trois jours à Kolosoun-Nour, où des rizières, situées fort loin du fleuve, sont arrosées par des dérivations de ses eaux. Nous comptâmes là plus de trente espèces différentes d'oiseaux aquatiques, que nous n'avions pas vues dans les steppes mongoliens. Outre les produits de la chasse, nous pêchâmes de superbes carpes qui s'étaient engagées jusque dans les rizières. Ces poissons ne faisaient généralement aucune attention à l'homme et nageaient à fleur d'eau jusqu'à quelques pas du pêcheur.

Les dix derniers jours d'avril, la chaleur fut étouffante ; le thermomètre à l'ombre marquait + 31°C. ; la température de l'eau était + 21°C., et nous pûmes nous baigner. Autant nous avions souffert des rigueurs de l'hiver, autant nous souffrions ici de la chaleur et de la violence des vents brûlants qui soulevaient des colonnes de poussière salée. Les fleurs et les herbes étaient brûlées comme par le feu.

Nous atteignons enfin les lizes de l'Ala-Chan. Rien dans cette contrée ne révèle l'approche du printemps ; le passage est aussi triste et désolé qu'à l'automne précédent. A peine remarquons-nous quelques chétives plantes (*Sophora flavescens, Turnefortia arguzia, Convolvulus Ammoni*, etc.) et deux ou trois arbrisseaux (*Convolvulus tragacanthoïdes, Nitraria Scholeri, Calligonum mongolicum*).

Le règne animal n'est pas plus riche et la faune ailée nous paraît même moins nombreuse qu'à l'entrée de l'hiver ; il est très rare d'entendre même un simple cri.

La température est en harmonie avec la flore et la faune : après les épouvantables chaleurs de la fin d'avril, le 5 mai, le thermomètre marque — 2°C. ; les chaleurs arrivent presque aussitôt et, à la fin du mois, elles atteignent 40°C. à l'ombre.

En avril et en mai, les vents furent plus fréquents qu'à la même époque de l'année précédente. Leur direction habituelle en avril était nord-ouest ou sud-ouest, et en mai sud-est.

Les pluies furent plus considérables en mai qu'en avril; elles étaient parfois accompagnées d'orages, mais de courte durée. L'hygromètre marquait la sécheresse extrême.

A la mi-mai, nous atteignîmes la frontière du prince de l'Ala-Chan. Deux dignitaires de la cour nous y attendaient; le prince avait été prévenu de notre arrivée par son favori, le lama Baldin-Sordji, que nous avions rencontré au mois d'avril, dans les montagnes de Mouni-Oula, revenant de Pékin.

Nous avions récompensé le lama de ses bons offices par quelques cadeaux et lui avions montré ceux qui étaient destinés à la famille régnante.

Il était fort important de concilier les princes à notre projet d'exploration vers le Koukou-Nor. Aussi nous remîmes de suite aux dignitaires mongols les présents destinés à la famille souveraine et, quoiqu'il fût tard, l'un d'eux partit sur-le-champ avec les cadeaux tandis que l'autre restait avec nous. Nous offrions au père un grand plaid et un revolver; au prince héritier, un plaid pareil et un microscope; au guigen et au plus jeune, un revolver Remington et mille cartouches.

Le 26 mai nous entrons à Din-Iouan-In et nous nous installons dans une fanza préparée d'avance. Notre chien Karza nous rend ici un merveilleux service en se montrant si furieux que les badauds reculent épouvantés.

Le jour même nous reçûmes la visite de nos amis; la vue de mon uniforme d'officier du grand état-major, que j'avais apporté de Pékin, produisit sur eux la plus vive impression. Chacun l'examinait jusque dans les moindres détails et restait convaincu que j'étais un des dignitaires les plus élevés de la cour de Russie. Je n'essayai point de les dissuader de leur opinion, espérant qu'elle faciliterait notre voyage au Koukou-Nor. Le bruit se répandit dans le pays que le tzar blanc avait envoyé un de ses dignitaires pour visiter la Chine et lui rendre compte de tout ce qu'il aurait vu.

Nous mîmes ensuite en vente les marchandises que nous avions apportées et que les princes et le lama vinrent aussitôt visiter. Mais nous remarquâmes qu'il n'y avait plus chez eux le même empressement à les acheter, quoique les prix eussent beaucoup diminué. Nous débitâmes pourtant des savons, des aiguilles, du drap, des microscopes; ce furent les stéréoscopes avec des gravures de femmes qui eurent le plus de succès auprès du prince régnant. Il acheta toutes les photographies féminines et nous fit demander s'il ne serait pas possible de lui vendre aussi les originaux.

Sur ces entrefaites, il se présenta une occasion inespérée de gagner le Koukou-Nor. Une caravane de vingt-sept Tangoutes et Mongols, arrivant de Pékin, entrait dans la ville avec le dessein d'en partir bientôt pour le temple de Tcheïbsen, situé dans la province de Han-Sou, à soixante verstes nord-nord-est de la ville de Sining, qui n'était elle-même qu'à cinq étapes du lac. Nous proposâmes à ces voyageurs de nous joindre à eux, ce qu'ils acceptèrent avec joie, car notre présence leur paraissait une sauvegarde contre les Doungans. Pour les convaincre de la supériorité de nos armes, nous leur donnâmes le spectacle d'une décharge générale de toute notre mousqueterie, et les Tangoutes, frappés d'étonnement, sautèrent de joie à l'idée de voyager avec d'aussi formidables compagnons de route.

De notre côté nous étions fort satisfaits de les avoir rencontrés, car il nous aurait été difficile de nous procurer un guide.

Notre joie était encore augmentée par les récits des Tangoutes, où nous apprîmes que non loin du couvent se dressaient de hautes montagnes, peuplées d'un grand nombre d'animaux. Il s'agissait maintenant d'obtenir du prince la permission de nous joindre à cette caravane. C'est à ce moment que commencèrent les différentes ruses du seigneur de l'Ala-Chan pour nous obliger à renoncer à notre voyage. Quelle fut la cause de cette manière d'agir? Je l'ignore; mais je crois qu'il avait reçu des instructions particulières de Pékin; peut-être même avait-il été réprimandé pour avoir fait bon accueil à des Russes.

On nous offrit d'abord de consulter les lamas sur la route à choisir, ou les guigens, si nous le préférions. Comme ces saints personnages nous auraient indubitablement prédit toutes les mésaventures possibles, nous refusâmes nettement. On mit alors en œuvre toutes les ruses et les menaces imaginables pour nous empêcher de partir avec les Tangoutes. Il nous fut impossible d'obtenir une audience du prince, sous prétexte qu'il était malade. Le prince héritier fut aussi invisible et les deux jeunes gens, après une première visite, s'abstinrent de nous inviter chez eux : la froideur était évidente. D'un autre côté nos ressources diminuaient, nous ne possédions plus que cinquante lans et nous étions obligés d'acheter six nouveaux chameaux et deux chevaux, car, depuis Kalgan, nous avions perdu nos deux chevaux et trois chameaux. Si le prince venait à connaître notre pénurie, il n'avait qu'à nous retenir quelques jours de plus pour nous faire manquer l'occasion. La vente avantageuse de quelques marchandises pouvait seule nous tirer d'embarras. Heureusement que le guigen se décida à m'acheter une carabine Spencer pour six chameaux et cent lans. La valeur de cinquante lans qu'il attribuait à chaque chameau était beaucoup trop élevée ; mais de mon côté je lui vendais la carabine onze fois plus qu'elle ne valait.

En nous voyant possesseurs de cent vingt lans, nous nous sentions beaucoup plus forts ; aussi le lama Sordji fut-il prévenu que notre intention formelle était de nous joindre aux Tangoutes et qu'en conséquence nous priions le prince de vouloir bien payer les objets qu'il avait choisis ou de nous les rendre.

Le 1er juin, veille de notre départ, le lama vint m'informer que le prince avait défendu aux Tangoutes de quitter la ville avant trois jours. Il ajouta que son souverain était désolé de notre brusque départ, qu'il nous portait une véritable affection et aimait aussi tous les objets fabriqués en Russie ; en conséquence il nous priait de lui faire cadeau de ceux que nous avions apportés et d'y joindre mon uniforme. Nous connaissions depuis longtemps l'effronterie des demandes asiatiques, et souvent nous avions caché certains objets pour ne pas éveiller trop fort la cupidité ; aussi nous empressâmes-nous de refuser, et de réclamer notre argent.

Enfin on se décida à nous apporter deux cent cinquante-huit lans, ce qui nous mit à la tête d'un viatique de cinq cents lans, en y comprenant le prix de quelques objets vendus à des particuliers. Nous possédions de plus un équipage de quatorze chameaux. La chance semblait nous sourire, et nous prévînmes les Tangoutes que nous serions prêts le lendemain de grand matin. Nous passâmes tout le reste de la journée à disposer nos bagages, nul messager du prince ne vint nous opposer de chicanes et le guigen nous fit même présent d'une paire de chevaux.

Le lendemain à l'aube, agités d'une joie fiévreuse, nous étions debout ; la moitié de nos chameaux étaient déjà chargés, lorsque des Tangoutes vinrent nous annoncer qu'ils différaient leur départ, parce qu'un parti doungan était signalé dans les environs. Je n'en crus rien et je priai M. de Piltzoff d'aller avec les cosaques s'assurer de la réalité de ce bruit ; ils revinrent annonçant que la caravane était prête à partir. Sur ces entrefaites, apparut Sordji, accompagné d'une grande foule ; il nous laissa faire une centaine de pas, puis nous annonça qu'on avait des nouvelles toutes récentes des Doungans, que la caravane tangoute avait reçu l'ordre de rétrograder, et que le jeune prince nous engageait à attendre. Au même instant, le prince Sia et le lama tangoute, chef de la caravane, qui jusqu'à présent avait témoigné un vif désir de voyager avec nous, survinrent et se joignirent à lui pour nous inviter à différer notre départ. En agissant ainsi, ils se conformaient incontestablement aux ordres qu'ils avaient reçus.

L'opposition du chef de la caravane nous sembla autrement inquiétante que celle du prince régnant, car c'était un ami qui soudainement se transformait en ennemi. Je résolus pourtant d'user d'un dernier moyen et je demandai au prince Sia s'il me donnait sa parole d'honneur que la caravane ne partirait pas sans nous. « Oui, je vous la donne, » me répondit-il, évidemment heureux d'avoir rempli sa commission en nous retenant un jour de plus. Et le chef de la caravane s'empressa d'ajouter qu'il affirmait qu'elle se joindrait à nous. Nous nous dirigeâmes néanmoins au dehors de la ville et campâmes près des jardins princiers.

Il est difficile de décrire l'émotion à laquelle nous étions en proie ! Être arrivés si près du but et ne pas pouvoir l'atteindre ! Tant de misères, tant de sacrifices inutilement endurés !

Cette triste journée s'écoula sans incidents ; ni le lama ni aucun des fonctionnaires ne se montrèrent; seul le prince Sia nous visita dans la soirée. Je le prévins que j'allais immédiatement porter plainte à Pékin de la conduite de son père à notre égard. Le jeune homme, tout confus de sa complicité dans cette affaire, ne put que nous prier d'attendre encore un peu et protester que la caravane ne partirait pas sans nous. Instruit par l'expérience, je savais qu'il n'y avait à ajouter aucune foi aux paroles d'un Asiatique. Pendant plusieurs jours, nous nous concertâmes pour savoir dans quelle autre partie de l'Asie nous dirigerions nos pas; enfin, le 5 juin au soir, reparut le prince Sia qui venait nous avertir que la caravane était déjà hors de la ville, que l'approche des insurgés n'était qu'un faux bruit et que nous pouvions nous joindre à elle. Nous restâmes convaincus que le prince avait seulement voulu recevoir les instructions de l'amban chinois de Nin-Sia, sur la conduite à tenir envers nous, et que l'histoire des Doungans n'était qu'une fable. Mais nous ne pûmes jamais savoir auprès d'aucun indigène quel avait été le but exact de l'administration en nous retenant ainsi.

La caravane dont nous allions faire partie avait été organisée à Pékin par un des plus célèbres koutouktas mongols, nommé Djandji-Guigen. Un grand nombre de temples, à Pékin et en Mongolie, sont sous son obédience, entre autres celui d'Outaï, non loin du lac Koukou-Nor. Ce divin personnage était né lui-même dans le couvent de Tcheïbsen, vers lequel se dirigeait la caravane. Outre nous quatre, notre convoi comptait trente-sept hommes, dont dix étaient des lamas-soldats, comme ceux du guigen de l'Ala-Chan. La plus grande partie d'entre eux étaient des Tangoutes; les autres, des Mongols qui se rendaient en pèlerinage à Lhassa. Les bêtes de somme étaient au nombre de soixante-douze chameaux et de quarante chevaux en comptant les nôtres. Le commandement appartenait à deux lamas tangoutes, hommes bons et serviables, dont nous nous attirâmes complètement les bonnes grâces en leur donnant à chacun un petit plaid.

Tous les voyageurs étaient armés de fusils à mèche, de sabres et de piques. En général les hommes qui entreprennent ce dangereux pèlerinage passent pour des braves, car il faut traverser des localités hantées par les Doungans. Cependant la suite du voyage nous convainquit pleinement que le courage de nos compagnons ne brillait pas, même lorsqu'il s'agissait d'un danger imaginaire.

Avec leurs blouses rouges et leurs fronts serrés par un bandeau d'étoffe de même couleur, les lamas-guerriers juchés sur leurs chameaux présentaient un spectacle assez original; malheureusement leur bravoure ne dépassait pas celle des voyageurs de mince condition.

Le personnage important de la compagnie était un Tangoute, nommé Randzemba, qui se rendait de Pékin dans le Thibet. C'était un homme de quarante ans, au caractère franc et ouvert, mais très verbeux et aimant à se mêler des affaires des autres. Aussi nous le surnommâmes le bavard; ce sobriquet fit le tour de la caravane et on ne le désigna plus autrement.

En route, le grand divertissement était le tir à la cible. Chaque jour, à chaque halte, on organisait un tir et les amateurs commençaient leurs exercices. Au premier coup de fusil, Randzemba accourait, faisait déplacer la cible, chargeait les fusils et honorait chacun de ses conseils. Le matin au départ, il montait à cheval, confiait ses chameaux à ses compagnons et battait la campagne pour découvrir des antilopes; en voyait-il, il revenait au galop nous prévenir et se mettait en chasse avec nous et chassait en enragé. Un jour qu'il était à dos de chameau, il oublia le genre de sa monture en apercevant une antilope, fondit sur elle et ne tarda point à culbuter dans un fossé.

En notre qualité de derniers arrivants, nous avions pris la queue du convoi. Notre bagage était fort diminué depuis la vente de nos marchandises à Din-Iouan-In; nous avions acheté sept pouds de riz et de blé noir pour la traversée du Han-Sou et quelques autres objets; mais à peine si nous avions la charge de dix chameaux. Pourtant il nous était difficile de suffire aux soins de tous nos animaux et souvent nous restions en arrière du gros de la caravane. J'essayai, mais en vain, de louer des chameliers parmi nos compagnons de route; quelques hommes consentirent seulement, moyennant un rouble par jour, à mener paître nos bêtes avec les leurs. Ces soins domestiques devinrent même si assujettissants que nous ne pûmes plus nous livrer à aucune excursion.

Ordinairement nous levions le camp à minuit pour éviter la grande chaleur et, après une étape de trente à quarante verstes, nous faisions halte près d'un puits ou, s'il ne s'en trouvait pas, nous creusions un fossé qui se remplissait peu à peu d'eau salée. Nos compagnons, qui avaient plusieurs fois parcouru ces déserts, connaissaient admirablement les localités; ils devinaient au flair l'endroit où l'on devait creuser et annonçaient d'avance la profondeur à laquelle l'eau se rencontrerait. Les puits, assez rares du reste, n'offraient qu'une eau détestable, et quelques-uns avaient été comblés par les Doungans avec les cadavres des Mongols. Notre cœur se soulève encore de dégoût en nous rappelant qu'une fois, après nous être désaltérés, un cadavre apparut au fond du puits pendant que nous faisions boire nos chameaux.

Il n'était même pas possible de se reposer convenablement durant les haltes: le sol chauffait comme une fournaise, pas la plus légère brise n'agitait l'atmosphère et il fallait tous les jours se hâter de décharger les chameaux pour éviter que leurs reins ne s'écorchassent.

Durant les premiers jours, la curiosité des Tangoutes était vivement excitée; notre tente ne désemplissait pas de visiteurs, examinant les plus petites choses et furetant partout. Nous étions contraints de subir cette désagréable inquisition, car nous nous trouvions à leur merci.

Le titre de fonctionnaire du tzar avait dissipé la méfiance des Tangoutes; mais nous manquions de liberté pour rédiger notre itinéraire : nous surprenait-on à écrire sur notre calepin, ou à cueillir une plante, ou à tuer un oiseau? chacun se précipitait vers nous en nous accablant de mille questions.

Après Din-Iouan-In, la route suit d'abord la direction du sud, puis tourne à l'ouest vers la ville de Dadjin, qui est déjà dans le Han-Sou.

La constitution physique de la contrée restait la même que précédemment, seulement la zone des lizes était encore plus vaste. Ces dunes (tingéri en mongol) s'étendent vers l'est jusqu'au fleuve Jaune et, vers l'ouest, jusqu'à la rivière Edzinè; elles ont le même aspect et la même composition que celles dont nous avons déjà parlé. Les parties argileuses sont quelquefois recouvertes d'une certaine espèce de roseaux (*psamma*

Fig. 20. — Tir à la cible.

villosa) et d'autres plantes qui n'égayent guère le caractère lugubre du paysage. Le lézard est toujours l'unique habitant de cette terre désolée où parfois le vent apporte un petit hanneton noir. Les sables terriblement échauffés par le soleil sont disposés d'une colline à l'autre en forme d'entonnoirs ou d'excavations qui rendent la marche des chameaux très pénible. Il n'existe là aucune trace de sentier ; ce sont des crottins secs ou des squelettes de bêtes de somme qui de loin en loin indiquent la route. Ordinairement on marche droit devant soi en s'orientant sur le soleil. Malheur aux voyageurs que l'orage surprend dans ces lizes ! Les dunes laissent échapper à leur sommet une espèce de fumée sableuse, et bientôt l'air est chargé de nuages de poussière qui interceptent la lumière. Après la pluie, la route devient un peu meilleure et les chameaux s'enfoncent moins dans les sables.

Dans les régions argileuses, on rencontre quelquefois un arbuste bas et rabougri, le *Sarcosygium xanthoxylon* (*Sygapvasia uxapnoiks*), et de petites plantes. Le terrain présente des ondulations semées de petits tertres isolés ou formant des chaînes qui ne dépassent pas cent pieds au-dessus du sol.

Nous n'apercevions aucune population : tous les habitants s'étaient enfuis ou avaient été massacrés. Parfois des squelettes humains jonchaient la route, et, dans les ruines de deux couvents, nous trouvâmes des monceaux de cadavres en putréfaction.

Au sortir des dunes ou *tingeri*, nous nous dirigeâmes vers le sud, à travers une plaine aride, argileuse et couverte exclusivement d'une végétation saline. Enfin nous aperçûmes au loin la chaîne des montagnes du Han-Sou. Semblable à un colossal rempart, se dressait un massif dont le faîte était surmonté des crêtes neigeuses du Koulian et du Lian-Tchéou. Encore une étape et cette chaîne grandiose développera toute sa beauté. Le désert a disparu brusquement et, à deux verstes des sables qui se perdaient à l'ouest, nous voyions des champs cultivés, des prairies émaillées de fleurs et de nombreuses fanzas chinoises. La culture et l'aridité, la vie et la mort se touchent là de si près que le voyageur émerveillé n'en croit pas ses yeux.

La grande muraille est encore l'obstacle qui sépare ici l'existence sédentaire de la vie nomade et pastorale. Du point où nous sommes, ce rempart s'enfonce à l'ouest en suivant les montagnes, circonscrit au sud tout l'Ordoss et aboutit aux monts de l'Ala-Chan, qui le remplacent du côté du désert. La grande muraille sépare aussi de l'Ala-Chan et du Gobi la frontière septentrionale de la province du Han-Sou, et couvre les villes de Lan-Tchéou et de Sou-Tchéou jusqu'à la citadelle de Dzia-Iouï-Gouan.

Devant la ville de Dadjin, la grande muraille est loin de présenter un aspect formidable : il en est de même dans toutes les localités éloignées de Pékin. Ce n'est plus qu'un mur en terre glaise, assez mal entretenu. Des tours, ayant trois sagènes de haut, s'échelonnent un peu en avant du rempart, à cinq verstes les unes des autres. Entièrement abandonnées aujourd'hui, elles renfermaient autrefois chacune une garnison de dix hommes. Ainsi, de la province d'Ili à Pékin, le territoire chinois était protégé par un cordon de tours sémaphoriques : en cas d'alarme, les signaux s'exécutaient au moyen d'un feu disposé sur la plate-forme. Les Mongols nous apprirent naïvement qu'on se servait pour ce feu du fumier de loup mélangé à celui de mouton, parce que, malgré le vent le plus violent, la fumée de ce singulier combustible avait la propriété de s'élever verticalement.

La petite ville de Dadjin est bâtie à deux verstes de la grande muraille. Épargnée par les Doungans, elle avait une garnison de mille soldats chinois. Ces hommes étaient en général des indigènes des rives de l'Amour ; aussi connaissaient-ils bien les Russes et quelques-uns même écorchaient tant bien que mal notre langue.

Notre caravane n'entra point dans la ville, mais campa en deçà de la grande muraille ; nous espérions être ainsi délivrés des badauds importuns. Il n'en fut rien : en un clin d'œil le bruit de notre arrivée se répandit dans la ville et les curieux s'abattirent par grandes bandes sur nous. En vain lancions-nous contre eux notre chien ; rien n'y faisait : à peine avait-il mis une bande en déroute qu'une autre accourait. Puis survinrent des fonctionnaires qui voulurent examiner nos armes, réclamèrent notre passeport et nous menacèrent enfin de ne pas nous laisser aller plus loin. Ces tribulations durèrent pendant deux jours, jusqu'au départ de la caravane. Dans ce pays, nous mangeâmes un excellent petit pain, et pendant toute la durée de nos explorations c'est la seule fois que nous ayons trouvé une panification si parfaite.

La route la plus favorable pour gagner le couvent de Tcheïbsen, la ville de Si-Ning et le lac Koukou-Nor, passe par les villes de Sa-Ian-Tchin et de Djoun-Lin. Mais nous prîmes plus à l'ouest pour éviter ces grandes cités et la nombreuse population qui est agglomérée dans l'est. Nos compagnons, connaissant fort bien les vexations que nous aurions tous subies de la part des autorités, préférèrent prendre à travers les montagnes, qui sont peu peuplées ou dont les habitants ont été chassés par l'insurrection.

CHAPITRE IX

PROVINCE DU HAN-SOU.

Trajet de Dadjin au temple de Tcheïbsen. — Description de ce temple. — Nation des Daldis. — Aperçu du climat, de la flore et de la faune. — Séjour dans les montagnes. — Chaînes de Sodi-Sorouksoum et de Gadjour. — Lac Demtchouk. — Halte dangereuse près de Tcheïbsen. — Préparatifs pour le Koukou-Nor. — Voyage à Mour-Zasak. — Description du bassin supérieur de la rivière Tétoung-Gol. — Arrivée sur les bords du lac Koukou-Nor.

Dans la matinée du 20 juin, nous quittions Dadjin et dans la même journée nous atteignions les montagnes du Han-Sou. La nature du climat, celle du sol, la flore et la faune étaient complètement changées. La hauteur absolue de ce massif atteint parfois à la limite des neiges éternelles ; le terrain y est de *tchernoziom*[1], le climat d'une extrême humidité et les eaux y abondent. Sa distance des déserts de l'Ala-Chan ne dépasse pas quarante verstes ; des herbages luxuriants couvrent ses fertiles vallées, et d'épaisses forêts étendent leur ombrage sur ses versants rocheux.

Mais procédons par ordre.

Semblable à beaucoup d'autres chaînes de la Mongolie, le massif du Han-Sou ne se déploie entièrement que du côté de la plaine de l'Ala-Chan ; de l'autre côté, le versant est court et abrupt. Les sommets du Koulian et du Lian-Tchéou, que nous laissions à cinquante verstes sur la droite de notre route, ne paraissaient pas non plus prolonger beaucoup leur pente méridionale, où l'on ne distinguait que des taches de neige peu considérables et disséminées çà et là.

1. Terre noire. (*Traducteur.*)

Depuis le pied de la crête jusqu'à son sommet, nous suivons une gorge encaissée entre des roches de schiste argileux; la route est carrossable. Les montagnes qui nous environnent sont élevées et leurs cimes couronnées de petits bois.

A peu de distance de cette gorge et à vingt-huit verstes du sommet du plateau, est située la petite ville chinoise de Daï-Gou, ruinée par les Doungans et occupée actuellement par un millier de soldats chinois. L'élévation de Daï-Gou au-dessus du niveau de la mer est de huit mille six cents pieds et celle de Dadjin de cinq mille neuf cents.

Nous laissons sur notre gauche Soun-Chan, autre localité saccagée par l'insurrection, et nous poursuivons notre route à travers un steppe ondulé qui s'étend au bas du versant et sépare cette chaîne de plus hauts sommets qui se dressent devant nous.

Les pâturages et l'eau ne nous inquiètent plus : les cours d'eau sont nombreux et le steppe est une vaste prairie qui nous rappelle celles de nos pays. Nous remarquons de nombreuses antilopes que nous n'avions pas vues dans l'Ala-Chan, et même une troupe de chevaux redevenus si sauvages et si craintifs qu'il nous fut impossible de les approcher.

A chaque pas les traces de l'insurrection se présentent à nos yeux ; les villages sont en partie ruinés et la population a disparu. Nos compagnons indigènes deviennent la proie de terreurs continuelles ; à tout instant, ils apprêtent leurs armes et n'osent même plus faire de feu pendant la nuit; peu à peu ils nous laissent prendre la tête de la colonne et leurs craintes finissent par avoir un dénoûment grotesque.

Nous étions dans la vallée de la rivière Tchagrin-Gol lorsque les lamas aperçurent quelques hommes qui, à notre approche, s'enfuirent précipitamment. S'imaginant qu'ils étaient des Doungans, nos compagnons commencèrent à tirer, quoique tous les fuyards fussent déjà bien loin. Au bruit de cette fusillade, supposant une agression, nous nous portâmes au point où la lutte devait être engagée, mais, voyant ce qu'il en était, nous restâmes spectateurs. Nos lamas, s'exaltant à l'odeur de la poudre, continuèrent leurs décharges lorsqu'il n'y eut même plus personne en vue et, après cette mousquetade bien nourrie, chacun d'eux cria à pleins poumons pendant plusieurs secondes et rechargea son arme. Les Doungans et les soldats chinois ont mutuellement la coutume d'accompagner la fusillade des hurlements les plus affreux pour terrifier l'ennemi. Enfin après quelques instants nos hommes aperçurent un pauvre diable qui se dissimulait derrière un buisson: c'était un Chinois ou un Doungan, car il est difficile de distinguer les sectateurs de Confucius des disciples de Mahomet. On l'arrête et on décide qu'il sera exécuté à la première halte; l'infortuné ayant fait mine de s'évader, on l'attache avec sa queue à celle d'un chameau.

Arrivé à la halte, le Chinois est ficelé sur un colis et, pendant qu'un bourreau improvisé aiguise un sabre, les lamas tiennent conseil pour savoir s'il faut le tuer ou le renvoyer. Le malheureux, qui comprenait bien le mongol, écoutait impassible cette délibération et assistait aux apprêts de son supplice. Bien plus, lorsque le thé fut servi, on lui en offrit comme à un hôte, et il en avala plusieurs tasses avec le même sang-froid que s'il se fût trouvé dans sa fanza. Révoltés de cette atroce barbarie, à laquelle nous ne pouvions pas nous opposer, nous nous éloignâmes ; à notre retour au campement, nous apprîmes que les chefs avaient fait grâce au prisonnier et qu'il resterait seulement attaché jusqu'au lendemain.

La rivière Tchagrin-Gol est un cours d'eau assez important qui se dirige au sud-ouest vers la ville de Djoun-Lin. Nous nous engageons de nouveau dans les montagnes qui s'étagent les unes au-dessus des autres. Cette chaîne suit au nord le cours de la Tétoung-Gol, affluent remarquable du Hoang-Ho supérieur. La rive méridionale de la Tétoung-Gol ou Di-Toun-Ké est aussi bordée par un rameau important. Ces différentes ramifications seront décrites plus loin.

A partir de la Tchagrin-Gol, notre route passe dans une gorge impraticable aux voitures, vu que, depuis l'insurrection, les habitants ont cessé d'entretenir le chemin. De temps en temps nous rencontrons d'anciens *placers* aurifères ; on les dit fort nombreux près des torrents. Le pays est bien arrosé et offre partout un caractère alpestre et sauvage. Comme dans la plupart des chaînes mongoles, de formidables groupes de rochers couronnent les points extrêmes des versants; près des cols, prédominent des sommets arrondis, parmi lesquels surgissent de gigantesques cimes : tel est le Gadjour que nous relevons sur notre droite. Ce mont est parsemé, de quelques taches de neige ; toutefois aucun des pics de la chaîne n'est couvert de neiges éternelles.

La zone des arbustes s'étend au premier plan, puis viennent les forêts, très épaisses sur le versant méridional ; de belles prairies tapissent les vallées et se retrouvent dans les cantons élevés. A chaque pas, de nouvelles espèces d'oiseaux s'offrent à la vue ; nous n'avons que le temps d'abattre au vol quelques spécimens de cette nouvelle faune, sans pouvoir nous arrêter : nos compagnons, aiguillonnés par la peur, hâtent leur marche le plus possible. Pour comble d'infortune, il pleut ; les sujets destinés à nos collections se mouillent et se corrompent ; nos armes et tous les objets en fer se couvrent de rouille.

Après avoir parcouru cette gorge, dont la montée assez douce aboutit à une pente rapide, nous nous arrêtons pour camper au cœur du massif. Nos cosaques allant vers le soir ramasser du bois remarquèrent un feu dans une gorge voisine et quelques hommes assis autour. Averti de cet incident, tout notre camp fut bientôt sur pied. Comme nous supposions que ces inconnus attendaient peut-être la nuit pour nous assaillir, nous résolûmes de les prévenir. Huit hommes de la caravane se joignirent à nous, parmi eux était Randzemba. Nous nous approchons doucement de ce feu ; mais, quand nous sommes à une petite distance, les étrangers s'aperçoivent de notre approche et prennent la fuite avec célérité. Les lamas criant de toutes leurs forces veulent se précipiter sur leurs traces, mais il est difficile de les poursuivre au milieu des montagnes, avec l'obscurité qui s'accroît. Nous nous avançons jusqu'à leur feu, au-dessus duquel bouillait une marmite de thé, et nous capturons de petits sacs contenant divers objets ainsi que des vêtements. D'après ces dépouilles, nous présumons que nous avons affaire à d'inoffensifs voyageurs, et nos compagnons rappellent les fuyards en criant en mongol, en tangoute ou en chinois. Pour toute réponse un coup de fusil part d'un buisson ; alors les lamas excités par Randzemba exécutent des feux de peloton dans toutes les directions.

Nous passons la nuit sur le qui-vive et nous nous couchons avec nos revolvers à portée de la main.

Le lendemain à l'aube, nous sommes abordés par deux chasseurs tangoutes qui nous apprennent qu'ils sont les hommes de la veille : ils nous avaient pris pour des Doungans, un de leurs compagnons avait été tué, et ils nous priaient de leur rendre leurs sacs. Bien loin d'obtempérer à cette prière. les lamas, furieux qu'on eût osé tirer sur eux, les rossèrent d'importance et les chassèrent ensuite sans rien leur rendre.

En continuant notre route, nous découvrîmes pour la première fois des tentes de Tangoutes et de grands troupeaux de yaks. Après avoir traversé encore quelques rameaux de la grande chaîne, nous parvînmes à la rive de la Tétoung-Gol et nous campâmes près du couvent tangoute de Tchertinton. Placé dans une position inaccessible, ce couvent a échappé aux ravages des Doungans; autour de lui, s'est agglomérée une assez nombreuse population.

A première vue, les Tangoutes présentent une ressemblance frappante avec nos Bohémiens ou Tziganes.

Ici la Tétoung-Gol a vingt-huit sagènes de large et s'élance avec rapidité dans un lit jonché d'énormes pierres. Encaissé entre deux rangs de rochers à pic, cet impétueux torrent se fraye en mugissant un passage à travers les roches. Sur un point où les montagnes s'écartent à une certaine distance de la rive, la Tétoung-Gol arrose une vallée pittoresque : c'est là, sous la protection d'un massif rocheux, que s'élève le couvent de Tchertinton.

Le guigen, supérieur du couvent, nous accueillit avec bienveillance et nous engagea à prendre le thé avec lui; de notre côté, nous captâmes complètement ses bonnes grâces en lui faisant cadeau d'un stéréoscope. Malheureusement ce saint personnage ne parlait pas mongol et nous n'avions pas d'interprète tangoute. Notre cosaque bouriate traduisait nos discours à une seconde personne, qui les transmettait en langue tangoute au guigen, et nous recevions ses réponses de la même façon. Ce guigen était même un peu artiste, car il traça un dessin représentant notre première entrevue.

La vallée de la Tétoung-Gol s'enfonce profondément dans le massif du Han-Sou, de sorte que Tchertinton s'élève à peine à sept mille deux cents pieds (2,195 mètres) au-dessus du niveau de la mer. C'est le pays le moins haut que nous ayons traversé dans la province de Han-Sou; mais, à l'est, la vallée s'abaisse davantage.

Le passage à gué de la Tétoung-Gol n'est possible que pendant les basses eaux et présente toujours de grands dangers; aussi a-t-on construit un pont, à trois verstes en amont de Tchertinton. Mais, comme nos chameaux chargés ne pouvaient franchir les portes étroites qui le fermaient, nous fûmes obligés de les décharger et de faire transporter tous nos bagages par des Chinois. Une maladie du cosaque Tchébaef nous obligea

Fig. 21. — Yak domestique.

de camper ici pendant cinq jours. Nos compagnons, ne pouvant pas attendre si longtemps, continuèrent leur route vers le temple de Tcheïbsen, qui n'était plus qu'à soixante-dix verstes.

Cette halte forcée fut pour nous d'une grande utilité; car nous pûmes exécuter pendant ce temps-là diverses excursions dans les montagnes. La faune et la flore nous parurent si riches que nous résolûmes de consacrer à notre retour plusieurs jours à leur étude.

D'après le dire des gens du pays, il était impossible de nous

1. Nous apprîmes plus tard que ce passage était pourtant possible, quoique très difficile.

engager dans les montagnes de la rive droite [1] avec des chameaux chargés; laissant donc les nôtres dans les pâturages de Tchertinton, nous louâmes des ânes et des mulets pour transporter les bagages. Nous payâmes dix-sept lans pour cette location, et le 1er juillet nous nous mîmes en route en suivant un des affluents de la Tétoung. Un sentier étroit serpentait dans une gorge où étaient disséminées les tentes noires et les isbas en bois des habitants. Les versants des montagnes étaient couverts de forêts et d'arbustes; de gigantesques rochers hérissaient ou fermaient les étroits défilés. Le sentier suivait en zigzag la montagne à pic et les bêtes de somme n'avançaient que difficilement. A mesure que l'on s'élevait, le paysage devenait admirable et la plaine ondulée se déployait à nos yeux dans toute sa richesse.

De l'autre côté de la Tétoung-Gol, les montagnes s'étagent en pentes courtes et rapides. Plus loin, de vastes espaces s'élèvent en collines rocheuses derrière lesquelles apparaît encore un vaste amphithéâtre de pics couverts de neige. La plaine et les collines admirablement cultivées possèdent une nombreuse population de Chinois, de Tangoutes et de Daldis. On y remarque les villes de Nim-Bi et de Ou-Iam-Bou, et plus loin à l'ouest celles de Si-Ning, de Donkir et de San-Gouan. Les dernières, à l'époque de notre passage, étaient au pouvoir des insurgés.

Parmi les races habitant cette partie de la province du Han-Sou [1], j'ai cité celle des Daldis [2]; elle est répandue en petit nombre dans les environs des villes de Nim-Bi, d'Ou-Iam-Bou et de Si-Ning; mais à Tcheïbsen elle compose la moitié de la population.

Les Daldis ressemblent beaucoup plus aux mahométans qu'aux Chinois. Ils vivent sédentairement et sont agriculteurs. Leur visage est plat et à pommettes saillantes, leurs yeux et leurs cheveux sont noirs, leur taille moyenne et leur constitution assez robuste. Les hommes se rasent la barbe [3] et la

1. Cette province est bornée au nord par la Mongolie, à l'est par la province de Chen-Si; au sud par celle de Si-Tchouaniou et par le Koukou-Nor.

2. Les Chinois du Han-Sou sont les mêmes que ceux du reste de la Chine; les Mongols se rencontrent seulement dans la vallée supérieure de la Tétoung-Gol, dont l'administration relève de celle du Koukou-Nor.

3. Contrairement aux Chinois et aux Mongols, la barbe pousse assez épaisse aux Daldis.

tête, mais portent la queue comme les Chinois; les jeunes femmes réunissent leurs cheveux sur la nuque et se revêtent d'une sorte de parure en cotonnade de forme carrée; les femmes âgées ne font pas usage de cette coiffure, mais disposent leurs cheveux en tresses tombant sur les épaules. L'habillement des deux sexes est le même que celui des Chinois avec lesquels ils vivent; leur religion est le bouddhisme.

N'ayant vu cette race qu'en passant, nous n'avons pu nous procurer sur elle aucun renseignement particulier. « Ce sont de mauvaises gens et de petits esprits, » nous dirent les Mongols. Leur dialecte serait un composé de mongol, de chinois et de mots inconnus.

C'est au nord de cette zone de collines dont nous venons de parler qu'est situé le temple de Tcheïbsen, qui fut le centre de toutes nos explorations dans le Han-Sou.

Tcheïbsen est situé à soixante-dix verstes nord-nord-est de Si-Ning, par 37°3′ de lat. nord et 70°38′ de long. est du méridien de Poulkovo, d'après mes observations. La hauteur absolue est de huit mille pieds. Le monastère se compose d'un temple qu'entoure un rempart en terre glaise, d'un certain nombre de dépendances et d'une centaine de maisons. Toutes les constructions situées en dehors du rempart ont été ruinées par les Doungans.

Le temple, resté seul debout, est bâti en briques et a la forme quadrangulaire. Les statues des dieux sont disposées le long des murs; trois portes donnent accès dans l'édifice et, en face de ces entrées, s'élève une estrade à laquelle on arrive par quelques marches. Le toit à deux pentes est recouvert de feuilles de cuivre doré; à chaque angle, sont sculptées des figures de dragon.

Au milieu du temple, comme à la place d'honneur, se dresse la figure de Çakya-Mouni, c'est-à-dire de Bouddha, sous la forme d'un homme assis; elle a deux sagènes de hauteur. Au-dessus de cette idole, brûle une lampe; autour d'elle, sont disposées des coupes en métal pour contenir les offrandes: de l'eau, de l'eau-de-vie, du riz, de la farine, etc. A droite et à gauche de Bouddha, sont rangées un grand nombre de divinités subalternes, entourées d'offrandes mais dépourvues de lampe.

Des vitrines contiennent environ un millier de petits dieux ayant un ou deux pieds de hauteur, avec des poses et des attributs divers; quelques-unes de ces poses sont d'un cynisme éhonté.

La porte principale est surmontée d'une galerie contenant des tableaux qui retracent les exploits des héros et des dieux, mêlés à des figures épouvantables.

A chaque coin de la galerie, on trouve des urnes en fer, dans lesquelles les fidèles déposent les prières qu'ils adressent au ciel, écrites sur le papier. Les dévots prient habituellement d'intention et tout en tournant ces urnes; ils ont la conviction que leur prière est alors doublement efficace.

Le nombre des lamas était de cent cinquante et le couvent possédait un guigen. Tout ce monde est entretenu par les offrandes des fidèles auxquels les religieux présentent les jours de fêtes une collation composée de thé, de lait et de farine d'orge grillée appelée dzamba: c'est l'alimentation particulière au pays. On fait d'abord griller l'orge, puis on la réduit en farine qu'on délaye avec du thé; c'est la seule espèce de pain dont on fasse usage.

Tcheïbsen pendant notre séjour était défendu par un millier d'hommes; car les Doungans étaient signalés à cinquante verstes du temple.

Un rempart en terre glaise flanqué de tours, qui protège la frontière du Han-Sou, s'élève à sept verstes à l'est du couvent. D'après les indigènes, cette fortification serait en partie ruinée, mais s'étendrait de la ville de Si-Ning jusqu'à celle de Gan-Tchéou.

Nous retrouvâmes à Tcheïbsen nos compagnons de route et nous pûmes nous installer dans une fanza, servant de débarras pour les idoles jetées au rebut. Nous y travaillâmesactivement à mettre en ordre et à sécher nos collections fort endommagées par l'humidité. Inutile d'ajouter que, pendant tout le temps de notre séjour, nous fûmes un grand objet de curiosité pour les habitants.

Nous nous équipâmes le mieux possible en vue de nos explorations futures dans les montagnes, et moyennant cent dix lans nous nous adjoignîmes un guide mongol et quatre mulets. Le guide connaissait la langue tangoute. Nos achats

Fig. 22. — Temple bouddhiste.

nous revinrent à un prix très élevé; car le commerce souffrait beaucoup du voisinage des insurgés.

Enfin le 10 juillet nous nous mettions en route pour les montagnes situées sur le cours moyen de la Tétoung, aux environs du couvent de Tchertinton.

Ces montagnes se trouvent au nord et au nord-est du Koukou-Nor.

Le cirque dont le fond est occupé par ce lac est fermé de tous côtés par des ramifications du formidable massif qui couvre toute l'extrémité nord-est du Thibet et de la région baignée par le cours supérieur du fleuve Jaune. De cette région, le grand massif projette au nord et au sud deux rameaux qui enserrent le Koukou-Nor et se prolongent encore beaucoup plus loin dans l'ouest. On peut considérer ces ramifications comme formant une sorte de presqu'île parfaitement délimitée: au sud, par les marais salants du Dzaïdam et, au nord, par les grandes plaines du Gobi. De ce côté, les montagnes du Han-Sou se dressent en une arête verticale; elle masque le plateau qui traverse le pays du Koukou-Nor et le Dzaïdam jusqu'à la chaîne de Bourkhan-Boudda. Cette dernière forme la limite septentrionale du plateau thibétain, qui est encore plus élevé.

Les montagnes du Han-Sou, dans la partie que nous avons parcourue, se divisent en trois chaînes parallèles : l'une borne le plateau du côté de l'Ala-Chan et les deux autres, étagées sur ce plateau, bordent la grande rivière du pays, la Tétoung-Gol. On nous a dit que, vers l'orient, dans le voisinage du fleuve Jaune, ces chaînes s'abaissaient beaucoup, mais qu'à l'ouest au contraire elles s'élevaient jusqu'à la limite des neiges éternelles, non loin des sources de la rivière Edzinè-Gol et de son affluent la Tolaï-Gol [1]. Il est possible qu'en cet endroit ces rameaux parallèles se réunissent en un puissant massif ou lancent de nouvelles ramifications, mais il est certain qu'à l'ouest des sources leurs proportions diminuent et qu'ils peuvent se terminer par une

1. La rivière Edzinè, grossie de son affluent gauche la Tolaï-Gol, coule droit au nord, baigne les terres cultivées des environs des villes de Gan-Tchéou et de Sou-Tchéou; elle entre ensuite dans le désert où elle se déverse dans le lac Sogo-Nor.

petite chaîne ou disparaître dans l'exhaussement général du Gobi.

Toutes ces montagnes sont connues des Chinois sous le nom de Sioué-Chan ou de Nan-Chan. Pour éviter la confusion, je nommerai « chaîne septentrionale » celle qui court sur la rive gauche de la Tétoung, « chaîne méridionale » celle qui suit le bord opposé, et enfin « chaîne frontière » celle qui est située du côté de l'Ala-Chan.

La topographie des chaînes septentrionale et méridionale est identique. Toutes deux présentent une nature alpestre et sauvage, des gorges étroites et profondes, de formidables rochers, et des versants abrupts. Les sommets dépassant l'altitude moyenne de la chaîne se dressent sur le cours moyen de la Tétoung-Gol et atteignent quatorze mille pieds (4,267 mètres). Les cimes couronnées de neiges éternelles se rencontrent plus à l'ouest, près des villes de Lan-Tchéou et de Gan-Tchéou, et sur le cours supérieur de la Tétoung et de l'Edzinè. Partout ailleurs, aucun pic n'atteint la limite des neiges.

La chaîne septentrionale comprend les sommets les plus élevés. Son col est pourtant moins haut et d'un passage moins difficile que celui qui coupe l'arête méridionale. Les cimes élevées sont réputées sacrées chez les Tangoutes et s'appellent *amné*. Les sommets les plus considérables de la chaîne méridionale sont : le Tchaleb, le Bsiagar et le Goumboum-Damar. Ceux de la chaîne septentrionale sont, de l'ouest à l'est, le Méla, le Konkir, le Namrki, le Tchjokar, le Rargout, le Rtakdzi, le Choroun-Dzoun, le Marntou, le Djagiri et le Sengbou.

Les espèces minérales les plus communes sont les schistes, les calcaires, les feldspaths, les gneiss et les diorites. La houille est exploitée par les Chinois près du couvent de Tchertinton, et les gens du pays prétendent que chaque rivière charrie de l'or.

Toute cette région montagneuse du Han-Sou est sujette à des tremblements de terre assez violents, dit-on, pour renverser les habitations. Mais, quant à nous, nous n'avons senti qu'une secousse, et elle était faible.

Le climat est ici très humide, surtout en été; en hiver, le

temps est clair et froid si le vent règne, et assez doux pendant le calme. En été, il pleuvait presque tous les jours; nous observâmes en juillet vingt-deux jours de pluie, en août vingt-sept, en septembre vingt-trois, dont douze avec de la neige. A partir du 16 septembre, la neige tombe aussi dans la plaine. Les rivières et les torrents sont très nombreux.

Si l'on tient compte de la latitude sous laquelle se trouve placé le Han-Sou (38° lat. N.), on remarque que la température moyenne de l'été est assez basse. Dans les montagnes, au mois de juillet, pendant la nuit, l'herbe était déjà couverte de givre ou d'une neige fine; en août, la couche de neige ne fondait qu'aux rayons du soleil et, en septembre, elle devint de la glace.

Les chaleurs n'étaient jamais insupportables : la température la plus élevée atteignit + 31°,6 C. à l'ombre (dans la vallée profonde de la Tétoung); les vents étaient généralement faibles et celui du sud-est dominait. Les orages furent nombreux en juillet, et nous essuyâmes en septembre de violentes tourmentes.

Comme nous l'avions prévu, la flore du Han-Sou était riche et variée. L'abondance des eaux, un excellent tchernoziom [1], la diversité des conditions climatériques, depuis les vallées les plus profondes jusqu'à la limite des neiges éternelles, déterminaient la production des végétaux les plus différents. Les forêts étaient particulièrement touffues sur les versants septentrionaux et dans la chaîne méridionale.

La zone forestière montait du fond des vallées jusqu'à neuf ou dix mille pieds de hauteur. La force végétative se déployait, sur les versants, dans les gorges, et sur les bords des rivières, avec une puissance que nous n'avions encore jamais rencontrée dans les montagnes de la Mongolie. Toute cette nature nous a paru aussi luxuriante que celle de la vallée de l'Amour et d'autant plus belle que nous sortions des sables de l'Ala-Chan.

Dès nos premiers pas dans les forêts du Han-Sou, nous remarquions des végétaux dont la nature nous était inconnue,

1. Terre noire. (*Note du traducteur.*)

par exemple le bouleau à écorce rouge (*Betula bojarattra*). Cet arbre atteint environ trente-cinq ou quarante pieds et son épaisseur varie d'un pied à un pied et demi. Son écorce se détache de la tige en larges morceaux, dont les Tangoutes se servent comme de papier. Il existe aussi dans les forêts deux sortes de bouleau blanc.

Les autres essences les plus communes sont le pin, le sapin, le peuplier, le saule, le sorbier, le genévrier, qui atteint parfois une hauteur de vingt pieds; on le rencontre sur le versant méridional et dans des cantons alpestres situés à plus de douze mille pieds d'altitude.

Parmi les arbrisseaux, nous avons trouvé le jasmin de deux sagènes; deux espèces de rosier, dont l'un avec des fleurs blanches; deux espèces d'épine-vinette, dont l'une avait des épines d'un demi-pouce de long; le sureau chinois; le *Ribes sp.*, groseillier qui porte de grosses baies aigres d'une couleur jaune; le framboisier, dont les baies sont jaunes et excellentes; une seconde espèce de framboisier, qui ressemble à l'arbuste européen et atteint une hauteur de deux pieds; elle croît seulement sur les pentes découvertes; enfin sept ou huit espèces de chèvrefeuille. Il faut encore ajouter la spirée, le cassis, le prunier, le fusain, le pêcher sauvage et le cornouillier. Sur les rives des torrents croissent beaucoup de saules, d'argousiers, *hippophae rhamnoïdes*, d'aliziers, de caraganas et de potentilles jaunes et blanches.

Les végétaux herbacés qui croissent dans les forêts sont encore plus nombreux; nous avons trouvé le fraisier, la *pedicularis sp.*, la pivoine, la *ligularia sp.*, la valériane, le bluet, le géranium, l'ancolie, la pyrole à feuilles rondes, le poirier, le merisier, la sanguisorbe, la *rubia javana*, le *renanthera sp.*, le *pleurospermum sp.*, la clématite et l'épilobe. Dans la seconde moitié de l'été, fleurissent l'aconit, la grande consoude, la gesse, la tanaisie vulgaire, l'aunée, l'assafœtida, la fougère vulgaire, le lis, le saxifrage, la gentiane, le *dracocephalum ruyschiana*, le *senecio pratensis*, la *schultzia sp.*, l'iris, la reine-marguerite, l'oseille, la primevère, le myosotis, l'anémone, le *bupleurum sp.*, l'*artemisia*, la *melica*, l'*elymus*, le *spodiopogon* et de nombreuses espèces de renoncules et de potentilles.

La *Potentilla anserina*, que nous appelons herbe des oies, est une racine comestible dont les Chinois et les Tangoutes font grand usage. Sa saveur rappelle celle du haricot. On en sèche les racines, on les blanchit et on les mange avec du riz ou du beurre. L'ivraie, fort nombreuse dans l'Ala-Chan, se rencontre aussi dans le Han-Sou ; les Mongols la nomment *koro-oubousou ;* leurs bestiaux savent parfaitement la distinguer et s'abstenir de s'en repaître.

Mais, parmi toutes les plantes de cette contrée, la rhubarbe médicinale[1] (*Rheum palmatum*), appelée *chara-moto* par les Mongols et *djoumtza* par les Tangoutes, est une des plus remarquables.

Une autre espèce de rhubarbe (*Rheum spiciforme*) ne se rencontre que dans les cantons alpestres, où sa racine atteint quelquefois une longueur de quatre pieds.

Immédiatement après la zone forestière, on rencontre celle des arbustes et des prairies alpestres, où abonde surtout le rhododendron ; nous en avons remarqué quatre espèces entièrement nouvelles d'après le botaniste Maximovitch. L'une d'elles, qui apparaît sous la forme de vigoureux buissons de douze pieds de haut, a de grandes feuilles persistantes et des fleurs blanches odoriférantes. Ce rhododendron est plus fréquent que toutes les plantes du même genre, et descend assez bas dans la zone forestière. Nous citerons encore : *Caragana jubata*, *Potentilla tenuifolia*, *Spiræa sp.*, enfin le saule à feuilles aiguës. Le terrain est tout couvert d'une mousse épaisse qui commence à se montrer dès la zone forestière.

Les prairies alpestres occupent de petites superficies au milieu des massifs d'arbustes ; la flore y est aussi très variée. Outre les plantes que nous avons déjà citées, nous avons remarqué de nombreux spécimens de la tribu des astéroïdes : *Erigeron sp.*, *Saussurea graminifolia*, *Leontopodium alpinum*, *Antennaria sp.*, *Polygonum sp.*, *Trollius sp.*, *Parnassia sp.*, et *Androsace sp.* Toutes ces plantes sont en pleine floraison dans la seconde moitié de juin.

La hauteur absolue de la zone prairiale est de douze mille pieds. Au-dessus d'elle la température devient très froide ; les

1. Voir la note concernant la rhubarbe à la fin du chapitre.

grands vents et le mauvais temps règnent là presque continuellement. On n'y trouve qu'une végétation naine et de nombreux lichens, disséminés par petites touffes sur les rochers arides. L'action de l'air, jointe à celle des mousses envahissantes, désagrège peu à peu les roches les plus dures, qui diminuent de plus en plus de volume et finissent par se briser.

Dans les localités sablonneuses prennent naissance des torrents, formés d'abord par un filet d'eau presque imperceptible qui se fait jour sous l'épaisseur des sables, s'offre à la vue comme un étroit ruban argenté, descend en cascades et plus loin se réunit à quelques autres sources; il forme alors un impétueux cours d'eau qui se précipite avec fracas à travers les inégalités de son lit.

La faune du Han-Sou est surtout riche en oiseaux; nous avons rencontré pourtant dix-huit espèces de mammifères, mais très peu d'amphibies, de poissons ou d'insectes.

Les gros animaux, vivement chassés par les indigènes, sont assez rares; nous n'avons remarqué que le porte-musc, le bouquetin et deux espèces de cerfs. Parmi les rongeurs, on trouve les marmottes (*Arctomys robustus*); un grand nombre d'entre elles habitent à plus de douze mille pieds de hauteur. Viennent ensuite le mulot, l'écureuil volant ou polatouche, le lièvre et le lièvre nain.

Les grands carnassiers sont représentés par l'ours des cavernes, le renard, le loup commun et le loup rouge; on remarque encore le chat sauvage, le blaireau et le putois.

L'ornithologie des montagnes compte cent espèces d'oiseaux sédentaires et dix-huit d'oiseaux voyageurs. Elles appartiennent presque toutes aux ordres des gallinacés, des rapaces, des chanteurs et au genre colombe. Les oiseaux aquatiques et les échassiers ne sont représentés que par une seule espèce.

Malgré la proximité du Han-Sou avec les autres parties de la Mongolie, sa faune est caractéristique et nous avons rencontré quarante-trois nouvelles espèces inconnues partout ailleurs. En général, cette faune compte des sujets que l'on trouve en Sibérie, dans la Chine proprement dite et dans l'Himalaya.

Fig. 23. — Rhubarbe médicinale en fleur (*rheum palmatum*).

Les principaux types des rapaces sont le lemmer-geyer, le vautour noir et le gypaëte. Les deux premiers ne se rencontrent qu'en Asie, exclusivement. Le condor est un oiseau d'une grande vigueur, de couleur grise et dont l'envergure est de dix pieds. Tous ces griffons sont ici en fort grand nombre.

Les oiseaux criards sont les martinets, les coucous et le genre des pics.

Les oiseaux chanteurs comptent une grande quantité de rouges-queues (*Phœnicura leucocephala*), qui n'habitent que les berges rocheuses des torrents : ce sont le merle (*Cinclus kaschemiriensis*), le rossignol (*Calliope kamtschatkensis*), le bouvreuil (*Pyrrhula erythrina*), le pinson (*Carpodacus sp.*), le roitelet et quelques espèces du genre colombe.

Dans les forêts élevées on rencontre trois espèces de merles, dont deux nouvelles, et quatre espèces des genres mésange, fauvette et verdier.

Les cantons alpestres sont habités par le grimpereau de muraille, par deux espèces de choucas, par l'hirondelle, l'alouette et deux espèces de fauvettes. Dans les régions moins élevées, nous avons trouvé le *Leptopœcile Sophiæ*, le *Carpodacus rubicilla*, le *Calliope pectoralis*, et, dans les plaines, les *Linaria brevirostris*, *Montifringilla Adamsi* et *Montifringilla sp.*

Les genres colombe et gallinacé nous ont offert : la *Columba rupestris*, la *Columba leuconata*, et le *Megaloperdix thibetanus*, le coq de bruyère, la gélinotte, la perdrix et le faisan.

Sur les bords des torrents, on rencontre un seul oiseau du genre bécasse (*Ibidorhyncha Struthersii*).

Après avoir quitté Tcheïbsen, nous poursuivîmes nos excursions dans les montagnes environnantes. Mais des pluies continuelles et une excessive humidité détérioraient nos collections de façon à nous empêcher de faire sécher nos oiseaux empaillés. Toutefois, malgré la neige qui nous surprit dans les cantons alpestres, nous pûmes préparer deux cents oiseaux, quoique ce fût l'époque de leur mue, et nous enrichîmes nos herbiers de trois cent vingt-quatre espèces de plantes, représentées par plus de trois mille spécimens. Notre récolte d'insectes fut peu nombreuse et nous ne fûmes pas inquiétés par les moustiques, qui nous avaient si cruellement tourmentés dans les forêts de l'Amour.

Les eaux de la Tétoung-Gol et des autres torrents étaient très froides, au point qu'il nous fut impossible de nous baigner pendant tout l'été.

Nous passâmes les premiers jours de notre exploration dans la région méridionale du massif, puis nous campâmes de l'autre côté, sur le mont Sodi-Sorouksoum, que l'on considère comme le point culminant de la chaîne. Pour m'assurer de la hauteur réelle du Sodi-Sorouksoum, je gagnai le sommet de la cime, à trois mille pieds au-dessus de notre tente. La vallée de la Tétoung-Gol s'étendait à mes pieds, des gorges étroites, d'un dessin irrégulier y aboutissaient de tous côtés et, au couchant, la chaîne septentrionale avec ses crêtes neigeuses se dressait devant moi. De longtemps je ne pus détacher mes regards de ce splendide panorama; et pour la première fois de ma vie, parvenu à une hauteur si considérable, je contemplais avec ravissement les rocheuses et puissantes assises des montagnes, tantôt nues, tantôt couvertes de forêts ou de prairies d'un vert éclatant, qui s'étageaient au-dessous de moi, sillonnées par les rivières alpestres, dont les capricieux méandres se déployaient comme des fils d'argent.

Le pic de Sodi-Sorouksoum s'élève à treize mille six cents pieds (4,145 mètres) d'altitude, et pourtant il n'atteint pas encore la limite des neiges perpétuelles. Je n'y ai aperçu de neige que dans quelques anfractuosités de rochers et du côté du nord.

Après avoir passé tout le mois de juillet dans ces montagnes, nous gagnâmes dès premiers jours d'août la chaîne septentrionale. Nous dressâmes notre tente à une hauteur de douze mille pieds, à la base du pic géant du Hadjour. Pendant toute la première quinzaine de notre séjour, le mauvais temps ne discontinua pas, et du 7 au 9 la terre fut couverte de neige. Dans des conditions si déplorables, il ne nous fut pas possible d'augmenter beaucoup nos collections; cependant nous ramassâmes quarante spécimens de la flore des environs.

Le Hadjour est composé d'amoncellements de rochers inaccessibles, au centre desquels est situé un petit lac nommé Demtchouk, dont la longueur est de cent sagènes environ et la largeur de trente-cinq ; il n'est abordable que d'un côté et par un couloir fort étroit. La pièce d'eau est réputée sacrée, et des lamas ainsi que de simples fidèles s'y rendent en pèlerinage du couvent de Tchertinton. Le guigen supérieur de ce monastère, qui avait vécu plusieurs semaines en ermite dans une grotte du voisinage, nous assura qu'un certain jour il avait aperçu neuf vaches nageant à la surface des eaux, mais qui, au bout de quelques instants, avaient disparu dans les ondes. C'est depuis cette époque que la réputation de sainteté du Demtchouk est parfaitement établie. Son altitude exacte est de treize mille cent pieds. Il a des eaux salées et limpides. Son site est très remarquable : le cirque étroit qui l'encaisse le surplombe de tous côtés par d'énormes roches et laisse apercevoir le ciel seulement par une étroite ouverture ; un silence absolu y règne et n'est coupé de loin en loin que par la chute d'une pierre qui se détache des rochers.

Nous avons encore vu un autre lac près du Sodi-Sorouksoum ; il se nomme Kossin et est alimenté par les torrents ; mais son bassin est découvert et son aspect n'est pas aussi mystérieux que celui du pic du Hadjour. Néanmoins il jouit aussi d'une réputation de sainteté, car on raconte qu'un génie, bon ou mauvais, l'histoire ne se prononce pas à cet égard, se précipita jadis sur un chasseur tangoute sous la forme d'un yak gris. Depuis lors, la chasse est sévèrement interdite dans tous les environs.

Le massif du Hadjour est composé de roches de feldspath, de calcaire et de schiste argileux. Il s'élève de mille pieds environ au-dessus du lac Demtchouk. Quoique sa hauteur n'atteigne pas celle du Sodi-Sorouksoum, nous avons remarqué dans les gorges du versant septentrional des amas de neige que n'avaient pas pu fondre les chaleurs de l'été.

Dans le massif méridional, la population est assez nombreuse, mais très disséminée, et les agglomérations varient suivant les incursions des Doungans. Aux environs du couvent de Tchertinton, l'on rencontre un grand nombre de Tangoutes ; mais par contre, dans le nord de la chaîne, on ne trouve pas une âme. Des bandes de brigands parcouraient la région occidentale du Han-Sou et la crainte qu'elles inspiraient était si grande que notre guide mongol, prétextant son ignorance des localités, refusa de nous y accompagner. Sa frayeur se calma un peu lorsque nous lui eûmes adjoint un compagnon tangoute; mais nous soupçonnâmes qu'ils complotaient tous deux de prendre le large à la première alerte. Pour nous, confiants dans l'excellence de nos armes, nous ne croyions avoir rien à redouter et nous passions auprès des naturels pour des sorciers ou des saints invulnérables aux coups de feu. Comme notre Tangoute exprimait souvent cette opinion en notre présence, je la lui fis confirmer par notre cosaque interprète, l'assurant que c'était l'exacte vérité. Nous ne négligions néanmoins aucune précaution; continuellement sur le qui-vive, nous faisions sentinelle pendant la nuit chacun à notre tour. Durant tout le temps de notre séjour dans le Hadjour, nous ne fûmes jamais inquiétés, quoique de petites bandes rôdassent dans les montagnes.

Avec la seconde moitié d'août, disparaissent la végétation et le règne animal, car dès la fin du mois on est en plein automne. Les arbres sont couverts de feuilles jaunes, et les sorbiers et les épines-vinettes présentent leurs grappes mûres blanches et rouges. L'herbe se dessèche dans les cantons alpestres et l'on ne trouve plus que çà et là quelques pauvres fleurs retardataires. L'une après l'autre, les différentes espèces d'oiseaux voyageurs abandonnent les montagnes pour gagner des régions plus tempérées.

Après avoir fait un butin ornithologique très important, nous résolûmes de retourner à Tcheïbsen et d'essayer de là d'atteindre le Koukou-Nor. Nous reprîmes nos chameaux, auxquels les pâturages du pays n'avaient point été favorables. L'humidité du climat avait ruiné leur santé ; atteints de toux et couverts d'ulcères, à peine s'ils promettaient d'avoir assez de force pour un court trajet.

Le 1er septembre nous arrivions à Tcheïbsen, où, pendant notre absence, la hardiesse des Doungans avait atteint les dernières limites. Les fantassins défenseurs du couvent ne pouvaient fondre sur ces pillards qui étaient tous montés. Les Doungans s'approchaient jusqu'au pied du rempart et, sachant que nous n'y étions pas, interpellaient les assiégés: « Où sont vos défenseurs russes, avec leurs belles armes? Nous voulons nous mesurer avec eux. » Les habitants du monastère désiraient notre retour comme une manne céleste et pensaient déjà à nous expédier un émissaire pour nous prier de le hâter. Cette fois-ci, pensions-nous, nous allions être obligés de faire connaissance avec les brigands, parmi lesquels, à ce qu'on disait, un surtout se distinguait par sa taille gigantesque et passait près des Tangoutes pour être invulnérable.

Notre position offrait d'assez grands dangers, car, comme il était impossible à toute notre caravane de s'installer dans le couvent encombré de monde, nous fûmes obligés de camper à une verste de distance dans une prairie découverte. Nous avions ainsi plus de facilité pour voir l'ennemi, et nous nous retranchâmes derrière un rempart formé de nos bagages et des bâts de nos chameaux.

La première nuit, dès la chute du jour, tout est barricadé dans le monastère et nous sommes laissés face à face avec les Doungans, qui sont près d'un millier et peuvent aisément nous écraser par le nombre. Le temps est clair ; nous restons longtemps à deviser, tous les quatre, de la patrie et des absents ; vers trois heures, trois d'entre nous se livrent au repos, mais le quatrième veille jusqu'au matin. La nuit s'achève tranquillement et le jour qui lui succède n'est pas moins calme. Les Doungans se sont éloignés comme par enchantement, et avec eux le formidable guerrier invulnérable. Le troisième jour, les gens de Tcheïbsen, encouragés par cette disparition, sortent du monastère et amènent leur bétail paître autour de notre campement. Tel est le prestige de la vaillance européenne au milieu de la corruption morale des Asiatiques.

Le cinquième jour de cette halte forcée, la possibilité de nous frayer une route jusqu'au lac Koukou-Nor devenait évidente.

La route directe de Tcheïbsen passait par les villes de San-Gouan et de Donkir, après lesquelles nous pouvions atteindre les rives du Koukou-Nor en cinq étapes. Malheureusement San-Gouan, était occupée par les Doungans et nous étions forcés de trouver un autre chemin. Le troisième jour, arrivèrent précisément trois Mongols, qui étaient partis de Mour-Zasak, sur le cours supérieur de la Tétoung, et avaient cheminé la nuit à travers les sentiers des montagnes. Ces Mongols devaient sous peu retourner dans leur pays et pouvaient être pour nous d'excellents guides; il était donc urgent de nous mettre en rapport avec eux. Afin d'assurer le succès de notre négociation, nous prîmes pour intermédiaire le supérieur du monastère, qu'un présent assez convenable mit complètement dans nos intérêts. Les Mongols s'engagèrent avec lui à nous conduire jusqu'à Mour-Zasak, distant de cent trente-cinq verstes, moyennant trente lans.

La plus grande difficulté qui se présentait était de savoir si nous pourrions circuler facilement, avec des chameaux chargés, dans d'étroits sentiers et pendant la nuit; car pendant le jour on pourrait rencontrer les Doungans qui battaient la contrée. Le supérieur du couvent encourageait alors nos guides en leur faisant remarquer que tous les quatre nous campions en plein air, sans que personne osât nous inquiéter, alors qu'eux tous, au nombre de plus de deux mille, se renfermaient dans le monastère. « Ces Russes savent « d'avance tout ce qui peut leur arriver, ajouta-t-il; et il est « évident que leur chef est un grand saint ou un grand sor- « cier. » Cet argument, joint aux trente lans, vainquit l'hésitation des Mongols. Ils se déclarèrent prêts à partir avec nous, mais nous demandèrent de leur dire d'abord la bonne aventure. Nous profitâmes de cette prière pour déterminer la longitude de Tcheïbsen, pendant que nos futurs compagnons contemplèrent avec de grands yeux les opérations auxquelles nous nous livrions.

Notre relèvement achevé, je déclarai que notre départ serait retardé : retard indispensable pour nous afin d'avoir le temps de mettre en sûreté nos collections au couvent de Tchertinton, où elles risqueraient moins qu'à Tcheïbsen de tomber entre les mains des Doungans. Il était aussi nécessaire d'attendre que les marais des montagnes fussent couverts de glace. En conséquence, nous résolûmes de fixer notre départ au 23 septembre et jusque-là de garder le secret. Après avoir donné dix lans d'arrhes à nos guides qui retournèrent à Tcheïbsen, nous décampâmes et allâmes nous établir dans le sud du massif. De là, M. de Piltzoff partit avec nos collections et alla les confier au guigen de Tchertinton.

Les vingt jours que nous passâmes dans le sud de la chaîne furent à peu près inutiles pour nos travaux scientifiques: les forêts et les cantons alpestres étaient dépeuplés, les hauts sommets étaient déjà couverts de neige, et la pluie et les bourrasques se succédaient presque chaque jour. Pendant la première quinzaine de septembre, nous aperçûmes de nombreuses volées de petits oiseaux, et, le 16, nous remarquâmes un vol considérable de grues qui se dirigeaient vers le sud.

Sur ces entrefaites, commencèrent les hostilités entre les Chinois et les Doungans. Un corps d'armée chinois fort de vingt-cinq mille hommes, arrivé au mois de juillet dans le Han-Sou, se répandit dans les montagnes de Nim-Bi et de Ou-Iam-Bou. La présence de ces guerriers qui réquisitionnaient tous les vivres de la contrée nous donna beaucoup de peine pour nous ravitailler, et sans l'intervention des autorités nous n'y fussions pas parvenus. Nos vivres consistaient en près de vingt pouds de mauvaise farine d'orge grillée et il nous restait encore presque autant de riz et de millet. Tout cet approvisionnement fut réparti sur quatre chameaux.

Quelques jours avant notre départ pour le Koukou-Nor, la caravane tangoute avec laquelle nous avions fait route s'était remise en marche vers Pékin. J'avais profité de cette occasion pour lui remettre mon courrier et mes rapports officiels, dans lesquels je donnais avis que nous nous dirigions sur le Koukou-Nor, mais que nos ressources étaient insuffisantes pour aller de là jusqu'à la cité de Lhassa dans le Thibet.

Enfin le jour désiré, le 23 septembre, est arrivé; nous partons de Tcheïbsen. Comme je l'ai dit précédemment, nous suivons des sentiers dans des montagnes, laissant à notre droite et à notre gauche les deux villes de San-Gouan et de Tétoung. La route est trop difficile pour nos chameaux, amaigris et à moitié malades; nous sommes obligés de partager leur fardeau sur nos autres bêtes de somme.

Le premier jour de notre voyage s'accomplit heureusement; mais, le second jour, arrivés vers le couvent d'Altin, nos guides nous apprennent que les soldats chinois gardent tous les passages et qu'ils pillent indifféremment amis ou ennemis. Nous leur répondons que cela nous est égal et que nos balles sont pour les Chinois aussi bien que pour les Doungans ; puis nous continuons notre route. A peine sommes-nous à une verste du temple qu'un peloton d'une trentaine de cavaliers débouche sur nous au galop, en tirant des coups de feu et poussant de grands cris. Lorsque ces guerriers ne sont plus qu'à cinq cents pas de nous, je leur fais crier par l'interprète que nous sommes des Russes et non pas des Doungans et que, s'ils continuent à nous charger, nous allons riposter par des coups de feu.

Malgré cet avertissement, ils galopèrent encore jusqu'à environ deux cents pas ; nous apercevant alors immobiles et l'arme prête à tirer, ils s'arrêtent, mettent pied à terre et nous disent qu'ils nous ont pris pour des Doungans. Cette échappatoire était trop grossière, car les Doungans ne cheminent jamais sur des chameaux ; les soldats du Céleste-Empire avaient simplement eu envie de piller notre caravane, si nous nous étions laissé effrayer par leurs cris et que nous eussions abandonné nos bêtes de somme. La même histoire se reproduisit quelques verstes plus loin et se termina de la même façon.

Le troisième jour était l'étape la plus périlleuse, car nous passions à la hauteur des deux villes de San-Gouan et de Tétoung. Nous croisâmes heureusement le chemin qui conduisait à la première ; mais, parvenus au sommet du col où s'embranche la route conduisant à Tétoung, nous aperçûmes à deux verstes de nous une centaine de Doungans à cheval qui poussaient devant eux un immense troupeau de moutons. Aussitôt qu'ils nous eurent remarqués, ils tirèrent quelques coups de fusil et se massèrent à la sortie de la gorge par où nous devions passer. Nos guides, plus morts que vifs, se mirent à marmotter des prières, tout en nous suppliant de battre en retraite sur Tcheïbsen. Mais il était évident que notre fuite serait pour les Doungans le signal de l'attaque et, bien montés comme ils l'étaient, ils nous auraient facilement rejoints, aussi jugeâmes-nous plus prudent de continuer notre chemin. Notre petite troupe de quatre Européens s'avança donc en avant-garde, l'arme apprêtée ; nos Mongols suivaient derrière, conduisant la caravane, et nous les avions

Fig. 24. — Doungans mis en fuite.

prévenus que, s'ils faisaient mine de s'enfuir, nos premières balles seraient pour eux. Cependant la position ne laissait pas que d'être très périlleuse et tout notre espoir consistait dans l'excellence de nos armes ou dans la poltronnerie de nos adversaires.

Ce calcul était juste : en nous voyant avancer, les Doungans firent encore une décharge, puis ils prirent la fuite des deux côtés du chemin. Sortis de ce mauvais pas, nous pûmes continuer notre route, mais la nuit ne tarda pas à nous surprendre et la descente du col fut très difficile ; pendant plus d'une heure nous marchâmes encore dans l'obscurité la plus complète, nous accrochant comme nous pouvions aux aspérités des rochers. Enfin nous parvînmes à une gorge étroite, couverte d'épais arbustes, où nous eûmes toutes les peines du monde à dresser notre tente et à allumer du feu.

Cinq jours après, nous atteignîmes sans autre incident le Mour-Zasak, à vingt verstes de la ville doungane de Iou-Nan-Tchen. Ce district relève administrativement de Koukou-Nor, cependant son gouverneur vit en fort bons termes avec les Doungans, qui lui achètent des bestiaux et lui vendent différentes marchandises.

Grâce aux lettres de recommandation que nous avaient données les autorités de Tcheïbsen pour celles de Mour-Zasak, nous fûmes bien reçus. Nous prîmes là de nouveaux guides et fîmes quelques cadeaux aux principaux fonctionnaires.

Les guides devaient nous conduire jusqu'au plus prochain campement tangoute, situé le long de la Tétoung-Gol supérieure. Le chemin qui y conduisait longeait la rive gauche de la rivière et, malgré la neige fondue dans laquelle trébuchaient nos chameaux, il était incontestablement meilleur que celui que nous avions suivi depuis Tcheïbsen. Nous fûmes encore bien accueillis par le chef de ce camp ; il eut pour présent cinq archines de peluche et un millier d'aiguilles, et nous envoya en retour un mouton et dix livres de beurre de yak. Nous séjournâmes un jour dans son camp. Après avoir pris encore de nouveaux guides, nous quittâmes la vallée de la Tétoung et nous tournâmes au sud dans la direction du lac Koukou-Nor.

La partie du bassin de la haute Tétoung que nous venions

de parcourir est complètement montagneuse et d'un caractère aussi agreste qu'aux environs du temple de Tchertinton. Les deux chaînes qui encadrent l'une et l'autre rive projettent vers le sud des rameaux qui servent de ligne de partage entre les affluents du Sélin-Gol et ceux du Koukou-Nor. Le plus important de ces cours d'eau que nous ayons rencontrés est le Bougouk-Gol, tributaire du Selin-Gol et qui coule dans une belle et pittoresque plaine. Sur la rive gauche de la Tétoung, la chaîne septentrionale, à la hauteur de la ville de Iou-Nan-Tchen, tourne brusquement au nord; en même temps, ses sommets deviennent encore plus élevés, et parmi eux se distingue le pic neigeux du Konkir, montagne sacrée des Tangoutes.

La chaîne méridionale, de Tcheïbsen à Mour-Zasak, a son versant du nord couvert d'arbustes; d'excellents pâturages s'étendent sur la pente du sud. Dans la vallée du Bougouk-Gol croissent quelques forêts de sapins. Plus loin, vers la haute Tétoung et surtout dans les cols resserrés qui coupent la ligne de partage des eaux, les montagnes s'abaissent, les versants descendent en pente douce et sont parsemés de terrains marécageux très fréquents dans les vallées; le seul arbuste que l'on y rencontre est le thé jaune. En un mot, tout annonce l'approche de la plaine steppienne du Koukou-Nor, où nous entrons enfin le 12 octobre; le jour suivant nous dressons notre tente sur la rive du lac.

Le but de l'expédition est atteint! Le rêve de ma vie s'est accompli. Le voilà donc ce lac que nous avions si souvent désespéré d'atteindre! En contemplant ses magnifiques ondes bleues, l'excès de nos misères, de nos privations, de nos fatigues : tout est oublié.

La rhubarbe figurée à la page 183 présente au-dessus de sa racine trois ou quatre grandes feuilles palmées, du milieu desquelles se dresse la tige florale haute de sept à dix pieds et épaisse d'un demi-pouce. Chez les sujets âgés, on trouve parfois jusqu'à dix et même plus de ces grandes feuilles; en ce cas ils ont aussi plusieurs tiges florales. Le pétiole est épais comme le doigt et sa longueur atteint souvent vingt-six pouces; sa couleur est verte à son extrémité inférieure, rougeâtre à sa partie supérieure et entièrement sillonnée de petites lignes rougeâtres.

La floraison commence à la fin de juin et se termine en juillet, la graine mûrit à la fin d'août, la récolte s'opère en septembre et en octobre.

Le principal entrepôt du commerce de la rhubarbe est la ville de Si-Ning, d'où on l'expédie à Tian-Tzin et aux autres ports fréquentés par les Européens. On en dirige aussi sur Kiakta ; elle est alors dépouillée de son écorce, et coupée en morceaux enfilés sur un cordon. Il faut éviter de la faire sécher au soleil, car on prétend que, dans ce cas, elle se corrompt beaucoup plus vite.

Dans les montagnes du Han-Sou la rhubarbe croît depuis les profondes vallées jusqu'à la zone forestière (mille pieds au-dessus du niveau de la mer). Elle préfère un sol de terre noire légèrement humide.

Les Tangoutes la sèment dans leurs potagers ou repiquent les plants trouvés dans les forêts. Ils s'en servent comme plante fourragère et médicinale.

L'étude de la rhubarbe nous a convaincus que cette plante pouvait être cultivée aussi chez nous, dans le Caucase, l'Oural, le Baïkal et le pays de l'Amour. Nous en avons remis une collection de graines au jardin impérial de botanique.

La rhubarbe se rencontre surtout dans les pays alpestres.

CHAPITRE X

LES TANGOUTES ET LES DOUNGANS.

Aspect physique, langue, vêtement et habitations des Tangoutes. — Leurs occupations, leur nourriture et leur caractère. — Insurrection mahométane dans l'ouest de la Chine. — Mouvement insurrectionnel dans le Han-Sou. — Mesures adoptées par le gouvernement chinois. — Démoralisation de l'armée chinoise. — Prise de la ville de Si-Ning par les Doungans.

Les Tangoutes ou, comme les appellent les Chinois, les Si-Fans, sont congénères des Thibétains. Ils habitent la province de Han-Sou, celle de Koukou-Nor, et la partie orientale du Dzaïdam; mais leur plus grande agglomération se rencontre dans le bassin supérieur du Hoang-Ho, d'où elle s'étend jusqu'à la rivière Bleue, peut-être même plus loin. A l'exception du Koukou-Nor et du Dzaïdam, dans toutes les provinces, les Tangoutes portent le nom d'Amdo et vivent le plus souvent confondus avec les populations chinoises et mongoles.

Comme nous l'avons dit dans le précédent chapitre, ils ont beaucoup de ressemblance avec les Tziganes. Leur taille est moyenne et leur constitution robuste. Tous presque sans exception ont les cheveux, la barbe et les sourcils noirs, avec des yeux grands et noirs, mieux percés que ceux des Mongols. Leur nez est droit, souvent en bec d'aigle, et leurs lèvres sont grandes, mais à rebords épais. Ils n'ont pas les pommettes aussi saillantes que les Mongols; leur visage est de forme oblongue sans être plat; la couleur de leur teint est foncée, et quelquefois mate chez les femmes.

Contrairement aux Mongols, les Tangoutes ont la barbe épaisse; mais ils la rasent toujours ainsi que la chevelure.

Les femmes portent les cheveux longs, séparés au milieu de

Fig. 25. — Femmes Tangoutes-daldis.

la tête et tombant en quinze ou vingt tresses de chaque côté du visage. Ces nattes sont garnies de verroteries, de rubans et d'autres menus ornements. En outre, les dames tangoutes ne dédaignent point l'usage du fard qu'elles achètent aux Chinois ; en été, elles le remplacent par des fraises, fort abondantes dans les montagnes. Nous n'avons remarqué cette coutume du maquillage que dans le Han-Sou ; dans le Koukou-Nor et le Dzaïdam, elle n'existe pas ; peut-être parce que les ingrédients y sont difficiles à se procurer.

Tels sont les Tangoutes du Han-Sou. Un autre rameau de cette race est appelé Kara-Tangoute ou Tangoutes Noirs ; il habite dans le bassin du Koukou-Nor, à l'ouest du Dzaïdam et sur le Hoang-Ho supérieur. Les Kara-Tangoutes se distinguent de leurs congénères par une taille plus élevée, un teint plus foncé, et plus encore de penchant au brigandage ; en outre ils portent toute la barbe.

L'étude de la langue tangoute nous a présenté des difficultés insurmontables, d'abord par suite du manque d'interprète et ensuite à cause de la méfiance des populations. Il nous a été impossible de transcrire sur notre carnet un seul mot sur une simple audition, car nous nous serions attiré de graves erreurs. De plus il faut se rappeler que notre cosaque interprète ne connaissait pas le tangoute et que nous ne pouvions communiquer qu'avec ceux des Tangoutes qui connaissaient le mongol, chose fort rare. Nous trouvions plus facilement des Mongols connaissant le tangoute. Ainsi, le plus ordinairement, nous devions nous aider de deux personnes : je parlais russe à mon cosaque, il traduisait en mongol, et le Mongol traduisait en tangoute. La plus grande attention était donc nécessaire. Et, si l'on tient compte du peu d'instruction de notre cosaque, de la stupidité du Mongol et de la méfiance du Tangoute, on s'explique que nos progrès en linguistique aient été peu sérieux. Nous parvînmes pourtant de temps à autre à noter quelques mots de ce dialecte si étranger aux oreilles européennes. Voici la nomenclature complète des mots que nous avons pu recueillir :

montagnes,	rii.	feutre,	dzioungon.
chaîne	khika	pelisse	rtzoka
rivière	tchsiou-tchen	chapeau	siaia
ruisseau	cioub-tchen	robe	loo
lac	tzoo	bottes	kam
eau	tchsiou	chemise	dzelin
herbe	rtza	trompette	tetkouou
forêt	chan	briquet	mitzia
bois	chan-kirë	tabac	dooa
bois à brûler	mii-chan	fer à cheval	rnikdziak
feu	mii	bourse à tabac	dioudkkouk
nuage	rmouhaa	homme	ktcheïbsa
pluie	tziar	femme	erkmat
neige	kinn	enfant	siazi
tonnerre	onam	mari	béié
éclair	tok	épouse	rgantou
froid	habsà	tête	mni-goou
chaud	dzattchiguê	yeux	nik
vent	loune	front	tomba
thé	dziaia	oreille	rna
iourte	kirr	sourcils	dzouma
foyer, âtre	htziaktab	bouche	ka
tente	rioukarr	lèvres	tcheli
lait	goma	joues	dziamba
beurre	marr	visage	noo
viande	chaa	cheveux	ktza
mouton	liouk	moustaches	kobsi
chèvre	rama	favoris	dziara
vache	sok	barbe	dziamki
taureau,	olonntmou.	dents	soo
yak (mâle)	iak	langue	kdzé
yak (femelle)	ndjë	cœur	rkm
chien	dztchë	toît, demeure	tchak
cheval	rtaa	cou	knia
âne	onlë	intestins	dziounak
mulet	ptchii	poitrine	ptchan
ours	bciougdjet	main	lokva
loutre	tchioukram	doigts	mdzougéé
loup	koadam	ongles	dzinmou
renard	gaa	dos	dzanra
renard de Tartarie	béé	ventre	tchombou
hérisson	rgan	pieds	kounaa
chauve-souris	pànaa	plante des pieds	kanti
gerboise	rktilou	genou	ortou
lièvre	rougoun	jambe	kdzinar
mammifère	btchjaa-djakzioum	Dieu	Skaa
souris	karda	ange	tounba
marmotte	choo	paradis	raï
antilope	goo	enfer	ouardou
porte-musc	laa	ciel	nam
cerf	chaa	soleil	nima
biche	imou	étoiles	karama

bouquetin,	rnaa.	lune,	dava.
chameau	namoun	terre	saaziouiou
argali	rkian	année	namrtzaa
mois	rdzavaa	dire, parler	choda
semaine	nima abdoun	prier Dieu	chagamtza
nuit	namgoum	regarder	kdzirkma
venir	djéo	apporter	dzerachok
arrêter	langot	aller	dajdjé
manger	tasa	courir	dardjouk
boire	toun	il	kan
dormir	rnit	il y a	iot
être situé	niaia	oui	rit
asseoir	duk	non	mit.
crier	kioupset		

Les Tangoutes ont la nomenclature arithmétique que voici :

1	ktzik	101	rdza-ta-ktzik
2	ni	102	rdza-ta-ni
3	soum	.....	....
4	bjë	200	ni-rdza
5	rna	300	soum-rdza
6	tchok	400	bje-rdza
7	dioun	500	rna-rdza
8	dziat	600	tchok-rdza
9	rgiou	700	dioun-rdza
10	dziou-tamba	800	dziam-rdza
11	dziou-ktzik	900	rgiou-rdza
12	dziou-ni	1 000	rtoun-tik-ktzik
....	....	2 000	rtoun-tik-ni
20	ni-tchi tamba	10 000	tchi-tzik-ktzik
30	soum-tchi tamba	20 000	tchi-tzok-ni
40	bjen-tchi-tamba	100 000	bouma
50	rnon-tchi-tamba	200 000	bouma-ni
60	tchok-tchi-tamba	300 000	bouma-soum
70	dioum-tchi-tamba	1 000 000	siva
80	dziat-tchi-tamba	10 000 000	dounkir.
90	rgiou-tchi-tamba		
100	rdza-tamba		

Les Tangoutes sont vêtus de peaux de mouton, car leur climat est très froid en hiver et très humide en été. Les deux sexes portent une robe de peau qui descend jusqu'aux genoux, des bottes de manufacture chinoise ou indigène, et un chapeau de feutre gris à forme étroite. Personne n'a ni chemise ni pantalon, même en hiver. Les gens riches se parent de robes en cotonnade chinoise de couleur bleue; les lamas préfèrent le rouge, plus rarement le jaune.

En général cette population est plus pauvre que les Mongols. Chez ces derniers, en effet, on rencontre assez souvent des gens vêtus de robes de soie, parure excessivement rare chez les Tangoutes. Quelle que soit la saison, ceux-ci font descendre la manche droite de leur pelisse, en sorte que le bras et une partie de la poitrine du même côté restent toujours découverts.

Quelques élégants garnissent le bord de leur vêtement avec des peaux de panthère et se suspendent à l'oreille gauche une grande boucle d'argent dans laquelle est enchâssé un grenat. Un briquet et un poignard derrière la ceinture, le sac à tabac et la pipe sur le flanc gauche, tels sont les accessoires indispensables de la toilette masculine. Dans les provinces du Koukou-Nor et du Dzaïdam, tous les habitants portent le sabre. Cette arme, ordinairement très défectueuse, atteint pourtant un prix fort élevé.

Les femmes, comme on vient de le voir, portent le même costume que les hommes; seulement, les jours de cérémonie, elles garnissent leurs épaules de certains ornements en forme de coquilles blanches, disposées à deux pouces de distance l'une de l'autre. De plus, comme chez les Mongols, les riches et les élégantes disposent des perles rouges dans leurs cheveux.

La grande majorité des Tangoutes habite des tentes noires tissées avec les poils du yak. Ces tentes sont affermies par des pieux aux quatre coins, et les côtés sont assujettis au sol. A la partie supérieure, existe, vers le milieu, une ouverture d'un pied en largeur pour laisser passer la fumée. Pendant la nuit et lorsqu'il pleut, cette cheminée reste close. Au centre de l'appartement, on construit un foyer de terre glaise; en face de la porte, on place les ustensiles de ménage, et les habitants se logent sur les côtés, dans des lits faits de fagots de broussailles, et, souvent même, ils se couchent simplement sur la terre nue, détrempée par les immondices, les pluies et l'humidité.

Dans les districts forestiers du Han-Sou, la tente fait place à une isba en bois ou à une fanza chinoise, surtout dans les endroits où les Tangoutes vivent en communauté avec les Chinois. A l'exemple de ceux-ci, ils s'adonnent à l'agriculture. Une isba tangoute rappelle par son aspect celle des Russes blancs; mais elle est encore plus misérable et se compose de poutres non équarries, juxtaposées les unes sur les autres. Les interstices sont bouchés avec de la terre glaise, dont une couche recouvre la plate-forme du toit, où l'on pratique une sorte de fenêtre pour le passage de la fumée.

Cette habitation est pourtant confortable si on la compare à leur tente, que la pluie transperce et qui ne préserve pas du froid. Le repaire d'une marmotte est sans exagération plus habitable que la tente d'un Tangoute : l'animal sait au moins se disposer une couche à l'abri de l'humidité, tandis que l'homme, dans son immonde demeure, s'étend, comme nous venons de le dire, sur la terre mouillée, sur des broussailles et des feutres en putréfaction.

L'élevage du bétail forme la principale occupation et la ressource de ces tribus. Elles nourrissent surtout des moutons et des yaks, fort peu de chevaux et de vaches. La richesse de leurs troupeaux est surtout remarquable dans les montagnes du Han-Sou et dans les steppes voisins du lac Koukou-Nor. Souvent dans ces localités nous en avons vu composés de plusieurs centaines de yaks et de milliers de moutons, appartenant au même propriétaire. Ces opulents éleveurs habitent les mêmes tentes que les plus pauvres de leurs compatriotes, et n'ont pas d'autre manière de vivre. D'une excessive malpropreté, ne se lavant jamais, ils sont couverts de vermine et, comme les Mongols, ils n'hésitent pas à s'en débarrasser en public.

L'animal caractéristique du territoire tangoute est le yak à longs poils, qu'on trouve aussi dans les monts de l'Ala-Chan, et qui habite en grand nombre la région septentrionale de Kalka, où l'eau et les pâturages alpestres sont abondants. Le yak n'existe, dans des conditions favorables à son tempérament, que dans les endroits élevés au-dessus du niveau de la mer; pour lui, l'eau est une nécessité : il aime beaucoup à se baigner, et nous avons vu fréquemment ces animaux se précipiter tout chargés dans le rapide courant de la Tétoung-Gol. Leur stature est celle de nos bestiaux ordinaires; la couleur de leur robe est noire ou noire et blanche.

C'est bien rare d'en rencontrer qui soient entièrement blancs.

Quoique réduit en servitude, le yak a conservé un naturel turbulent et indocile; il a les mouvements prompts et agiles; lorsqu'il est irrité, il devient dangereux pour l'homme même.

Comme animal domestique, son utilité est incontestable. Il fournit de la laine, de l'excellent lait, de la viande, et on l'emploie au charroi. Mais, pour le dompter, il faut une patience et une habileté merveilleuses. Avec un fardeau de cinq à six pouds, il parcourra les montagnes toute la journée, et la sûreté de son pied est telle qu'il passera sur des corniches où les bouquetins et les argalis oseront à peine s'aventurer. Sur le territoire tangoute, où les chameaux sont peu nombreux, les yaks sont à peu près les seules bêtes de somme.

Dans le Han-Sou, ils paissent toute la journée au loin, sans surveillance réelle; vers le soir seulement, ils regagnent les environs de la tente de leur propriétaire.

Le beurre de la femelle yak est délicieux, épais comme de la crème, d'une belle couleur jaune et d'une qualité bien supérieure au beurre de vache. En résumé, cet animal est d'une grande utilité. On devrait bien l'introduire en Sibérie et dans les provinces de la Russie d'Europe, où il pourrait trouver les conditions d'existence que sa nature réclame. Les monts Ourals et le Caucase offriraient d'excellentes localités pour son acclimatation, qui ne présenterait certainement pas de sérieuses difficultés. A Ourga, on paye un yak de vingt à trente roubles. Pourquoi ne le conduirait-on pas de là sur notre territoire?

Les Tangoutes s'en servent même comme de monture, et, pour le diriger, ils lui passent à travers des narines un gros anneau de bois.

Le croisement des yaks est facile avec les vaches ou les taureaux; les sujets qui en résultent sont appelés *kaïnik*. Ce sont des animaux bien forts, bien durs à la fatigue et dont le prix est très élevé.

Le petit nombre de Tangoutes, qui, mêlés avec les Chinois, vivent dans les environs de Tcheïbsen, s'adonnent à l'agriculture. Mais la vie sédentaire et les travaux de la terre ne leur conviennent guère, et ils regrettent toujours la vie pastorale de leurs compatriotes nomades. Cette existence errante offre en effet moins de soucis à leur caractère paresseux.

Ils campent ordinairement par groupes de familles, contrairement aux Mongols qui vivent solitaires. Ces deux peuples présentent des caractères fort souvent opposés, au physique aussi bien qu'au moral. Le Mongol, attaché à son désert aride, redoute l'humidité ; le Tangoute, qui est son voisin, n'aime pas le désert : l'eau ainsi que les gras et humides pâturages l'attirent. Les deux espèces d'animaux avec lesquels ils vivent offrent les mêmes différences : le chameau est une parfaite copie du Mongol, tandis que le yak reproduit les traits prédominants du Tangoute.

Dans les montagnes, certains habitants s'occupent de fabriquer de la boissellerie. Ils préparent notamment des vaisseaux en bois pour garder le beurre, quoiqu'on le conserve le plus habituellement dans les péritoines de yaks ou de moutons. Les femmes filent aussi à la quenouille la laine du yak destinée aux vêtements ; mais ce sont les Chinois qui tissent le drap. On mesure celui-ci en plaçant les bras en croix, de sorte que l'aunage et le prix varient suivant la taille de l'acheteur.

Il n'y a que les soins à donner aux bestiaux qui fassent sortir le Tangoute de sa paresse absolue : pendant des heures entières, hommes et femmes, grands et petits, restent, assis devant l'âtre, sans rien faire, arrosant leurs repas de nombreuses libations de thé. Cette dernière boisson leur est aussi indispensable qu'aux Mongols ; mais, comme depuis l'insurrection cette denrée atteint un prix élevé, et qu'il est difficile de s'en procurer, ils la remplacent par des oignons séchés ou par une certaine herbe qu'on sèche également et qu'on presse comme le tabac. Cette fabrication a son siège à Donkir et son produit se nomme thé de Donkir. Les Tangoutes coupent cette abominable infusion avec du lait et la boivent en grande quantité.

Comme accessoire au thé, on ajoute le dzamba, sous la forme d'une espèce de pâte pétrie avec du beurre ou du fromage sec ; on en délaye une certaine quantité avec l'infusion. Ce gâchis dégoûtant est le mets national. Les plus riches eux-mêmes tuent rarement un yak ou un mouton. Leur avarice est si sordide qu'à l'exemple des Mongols ils ne dédaignent pas la viande en putréfaction. Ils font aussi grand usage de lait caillé.

Leur saleté défie toute description, et littéralement ils sont couverts de vermine; les personnes et les animaux vivent dans la crasse la plus immonde; jamais leurs habitations ni leurs ustensiles de ménage ne reçoivent les soins de propreté les plus vulgaires.

C'est à Donkir qu'ils se procurent par échange les objets et les marchandises dont ils ont besoin; ils y conduisent du bétail vivant, y portent de la laine, des dépouilles d'animaux et font emplette de dzamba, de tabac, de bottes, etc. Dans le Koukou-Nor et le Dzaïdam, le prix des marchandises n'est pas fixé par l'argent, mais évalué en moutons.

Au moral, les Tangoutes sont hardis, énergiques et même intelligents, surtout dans le Koukou-Nor et le Dzaïdam; mais ils ne pratiquent pas l'hospitalité aussi généreusement que les Mongols. Ceux qui sont en rapport avec les Chinois portent l'astuce à un degré excessif: ils ont la passion de marchander, et ne rendent jamais le plus léger service sans réclamer une gratification.

Quand ils vous saluent, ils étendent les bras horizontalement en disant : *aka-tétou*. Le mot *aka* revient au mot *nokor*, des Mongols, et équivaut au mot *monsieur*. Lorsqu'ils reçoivent un convive, ils lui font cadeau d'un *kadak* ou robe de soie, dont la qualité varie selon l'estime qu'ils ont pour lui.

Outre les femmes légitimes, ils entretiennent quelques concubines. Les femmes s'occupent des travaux domestiques et possèdent, à ce qu'il nous a semblé, les mêmes droits que leurs maris. Il est à remarquer que les Tangoutes sont dans l'usage d'enlever celle qu'ils désirent avoir pour épouse. La jeune fille appartient à son ravisseur, qui paye aux parents une rançon, parfois assez considérable. Les deux sexes comptent leur âge depuis le moment de la conception.

Comme les Mongols, ils sont fervents bouddhistes et très superstitieux : à chaque instant on rencontre des processions religieuses; les dévots se rendent tous les ans à Lhassa. Les lamas sont très respectés et jouissent d'une énorme influence. Les couvents sont moins nombreux qu'en Mongolie, quoique les guigens soient aussi nombreux, mais ils vivent sous la tente comme les simples mortels. Seuls ils ont droit aux honneurs de la sépulture; le commun des fidèles est jeté dans les forêts pour servir de pâture aux bêtes fauves et aux oiseaux de proie.

Les Tangoutes sont administrés par des fonctionnaires spéciaux qui relèvent du prince de Han-Sou. Ce dernier avait sa résidence à Si-Ning; lors de la prise de cette ville, il se réfugia à Djoun-Lin, et, en octobre 1872, quand les troupes chinoises eurent repris Si-Ning, il rentra dans sa capitale.

L'insurrection mahométane qui, il y a environ dix ans, avait embrasé l'occident des possessions chinoises, a eu d'abord pour elle toutes les chances de succès dans sa lutte avec la dynastie des Mandchoux. Après avoir dès ses premiers pas réussi à secouer le joug détesté des Chinois et s'être propagée sur un vaste territoire, à l'ouest de la grande muraille et sur le haut du fleuve Jaune, l'insurrection a vu son mouvement agressif arrêté. Depuis lors, ces rebelles, que nous appelons Doungans et les Chinois Koï-Koï, se sont bornés à des actes de pillage en Mongolie et dans la Chine propre. La dévastation de l'Ordos et de l'Ala-Chan à l'ouest, d'Ouliasoutaï, de Kobdo et de Boulountokoï à l'est, ont été les grands exploits des Koï-Koï. A leur tour, ils subirent des échecs quand le cabinet de Pékin se fut décidé à prendre contre eux des mesures énergiques.

La rébellion mahométane date de 1862, et tout d'abord elle s'empara des trois grandes villes de Si-Ning, de Tétoung et de Sou-Tchéou. Les garnisons chinoises de ces trois places furent massacrées ou passèrent à l'ennemi après avoir embrassé l'islamisme. Toutefois beaucoup d'autres villes de la même province résistèrent, de sorte que le Han-Sou ne fut pas entièrement perdu pour le gouvernement impérial. Mais son territoire se trouva découpé en parcelles, enclavées les unes dans les autres et appartenant ici aux insurgés, là à l'administration impériale.

Dans un pareil état de choses, le pillage resta le principal objet des Koï-Koï devenus indépendants. Ce fut la ruine de ce nouvel État, avant même qu'il eût atteint une existence politique sérieuse. Au lieu de franchir le fleuve Jaune, de se porter en masse sur Pékin et de livrer une bataille décisive sous ses murs, les insurgés se séparèrent et commencèrent à marcher par petites troupes. S'ils eussent su agir avec promptitude et résolution, toutes les chances de réussite étaient pour eux. Car, sans parler de la poltronnerie bien connue des soldats chinois, ils pouvaient trouver un puissant auxiliaire dans la population mahométane, qu'anime une haine vigoureuse contre la dynastie mandchoue et qui, à la première apparition de ses coreligionnaires occidentaux, se serait soulevée. Le nombre des mahométans est de quatre ou cinq millions dans tout le Céleste-Empire : ce sont des hommes relativement plus énergiques et plus vaillants que les Chinois, et étroitement unis entre eux par le lien religieux. On comprend alors combien une attaque vigoureuse eût pu être funeste au trône impérial : d'autant plus qu'alors, dans le sud de la Chine, prenait naissance l'insurrection des Taïpings. Heureusement pour la dynastie, ni l'une ni l'autre de ces rébellions ne sut profiter des circonstances. Le gouvernement eut le temps de se remettre de ses premiers échecs et de prendre l'offensive à son tour.

Une autre faute grave que commirent les Doungans fut de ne pas comprendre l'immense avantage qui résulterait pour eux en s'alliant aux Mongols, ennemis séculaires des Chinois. Quoique étrangers l'un à l'autre par la race et la religion, les Koï-Koï et les Mongols alliés ensemble eussent renversé l'empire. Loin de là, les Doungans montrèrent, à l'égard des Mongols, la même barbarie qu'envers les Chinois.

L'insurrection manqua toujours, il est vrai, d'un chef capable de la diriger : chaque ville avec son territoire avait un chef particulier qui agissait selon ses vues individuelles. Mais combien le succès paraît aisé lorsqu'on voit les Koï-Koï, agissant sans ordre, dévaster impunément l'Ordos et l'Ala-Chan en 1869, sous les yeux de l'armée régulière chinoise, forte de soixante-dix mille hommes ; saccager Ouliasoutaï l'année suivante et piller Kobdo, principale cité de la Mongolie, pendant que les garnisons se cachaient à leur approche.

Il n'en faut pas conclure que les Doungans soient vaillants ;

en réalité ce sont des poltrons comme les autres Chinois : cette lutte de race a lieu entre deux ennemis également peureux, et celui qui parvient à surpasser l'autre en astuce guerrière devient une bête féroce dans la victoire. Des témoins oculaires racontent que les Doungans massacrent les femmes chinoises et qu'ils jettent dans d'immenses et profondes fosses des centaines de jeunes filles et de jeunes garçons, pour se réjouir la vue de leur agonie. Les Chinois en usent de même à leur égard. Le massacre des vaincus est la règle absolue, on ne fait point de prisonniers.

Les bandes dounganes sont des ramassis d'hommes dont une partie n'est même pas armée, tandis que l'autre est munie de sabres, de piques et de quelques fusils à mèche. Ces pillards sont accompagnés par les vieillards et les femmes qui recueillent le butin.

Pour donner une idée de l'intelligence qui règne dans les opérations militaires des rebelles, il suffit de raconter le siège de Tcheïbsen, qui avait eu lieu trois ans avant notre arrivée dans le Han-Sou.

Tcheïbsen présente un quadrilatère défendu par un rempart de vingt pieds de haut et flanqué de tours aux quatre coins, chacune d'elles pouvant contenir de quinze à vingt défenseurs. Le mur est recouvert d'un chaperon en bois qui fait une pente des deux côtés. Autour du principal corps de la place, sont éparpillées une centaine de fanzas défendues également chacune par un mur en terre glaise. A l'intérieur du couvent, il n'y a point de citerne, et les défenseurs s'approvisionnent d'eau à une source qui coule au delà des habitations extérieures.

Pendant l'été de 1868, plusieurs milliers de Doungans s'établirent devant Tcheïbsen avec l'intention de s'en emparer. La garnison assiégée composée de Tangoutes, de Chinois et de Mongols, au nombre d'un millier d'hommes, se retira dans le principal corps de la place. Les assiégeants s'emparèrent des fanzas extérieures sans opposition et commencèrent l'attaque. Comme leur matériel de siège se borne à de simples leviers avec lesquels ils frappent le mur, celui-ci repoussa leurs efforts, et cette première démonstration fut infructueuse. Sur ces entrefaites arrive l'heure de prendre le thé. En Chine aucune occupation ne peut faire différer ce moment. Le combat cesse donc et les Doungans se retirent dans leur camp situé à une verste plus loin. Les assiégés se précipitent hors de la place, courent à la source et préparent leur boisson favorite sous les yeux mêmes de l'ennemi. Pendant six jours consécutifs, la même suspension d'armes eut lieu à midi; puis les Koï-Koï, voyant l'inutilité de leurs efforts, levèrent le siège de cette nouvelle Saragosse.

Il serait difficile d'ajouter foi à un pareil récit si nous ne nous étions nous-mêmes aperçus de l'état de décomposition morale dans lequel sont tombés tous les peuples de l'Empire-Céleste.

Cependant, malgré la lutte à outrance engagée entre les deux partis, ils ne refusent pas d'entrer ensemble en relations commerciales. Dans le Han-Sou, ce fait arrive fréquemment. Ainsi deux districts occupés par les Chinois et les Koï-Koï sont en paix et trafiquent mutuellement. Ainsi les Doungans de la ville de Tétoung, qui sont les ennemis acharnés du couvent de Tcheïbsen, sont en grande amitié avec le guigen du temple de Simni, situé sur la Tétoung, à soixante verstes au nord de Tcheïbsen. Il en est de même pour le chef du camp de Mour-Zasak, sur la haute Tétoung-Gol, qui, depuis le commencement de l'insurrection, fait avec eux un grand commerce de bestiaux.

Un pareil état de choses ne peut exister qu'en Chine. Nous allons parler maintenant des mesures prises contre les rebelles et de l'armée chargée de les appliquer.

Après avoir perdu en peu d'années tout le Turkestan oriental, le territoire de Tian-Tchan et la plus grande partie de la province de Han-Sou, le cabinet de Pékin finit par s'apercevoir du péril qu'il courait. Pour y remédier, il étagea une armée de soixante-dix mille hommes le long de la ligne de défense naturelle que forme le fleuve Jaune. Des garnisons occupèrent les villes de Koukou-Khoto, de Baoutou, de Din-Kou, de Nin-Sia et de Lan-Tchéou; des détachements furent cantonnés dans les villages; toutes les troupes stationnées dans les autres villes du Han-Sou eurent leur effectif augmenté. Puis on en resta là; les Koï-Koï, satisfaits d'être indépendants, cessèrent leurs agressions et se contentèrent de piller; de leur côté, les Impériaux, enfermés dans les places fortes, restèrent tranquilles spectateurs de la dévastation du pays.

L'armée chinoise est composée d'hommes originaires de la Chine méridionale, qui sont appelés *Kotani* par les habitants du pays. Les soldats sont armés de sabres, de lances, de fusils à mèches, de fusils européens achetés aux Anglais, et de fusils russes portant la marque de la manufacture de Toula. Il est à présumer qu'ils se sont procuré ces dernières armes sur les bords de l'Amour. Les cavaliers et quelques fantassins sont armés d'une lance en bambou, ornée d'une flamme rouge portant l'image d'un dragon.

La démoralisation de ces troupes est telle qu'aucun Européen ne peut se la figurer. On s'étonne qu'une pareille armée ose entrer en campagne. Officiers et soldats sont tous des fumeurs d'opium et ne peuvent s'en passer un seul jour; ils n'abandonnent pas cette funeste habitude devant l'ennemi et s'enivrent à perdre connaissance. Il en résulte un affaiblissement considérable de l'énergie et des forces physiques; de là l'impuissance de résister aux fatigues de la guerre. Ces abrutis ne peuvent plus monter une garde de vingt-quatre heures; ivres d'opium, ils succombent au sommeil. Le service des reconnaissances et des avant-postes n'existe pas; les nouvelles de l'ennemi ne sont connues qu'au moyen d'espions. Incapable de résister à la plus petite fatigue physique, un soldat chinois, pendant la nuit ou le mauvais temps, ne sortira de sa fanza que sur menace de mort. Dans les marches militaires, toute l'armée se juche sur des fourgons ou des chevaux, et pour rien au monde un fantassin ne voudrait faire une étape à pied. Le soldat ne porte même pas ses armes, mais les place sur une bête de somme.

A la halte, tout un corps d'armée se disperse dans la campagne pour faire la maraude, et chacun vole le plus qu'il peut. Les officiers de tout rang donnent l'exemple, dirigent ces opérations et reçoivent une large part du butin. Les plaintes des habitants ne sont pas acceptées par l'autorité militaire, et les gens du pays doivent même s'estimer heureux d'échapper à la mort. Aussi tout le monde fuit en apprenant l'arrivée d'une troupe de soldats : les Mongols décampent à la hâte et se sauvent à plus de cent verstes de la route, d'autres se réfugient dans les montagnes, et les caravanes font de longs détours pour ne pas rencontrer ces dangereux pillards. Nous venons de dire que les personnages les plus élevés dans la hiérarchie militaire prennent part aux rapines de leurs soldats; mais le principal revenu des officiers consiste dans la solde des morts et des déserteurs qu'ils font figurer longtemps à l'effectif. Aussi certains chefs de corps qui présentent un état de situation de mille hommes en ont à peine quelques centaines. Et l'armée de soixante-dix mille hommes chargée de défendre le fleuve Jaune n'en compte pas plus de trente mille sous les armes. Tout cela est soigneusement dissimulé au gouvernement.

Les punitions rigoureuses du code militaire chinois sont impuissantes. Sans parler des coups de bambou dont on frappe les soldats sur la plante des pieds, la désertion est punie de mort. Mais que peut la sévérité de la loi lorsque le crime n'est plus un fait isolé particulier à un individu, mais un fait commun à toute une masse d'hommes?

D'ailleurs, la qualité caractéristique du guerrier chinois est la poltronnerie. Toute sa tactique consiste à tâcher d'effrayer l'ennemi par des cris sauvages, sans en venir courageusement aux mains. Les principes généraux de la stratégie chinoise font disposer les troupes en forme d'arc, ouvrir le feu de l'artillerie à une portée dix fois trop grande et accompagner chaque décharge de hurlements terribles.

Aussi un ennemi courageux, armé à l'européenne, peut-il envahir n'importe quelle partie de l'Empire; il n'a pas à s'effrayer du nombre : un seul coup de canon fait fuir des corps d'armée, et la victoire est indubitable.

Après ce coup d'œil jeté sur l'armée chinoise, nous pouvons reprendre notre récit. Le gouvernement de Pékin avait enfin résolu de tenter un vigoureux effort pour se débarrasser des insurgés et reprendre la ville de Si-Ning. Vingt-cinq mille hommes furent envoyés dans le Han-Sou et, en juin 1872, ils arrivèrent à Nim-Bi et à Ou-Iam-Bou, villes situées à quarante et à cinquante verstes de Si-Ning. L'armée chinoise passa deux mois dans ces deux endroits, s'occupant à piller les environs, ce qui donna le temps aux Doungans de se masser au nombre de soixante-dix mille hommes dans Si-

Ning. Enfin au mois de septembre les troupes impériales s'ébranlèrent et parurent sous les murs de Si-Ning. Les assiégés furent pris d'une grande terreur à la vue de quatre petits canons européens que l'armée avait amenés de Pékin. Ces bouches à feu avaient été chargées sur des mulets, enveloppées de soie rouge, avec défense à tout le monde d'en approcher sous peine de mort. Les Chinois possédaient aussi des boulets et des grenades ; pendant l'attaque, ils lancèrent sur la ville plusieurs de ces dernières, qui, éclatant dans les rues, terrifièrent les défenseurs. Pour comble de malheur, les assiégés ayant relevé une grenade pour l'examiner, le projectile éclata dans leurs mains et tua plusieurs d'entre eux. Malgré la grande panique qui se répandit alors parmi les Doungans, la lutte se prolongea encore quelques jours ; à la fin, les Chinois s'emparèrent d'une partie du rempart et les Doungans se réfugièrent dans la citadelle.

Sur ces entrefaites, arriva la nouvelle du mariage de l'empereur. Aussitôt les Chinois suspendirent les hostilités et célébrèrent des fêtes en l'honneur de cet événement. Pendant une semaine, ils donnèrent des représentations dramatiques et la moitié de l'armée, ivre-morte d'opium, fut incapable de porter les armes. Tout cela se passait côte à côte avec les Doungans; cent hommes courageux parmi les rebelles auraient dispersé les troupes chinoises. Eh bien ! cette poignée d'hommes ne se trouva pas parmi eux, qui cependant n'ignoraient pas quel sort les attendait si leurs adversaires remportaient sur eux une victoire complète. Leur extrême poltronnerie les empêcha de saisir cette occasion inespérée.

Tel est l'effet de la corruption morale de l'Orient : l'homme n'y peut plus vaincre l'instinct animal de la conservation et se montre toujours sous les traits d'un poltron. Mais, si ce même poltron tombe dans une situation qui lui semble sans issue, il attend apathiquement la mort et marche au supplice avec le calme d'une brute.

Enfin, les fêtes terminées, les Chinois réussirent à s'emparer de Si-Ning. Lorsque, las de massacrer à coups de pique et de sabre, ils voulurent continuer le carnage, ils conduisirent des troupes de Koï-Koï de tout âge et des deux sexes sur le haut de rochers escarpés et les forcèrent à se précipiter en bas ; dix mille personnes périrent de cette mort affreuse.

Après la prise de Si-Ning, le gouvernement de la province y fut de nouveau installé. Dans le courant de l'hiver, les villes de San-Gouan, de Iou-Nan-Tchen et de Tétoung furent reprises ; il n'y eut d'épargné que les défenseurs qui se convertirent au bouddhisme. Les Doungans se réfugièrent en grand nombre chez leurs coreligionnaires de l'ouest.

De nouveaux renforts permirent ensuite à l'armée impériale de s'emparer de la place de Sou-Tchéou. Sur les opérations ultérieures, il n'y a point encore de renseignements ; mais, en tout cas, une lutte beaucoup plus sérieuse attend les forces chinoises lorsqu'elles auront à se mesurer avec Yakoub-Khan à Kachgar [1].

1. Depuis que l'auteur a écrit ces lignes, Kachgar a été reconquis par les Chinois et Yakoub-Khan a péri dans la lutte.

CHAPITRE XI

KOUKOU-NOR ET DZAIDAM.

Description du lac Koukou-Nor. — Légende sur son origine. — Steppes environnants. — L'âne sauvage. — Mongols du pays et Kara-Tangoutes. — Divisions administratives de la province de Koukou-Nor. — Notre entrevue avec un ambassadeur thibétain. — Médecins thibétains. — Récits sur le couvent de Goumboun. — Rivière Boukhaïn-Gol. — Chaîne méridionale du Koukou-Nor. — Marais salants de Dalaï-Dabas. — On me prend pour un saint et un docteur. — Province de Dzaïdam. — Chameaux et chevaux sauvages. — Trajet jusqu'à la frontière du Thibet.

Le lac Koukou-Nor, appelé par les Tangoutes Dzok Goumboum et par les Chinois Dzin-Haï [1], est situé à l'ouest de la ville de Si-Ning et à dix mille cinq cents pieds (3,200 mètres) d'altitude. Sa forme est celle d'une ellipse allongée dont le grand axe est dirigé de l'ouest à l'est. Sa circonférence peut être de trois cent cinquante verstes ; nous ne pûmes la mesurer exactement, mais les indigènes nous apprirent qu'il fallait à un piéton quinze jours pour en faire le tour et sept ou huit jours à un cavalier.

Les rives sont basses et peu échancrées ; l'eau n'est pas potable parce qu'elle est salée ; mais cette salure communique aux eaux une belle couleur bleu foncé qui attire même l'attention des Mongols ; ils la comparent à la soie bleue. L'aspect du lac est magnifique et, à l'époque où nous le vîmes, les montagnes environnantes couvertes de neige décrivaient une blanche couronne sur l'azur des vagues qui fuyaient à l'horizon.

1. *Koukou-Nor* et *Dzin-Haï* signifient « Lac azuré ».

Un grand nombre de petits cours d'eau ont leur embouchure sur les rivages du Koukou-Nor. Nous en avons compté huit assez importants, dont le plus considérable est le Boukhaïn-Gol qui se jette vers l'extrémité sud-ouest.

La brise la plus légère bouleverse les ondes du Koukou-Nor [1] ; aussi sont-elles calmes bien rarement et pour très peu de temps. Les vents les plus violents s'y déchaînent parfois, surtout à l'époque où les eaux se gèlent, vers la mi-novembre. La débâcle n'a lieu qu'à la fin de mars, en sorte que le lac reste quatre mois glacé.

A vingt verstes du rivage méridional vers l'est, on relève une île rocheuse d'une circonférence d'à peu près dix verstes. Elle renferme un couvent habité par dix lamas. En été, l'île est privée de communication avec la terre ferme, car il n'existe pas un bateau sur tout le lac et aucun riverain n'exerce la profession de batelier. En hiver, grâce à la glace, les pèlerins apportent aux ermites du beurre et du dzamba ; de leur côté, les reclus gagnent le rivage pour recueillir des aumônes.

Le Koukou-Nor est assez poissonneux ; mais à peine quelques dizaines de Mongols s'occupent-ils de la pêche. Cette industrie s'exerce surtout dans les rivières peu importantes. Les pêcheurs se servent de filets de petite dimension, qui sont des engins assez médiocres. Nous n'avons jamais vu ramener et n'avons pris nous-mêmes qu'une seule espèce de poisson : la *Schizopgopsis nov. sp.* Les pêcheurs affirment pourtant qu'il existe d'autres espèces.

Une légende raconte ainsi l'origine du Koukou-Nor. Ce lac, dit-elle, existait autrefois sous terre dans le Thibet au point où se trouve actuellement Lhassa, et on se rappelle encore l'époque à laquelle il fut transporté dans la contrée. Le dalaï-lama, en ce temps-là, n'avait point encore de résidence fixe. Un souverain du Thibet voulut construire un temple magnifique en l'honneur de Bouddha. Il désigna l'endroit et fit

1. Le père Huc affirme l'existence du phénomène de la marée dans le Koukou-Nor; j'ai voulu me rendre compte de la véracité de cette assertion en plantant des jalons et j'ai pu ainsi me convaincre qu'elle était complètement dénuée de fondement. — En général, à partir du Koukou-Nor, tout ce qu'avance ce missionnaire est entièrement erroné ; j'en ai eu la preuve bien souvent.

commencer les travaux. Plusieurs milliers d'hommes travaillèrent une année entière à la construction de ce bâtiment; mais, à peine achevé, il s'écroula. On recommença les travaux, et trois fois de suite le même phénomène se produisit. Le souverain étonné, effrayé même, s'adressa à un guigen qui ne put lui donner une réponse satisfaisante, mais annonça qu'au loin, dans l'orient, vivait un saint qui, seul parmi les mortels, pourrait expliquer ce mystère et qu'ensuite la construction de l'édifice s'achèverait sans encombre. Le roi du Thibet dépêcha aussitôt un lama éminent pour se mettre en quête de ce saint homme.

Après plusieurs années de recherches infructueuses dans toutes les parties du monde bouddhiste, le lama revenait désolé auprès du roi, lorsque la sangle de sa selle se rompit dans les steppes qui avoisinent la frontière du Thibet et de la Chine; il demanda l'hospitalité dans une misérable iourte qui était proche de la route. Un vieillard aveugle habitait cette demeure et offrit au lama sa propre sangle, puis il s'enquit du but de son voyage. Le lama, ne voulant pas lui avouer sa déconvenue, lui apprit seulement qu'il était en pèlerinage. « En « effet, repartit le vieillard, nous possédons ici beaucoup de « temples vénérés : on a essayé d'en construire un dans le Thi« bet; mais jamais on n'y parviendra, car, à l'endroit où on « veut l'ériger, il existe une nappe d'eau souterraine. Seu« lement gardez le silence sur ce que je viens de vous « dire : si un des lamas thibétains l'apprenait par malheur, « les eaux du lac se déplaceraient et viendraient ici nous en« gloutir. »

A peine le vieillard a-t-il terminé son récit que le voyageur se lève, annonçant qu'il est un des lamas thibétains, sort de la iourte, saute à cheval et disparaît. Le vieillard désespéré, revenu de sa première stupeur, appelle un de ses fils à son secours ; il lui ordonne de seller un cheval, de rejoindre le lama et de lui arracher la langue. Le vieillard entendait certainement que le lama serait mis à mort; malheureusement pour lui, le mot mongol « tilé » signifie langue et ardillon d'une boucle. Le fils crut qu'il s'agissait de l'ardillon, rejoignit le lama et lui réclama l'ardillon de la boucle de sa sangle ; le prêtre le lui rendit et le messager revint dans la iourte paternelle. Lorsque le vieillard eut connu la méprise de son fils, il s'écria : « Telle est la volonté de Dieu, soumettons-« nous-y, nous sommes perdus. » — En effet, la même nuit un bruit terrible se fit entendre, la terre s'entrouvrit et l'eau jaillissant de tous côtés inonda le pays. Grand nombre d'hommes et d'animaux furent la proie de cette inondation, et l'indiscret vieillard ne fut pas épargné. Enfin Dieu prit pitié des infortunés. D'après son ordre, un énorme oiseau apparut, tenant dans ses serres un monstrueux rocher, avec lequel il obstrua l'ouverture de la crevasse : l'eau cessa de jaillir; mais la plaine submergée forma le lac qui existe encore.

Les côtes septentrionales et méridionales sont couvertes par des montagnes très rapprochées du bord; sur les deux autres rives, au contraire, les hauteurs sont assez éloignées. Le steppe étroit qui les sépare du Koukou-Nor offre le caractère des meilleurs cantons du Gobi, mais il est arrosé plus abondamment[1]. Le contraste du climat, de la flore et de la faune de ces steppes avec ceux des montagnes voisines du Han-Sou est frappant. Pendant tout notre séjour dans les montagnes, la pluie, la neige et une humidité persistante nous avaient tourmenté continuellement; ici, nous jouissions chaque jour d'un magnifique automne. Des plaines au sol silico-argileux couvertes d'une belle végétation et de hauts buissons de dirissou remplaçaient les prairies et les forêts alpestres au sol de tchernoziom.

Les antilopes, les lièvres nains, les alouettes et les solitaires, hôtes habituels de la Mongolie, peuplaient le steppe. Parmi les oiseaux et les mammifères, nous rencontrâmes de nouvelles espèces spéciales aux déserts thibétains.

Nous reconnûmes aussi une alouette (*Melanocorypha maxima*) d'une taille plus élevée que le chardonneret, et qui se tient sur les mottes de terre dans les marécages ; puis deux espèces de *Montifringilla* et de *Podacus humilis*, qui se nichent dans les terriers des lièvres nains. Le solitaire de Mongolie se trouve

1. Sur la rive septentrionale seulement, la moitié de l'espace entre le lac et la montagne est occupée par une plaine unie; viennent ensuite des collines peu élevées, qui s'abaissent parfois en mur perpendiculaire de dix sagènes de hauteur. Ces collines sont parallèles à la côte actuelle du lac, dont jadis elles formaient probablement la berge.

plus rarement que son congénère au Thibet (*Syrrhaptes thibetanus*) ; il est d'une taille plus avantageuse et le son de sa voix est tout différent. Nous n'avons pas rencontré d'échassiers sur les rives du Koukou-Nor ; parmi les oiseaux aquatiques, nous avons vu des oies, des canards, des mouettes et des cormorans.

Les oiseaux carnassiers étaient représentés ici par les gypaëtes, les buses, les faucons et les aigles. Ils hivernent probablement dans ces contrées, et s'y nourrissent des innombrables lièvres nains dont les terriers labourent tellement le sol qu'il est parfois impossible d'aller à cheval au trot.

Le plus remarquable animal des steppes du Koukou-Nor est l'âne sauvage ou onagre [1], appelé *djan* par les Tangoutes. Par sa taille et son aspect physique, il ressemble au mulet ; sa robe est d'un brun clair, complètement blanche sous le ventre. Nous avons rencontré pour la première fois l'onagre dans la zone des prairies, sur les montagnes du Han-Sou. Il est répandu dans le Dzaïdam, le Thibet septentrional et surtout dans les prairies du Koukou-Nor.

Les onagres se tiennent en troupes de dix à cinquante têtes ; mais nous avons pourtant remarqué des bandes d'une centaine d'individus, rarement il est vrai.

Chaque onagre mâle est le chef d'un troupeau d'ânesses dont le nombre varie suivant la force et la hardiesse de l'étalon. Les mâles âgés et expérimentés rassemblent parfois un harem de cinquante femelles ; tandis que les jeunes en ont à peine une dizaine.

Ceux qui sont trop jeunes ou disgraciés par la nature rôdent

1. L'onagre adulte est un animal solide, aux formes arrondies, ayant le dos cintré, le cou de moyenne longueur, la tête grosse, le front saillant, les oreilles grandes, les narines dilatées et disposées obliquement, les jambes fines et fortes, les sabots petits, la queue longue et peu fournie, la crinière courte et droite, les yeux grands et bruns.

La tête, la partie supérieure du cou, les reins et les flancs sont brun clair ; la laine est peu adhérente à la peau et très floconneuse ; la crinière est noirâtre et une raie de même couleur la continue et se prolonge jusqu'à la queue dont les poils sont entièrement noirs. Le devant et le bas du mufle, la gorge, la poitrine, le bas des flancs, la croupe, les jambes sont d'un blanc très pur. La partie extérieure des pieds de devant est couleur beurre frais ; le côté extérieur des oreilles est brun clair, l'intérieur blanc et les extrémités noires.

La stature de l'animal est de 5 pieds 4 pouces ; son poids, de 10 à 20 pouds.

isolément, ne pouvant qu'envier de loin le bonheur des mieux favorisés. Ces derniers surveillent attentivement les individus suspects et ne les laissent jamais trop approcher de leurs harems.

Les rixes entre les étalons ont lieu surtout à l'époque du rut, qui se manifeste, d'après les Mongols, en septembre, et dure un mois. Les femelles mettent bas au mois de mai. La mortalité des petits est probablement très grande, car, parmi tous les troupeaux que nous aperçûmes, nous ne vîmes jamais qu'un petit nombre de jeunes animaux suivant leur mère.

Leur chasse offre les mêmes difficultés que celle de tous les animaux sauvages. On peut les suivre à la piste lorsqu'ils se rendent à l'abreuvoir : c'est ainsi qu'agissent les indigènes qui estiment beaucoup la chair de l'onagre, surtout en automne, saison où il est le plus gras. Cet animal est pourtant moins prudent qu'il n'en a l'air au premier abord.

Je n'ai entendu le braiement des onagres que deux fois. C'est un cri sourd accompagné de ronflement.

La population du pays de Koukou-Nor et des localités voisines se compose de Mongols et de Kara-Tangoutes. Les Mongols, semblables à ceux de l'Ala-Chan, sont des Olutes ; on trouve aussi un petit nombre de Mongols Tourgoutes, Khalkassiens et Hoïtes. Soumis au joug pesant des Tangoutes, ces Mongols du Koukou-Nor sont les plus tristes représentants de leur race. Physiquement ils ressemblent un peu aux Tangoutes, mais leur visage n'offre que l'expression d'une excessive stupidité ; leurs yeux sont ternes et dépourvus de vie. Ils ont un caractère sombre et mélancolique. Sans énergie ni désirs, ils ne manifestent pour tout qu'une apathie bestiale, excepté lorsqu'il s'agit de manger. Le prince de Koukou-Nor lui-même, homme assez intelligent, nous disait que ses sujets n'avaient que le corps de l'homme, et qu'ils étaient de véritables brutes. « Arrachez-leur les dents de devant et mettez-les « à quatre pattes, ils ressembleront à des vaches, » nous disait-il.

Les Mongols de Koukou-Nor habitent le même genre de tentes que les Tangoutes ; pourtant ceux qui résident dans le Dzaïdam ont conservé la iourte en feutre.

Les Kara-Tangoutes sont plus nombreux que les Mongols ;

Fig. 26. — Ânes sauvages ou onagres.

ils s'étendent d'ici jusque dans le Dzaïdam ; mais leur agglomération principale est massée le long du fleuve Jaune supérieur. On rencontre également ici les Salirs qui professent l'islamisme et sont en insurrection contre la Chine. Les Kara-Tangoutes eux-mêmes ne sont soumis au gouvernement de Pékin que de nom. C'est le dalaï-lama du Thibet qu'ils reconnaissent pour leur souverain légitime. Ils s'administrent par des fonctionnaires de leur race, sans se soumettre à l'autorité des chefs des districts mongols où ils vivent.

L'occupation principale des Kara-Tangoutes est le vol ou le pillage, dont les Mongols surtout sont victimes. Les Tangoutes enlèvent non seulement les bestiaux, mais tuent les Mongols ou les mettent à rançon. Ces infortunés, qui sont naturellement des poltrons incorrigibles, n'osent pas se défendre les armes à la main. Le feraient-ils, que les lois édictées par les Tangoutes frappent le meurtrier d'un d'entre eux d'une amende considérable en faveur des parents de la victime ; si le coupable est pauvre, c'est le district qui paye pour lui. En cas de refus, les Tangoutes déclarent la guerre aux Mongols. Par suite de ce brigandage impuni, une destruction complète menace les Mongols dans ces contrées ; déjà leur nombre y diminue de jour en jour et il serait temps que l'autorité chinoise les prît sous sa protection.

Les Tangoutes vont exercer aussi leur industrie de pilleries à main armée dans des provinces assez éloignées, comme le Dzaïdam occidental. Ces pillards opèrent par petites bandes de dix hommes, dont chacune emmène deux chevaux de réserve ; des chameaux portent les munitions, et chaque bande se livre à la volerie pendant deux ou trois mois. En rentrant dans leur pays, chargés de butin, les brigands, en gens religieux, s'empressent d'obtenir l'absolution des crimes qu'ils ont pu commettre pendant leurs expéditions. A cet effet, ils se rendent sur les rives du Koukou-Nor, achètent du poisson aux pêcheurs ou le leur enlèvent de force, puis le rejettent dans le lac.

Les Mongols racontent que les Tangoutes ont commencé leurs incursions dans le Koukou-Nor et le Dzaïdam depuis le siècle dernier et qu'ils les ont continuées sans interruption. Les gouverneurs chinois font semblant d'ignorer cet état de choses, car ils reçoivent des brigands des pots-de-vin considérables, de sorte que toutes les plaintes des Mongols restent sans effet.

Il existe une légende mongole sur les Kara-Tangoutes et sur les Mongols Olutes dans le Koukou-Nor; la voici :

Il y a plusieurs siècles, vivait sur les rives du lac une tribu tangoute appelée *Ieugour* [1], qui professait le bouddhisme et appartenait à la secte du Chapeau Rouge [2]. Cette tribu avait l'habitude de piller les caravanes de pèlerins qui se rendaient de Mongolie dans le Thibet. Aussi le prince Gouchikan, qui régnait dans le nord-est de la Mongolie, envoya une armée dans le Koukou-Nor pour mettre un terme à leurs déprédations. Les Ieugours furent vaincus et une partie d'entre eux se réfugia dans le nord-ouest de la province actuelle du Han-Sou, où ils se confondirent avec les anciens habitants.

Après la défaite des Ieugours, une partie de l'armée mongole-olute revint dans le nord, et l'autre se fixa définitivement dans la province de Koukou-Nor où elle devint la souche des Mongols actuels. Quelques centaines d'Olutes se rendirent aussi dans le Thibet où leurs descendants occupent aujourd'hui plus de huit cents iourtes divisées en huit khochoun. Ces Mongols habitent à six étapes au sud-ouest du village de Nap-Tchou, s'adonnent à l'agriculture et, du nom de la rivière Damsouk, qui baigne le pays, sont nommés Mongols Damsouks.

Parmi les Ieugours qui échappèrent au massacre des Olutes se trouvait une vieille femme avec ses trois filles alors enceintes. Ces femmes se réfugièrent sur la rive droite du fleuve Jaune supérieur et mirent au monde des fils, qui furent les pères des Tangoutes ou Banik-Koksoum. Ce sont ces derniers qui revinrent plus tard sur les bords du lac occupés par les Mongols et parvinrent peu à peu à les assujettir.

« Si l'on avait tué ces maudites filles, nous disaient les « Mongols, il n'y aurait point de Tangoutes et nous vivrions

1. Peut-être sont-ce les Ouygour? mais ces tribus sont de la race mongole et non tangoute.

2. Dans le Thibet, le bouddhisme se divise en deux sectes, l'une du « Chapeau Rouge » et l'autre du « Chapeau Jaune ». La première admet le mariage des lamas et la seconde leur impose le célibat.

« en paix. » Au dire des Mongols, huit générations avaient déjà disparu depuis l'arrivée des Olutes sur le Koukou-Nor.

Administrativement, le pays comprend dans sa circonscription, outre le bassin du lac, les sources de la Tétoung-Gol, du nord au sud, tout le territoire jusqu'au Thibet, c'est-à-dire le pays des sources et du cours supérieur du fleuve Jaune, et enfin le pays de Dzaïdam, qui s'étend encore assez loin au nord-ouest. Toute cette province est divisée en vingt-neuf khochoun, dont cinq sont situés sur la rive droite ou occidentale du haut Hoang-Ho, cinq forment le pays de Dzaïdam et les dix-neuf autres le bassin du Koukou-Nor et des sources de la Tétoung-Gol. A l'exception des cinq khochoun situés sur la rive droite du Hoang-Ho et qui relèvent de l'amban de Si-Ning, tous les autres sont administrés par deux fonctionnaires intitulés dzun-kaï-van et mour-van. Le dzin-kaï-van administre la partie occidentale de la province qui est la plus grande et le mour-van est chargé de la région orientale qui est moins importante.

A notre sortie des montagnes du Han-Sou, nos chameaux, devenus fourbus par suite des fatigues de la route, étaient incapables de continuer leur service. Heureusement que ces animaux étaient nombreux dans le pays et que nous pûmes échanger les nôtres contre des sujets bien portants, moyennant douze lans en retour pour chaque tête. Il nous restait un peu moins de cent lans en caisse, et avec une somme si minime il ne nous était pas possible de songer à atteindre Lhassa, quoique les circonstances fussent favorables. En effet, quelques jours après notre arrivée sur le Koukou-Nor, survint un ambassadeur thibétain, qui avait été envoyé en 1862 par le dalaï-lama offrir des présents au bogdo-khan. Malheureusement ce personnage était arrivé ici au commencement de l'insurrection doungane, au moment où Si-Ning était tombée au pouvoir des rebelles. Depuis dix ans, cet infortuné diplomate vivait sur les rives du Koukou-Nor ou dans la ville de Donkir sans pouvoir se rendre à Pékin et n'osant pas retourner à Lhassa. Lorsqu'il eut appris que quatre Russes n'hésitaient pas à s'engager dans une contrée qu'il redoutait de traverser avec plusieurs centaines de cavaliers, il vint voir « de pareils hommes », selon sa propre expression.

Cet ambassadeur se nommait Kambi-Nansou; c'était un homme aimable et prévenant, qui nous offrit ses services à Lhassa. Il nous assura que le dalaï-lama serait enchanté de voir des Russes et nous promit l'accueil le plus hospitalier. C'était avec un profond regret que nous écoutions ces offres engageantes, sachant que la modicité de nos ressources nous interdisait d'en profiter, et pensant que jamais une pareille occasion ne se présenterait dans un voyage subséquent : en effet, combien de sacrifices ne faudra-t-il pas pour atteindre ce but que cette fois-ci nous aurions pu toucher si facilement! Si nous avions eu mille lans, nous nous serions rendus à Lhassa et de là nous aurions entrepris une expédition sur le Lob-Nor ou dans quelque autre contrée intéressante.

Toutefois nous résolûmes de pousser aussi loin que possible, sachant de quelle importance est pour la science tout nouveau pas fait dans ces régions inconnues.

Nous prîmes donc deux autres guides. Nous les obtînmes de l'autorité en faisant valoir la lettre du supérieur du couvent de Tcheïbsen et notre passeport, sur lequel était mentionné que nous avions le droit de louer deux guides. D'après les conseils du supérieur de Tcheïbsen, nous fîmes considérer cette autorisation de louage comme un ordre de l'administration supérieure. Notre interprétation fut admise et nous eûmes deux guides pour nous conduire dans le Dzaïdam. L'un d'eux était un lama qui avait autrefois fait partie du couvent de Goumboum situé à trente verstes dans le sud de Si-Ning. Ce couvent, un des plus vénérés du monde bouddhiste, est bâti dans la localité où est né le réformateur Dzon-Kava. Si nous en croyons les fidèles, plusieurs miracles attestèrent la sainteté de ce personnage. Par exemple, à l'endroit où l'on a enterré la coiffe dont il avait la tête couverte en venant au monde, croît un arbre dont les feuilles portent des caractères thibétains. L'arbre existe encore dans une cour du couvent et forme le principal objet de dévotion qu'on trouve à Goumboum. Les Mongols le nomment *zandamoto;* mais il est à remarquer qu'ils donnent le même nom au genévrier arborescent et à tout arbre d'une belle venue. Ainsi, à la vue de nos crosses de fusil en bois de noyer ou de nos caisses en chêne, ils nous disaient toujours : « C'est en zandamoto. » Au dire de nos conducteurs, les feuilles de cet arbre sacré rappellent par la grosseur et la forme celles du tilleul. Les caractères thibétains sont dus certainement à l'ingéniosité sacerdotale des lamas ou n'existent que dans la pieuse imagination des fidèles. Quant à l'arbre, il appartient évidemment aux essences propres au Han-Sou, car il vit en plein air et supporte par conséquent les intempéries de ce rude climat.

Fig. 27. — Lama médecin du Thibet, d'après une photographie.

Sa sainteté ne nous semble donc rien moins que prouvée. Que de croyances, que de religions, que de miracles, qui en Europe ne reposent pas sur des fondements plus solides [1].

Goumboum possède une faculté de médecine où l'on instruit les jeunes lamas dans l'art de guérir. En été les étudiants vont herboriser dans les montagnes et recueillir les diverses plantes sur lesquelles est fondée la science médicale

1. S'il est pardonnable aux Mongols de croire à un arbre merveilleux, il paraît peu séant que le père Huc affirme que l'alphabet thibétain est écrit sur ses feuilles et qu'il a vu le miracle de ses propres yeux ; d'autant plus qu'il incline d'abord à croire à un subterfuge.

thibétaine. Toute cette thérapeutique est largement entachée de charlatanisme ; mais il y existe pourtant certains procédés dus à l'expérience ou au hasard et inconnus à la médecine européenne. Il me semble que le praticien pourrait faire des acquisitions précieuses, s'il lui était possible d'étudier les méthodes employées par les empiriques du Thibet et de la Mongolie.

On comptait autrefois à Goumboum jusqu'à sept cents lamas; mais ce nombre est fort réduit depuis les ravages des Doungans, qui n'ont épargné que le temple principal et l'arbre miraculeux : cependant la renommée du sanctuaire est si grande que certainement il sortira de ses ruines.

En parcourant le Koukou-Nor du côté nord-ouest notre troupe suivit d'abord le lac dans sa partie septentrionale, puis se dirigea le long de l'occidentale. Après avoir traversé plusieurs petites rivières, nous rencontrâmes enfin le plus considérable des affluents du lac, le Boukhaïn-Gol, qui sort des montagnes de Nan-Chan et a, suivant les Mongols, une longueur de quatre cents verstes. Dans son cours inférieur, au point où passe la route du Thibet, cette rivière est large d'environ cinquante sagènes et partout guéable. Sa profondeur en certains endroits ne dépasse pas deux pieds et n'est jamais importante. Grand donc fut notre étonnement en nous rappelant la description que fait le père Huc de ce Boukhaïn-Gol et de sa terrible traversée des douze bras du fleuve avec la caravane qui se rendait à Lhassa. Le missionnaire nous raconte que tous ses compagnons estimèrent que leur passage s'était effectué avec beaucoup de chance, car un seul homme s'était cassé la jambe et deux yaks seulement s'étaient noyés.

Cependant il n'existe qu'un seul bras au point où passe la route du Thibet; encore n'est-il rempli qu'à l'époque des pluies. La rivière est toujours si basse qu'à peine un lièvre pourrait s'y noyer; un pareil accident est inadmissible pour un animal aussi grand et aussi fort que le yak. Au mois de mars de l'année suivante nous séjournâmes un mois entier sur les rives du Boukhaïn-Gol, que nous traversions souvent dix fois pendant une seule excursion de chasse, et M. de Piltzoff et moi nous plaisantions souvent du récit écrit par le père Huc.

Fig. 28. — Médecins thibétains.

La vallée du Boukhaïn-Gol a en largeur vingt ou même cinquante verstes; derrière elle, se dresse une chaîne élevée, qui court sur la rive méridionale du Koukou-Nor et se déploie ensuite à l'ouest sur une étendue de cinq cents verstes, au dire des indigènes. Cette chaîne n'a pas de désignation particulière; je l'appellerai chaîne sud du Koukou-Nor pour la distinguer de celle du nord, c'est-à-dire des monts Han-Sou, avec lesquels elle se confond certainement dans sa projection occidentale.

Ainsi que la chaîne septentrionale du Koukou-Nor qui sépare son bassin de la contrée montagneuse humide et boisée du Han-Sou, la chaîne méridionale sert de ligne de démarcation accusée entre les steppes fertiles du lac Bleu et les déserts qui s'étendent dans le Dzaïdam et le Thibet. Effectivement le versant septentrional de cette chaîne rappelle en tout les monts du Han-Sou : il est couvert d'arbustes, de petits bois, bien arrosé et abondant en prairies. Au contraire, le versant du sud porte le cachet mongol : ses pentes sont argileuses, en grande partie dénudées ou couvertes de genévriers arborescents; les lits des rivières y sont desséchés et les pâturages n'existent pas. Tout annonce le désert qui se déploie au midi de ces montagnes et rappelle celui de l'Ala-Chan. Sur un sol argileux et salin, croissent seulement le dirissou, le *callidium gracile*, la *nitraria Scholeri*, et l'on aperçoit des antilopes, ce qui dénote toujours une contrée des plus sauvages. On remarque ici le lac salé Dalaï-Dabassou, dont la circonférence a une quarantaine de verstes. D'excellents dépôts de sel y sont accumulés et forment une couche d'un pied d'épaisseur; près des rivages, elle ne dépasse pas un pouce. Le sel est expédié d'ici à Donkir, et un fonctionnaire mongol est spécialement préposé à la surveillance de l'exploitation.

La plaine déserte dans laquelle s'étale ce lac salé a une largeur de trente verstes et se déploie au loin vers l'est. Elle est limitée au nord par la chaîne méridionale du Koukou-Nor et au sud par d'autres arêtes qui lui sont parallèles. A l'ouest du Dalaï-Dabassou, se dressent deux chaînes qui bientôt se confondent en une seule.

A peu de distance de la jonction de ces chaînes, au débouché de l'étroite vallée du Doulan-Gol, se trouve le campement de Doulan-Kit, où réside le dzin-kaï-van ou gouverneur du territoire occidental de Koukou-Nor. Autrefois ce personnage habitait sur les bords mêmes du lac ; mais les avanies perpétuelles des Tangoutes l'ont obligé à se fixer plus loin. On pourra juger de la conduite de ces brigands lorsqu'on saura qu'en trois ans ils ont extorqué à ce même prince dix-sept cents chameaux.

A l'époque de notre arrivée, ce prince venait de mourir et son fils aîné, jeune homme de vingt ans, lui avait succédé ; mais ses pouvoirs n'étaient pas encore ratifiés par le gouvernement de Pékin. En attendant, sa mère, femme énergique et encore jeune, conservait la régence. Nous les rencontrâmes tous deux près du lac Dalaï-Dabassou, se rendant à Donkir. Le jeune prince se contenta de nous regarder avec une curiosité stupide, mais la régente réclama notre passeport et dit aux personnes de sa suite : « Ces hommes sont peut-être envoyés par notre roi pour voir comment nous vivons et le « lui rapporter. » Puis elle nous fit donner des guides, et nous nous séparâmes après une demi-heure d'entrevue.

La plus cordiale réception nous fut faite par l'oncle du jeune prince au campement même. Cet oncle était un guigen, possédant jadis un monastère particulier, qui avait été détruit par les Doungans. Il avait à plusieurs reprises fait le voyage de Pékin et d'Ourga, où il avait vu des Russes. Il reçut nos cadeaux avec une grande bienveillance et nous fit présent à son tour d'une petite iourte, qui nous fut plus tard fort utile. De plus il défendit aux nomades de venir nous tourmenter à notre bivouac et, pour la première et la seule fois durant tout notre voyage, nous pûmes reposer tranquillement.

L'importunité des populations fut en effet un des plus sérieux obstacles qui entrava notre exploration. Partout chacun courait après nous pour voir si nous faisions des miracles; et, quoique nous n'eussions pas l'habitude de nous gêner pour rudoyer ces importuns, nous ne pouvions échapper à l'obligation de recevoir chez nous les hauts fonctionnaires tangoutes ou mongols. Toutes ces visites devinrent particulièrement fatigantes à notre passage dans le Koukou-Nor. Le bruit s'était répandu de l'arrivée de quatre étrangers, dont l'un était un grand saint qui se rendait à Lhassa pour faire

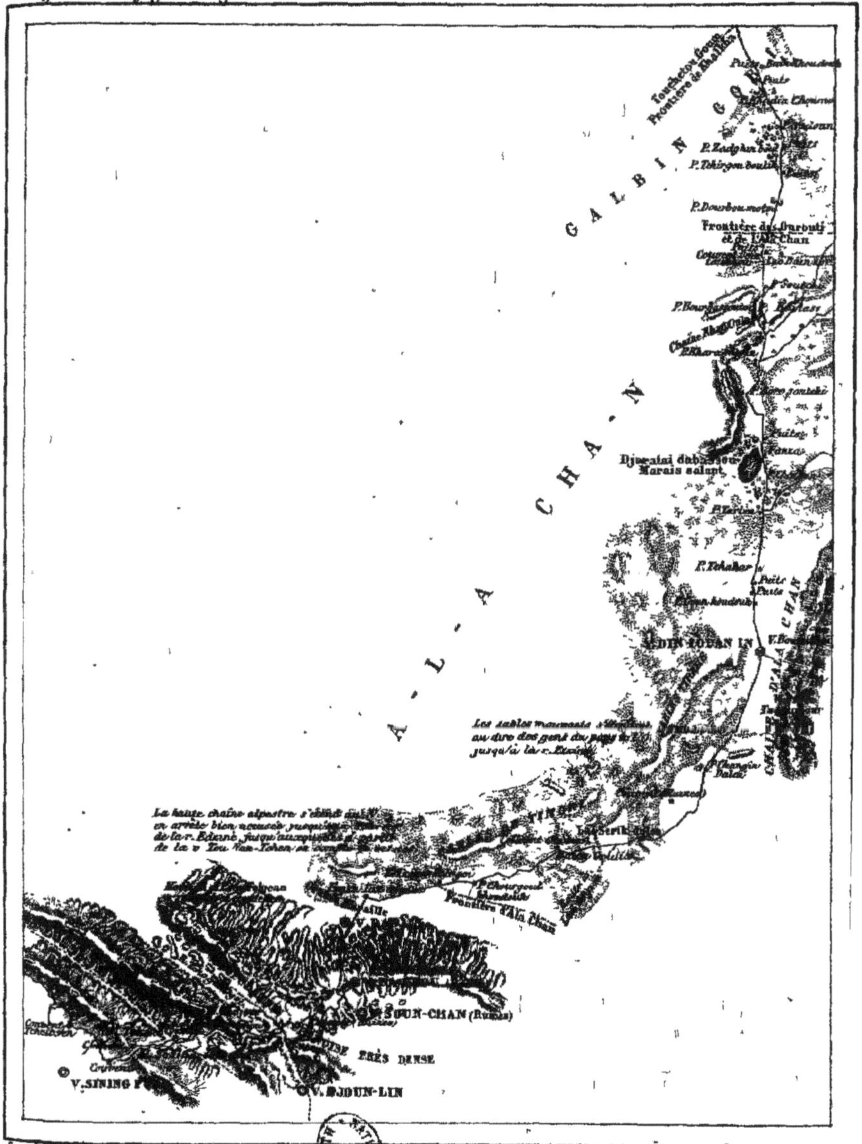

GALBIN GOBI

ALA-CHAN

Djaratai dabassou
Marais salant

P. Tchakar

DIN-IOUAN-IN

SOUN-CHAN (Ruines)

TRÈS DENSE

V. SINING FOU

V. DJOUN-LIN

Gravé par Erhard, 12 r. Duguay-Trouin, Paris.

connaissance avec le dalaï-lama. Ce qui inspirait cette foi en notre sainteté, c'était notre voyage dans le Han-Sou infesté par les rebelles, la justesse du tir de nos armes à des portées extraordinaires pour les indigènes, nos préparations d'histoire naturelle et enfin le but toujours mystérieux de notre exploration. L'ensemble de ces causes d'étonnement nous divinisait presque aux yeux des gens du pays. Nos rapports avec

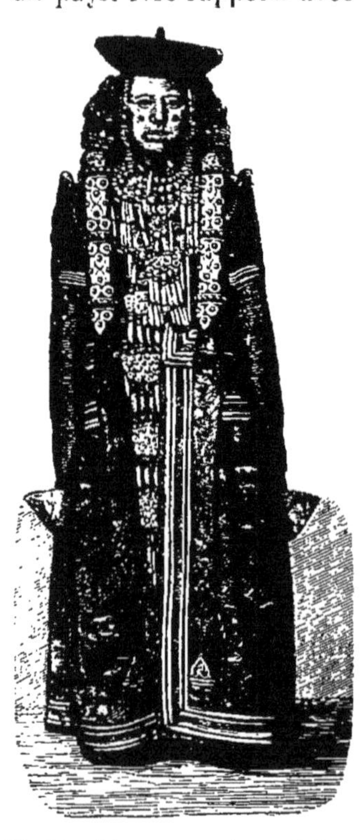

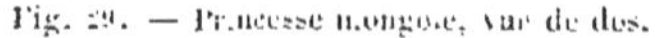

Fig. 29. — Princesse mongole, vue de dos. Fig. 30. — Princesse mongole, vue de face.

les différents guigens et avec l'ambassadeur du Thibet confirmaient leur sentiment. Si, d'un côté, l'opinion qu'on avait de nous favorisait nos desseins et nous épargnait certains désagréments, d'un autre, elle nous empêchait de nous soustraire à l'obligation de prophétiser et de donner des bénédictions. Les Mongols et les Tangoutes arrivaient en troupe pour nous prier de leur laisser toucher seulement nos fusils, et les princes du pays nous amenaient leurs enfants pour qu'ils reçussent l'imposition de nos mains sur la tête, croyant ainsi assurer leur bonheur pour la vie. En entrant au campement de Doulan-Kit, nous trouvâmes une foule de plus de deux cents personnes prosternées des deux côtés de la route.

Quant aux fidèles qui réclamaient de nous des oracles, nous ne pouvions pas nous en débarrasser. On venait nous consulter non seulement sur la destinée d'une personne, mais encore sur un animal ou sur une pipe perdue. Un prince tangoute surtout nous obséda pour savoir comment il pourrait rendre sa femme féconde. Pour les Kara-Tangoutes, ils n'osèrent pas nous attaquer, et cessèrent même leurs brigandages dans les environs des localités où nous passions. Des princes mongols venaient nous prier de faire rendre à ces pillards le bétail qu'ils leur avaient dérobé.

Le prestige qu'exerçait notre nom dépassait toute vraisemblance. Ainsi, en nous rendant dans le Thibet, nous laissâmes à Dzaïdam un sac plein de dzamba qui nous était inutile ; le prince mongol à qui nous le confiâmes fut pénétré de joie et nous dit que dorénavant il n'aurait plus rien à craindre des brigands. En effet, lorsque, trois mois plus tard, nous repassâmes chez lui, il nous offrit deux moutons pour nous remercier de ce que, pendant cet espace de temps, les Kara-Tangoutes avaient cessé leurs déprédations dans son kochoun. Nos guides et d'autres Mongols ramassaient parfois des feuilles de vieux livres dont nous nous étions servis pour un usage qu'il est inutile d'indiquer, et les serraient soigneusement en disant que, si plus tard les brigands survenaient, ils les leur montreraient comme des lettres de sûreté qu'ils avaient reçues des Russes.

Les bruits les plus absurdes circulaient sur notre puissance surnaturelle. Ainsi on prétendait que, bien que nous ne fussions que quatre, si nous étions attaqués, sur-le-champ apparaîtraient plusieurs milliers d'hommes pour se joindre à nous; nous pouvions commander aux éléments et envoyer des maladies aux gens et aux bestiaux. Je suis persuadé que, d'ici à quelques années, notre voyage deviendra une légende ornée d'imaginations de la plus haute fantaisie.

Outre ma profession de saint, on m'attribua encore celle de médecin, titre que j'avais déjà reçu lors des premiers mois de mon expédition. Nos travaux d'herborisation et quelques guérisons heureuses de la fièvre au moyen de la quinine firent de moi une sommité médicale. Ma grande réputation me suivit par toute la Mongolie ; mais, dans les provinces du Koukou-Nor et du Dzaïdam, ma clientèle devint considérable et les dames spécialement m'honorèrent de leur confiance.

Complètement dépourvu de connaissances médicales et ne possédant pour toute science que quelques médicaments, je n'avais ni le temps ni la faculté de faire suivre à ma clientèle un traitement sérieux. J'employais les méthodes charlatanesques du docteur Baaumcheit, qui traite toutes les maladies au moyen de piqûres faites avec des aiguilles montées sur un ressort ; on enduit ensuite la scarification avec une pommade d'une certaine composition. Si le docteur Baaumcheit, inventeur de cette médication, vit encore, il peut se vanter de l'admiration que son petit appareil excitait chez les indigènes du Koukou-Nor, qui le regardaient comme un objet merveilleux sorti directement des mains de Bouddha. Plus tard, je fis cadeau de cet instrument miraculeux à un prince mongol ; il se mit immédiatement à l'essayer sur ses aides de camp, lesquels d'ailleurs se portaient fort bien.

Les maladies endémiques en Mongolie sont la syphilis, diverses affections de la peau, des embarras gastriques, et des rhumatismes. Les explications les plus curieuses accompagnaient le narré de ces maladies : un syphilitique, dont le nez était complètement rongé, prétendait que c'était un ver qui était la cause de tout le mal et qu'il fallait absolument le détruire ; une femme atteinte d'indigestion par suite de sa gloutonnerie affirmait que, chez elle, il poussait un nouvel intestin ; un autre assurait avoir subi le mauvais œil.

Toutefois la plupart de nos malades ne se contentaient pas de la médication extérieure de Baaumcheit, ils réclamaient un traitement interne. Alors nous leur administrions de la poudre de soda, de l'alcool de menthe, du sel de Glauber ; il nous arriva même de donner de la magnésie contre la cataracte. Nous continuâmes ainsi jusqu'à épuisement de nos médicaments ; mais l'appareil de Baaumcheit ne cessa ses services qu'à la fin de notre voyage.

A deux jours de route du camp du dzin-kaï-van, se termine

la contrée montagneuse que coupent les ramifications de la chaîne méridionale du Koukou-Nor; plus loin s'étendent les plaines parfaitement unies du Dzaïdam. Elles sont exactement limitées, au nord-ouest, par le prolongement du Koukou-Nor méridional; au sud, par la chaîne thibétaine de Bourkhan-Bouddha; à l'est, par les élévations qui unissent entre elles ces deux chaînes; à l'ouest, le Dzaïdam disparaît dans les profondeurs de l'horizon et, d'après le dire des indigènes, atteint le lac Lob-Nor.

La plaine du Dzaïdam fut, vraisemblablement, à une époque géologique, le fond d'un lac immense : elle présente, partout et sans solution de continuité, une surface marécageuse tellement saturée de sel que celui-ci forme, en certains endroits, une couche d'un pouce et demi d'épaisseur, semblable à de la glace. On rencontre parfois des fondrières, de petits cours d'eau et des étangs; vers l'ouest, se trouve le grand lac de Kara-Nor. Le plus considérable des cours d'eau est le Baïan-Gol. A l'endroit où nous le traversâmes sur la glace, il avait deux cents sagènes de large, trois pieds de profondeur et un fond vaseux. Si nous en croyons les indigènes, le Baïan-Gol sort du lac Toso-Nor, à l'est des monts Bourkhan-Bouddha, et, après un cours d'environ trois cents verstes, il se perd dans les marais du Dzaïdam occidental.

Un territoire si marécageux ne peut produire une végétation bien variée. A l'exception d'espèces de prairies formées par des plantes particulières aux marais, le sol est couvert de joncs hauts de quatre à six pieds [1]. Dans les localités les plus sèches, apparaît en grande quantité la *nitraria Scholeri*, que nous avions déjà trouvée dans l'Ordoss et dans l'Ala-Chan. Elle forme ici des arbrisseaux d'une sagène de hauteur. Les baies en sont douces et salées; elles forment, comme celles de

1. Cependant Huc décrit ainsi le Dzaïdam : « Le 15 novembre nous quittâmes les « magnifiques plaines du Koukou-Nor et arrivâmes chez les Mongols du Tzaïdam « (pas un mot sur la chaîne méridionale du Koukou-Nor). A peine avions-nous « franchi la rivière du même nom (probablement la riv. Baïan-Gol, qui est quinze fois « plus large que la Boukhaïn-Gol si éloquemment décrite par le bon père) que le « pays change d'aspect brusquement. La nature devient triste et sauvage, le « sol aride et pierreux... » Tandis qu'il n'y a que des marais non interrompus, pas une seule pierre et à peine quelques arbustes. (Huc, *Souvenirs d'un voyage dans la Tartarie et le Thibet*, t. II, p. 223.)

l'Ala-Chan, la principale nourriture des hommes et des animaux de la contrée. Les habitants les recueillent en automne et les font sécher pour la consommation de l'année; ils les cuisent à l'eau et les mangent mélangées avec du dzamba; le bouillon leur sert de boisson.

Presque tous les oiseaux et les animaux du Dzaïdam se nourrissent de ces baies, le renard lui-même ne les dédaigne pas et le chameau en est très friand. Le nombre des bêtes est du reste peu considérable dans le Dzaïdam à cause de la nature du sol, nuisible aux plantes, et parce que celles qui poussent meurent foulées sous le sabot des chameaux. La faune est représentée par l'antilope kara-soulta, le loup, le renard et le lièvre. Il est à croire que ce petit nombre de fauves tient à l'énorme quantité de moustiques, qui en été fourmillent au-dessus des marais, à ce point que les indigènes décampent et vont se réfugier dans les montagnes avec leurs troupeaux.

Les oiseaux sont en général des échassiers et des oiseaux aquatiques; mais, à l'époque de notre passage pendant l'automne, ils étaient déjà partis, aussi en vîmes-nous très peu. En revanche, nous aperçûmes un grand nombre de faisans, différents de ceux de Mongolie et de ceux du Han-Sou. Parmi les oiseaux hivernants, nous avons remarqué le *Ruticilla erythrogastra*, le *Carpodacus rubicila*, le *Buteo ferox*, le *Falco sp.*, le *Circus sp.*, l'*Anthus pratensis* (?), l'*Anas boschas*, le *Rallus aquaticus*, etc.

La population du Dzaïdam se compose des mêmes Mongols que nous venons de voir précédemment; les Kara-Tangoutes habitent surtout dans l'est. Administrativement le Dzaïdam fait partie du Koukou-Nor et se divise en cinq khochoun : Kourlik, Baroun, Dzoun, Koukou-Béilé et Taidji. D'après un des princes du pays, la population occupe mille iourtes, de sorte qu'elle ne s'élève pas au-dessus de cinq à six mille âmes, en comptant cinq ou six habitants par iourte.

Les Mongols nous apprirent que le marécageux Dzaïdam s'étendait au nord-ouest sur une longueur de quinze étapes à partir du point où nous passions et que, plus loin encore, à quelques jours de marche, la terre devenait de l'argile; puis on rencontrait un steppe ondulé appelé *gast*, abondant en eaux et en pâturages. Le pays est pourtant inhabité; mais les antilopes y sont nombreuses et des chasseurs du lac Lob-Nor, qui est à sept journées de distance, viennent les poursuivre. Généralement, de l'orient du Dzaïdam où nous nous trouvions jusqu'au Lob-Nor, les indigènes s'accordaient à déclarer qu'il fallait un mois de route; distance que nous estimions alors à sept cent cinquante ou à neuf cents verstes, en en mettant vingt-cinq ou trente par étape.

Outre son importance géographique incontestable, un pareil voyage nous permettait de résoudre l'intéressante question de l'existence des chevaux et des chameaux sauvages, existence affirmée unanimement par les Mongols du Dzaïdam, qui nous racontaient même le genre de vie de ces animaux. A leur dire, les chameaux sauvages habitent en nombre assez considérable dans le nord-ouest du Dzaïdam, où le pays présente un parfait désert avec un sol sec, argileux et couvert de plantes sèches. L'eau y est très rare; mais les chameaux font jusqu'à cent verstes pour se rendre à l'abreuvoir et en hiver la neige leur suffit.

Ces chameaux sauvages vivent en petites troupes de cinq à dix individus, quelquefois même de vingt, nombre qui n'est jamais dépassé. Extérieurement ils se distinguent très peu de ceux qui sont à l'état de domesticité; seulement, leur corps est plus nerveux et plus mince et leur mufle, plus allongé; la couleur de leur laine est grisâtre.

Les Mongols chassent les chameaux sauvages et s'en servent comme d'aliment, surtout vers le milieu de l'automne où ils sont très gras. Les chasseurs emportent avec eux une provision de glace pour suppléer au manque d'eau. Les chameaux sauvages ne sont pas très prudents. Suivant les Mongols, ils ont l'odorat délié et ils aperçoivent à de grandes distances; mais, à de petites, leur vue est faible. En février, à l'époque du rut, les mâles deviennent hardis et accourent au passage des caravanes qui traversent le Dzaïdam en se rendant à la ville d'An-Si-Tchéou. Il arrive alors parfois que les chameaux domestiques s'en vont avec eux et ne reviennent plus.

Nous entendîmes aussi de longs récits concernant les chameaux sauvages qui habitent le territoire des Tourgouts et les déserts du lac Lob-Nor près du Thibet. Le voyageur Chaou, à l'époque de son voyage de l'Inde à Iarkand, avait entendu parler de ces animaux et le mentionne dans ses récits. Mais quels sont ces chameaux? Sont-ils les descendants directs d'aïeux demeurés sauvages, ou sont-ils devenus sauvages après s'être échappés de la servitude? Il est impossible, suivant les Mongols, de trancher cette question; mais leurs récits feraient pencher pour la première hypothèse, car ils prétendent que les chameaux domestiques ne peuvent pas s'accoupler sans l'aide du chamelier.

Les chevaux sauvages que les Mongols appellent dzerlik-adou sont rares dans l'ouest du Dzaïdam, mais très nombreux dans les steppes du Lob-Nor. Ils se tiennent ordinairement en grands troupeaux et ont beaucoup de prudence. Aussitôt qu'ils aperçoivent l'homme, ils se sauvent avec rapidité, continuent leur fuite pendant plusieurs jours et ne retournent plus, dans le canton où ils ont été effrayés, qu'une ou deux fois dans le courant d'une année. Leur couleur est baie, leur queue et leur crinière sont noires; celles-ci, chez les adultes étalons, sont assez grandes pour tomber jusqu'à terre. Leur chasse est extraordinairement difficile et les habitants l'ont abandonnée.

Le Dzaïdam est plus bas de dix-sept cents pieds que le pays de Koukou-Nor, et le climat est incomparablement plus doux, d'autant plus qu'il n'est pas sous l'influence du voisinage d'un grand lac.

A notre sortie des montagnes du Han-Sou, depuis la mi-octobre et pendant tout le mois de novembre, le temps fut magnifique. Les nuits étaient pourtant très froides (— 26°,6 C. en octobre, et — 25°,2 C. en novembre); mais, pendant le jour, le temps était chaud, lors même que le soleil se cachait, pourvu qu'il ne fît pas de vent. Heureusement que celui-ci était rare et que nous pûmes jouir de belles journées sèches et sereines, après les pluies et les neiges que nous avions subies dans le Han-Sou. Pendant la moitié d'octobre, le Koukou-Nor fut libre de glace; il ne s'en formait çà et là que dans les petites criques. Les rivières y compris le Baïan se prirent au milieu de novembre. La neige[1] tomba alors, mais le vent l'emportait ou le soleil la faisait fondre. Les habitants nous

1. La neige qui tombe ici et dans le Han-Sou brille d'un tel éclat que les indigènes se protègent les yeux avec une touffe de poils noirs du yak.

apprirent qu'en plein hiver la neige était peu abondante, même dans les monts du Han-Sou ; le temps y restait habituellement serein.

Après avoir quitté le campement du dzin-khaï-van, nous traversâmes une plaine stérile et saturée de sel, où l'on remarque les deux lacs salés de Sirk-Nor et de Doulan-Nor. Nous gravîmes ensuite une arête peu élevée, rameau de la chaîne méridionale du Koukou-Nor, et du sommet nous aperçûmes d'immenses plaines s'étendant à perte de vue : c'est le Dzaïdam, derrière lequel se dresse comme un mur le massif de Bourkan-Bouddha. Malgré la distance qui nous en séparait et qui est de plus de cent vingt verstes, nous apercevions distinctement le Bourkhan-Bouddha à l'œil nu et, avec une jumelle, on pouvait voir séparément chaque rocher, tant est grande la limpidité de l'air dans ces vastes plaines.

Avant de nous engager dans les marais salants, nous parcourons une petite plaine ondulée qui sert de transition entre les marais et les montagnes. Le terrain y est formé de sable et de graviers et, en certains endroits, de sables mouvants où croît le *zak* d'Ala-Chan. Ces surfaces argileuses à peu près arides n'ont d'autre végétation que la *nitraria Scholeri* et le tamaris. Nous remarquons, comme grande rareté et à plusieurs reprises, des parcelles de deux ou trois dessatines [1] de terre cultivée. Les Mongols y sèment du froment et de l'orge. Une de ces parcelles avait même une superficie de huit ou dix dessatines; nous la rencontrâmes près du camp du dzin-khaï-van, auquel elle appartenait. L'introduction de la culture dans le Dzaïdam est due à l'insurrection doungane; car, les communications ayant été interceptées avec la ville de Donkir, il était impossible de se procurer le dzamba qui est l'aliment national.

Nous dûmes traverser les marais salants pendant une soixantaine de verstes. Il n'y existait point de sentiers; nous marchions droit devant nous, tantôt sur l'écorce durcie du sel, tantôt sur l'argile gelée. Cette marche étant très pénible pour notre caravane, plusieurs chameaux commençaient à boiter et nos chiens avaient les pattes meurtries jusqu'au sang.

1. La dessatine russe est égale à 100 ares. (*Traducteur.*)

Le 18 novembre, nous atteignîmes le campement du chef du kochoun de Dzoun-Zasak; là, d'après les ordres du guigen, nous devions prendre deux guides pour nous conduire jusqu'à Lhassa. Nous continuions à cacher le motif qui nous forçait de renoncer à pousser jusqu'à cette ville et, afin de ne pas éveiller les soupçons du prince du kochoun, nous nous agitâmes beaucoup pour trouver un guide ; ce choix ne nous prit pas moins de trois jours. Enfin nous nous adjoignîmes un Mongol nommé Tchoutoun-Dzamba qui, neuf fois déjà, était allé à Lhassa comme guide de caravane. Nous convînmes de lui payer sept lans par mois, avec son entretien, et un chameau de selle pour son salaire; de plus, une gratification, si nous étions contents de lui. Le jour suivant, nous prenions la route du Thibet, résolus de nous enfoncer dans ces provinces inconnues et de pénétrer au moins jusqu'aux sources du fleuve Bleu.

CHAPITRE XII

THIBET SEPTENTRIONAL

Chaînes de montagnes de Bourkhan-Bouddha, de Chouga et de Baian-Khara-Oula. — Caractère des déserts du Thibet septentrional. — Route ordinaire des caravanes. — Fabuleuse abondance des animaux sauvages : le yak sauvage, l'argali à poitrine blanche ; les antilopes orongo et ada, le loup, le renard de Tartarie. — Petit nombre des oiseaux. — Notre genre de vie pendant l'hiver. — Ouragans de poussière. — Le Mongol Tchoutoun-Dzamba, notre guide. — Rivière Mour-Oussou (fleuve Bleu). — Retour dans le Dzaïdam.

A la limite des marais du Dzaïdam, s'élève le massif de Bourkhan-Bouddha, qui borde le haut plateau du Thibet septentrional. Cette chaîne court de l'est à l'ouest sur une longueur de deux cents verstes, au dire des Mongols. L'extrémité orientale du Bourkhan-Bouddha [1] se trouve à côté des monts Eugraï-Oula et se termine au lac Tosso-Nor [2] ; à l'ouest de cette chaîne, nous rencontrons la rivière Nomokhoun-Gol [3], qui arrose la base méridionale du Bourkhan-Bouddha ; elle contourne ce massif à l'ouest, et entre dans les plaines du Dzaïdam où elle se jette dans le Baïan-Gol.

A l'est, à l'ouest et surtout au nord, le Bourkhan-Bouddha surgit brusquement au-dessus des plaines complètement plates

1. Ce nom signifie le dieu Bouddha.

2. Ces montagnes sont situées non loin de la source du fleuve Jaune. D'après les Mongols, elles n'ont point de neiges éternelles et sont très boisées. Le lac Tosso-Nor est assez étroit, et n'est distant de cette chaîne que de deux jours de marche, environ 50 ou 60 verstes ; il donne naissance au Baïan-Gol.

3. La rivière Nomokhoun-Gol descend des monts Chouga, et n'a guère que quelques sagènes de largeur. A son confluent avec le Baïan-Gol, on trouve, au dire des indigènes, les ruines d'une ancienne ville occupée autrefois par l'armée chinoise.

qui l'environnent. Son arête se prolonge sans solution de continuité et ne présente aucune cime dépassant le niveau général.

Si nous en croyons les indigènes, ce massif aurait reçu son nom il y a quelques siècles d'un guigen qui revenait du Thibet en Mongolie. Comme ce voyageur avait éprouvé toutes les horreurs des déserts thibétains, lorsqu'il descendit enfin dans la plaine plus tempérée du Dzaïdam, il donna le nom de Bouddha à cette chaîne, qui s'élève comme la gigantesque sentinelle du plateau désert et glacé du Thibet septentrional.

Le Bourkhan-Bouddha sert en effet de frontière naturelle aux contrées qui s'étendent sur chacun de ses flancs, au nord et au sud. Du côté méridional, le pays monte à treize ou quinze mille pieds [1] de hauteur absolue. Partout nous avons trouvé un plateau très élevé, depuis le Bourkhan-Bouddha jusqu'au cours supérieur du fleuve Bleu. Il se prolonge même plus loin sous le nom de Tan-La et vraisemblablement sa hauteur devient encore plus considérable.

Du pied du Bourkhan-Bouddha jusqu'à sa crête, on compte environ trente verstes [2]. La montée est assez douce et ne devient abrupte que près du col, dont la hauteur absolue est de quinze mille trois cents pieds. Le sommet dont nous nous approchons le plus porte le nom général donné à tout le massif; il en est aussi le plus élevé. Au dire des indigènes, il atteint seize mille trois cents pieds au-dessus du niveau de la mer et sept mille cinq cents au-dessus de la plaine de Dzaïdam.

Malgré sa grande hauteur, le Bourkhan-Bouddha ne va nulle part jusqu'à la limite des neiges éternelles. Ainsi, à la fin de novembre, pendant que nous traversions la contrée, il y avait très peu de neige [3]; à peine couvrait-elle d'une couche de quelques pouces le côté septentrional du massif et la crête

1. De 3972 à 4572 mètres. Il n'y existe qu'une profonde et étroite vallée, celle du Nomokhoun-Gol, qui creuse le plateau à une hauteur absolue de 11,300 pieds (3444 mètres).

2. Entre le pied des montagnes et les marais du Dzaïdam, il existe une zone intermédiaire de 15 verstes, qui s'étend en pente à partir de la chaîne; elle est entièrement stérile, couverte de gravier et de cailloux.

3. Les Mongols nous ont dit que la neige tombait très irrégulièrement sur le plateau du Thibet septentrional; durant certains hivers, il y en avait encore beaucoup, tandis que dans d'autres on n'en voyait pas.

elle-même. En février, à l'époque de notre retour, il n'y avait plus trace de neige, même dans la vallée, à l'abri du soleil.

Un pareil phénomène tient probablement à ce que, du côté du sud, le massif ne s'élève pas beaucoup au-dessus de sa base. Les immenses déserts qui s'y déploient emmagasinent l'été une grande quantité de chaleur, et le vent chaud fait disparaître la neige des sommets les plus hauts. Des deux côtés, en hiver, la neige est du reste peu abondante : au printemps, elle tombe en plus grande quantité, mais elle fond rapidement aux rayons du soleil et ne peut point par conséquent former une masse séjournant tout l'été.

Une extrême aridité est le caractère distinctif du Bourkhan-Bouddha. Les versants sont composés de terre glaise, de sable, de conglomérats, ou de rochers dénudés, formés de schistes argileux et siliceux, de siénite et de porphyre. Ces rochers apparaissent surtout aux extrémités de la chaîne. La végétation est presque nulle ; à peine remarque-t-on quelques rares arbustes de *Callidium gracile* et de potentille dorée. Les fauves et les oiseaux sont aussi très peu nombreux.

Le versant méridional est généralement plus fertile que celui du nord ; on y trouve fréquemment de petits ruisseaux et même de maigres prairies. Ces pacages sont fréquentés en été par les bestiaux des Mongols, qui se réfugient dans la montagne pour éviter les nuées de moustiques dont est ravagé le marécageux Dzaïdam.

Bien que l'exhaussement y soit graduel, la traversée du Bourkhan-Bouddha est fort pénible par suite de la raréfaction de l'air. Les animaux et les hommes perdent peu à peu leurs forces ; une faiblesse générale les envahit, la respiration devient difficile et le vertige les saisit. Souvent les chameaux tombent foudroyés ; un des nôtres périt ainsi et les survivants eurent beaucoup de peine à terminer l'ascension [1].

La descente du Bourkhan-Bouddha est encore plus douce que

1. Dans ses *Souvenirs d'un voyage dans la Tartarie et le Thibet,* le père Huc assure qu'on constate dans cette chaîne la présence d'un dégagement d'acide carbonique et raconte les souffrances que ce gaz fit endurer à toute sa caravane pendant le passage dans ces montagnes. Nous lisons le même récit dans la traduction de l'itinéraire chinois de Si-Ning à Lhassa (*Bulletin de la Société impériale de géographie,* 1873, chap. IX, p. 298-305) : « dans vingt-trois localités de cette route, dit-il, on constate le *Tchjan-tzi,* » c'est-à-dire des émanations nuisibles. Or

la montée : elle suit pendant vingt-trois verstes, jusqu'à la rivière Nomokhoun-Gol, une vallée étroite qui a onze mille trois cents pieds de hauteur absolue et est la plus basse que nous ayons trouvée dans tout le plateau septentrional du Thibet. A partir de la rivière, le pays commence de nouveau à s'élever pour former le massif de Chouga, qui se dresse parallèlement au Bourkhan-Bouddha et se termine brusquement à l'ouest vers la plaine du Dzaïdam[1].

Le massif de Chouga est un peu plus étendu que le Bourkhan-Bouddha. Il se détache à l'est des monts Ouroundouchi, d'où descend la Chouga-Gol, qui baigne le pied méridional de la chaîne. Cette rivière au point où nous l'avons traversée a quarante sagènes de largeur[2], mais ses eaux sont peu profondes. Au dire des indigènes, son cours est de trois cents verstes et elle se perd dans les marais du Dzaïdam occidental. Sa vallée est semblable à celle du Nomokhoun-Gol, assez fertile, et couverte en partie de pâturages, bons si on les compare à ceux des montagnes qui l'environnent.

Physiquement la chaîne de Chouga est identique au Bourkhan-Bouddha : même absence de vie, mêmes rochers aux tons rouges, gris, blanchâtres et jaunes, même composition d'espèces minérales. Au sommet, s'entassent d'énormes rochers de calcaire et d'épidote. La descente et la montée par la route du Thibet sont très douces, quoique la hauteur absolue du col soit un peu plus considérable que celle du Bourkhan-Bouddha[3]. Les cimes isolées sont plus hautes dans la partie centrale du massif et cinq d'entre elles atteignent la limite des neiges perpétuelles[4].

nous avons passé quatre-vingts jours sur le plateau du Thibet septentrional et nulle part nous ne nous sommes aperçus de la présence de l'acide carbonique. Le malaise que l'on éprouve pendant l'ascension tient à la raréfaction de l'air sur une pareille altitude. C'est aussi la cause pour laquelle il est si difficile d'y faire du feu. Si en effet il existait là des dégagements d'acide carbonique, comment les bestiaux, ainsi que les bandes d'animaux sauvages, pourraient-ils séjourner dans ces montagnes ?

1. On peut supposer que le Bourkhan-Bouddha et le Chouga, à leur extrémité occidentale, sont réunis et appuient leur massif principal sur les plaines du Dzaïdam.

2. Cette largeur est celle de la couche de glace qui la recouvrait ; la rivière est probablement plus étroite.

3. Le col de la chaîne de Chouga est à 15,500 pieds de hauteur absolue.

4. Ces cinq sommets étaient situés à 7 verstes à l'E. de notre route ; à la vue,

Ce massif constitue la limite politique de la Mongolie (c'est-à-dire du Dzaïdam) et du Thibet. Toutefois cette frontière n'est pas déterminée exactement et les Thibétains nomment encore ces montagnes Bourkhan-Bouddha. Une pareille inexactitude ne peut guère tirer à conséquence, car, à partir du Bourkhan-Bouddha, sur la route du Thibet, jusqu'à la descente méridionale des monts Tan-La, c'est-à-dire sur près de huit cents verstes, il n'y a point de population[1]. Les Mongols appellent ce pays Gouressou-Gadzir (contrée des fauves), parce qu'il est extraordinairement riche en bêtes sauvages. Nous en dirons quelques mots plus loin.

La chaîne Ouroundouchi déjà mentionnée, d'où se détachent les monts Chouga et d'où descend la Chouga-Gol, se trouve au nord du steppe Odon-Tala, abondant en eaux, et nommé par les Chinois Sin-Sou-Haï, c'est-à-dire Mer étoilée. C'est là que sont situées les sources du fleuve Jaune, séparées de la localité où nous nous trouvions par sept étapes à l'est; malheureusement notre guide en ignorait la route. Chaque année au mois d'août, des Mongols se rendent à Odon-Tala[2] pour prier et pour offrir des sacrifices à Dieu. On y consacre sept animaux blancs : un yak, un cheval et cinq moutons, auxquels on attache au cou des rubans rouges et qu'on lâche dans les montagnes. Les indigènes ignorent ce que deviennent ces bêtes sacrées; il est fort à présumer que les Tangoutes s'en emparent ou que les loups les mangent.

A une centaine de verstes des monts Chouga, se dressent trois chaînes, appelées par les Mongols Baïan-Khara-Oula[3] et par les Tangoutes Eugraï-Vola-Daktzi. Ces montagnes sont situées à gauche du cours supérieur du fleuve Bleu, connu chez les Mongols sous le nom de Mour-Oussou; elles séparent

ils nous ont paru avoir 1,000 à 2,000 pieds au-dessus du col; la neige s'étendait sur les pentes septentrionales en couche épaisse et, sur les versants méridionaux, on n'en apercevait un peu que dans les parties les plus élevées.

1. Ce n'est que sur le haut Mour-Oussou (fleuve Bleu), à six étapes au-dessus des bouches de la rivière Naptchitaï-Oulan-Mouren, que vivent, au dire des indigènes, environ cinq cents Tangoutes.

2. Ce steppe a une longueur de deux journées de marche; au sud, on y remarque les monts Soloma qui composent la partie orientale de la chaîne Baïan-Khara-Oula.

3. Ce nom signifie : Les riches montagnes noires.

le bassin de ce fleuve de celui des sources du fleuve Jaune. Leur direction générale va de l'est à l'ouest, et elles portent des noms différents dans leurs diverses parties. Leurs ramifications occidentales, jusqu'à la rivière Naptchitaï-Oulan-Mouren [1], sont désignées sous le nom de Koukou-Chili; la partie centrale est le Baian-Khara-Oula; plus loin, ce sont les sommets Daktzi; enfin, les ramifications orientales se nomment Soloma. Tout ce massif, d'après les indigènes, n'atteint nulle part la limite des neiges perpétuelles. Les Koukou-Chili occupent une longueur d'environ deux cent cinquante verstes et les autres parties réunies en ont plus de quatre cents. De sorte que la longueur totale de la chaîne est d'environ sept cents verstes. La partie centrale borde le cours supérieur du fleuve Jaune; mais les parties situées vers l'est et l'ouest s'en éloignent sensiblement.

La chaîne Baïan-Khara-Oula se distingue de celles de Bourkhan-Bouddha et de Chouga par ses formes peu accentuées et par sa hauteur relativement moins considérable. Du côté du nord, son élévation est à peine de mille pieds au-dessus de la base, du moins à l'endroit où nous l'avons traversée. Sur le versant méridional, c'est-à-dire vers la vallée du Mour-Oussou où le terrain s'abaisse à plus de treize mille pieds de hauteur absolue, le massif prend la forme d'un mur vertical. Les espèces minérales qu'on y trouve le plus communément sont le schiste argileux, le feldspath et le porphyre.

Les caractères généraux de cette chaîne se résument ainsi: formes peu accentées, légère inclination des versants, absence de rochers surtout sur le versant septententrional, eaux abondantes, fertilité du versant méridional, beaucoup plus prononcée que dans toutes les localités du Thibet septentrional que nous ayons visitées. Le terroir est sablonneux et couvert de beaux herbages, grâce à l'abondance des eaux; les pâturages s'étendent dans les vallées et même sur les flancs des montagnes.

L'espace compris entre les chaînes de Chouga et de Baïan-Khara-Oula présente un affreux désert, élevé de quatorze mille

1. Cette rivière vient des montagnes neigeuses Tzagan-Nir et, après un cours d'environ 400 verstes, se jette dans le Mour-Oussou. Vers sa partie basse sa largeur est de 30 à 40 sagènes, en hiver. La saveur de ses eaux est salée.

cinq cents pieds[1]. C'est un plateau ondulé où sont dispersés çà et là des groupes de collines plus hautes de mille pieds environ que le niveau de la contrée.

Ce n'est que dans la partie nord-ouest du plateau que se dressent les hautes montagnes de Gourbou-Naïdji[2]. qui sont couronnées de neiges éternelles, et le commencement du grand système orographique du Kouen-Lune. Au moins les Mongols du Dzaïdam le font entendre, car ils disent que, d'ici fort au loin dans l'ouest, s'étend une chaîne de montagnes non interrompue, qui va tantôt au-dessus, tantôt au-dessous de la ligne des neiges éternelles. Dans la partie orientale de ce système, les cimes éternellement neigeuses, outre celles de Gourbou-Naïdji, se rencontrent aussi dans les groupes de Ioussoun-Obo et de Tzagan-Nir.

Le haut plateau situé entre le Chouga et le Baïan-Khara-Oula offre le type général des déserts du Thibet septentrional; toute la nature et le climat y ont l'empreinte de ce terrible cachet. Le terroir est un composé d'argile, de sable et de cailloux, presque complètement privé de végétation. A peine quelques misérables touffes d'herbe ayant quelques pouces de haut, rarement un lichen gris ou jaune, occupent deux ou trois pieds de ce sol désolé, qui disparaît aussi en quelques endroits sous une blanche couche de poussière saline; mais est partout labouré de profonds sillons ou de fosses creusées par les tempêtes. Ce n'est que dans les lits desséchés des ruisseaux intermittents et dans les marécages qu'apparaît une végétation plus abondante et rappelant un peu les prairies. Ces semblants d'oasis eux-mêmes n'ont qu'une sinistre apparence. Leur tapis prairial ne se compose que d'une espèce de graminées[3], d'un demi-pied de haut, dure comme du fil de fer et si sèche qu'elle se brise sous les pieds et se disperse en poussière[4].

La hauteur absolue et, par suite, la raréfaction de l'air sont si grandes que la plus courte étape fatigue excessivement

1. Le lac Boukha-Nor est à 14,400 pieds; le marais de Khouitoun-Chirik, au nord du pied du Baïan-Khara-Oula, est à 14,900 pieds de hauteur absolue.

2. En tangoute, Atchioun-Gontchik; ces montagnes se trouvaient à 60 verstes à l'ouest de notre route.

3. On rencontre aussi, mais rarement, des composées.

4. Cette végétation était si perçante qu'en passant dessus elle enlevait la corne du sabot de nos chameaux et leur mettait les pieds en sang.

l'homme le plus robuste. Tout l'organisme ressent une faiblesse générale et la tête vous tourne; les pieds et les mains sont agités de tremblement et l'envie de vomir vous tourmente. Il est très difficile de faire du feu en cette région, où l'argal brûle fort mal, faute d'oxygène.

Le climat est en parfaite harmonie avec la nature farouche de ces déserts. Des froids terribles et de violentes tempêtes règnent ici tout l'hiver; au printemps, les tourmentes de neige et, pendant l'été, la pluie accompagnée de grêle ne cessent pas. Ce n'est que durant l'automne que le temps se maintient calme et doux. Aussi les caravanes de pèlerins mongoliens ont-elles choisi cette saison pour aller à Lhassa. Le lieu du rendez-vous est le lac Koukou-Nor, où les bêtes de somme reprennent de nouvelles forces pour le voyage encore plus pénible qui leur reste à accomplir [1].

Aux pèlerins mongols se joignent, près du Koukou-Nor, les gens du pays, montés sur des chameaux ou sur des yaks. Les premiers marchent plus rapidement et la distance qui s'étend entre la ville de Donkir et celle de Lhassa (soit quinze ou seize cents verstes) est franchie en deux mois, à vingt-cinq verstes environ par jour [2]. Les yaks chargés s'avancent avec plus de lenteur et mettent quatre mois à franchir la même distance.

A travers les déserts dont nous parlons, il n'existe point de route digne de ce nom, mais seulement de nombreux sentiers battus par les bêtes de somme. Les caravanes se dirigent d'après certains indices propres aux localités.

L'itinéraire est tracé ainsi qu'il suit:

De Donkir, le long de la rive septentrionale du Koukou-Nor et à travers le Dzaïdam, jusqu'à la chaîne de Bourkhan-Bouddha, on compte quinze ou seize étapes; de là jusqu'au Mour-Oussou, dix étapes; plus loin dans la vallée en amont de cette rivière, dix étapes; ensuite, pour franchir les monts Tan-La jusqu'au village thibétain de Naptchou, cinq étapes, et enfin, de là jusqu'à Lhassa, il reste encore douze étapes.

1. L'insurrection a empêché durant onze ans ces pieux voyages des dévots septentrionaux. Pendant ce laps de temps les caravanes s'arrêtaient au Koukou-Nor

2. On ne fait que deux haltes : une dans le Dzaïdam au pied du Bourkhan-Bouddha et la seconde sur les rives du Mour-Oussou.

A Naptchou, les voyageurs laissent leurs chameaux et se remontent avec des yaks, car le pays devient très accidenté. D'ailleurs les Mongols disent qu'on peut arriver jusqu'à Mounkhou-Dzou (Lhassa) avec des chameaux, mais que les pèlerins préfèrent les laisser à Naptchou parce que, plus loin, ils ne trouvent plus de bons pâturages.

Du Koukou-Nor et de Donkir, les caravanes partent toujours au commencement de septembre [1], en sorte qu'elles arrivent à Lhassa au commencement de novembre. Elles y font un séjour de trois mois et se remettent en route en février. Alors les marchands thibétains, qui portent à Donkir des draps, des peaux de mouton et de menus objets, se joignent à elles. En outre, une fois tous les trois ans, partait jadis une caravane officielle escortant l'ambassadeur envoyé par le dalaï-lama pour offrir des présents à l'empereur; mais, depuis l'insurrection, cette ambassade a été interrompue.

Soit en automne soit au printemps, le voyage des caravanes dans le Thibet septentrional ne s'accomplit jamais sans accidents funestes. Beaucoup d'hommes et surtout de bêtes de somme périssent dans ces terribles déserts. Ces pertes sont tellement habituelles que les caravanes prennent toujours un surplus du quart et même du tiers de leur effectif en bêtes de somme. Il arrive parfois que tous les voyageurs abandonnent leurs bagages pour ne plus penser qu'à leur propre salut. Ainsi la caravane partie de Lhassa en février 1870, forte de trois cents voyageurs et de mille chameaux ou yaks, perdit, par suite du froid et de la profondeur des neiges, toutes ses bêtes de somme et cinquante hommes. Un des survivants de ce désastre nous racontait que chaque jour plusieurs dizaines d'animaux mouraient de faim, que les voyageurs avaient été contraints de se débarrasser de toutes les marchandises et de leurs effets, que peu à peu ils avaient dû jeter les vivres, marcher à pied en portant le reste des provisions sur le dos, et qu'on n'avait conservé vivants que trois chameaux, et encore parce qu'on les nourrissait de dzamba. L'argal, l'unique combustible de ces contrées, était enseveli sous une épaisse couche de neige; il fallait une

1. Les voyages pendant l'été ou l'hiver n'ont lieu que dans les cas urgents, car en été l'argal est trop humide par suite des pluies incessantes et, en hiver, il est enseveli sous la neige d'où on ne l'extrait que malaisément.

peine inouïe pour l'en extraire et allumer le feu que chacun alimentait avec des lambeaux de ses vêtements. Presque chaque jour un voyageur succombait et les malades étaient abandonnés encore vivants sur la route.

Malgré l'aridité du pays et les conditions défavorables du climat, le règne animal prospère dans ces déserts du Thibet. Si nous ne l'avions pas vu de nos propres yeux, jamais nous n'aurions cru que, dans une contrée où la nature est si inclémente, il pouvait exister une telle quantité d'animaux, se réunissant parfois en troupes de plusieurs milliers de têtes. C'est en errant sans cesse de canton en canton qu'elles réussissent à trouver leur nourriture dans ces chétifs pâturages. Mais, ici du moins elles n'ont pas à redouter les poursuites de leur plus terrible ennemi, l'homme, et vivent libres et en paix [1].

Les mammifères les plus nombreux et les plus caractéristiques du désert sont le yak sauvage, le bouquetin à poitrine blanche, l'argali, deux espèces d'antilope, l'onagre et le loup blanc jaunâtre. On y trouve encore l'ours, le renard, le renard de Tatarie, le lièvre, la marmotte, deux espèces de lièvres nains et le *Felis* manul [2].

J'ai déjà parlé de tous ces animaux dans les articles qui traitent du Han-Sou et du Koukou-Nor; je dirai donc seulement ici quelques mots des espèces spéciales au Thibet, dont le yak sauvage ou buffle à longs poils est un des plus remarquables représentants.

Le yak sauvage est un magnifique animal qui surprend par sa haute taille et sa beauté. Le mâle atteint onze pieds de longueur sans compter la queue, qui est ornée de poils longs et ondoyants et qui mesure trois pieds; sa hauteur jusqu'à la bosse est de six pieds; la circonférence du tronc prise au milieu est de onze pieds, et son poids, de trente-cinq à quarante pouds [3]. Ses cornes atteignent deux pieds neuf pouces

1. La raréfaction de l'air n'a pas d'influence pernicieuse sur les animaux thibétains qui sont nés et ont vécu sous une moindre pression atmosphérique.

2. Nous n'avons pas vu nous-mêmes le *Felis* manul du Thibet; mais les chasseurs de ce pays nous ont affirmé son existence et nous avons remarqué sur la neige des traces que notre guide nous a dit être celles de cet animal. Quant aux ours ils étaient plongés dans leur sommeil hivernal; les Mongols nous assurèrent qu'ils étaient très nombreux dans les chaînes de Bourkhan-Bouddha et de Chouga; ils sont de la même espèce que ceux du Han-Sou.

3. De 560 à 640 kilos. (*Traducteur.*)

et leur circonférence à la base mesure un pied quatre pouces. Son corps est couvert d'une laine épaisse, dure et noire, qui, chez les mâles âgés, prend une couleur brune sur le dos et sur la partie supérieure des flancs. Le bas du corps, ainsi que la queue, est pourvu de longs poils noirs qui pendent comme une large frange. La laine sur le muffle est grisonnante. Chez les jeunes individus, cette teinte apparaît sur toute la partie supérieure du corps. Le long de leur dos, s'étend une étroite bande argentée ; de plus, leur poil est plus doux et entièrement noir. Les jeunes taureaux, quoique adultes, déjà sont moins beaux que les vieux mâles ; mais leurs cornes sont souvent plus belles que celles de ces derniers, et l'extrémité en est retournée en arrière ; tandis que, chez les sujets plus âgés, elles sont retournées en dedans et leur base est couverte d'un épiderme épais et d'un gris sale.

Les yaks femelles [1] sont loin d'être aussi grandes et aussi belles que les taureaux. Leur taille est courte, leur bosse petite et le poil de leur queue et de leurs flancs n'est pas aussi luxuriant que chez les mâles.

Du reste, pour avoir une idée complète du yak sauvage, il faut le voir dans son désert natal. C'est là, sur ce sol inhospitalier, à quinze mille pieds au-dessus du niveau de la mer, au milieu de la plus triste nature, que vit en liberté ce fameux buffle à longs poils, connu chez les anciens sous le nom de *Pœphagus*.

Cet animal particulier au plateau thibétain s'est propagé au nord de la frontière du Thibet. On le rencontre en nombre considérable dans les montagnes du Han-Sou, vers les sources des rivières Tétoung et Edzinè, où passela limite septentrionale géographique de la reproduction de sa race. Mais, dans le Han-Sou, le yak sauvage diminue rapidement d'une année à l'autre sous les poursuites incessantes des indigènes.

Les qualités physiques du yak sont loin d'être aussi bonnes que celles des autres animaux sauvages. Il est vrai qu'il possède une force énorme et un excellent odorat ; mais, par contre, sa vue et son ouïe sont très faibles. Même dans une localité

1. La femelle yak a une longueur de 7 pieds 3 pouces sans la queue ; sa hauteur est de 4 pieds 9 pouces, la circonférence du tronc au milieu est de 7 pieds et son poids de deux ou trois pouds de moins que le taureau.

découverte et par un jour clair, à peine distingue-t-il à mille pas l'homme des objets qui l'environnent, et il faut qu'un bruit soit bien fort pour attirer son attention. C'est son odorat délié qui lui permet de sentir l'homme à une demi-verste, ou même plus.

Ses facultés intellectuelles comme celles des autres bœufs sont peu développées; on peut le préjuger, du reste, en considérant la petitesse de son cerveau.

Fig. 31. — Yak sauvage.

A l'exception de la période du rut, les taureaux âgés[1] vaguent isolément ou par petites troupes de trois à cinq individus. Plus jeunes, mais pourtant déjà adultes, c'est-à-dire de six à dix ans, les taureaux se réunissent quelquefois aux troupes des vieux mâles, mais le plus souvent forment des bandes de dix à douze têtes, où l'on remarque de temps en temps un ou deux mâles âgés. Les femelles, les jeunes mâles et les petits se réunissent au nombre de plusieurs centaines, quelquefois d'un millier d'individus[2]. Ces grands rassemblements d'animaux

1. Au dire des Mongols, le yak sauvage vit environ 25 ans.

2. Nous n'avons pas vu de troupeaux aussi considérables; dans un troupeau ordinaire, il y a souvent des mâles adultes, mais pas de vieux taureaux.

doivent éprouver des difficultés pour se nourrir; mais les jeunes bêtes sont alors garanties des attaques des loups.

En route, le troupeau marche un peu dispersé; mais, lorsque vient l'heure du repos, tous les animaux se couchent ensemble. A l'approche du danger, les veaux se réfugient au milieu du troupeau et quelques vieux mâles ou femelles se portent en avant pour reconnaître le péril[1]. Si l'alarme est réelle et qu'un chasseur s'approche, surtout s'il tire un coup de fusil, toute la troupe détale au trot, en rangs serrés; quelquefois au galop. En fuyant ainsi, le plus grand nombre baisse la tête, relève la queue et galope sans se retourner; un épais tourbillon de poussière précède la colonne et le bruit des sabots se fait entendre au loin. Ils conservent l'allure du galop rarement plus d'une verste, même souvent moins.

Quand la colonne s'arrête, elle garde l'ordre qu'elle avait: les jeunes au centre, et les vieux sur les flancs. Si le danger menace encore, elle repart aussitôt; une fois que la peur s'en est emparée, généralement le troupeau s'enfuit très loin.

L'allure du yak isolé est le trot; il ne se précipite au galop que quelques pas et encore faut-il qu'il ait peur. Un cheval peut toujours l'attraper, quelle que soit son allure. Dans les montagnes, le yak grimpe admirablement sur les escarpements les plus difficiles, et nous l'avons vu franchir des passages ou l'argali osait à peine s'aventurer.

En hiver ces animaux bivouaquent dans les cantons abondants en pâturages : c'est alors que les mâles se séparent en petites bandes qui errent de côté et d'autre. Après avoir franchi la partie septentrionale du Thibet, nous commençâmes à rencontrer les taureaux au pied de la chaîne de Bour-khan-Bouddha, tandis que nous ne vîmes des troupeaux que près des Baïan Khara-Oula. Ils étaient principalement nombreux sur le versant méridional de ces montagnes et sur les rives du Mour-Oussou; deux fois seulement, nous en rencontrâmes de petites bandes près de la rivière Chouga.

Les Mongols prétendent qu'en été, lorsque commence à croître la jeune herbe, les grands troupeaux se portent jusqu'au Bourkhan-Bouddha; mais que, pour l'hiver, ils revien-

1. Pendant les tempêtes de neige les troupeaux et les mâles isolés se couchent.

nent toujours sur les rives du Mour-Oussou. Seuls les vieux taureaux et les mâles adultes, auxqûels les longues étapes ne plaisent pas, hivernent dans le Bourkhan-Bouddha.

La paresse est le trait saillant du caractère du yak : le matin et le soir, il se met à paître ; mais le reste du temps il garde un repos absolu, soit couché, soit debout. Le mouvement des mâchoires atteste seul que l'animal vit encore ; tout le reste de la bête est dans la plus parfaite immobilité pendant des heures entières.

Pour se coucher, le yak choisit souvent les rochers exposés au nord ou quelque anfractuosité à l'abri du soleil ; car il craint la chaleur et, même à l'ombre, il s'étend volontiers sur la neige ou, s'il n'y en a pas, dans la poussière, après avoir creusé le sol avec ses sabots. Cependant les yaks restent souvent endormis dans les endroits où ils ont brouté.

Les localités qu'ils fréquentent sont couvertes de leurs excréments : c'est l'unique combustible du pays. Aussi les Mongols remercient-ils Dieu d'avoir donné au yak de si puissantes facultés digestives qu'il rejette jusqu'à un demi-poud de fiente à la fois. En effet, sans cette matière, les voyages dans le Thibet seraient impossibles, faute de combustible : on ne trouve pas, dans le pays, le plus petit arbuste.

L'abondance de l'eau est une des conditions nécessaires à l'existence du yak. En été, il fréquente assidûment les sources ; en hiver, il se contente de neige. Outre le grand nombre de petits cours d'eau et de sources qui arrosent ce désert, pendant la belle saison, on y trouve aussi des mares formées par les pluies. C'est là que l'herbe pousse avec le plus de vigueur, et que le yak, amaigri par les privations d'un long et rigoureux hiver, satisfait amplement son appétit. A l'automne, tous les yaks sont gras, principalement les jeunes mâles et les génisses.

L'époque du rut, qui commence en septembre et dure un mois entier, change complètement le caractère paresseux du yak. Alors jour et nuit, les mâles galopent dans le désert à la recherche des femelles et des rixes sanglantes s'engagent entre les rivaux. Ces duels sont certainement très sérieux, puisque tous les mâles que nous avons vus montraient les traces de blessures graves. Un mâle que nous avons abattu avait la corne gauche cassée à sa naissance. Quelle force il avait fallu pour briser une corne si grosse et si dure? Et quelle vigueur les deux rivaux ne devaient-ils pas posséder, l'un pour faire et l'autre pour supporter une pareille blessure?

Au dire des indigènes, les femelles mettent bas au mois de juin et portent tous les deux ans.

La plupart de ces animaux meurent de vieillesse; cependant ils sont sujets à une maladie appelée khomoun; c'est une sorte de gale qui fait tomber leurs poils. Nous ignorons si cette maladie entraîne la mort du sujet; mais il nous est arrivé d'abattre deux vieux individus qui étaient couverts de cette gale et dont tout le corps était privé de poils.

La chasse du yak sauvage est aussi attrayante que dangereuse, car l'animal blessé se précipite sur le chasseur. Le plus grand sang-froid est nécessaire; la balle de la meilleure carabine ne brise pas toujours la boîte crânienne et n'atteint pas le cerveau, dont le volume est du reste insignifiant, comparé à celui de la tête, qui est énorme. Un coup dirigé en plein corps est rarement mortel. Le chasseur peut donc viser juste et n'être pas sûr de tuer ni surtout de sortir victorieux de la lutte. Ce qui vient à son aide, c'est la stupidité, c'est l'irrésolution de l'animal qui, malgré sa férocité, a peur devant l'homme. Mais, si ce buffle était un peu plus intelligent, sa chasse présenterait autant de danger que celle du tigre. Car, je le répète, il est presque impossible de le tuer d'un seul coup; le nombre des balles seul vient à bout de lui, et il est indispensable que le chasseur soit armé d'une carabine à plusieurs coups. Nous ne parlons ici que des vieux taureaux, car tous les autres se sauvent au premier coup de feu sans engager le combat.

Il arrive pourtant que les taureaux, même blessés, prennent la fuite; il faut alors les faire poursuivre par les chiens qui les saisissent par la queue et les forcent à s'arrêter. Fou de rage, le yak se jette sur les chiens et ne s'inquiète plus du chasseur. Avec un bon cheval, il est encore plus facile et moins dangereux d'attaquer un taureau isolé et même un troupeau entier. Par malheur nos deux chevaux, que l'insuffisance de leur nourriture avait exténués, pouvaient à peine se soutenir et nous dûmes renoncer à ce plaisir.

Mais nous pûmes chasser les yaks à pied avec nos compagnons autant que nous le désirions. Armés de carabines à plusieurs coups, nous partions de grand matin et les suivions à la piste. On peut aisément distinguer à l'œil nu, à une distance de plusieurs verstes, la grosse masse noire de l'animal couché ; il est vrai qu'on peut se tromper et la confondre avec un bloc de rocher. Du reste, à partir de la rivière Chouga et surtout dans les Baïan-Khara-Oula ou sur les rives du Mour-Oussou, ces bêtes devinrent si nombreuses que, à peu de distance de notre tente, on voyait continuellement des individus isolés ou même des troupeaux paître en pleine tranquillité.

Il est plus aisé de s'approcher du yak à portée du fusil que de tout autre animal sauvage. Généralement on peut arriver jusqu'à trois cents pas, distance à laquelle les taureaux laissent venir le chasseur, même lorsqu'ils l'ont remarqué de loin. Comme ils sont très confiants dans leur vigueur, ils se contentent de le fixer très attentivement et de secouer leur énorme queue ou de la rejeter sur leur dos. C'est ainsi que, sauvages ou domestiques, les yaks manifestent leur colère, et ils se fâchent quand on veut interrompre leur repos.

Si le chasseur continue à s'avancer, l'animal fuit et fait halte de temps en temps pour regarder son ennemi. Quand on l'a effrayé ou blessé d'un coup de feu, il court pendant plusieurs heures de suite.

Dans les montagnes en profitant du vent, on arrive à s'approcher du yak jusqu'à cinquante pas. Quand un yak stationnait dans un endroit découvert et que je désirais arriver très près de lui, j'employais le moyen suivant. Je me mettais à genoux, tenant au-dessus de ma tête, ma carabine qui, avec sa fourchette, formait une espèce de cornes. Comme, à la chasse, j'étais toujours vêtu d'une jaquette sibérienne en peau de cerf avec le poil en dehors, mon vêtement aidait encore à tromper la mauvaise vue du gibier, qui me laissait arriver jusqu'à deux cents et même cent cinquante pas de distance.

Alors, je posais ma carabine sur sa fourchette, je retirais à la hâte mes cartouches que je plaçais sur ma casquette devant moi et, à genoux, j'envoyais mes balles à leur adresse. Parfois l'animal, à la première détonation, se sauvait ; alors je l'accompagnais de coups de feu jusqu'à six cents pas et plus. Si c'était un vieux taureau, le plus souvent, au lieu de fuir, il se précipitait sur moi, les cornes en avant, la queue sur le dos. C'est alors que se révélait la stupidité du yak. Au lieu de continuer vigoureusement sa charge ou de se décider à battre en retraite, il s'arrêtait après quelques bonds en remuant sa queue; il recevait alors une nouvelle balle, se jetait de nouveau en avant, puis s'arrêtait, et la même scène se renouvelait. Finalement l'animal tombait frappé mortellement; après avoir reçu dix balles et souvent plus; pendant tout cet intervalle, il ne s'était pas rapproché de moi de plus de cent pas. Quelquefois, après deux ou trois coups de feu, l'animal fuyait; une nouvelle balle l'atteignait, il revenait vers moi, un autre projectile le frappait et ainsi de suite. De tous les yaks tués ou blessés par nous, deux seulement s'approchèrent jusqu'à quarante pas et se seraient peut-être encore avancés davantage s'ils n'eussent succombé. Il est à remarquer que, plus ce buffle s'approche du chasseur en le chargeant, plus il devient timide dans son attaque.

Il m'est arrivé dans une excursion de rencontrer tout à coup trois yaks qui se reposaient tranquillement sans m'apercevoir. Je n'hésite pas et je leur tire dessus: les trois buffles font un saut, mais, ne comprenant pas ce dont il s'agit, ne se sauvent point. Un second coup de feu tue net un d'entre eux. Les deux autres restent toujours immobiles et se mettent à remuer la queue. D'un troisième coup, je casse la jambe au second, et le mets hors d'état de bouger même s'il le voulait. Je dirige ensuite mon feu sur le troisième, dont je ne vins pas à bout si facilement. Au premier coup qui l'atteint, l'animal se rue de mon côté, mais après une dizaine de pas s'arrête court, reçoit une nouvelle balle, se précipite de nouveau, puis fait halte ;... il s'approche ainsi jusqu'à quarante pas et ce n'est qu'à la septième balle, qui le frappe dans la gorge, que l'énorme animal s'affaisse sur le sol. J'abats ensuite sans peine le yak à la jambe cassée. Ainsi quelques instants m'avaient suffi pour mettre à mort trois de ces formidables buffles. En m'approchant d'eux, je vis que celui qui avait le plus longtemps résisté portait les sept boutonnières des balles de la carabine Berdan logées dans sa poitrine. Il faut connaître toute la force d'une balle de carabine pour se faire une idée de la vigueur d'un animal qui résiste à de pareilles blessures

Fig. 32. — Chasse aux yaks sauvages.

faites à bonne portée. Le projectile de petit calibre, comme celui de Berdan, peut percer le corps, endommager le cœur ou les poumons, sans que pour cela l'animal succombe immédiatement; un vieux yak court encore quelques moments. Quant à le viser à la tête, même avec un projectile de gros calibre, il ne peut en être question; s'il ne se loge pas immédiatement dans le cerveau, c'est un coup perdu qui contourne seulement la boîte crânienne. Il me semble que le meilleur moyen, si l'on se voit chargé résolument par un buffle, c'est de lui tirer dans les jambes; une fois blessé de cette façon,on en vient facilement à bout.

Les vaches et les jeunes mâles sont aussi très résistants, et il est d'autant plus difficile de les tuer que, comme ils font partie d'un troupeau, on ne peut pas diriger son feu avec certitude sur la même bête. Il faut encore noter que les troupeaux sont toujours beaucoup plus prudents que les individus isolés. Pendant nos quartiers d'hiver dans le Thibet, nous avons tué trente-deux yaks, sans compter les blessés qui échappèrent, et parmi eux seulement huit femelles.

Les Mongols redoutent vivement le yak et ils nous ont raconté que, lorsque les caravanes en rencontrent un dans une gorge étroite, elles attendent jusqu'à ce que l'animal prenne fantaisie de se déranger. Pourtant les indigènes du Dzaïdam s'aventurent à le chasser. Le principal attrait de cette chasse est pour eux l'énorme masse de viande qu'ils en retirent, et leur gourmandise est plus puissante que leur crainte. Les chasseurs, au nombre d'une douzaine, s'arrangent pour surprendre le buffle sans être vus et tirent dessus tous à la fois, tout en restant cachés. Outre sa viande, les Mongols prisent aussi le cœur et le sang de l'animal, qui sont employés dans la thérapeutique locale. Les peaux sont expédiées à Donkir pour y être vendues et les longs poils de la queue et des flancs sont utilisés pour en tresser des cordes.

La chair de l'adulte, et surtout celle de la génisse et du jeune mâle, a très bon goût, pourtant celle du yak domestique est préférable. Quant aux vieilles bêtes, on ne peut pas les manger.

Comme nous ne savions que faire de tous les animaux que nous abattions, nous les laissions sur la route jusqu'à ce qu'ils fussent gelés; leur peau épaisse devenait alors impénétrable à la dent des loups et aux serres des oiseaux de proie. Même à notre retour des rives du fleuve Bleu, nous rencontrâmes souvent notre gibier dans la même position que nous l'avions laissé pendant la chasse.

Un autre animal non moins remarquable que nous avons aussi vu souvent dans les montagnes du Thibet est l'argali à poitrine blanche. Cet argali thibétain égale par sa taille son congénère de Mongolie; mais il s'en distingue par son bois et sa poitrine blanche, couverte de longs poils comme une sorte de plastron. La première fois que nous l'avons aperçu dans le Thibet septentrional, c'était après avoir traversé la chaîne de Bourkhan-Bouddha. On rencontre aussi l'argali à poitrine blanche dans les monts Chouga et Baïan-Kara-Oula, mais partout rarement. Les habitants nous assurèrent que l'argali était aussi localisé dans la chaîne au sud du Koukou-Nor et même dans les montagnes du Han-Sou, près des sources de l'Etzinè. Nous n'avons pu constater si effectivement celui-là avait la poitrine blanche, mais l'affirmation n'a rien d'invraisemblable, et l'animal peut habiter la région du Koukou-Nor et du Han-Sou aussi bien que le Thibet.

D'après son genre de vie, l'argali du Thibet est identique à celui de Mongolie, bien qu'il occupe des plateaux plus élevés. Il évite en général les rochers et préfère les petites collines. Au Thibet septentrional, il n'est pas rare de voir cet animal paître dans les vallées agrestes avec les onagres et les antilopes. Il a les sens excessivement développés et, au contraire des autres fauves thibétains, il est très prudent, quoique l'homme ne le chasse jamais. Les Mongols ne le tuent qu'exceptionnellement, et encore ce n'est jamais le mâle, qui est trop résistant aux blessures pour succomber sous le feu de leurs fusils à mèche.

Les argalis vaguent par petites hardes de cinq à quinze individus, rarement de vingt-cinq à trente têtes. Dans chacune d'elles on trouve deux ou trois mâles qui dirigent et protègent les femelles. Ces dernières obéissent passivement au chef du troupeau : aussitôt que celui-ci redoute un danger, il prend la fuite et toutes les femelles le suivent au galop. S'il vient à s'arrêter, tout le troupeau fait halte. Le mâle conducteur gravit aussitôt l'éminence la plus proche pour regarder de quel côté vient le danger. Admirable alors est la pose de cet animal, dont la silhouette se détache sur la cime d'un rocher et dont la poitrine d'une blancheur éblouissante resplendit au soleil.

Souvent je me suis demandé quel est le plus bel animal du yak ou de l'argali ? Je crois que cette question ne peut pas être résolue et que chacun de ces animaux a un genre de beauté différent. Le corps robuste du yak, ses énormes cornes, ses longs

Fig. 33. — Argali à poitrine blanche.

poils pendants presque jusqu'à terre, sa queue volumineuse et sa robe noire en font sans contredit un superbe animal; d'un autre côté, le svelte argali, avec ses jambes minces et bien déliées, sa poitrine éclatante de blancheur et son allure fière, a aussi le droit d'être appelé un des plus remarquables hôtes des déserts thibétains.

A l'aube, les argalis se rendent au pâturage; mais à peine le soleil est-il un peu haut sur l'horizon, qu'ils s'établissent, sur la pente douce de quelque rocher à l'abri du vent et dominant le pays, pour faire leur sieste. Ces fauves grattent le sol avec leurs sabots [1], se couchent dans la poussière et restent au même endroit plusieurs heures de suite. Si c'est un troupeau entier qui campe ensemble, les mâles se mettent un peu sur le côté pour pouvoir mieux observer. Quand les mâles sont

1. Autant que j'ai pu l'observer, ce sont les mâles qui grattent le sol.

seuls, sans femelles, ils se groupent ensemble, mais chacune des têtes est placée d'un côté différent. En somme, l'argali n'oublie jamais de prendre des précautions et il est fort difficile de le surprendre. La meilleure méthode pour le chasser est de tâcher de le joindre du côté opposé au vent; mais il est indispensable d'être muni d'une excellente carabine, car on l'approche rarement à deux cents pas. Dans toutes nos chasses, nous n'avons tué que huit argalis, dont trois mâles adultes.

Au dire des indigènes, le rut se manifeste chez ces animaux à la fin de l'automne; quand nous sommes arrivés vers la fin de novembre, il était terminé et les mâles vivaient en paix. Comme pour les yaks, des cornes brisées et des cicatrices de blessures témoignaient de la gravité de leurs rixes amoureuses. Les petits arrivent au monde au mois de juin [1]. Les Mongols prétendent que, chez les individus trop vieux, les cornes se replient vers la région du naseau, de telle sorte qu'ils ne peuvent plus brouter et qu'ils périssent d'inanition. Je ne sais ce qu'il faut croire de cette histoire; car dans le Thibet méridional on ne trouve que rarement le crâne de l'argali.

Aux deux espèces d'animaux dont nous venons de parler, il faut joindre, comme troisième hôte caractéristique du Thibet septentrional, une antilope (*antilope Hodgsonii*) appelée orongo par les Mongols et les Tangoutes. Le mâle de cette espèce est fort beau, d'une taille plus élevée et plus svelte que le dzeren; ses jambes sont minces, sa tête est ornée d'un bois magnifique pe vingt-trois pouces de long, gauffré, recourbé et placé verticalement. Pendant l'hiver sa robe, sur les côtés du mufle, de la poitrine et des jambes de devant, est noire. La gorge, le milieu de la poitrine, le ventre et la croupe sont blancs, et le dos est d'un gris jaunâtre [2]. De loin l'animal paraît blanc. La femelle est beaucoup plus petite que le mâle, elle n'a point de bois et sa robe est noirâtre [3].

1. Tandis que l'argali mongolien entre en rut en août et que la femelle met bas au mois de mars.

2. En été, au dire des Mongols, l'orongo est de couleur rougeâtre comme le dzeren.

3. Voici la description complémentaire du mâle : sa stature est de 7 pouces plus élevée que celle de l'antilope *gutturosa*, son corps est bien proportionné, son cou de moyenne longueur, droit et gros relativement, son mufle émoussé, large, surtout près des narines, piqué de tubercules creux, ses narines larges et placées ho-

Nous avons rencontré l'orongo immédiatement après la chaîne de Bourkhan-Bouddha et il est répandu, au dire des Mongols, dans le sud jusqu'aux montagnes Tan-La. Il habite préférablement les vallées agrestes ou les steppes ondulés. Après le yak, il est l'espèce la plus nombreuse dans le Thibet septentrional. L'eau lui est aussi nécessaire qu'au yak et à l'onagre, et il ne s'éloigne pas des localités où il y a des rivières et des sources.

L'orongo se réunit en troupes de cinq à vingt et même qua-

Fig. 34. — Cornes de l'antilope-orongo.

rante individus; dans des cas exceptionnels, comme la rencontre de bons pâturages, le troupeau compte jusqu'à cent têtes. Dans chaque harde, on voit quelques vieux mâles prudents et expérimentés; en général, les femelles ne le sont pas beaucoup. Pendant la fuite, les mâles se tiennent en arrière et protègent la retraite; tandis que, chez les autres antilopes, comme le dzeren et le kara-soulta, c'est le contraire qui a lieu. A toutes ses allures, le mâle porte son bois verticalement. Sa course est si rapide que de loin on ne peut pas voir ses jambes. C'est ainsi qu'il fuit lorsqu'il est poursuivi par les

rizontalement. Sa queue est petite (9,5 pouces avec les poils), ses jambes minces et longues portent de grosses glandes sur les jambes de derrière, petites sur celles de devant. On ne remarque ni goître ni touffes de poils sur les genoux. Le mâle pèse près de 3 pouds et la femelle de 1 1/2 à 2 pouds.

chiens ou les loups, qu'il ne tarde pas à laisser bien loin derrière lui.

L'époque de notre arrivée dans le Thibet était justement celle du rut de ces antilopes; sa durée est d'un mois, de la mi-novembre jusqu'à la mi-décembre. Le mâle devient alors d'une extrême agitation; il mange peu, perd son embonpoint acquis pendant l'été, et réunit autour de lui un sérail de dix ou vingt femelles qu'il surveille sévèrement pour qu'aucune d'elles ne se laisse séduire par un autre soupirant. A la vue d'un autre mâle, le sultan court à sa rencontre en bramant, et un combat terrible s'engage entre eux. Leurs bois sont des armes redoutables. Celui des combattants qui se sent le plus faible prend alors la fuite, poursuivi par son rival; lorsque le fuyard se voit près d'être atteint, il fait volte-face, cornes baissées. La rage des deux adversaires est telle qu'un jour un mâle, que j'avais frappé d'un coup de feu pendant qu'il se battait, continua la lutte jusqu'à ce qu'il expirât.

Si une femelle fait mine de quitter le troupeau, le mâle court après elle, mugit et s'efforce de la retenir; mais quelquefois toutes les femelles s'échappent; leur seigneur alors court après l'une, après l'autre, et souvent finit par perdre tout son harem. Resté seul, l'abandonné frappe avec fureur la terre de ses sabots, baisse son bois, relève sa queue en forme de crochet et brame pour appeler au combat ses rivaux. De pareilles scènes se renouvelaient du matin jusqu'au soir, et nous avons remarqué que généralement les liens conjugaux n'étaient pas très resserrés entre les femelles et leur époux; aujourd'hui elles étaient avec un mâle, demain avec un autre.

Le rut terminé, les mâles vivent de nouveau en bonne intelligence et forment souvent des troupeaux particuliers. Ainsi nous avons vu dans la vallée de la Chouga, à la fin de janvier, une harde composée exclusivement de trois cents femelles; d'après les Mongols, elles mettent bas en juin.

Nous avons dit plus haut que l'orongo était peu prudent; en effet, même dans les localités découvertes, il laisse approcher le chasseur jusqu'à trois cents et même deux cents pas. Le bruit d'un coup de feu ne l'effraye nullement; il est seulement étonné, se retire sans précipitation, s'arrête de temps en temps et examine le chasseur. Comme toutes les autres antilopes il est très résistant aux blessures et, bien que gravement atteint, il peut souvent fuir encore assez loin [1].

Sa chasse n'est pas difficile parce qu'il se tient dans des vallées agrestes coupées par des ravins. Dans les cantons tels que la vallée de la Chouga, l'orongo est si nombreux que dans une journée on pourrait lui tirer de cent cinquante à deux cents coups de fusil. Combien en abattrait-on? C'est une question difficile à trancher, car à la chasse, malgré les armes à longue portée, le succès dépend aussi de la chance.

Les Mongols et les Tangoutes, considérant l'orongo comme un animal sacré, ne le mangent pas. Sa chair est pourtant excellente, particulièrement en automne, quand il est dans un état satisfaisant d'embonpoint. Le sang est utilisé comme médicament et son bois est employé par divers charlatans. A l'inspection de ses rainures, les Mongols prédisent la bonne aventure. Ces bois déposés sur le sol marquent la place où sont enterrés les lamas, lorsque le cadavre, comme cela a lieu la plupart du temps chez les Mongols, n'a pas été jeté simplement à terre; aussi sont-ils apportés à Khalka par les pèlerins qui reviennent du Thibet et vendus à un prix élevé. Ils servent encore à confectionner les manches de fouets des chameliers.

Les Mongols septentrionaux sont convaincus que l'orongo ne porte qu'un seul bois planté droit au milieu du front. Plus près du Thibet, dans le Han-Sou et le Koukou-Nor, les indigènes nous dirent qu'un sujet à un seul bois était très rare — un ou deux sur mille. Enfin dans le Dzaïdam, où les habitants connaissaient bien l'orongo, on nous assura que l'antilope à un seul bois se trouvait dans le sud-ouest du Thibet. Dans cette région, il est probable qu'on nous aurait affirmé que cet animal habite l'Inde, et nous serions ainsi parvenus à découvrir que l'antilope unicorne est un rhinocéros.

L'autre antilope particulière au Thibet septentrional se distingue par sa petite taille et est nommée par les indigènes ada-dzeren, c'est-à-dire petite antilope (*antilope sp.*). Le mâle de l'ada-dzeren atteint à peine trois pieds quatre pouces de

1. Chez tous les orongos que nous avons tués, nous avons trouvé une quantité de grosses larves d'œstre sous le cuir de la croupe, ce que nous n'avons jamais remarqué chez aucun fauve du Thibet septentrional.

longueur, deux pieds dix pouces de hauteur et ne pèse pas plus d'un poud. Son bois est encore assez grand, légèrement cintré, quelque peu rejeté en arrière et couvert par devant de petites rainures très voisines les unes des autres. La couleur dominante de sa robe est grise, son ventre et sa croupe sont blancs; cette croupe d'un blanc éclatant est entourée en haut et sur les côtés d'une bordure de couleur orange [1].

Nous avons souvent rencontré cette espèce d'antilope surtout dans la vallée de la haute Tétoung-Gol ; il me semble même que nous avons dû la voir dans le Han-Sou, sur le steppe ondulé qui fait suite aux premiers contreforts.

L'ada hante de préférence les hautes collines des steppes et surtout les vallées agrestes riches en eau. Quoique l'ada-dzeren et l'orongo soient des espèces bien rapprochées, ces animaux diffèrent cependant beaucoup l'un de l'autre. Si l'orongo est la plus gracieuse, l'ada est sans contredit la plus rapide de toutes les antilopes de Mongolie. Elle vague par petites troupes de cinq à sept individus, jusqu'à vingt ; mais les mâles se rencontrent souvent seuls.

Au contraire de l'orongo, l'ada est pleine de prudence, partout où elle redoute la présence de l'homme ; ce n'est guère que sur les rives solitaires du fleuve Bleu qu'elle se montre plus hardie. Elle a une allure excessivement rapide qui se fait par bonds élevés et fréquents ; quand elle s'élance ainsi, elle a l'air d'une balle de paume et, si elle est effrayée, elle vole comme un oiseau.

Pendant le rut, qui commence à la fin de décembre et dure un mois, les mâles ada-dzerens se chassent les uns les

1. Voici une description plus complète du mâle : son corps est petit, sa taille mince, svelte, sa tête moyenne, le mufle gros et rond, le bois assez grand légèrement courbé et rejeté en arrière, et les rainures petites et nombreuses.

En hiver, son pelage, dans le haut du corps et sur les flancs, est gris-sable, la gorge et la poitrine blanchâtres, le ventre et la croupe blancs. Sur la croupe les poils sont polis comme un miroir, des taches oranges sont disposées en bordure. La couleur des jambes est un peu plus claire que celle du corps, les jambes de devant sont ordinairement jaunâtres. Le front est blanc et en arrière du bois, près des oreilles, le pelage est jaunâtre. Les poils sont longs et épais particulièrement sur la croupe miroitante et le derrière de la tête près des oreilles. — Comme le dzeren, l'ada-dzeren a un petit goitre, mais point de glandes dans les aines, ni touffes de laine. Seulement chez le mâle, à l'extrémité du pénis, on trouve une petite poche en forme de glande. La femelle n'a pas de bois et sa taille est peu inférieure à celle du mâle.

autres de leur troupeau, toutefois sans déployer la rage qu'on remarque chez les orongos [1]. Les mâles ne poussent aucun cri pendant la saison des amours ni à aucune autre époque. Comme les antilopes kara-soulta, ils éternuent lorsqu'ils remarquent la présence de l'homme et, s'ils sont effrayés, ils font entendre un glapissement.

Ils se creusent dans le steppe des souilles de forme allongée, d'un pied de profondeur, dans lesquelles ils se reposent pendant la nuit (et peut-être bien pendant le jour), et où l'on trouve beaucoup de fumier. Du reste, les mâles ne pratiquent ces souilles que dans l'excitation du rut.

La chasse de cette petite antilope est beaucoup plus difficile que celle de l'orongo, car sa couleur grise la confond avec les objets environnants. La bête est aussi très résistante aux blessures. On ne la distingue de loin qu'à cause de sa croupe, qui est d'un blanc éclatant, ou à cause de son éternûment. Comme l'orongo, qui y voit mal, elle se laisse, au crépuscule, approcher de très près par le chasseur. En terminant, ajoutons que ces deux espèces d'antilopes courent admirablement sur la glace.

Dans le Thibet septentrional, nous avons aperçu peu d'animaux carnassiers: à peine quelques loups et un certain nombre de renards de Tartarie.

Le loup du Thibet est de la même taille que le loup ordinaire, mais sa couleur est d'un blanc jaunâtre [2]. Il appartient à la même espèce que nous avons déjà vue dans le Han-Sou et que les Mongols nomment tzeubr. Pourtant il est rare dans le Thibet septentrional, où le caractère sauvage du pays et l'abondance de différents animaux semblent favorables à l'existence de ce carnassier; car, une certaine quantité des innombrables yaks sauvages meurent chaque année, et les loups réunis par petites bandes font la chasse aux autres animaux surtout aux orongos.

Le loup thibétain est beaucoup plus poltron que son congénère le loup gris et possède une force bien moindre. Pendant la nuit, nos chiens mongols se disputaient souvent avec ces

1. Il est à remarquer que, pendant le rut, les mâles urinent très souvent en s'affaissant, comme les chiennes, sur leurs pattes de derrière.

2. Il n'y a point de loup gris dans le Thibet et fort peu dans le Dzaïdam.

loups et ordinairement restaient vainqueurs. A sa poltronnerie, l'animal joint une extrême insolence et une égale importunité. Plusieurs fois par nuit, les loups s'approchaient de notre iourte pour dérober tout ce qui n'était pas enfermé, et il nous était impossible de laisser une bête au dehors si nous ne voulions pas qu'elle fût dévorée, à l'exception des yaks.

M. de Piltzoff tua un jour, à trois verstes de notre camp, quatre antilopes orongos mâles et, pendant le temps qu'il mit à chercher un chameau et à revenir, les loups dévorèrent toute sa chasse. Une autre fois, le long de la rivière Chouga, nous cachâmes sous des pierres plusieurs livres de beurre, comptant les prendre à notre retour ; mais ces maudites bêtes flairèrent une bonne aubaine, écartèrent les grosses pierres et dévorèrent jusqu'à l'enveloppe en grosse toile qui contenait le beurre. Il m'arriva de laisser mon fusil avec un certain nombre de cartouches chargées dans un endroit où je me proposais de revenir ; le lendemain, fusil et cartouches, tout avait disparu : les loups les avaient *volés*. Cependant nous retrouvâmes mon fusil un peu plus loin, un des canons était déchargé ; le coup était probablement parti lorsque l'animal cheminait en traînant son butin ; mais les cartouches étaient perdues.

Malgré toute son effronterie, ce loup se laisse très difficilement approcher par l'homme et on ne peut guère le tuer sans s'être embusqué. Nous avons perdu beaucoup de temps avant de pouvoir nous procurer la peau d'un loup du Thibet ; notre première victime fut abattue grâce à une embuscade et à l'appât d'un onagre mort.

Plusieurs fois nous avions placé, pendant la nuit, un fusil chargé sur le corps d'un yak mort ; jamais aucun loup ne s'en est tué. Le plus court serait de les empoisonner ou de les capturer avec des pièges ; mais nous ne pouvions recourir ni à l'un ni à l'autre de ces moyens.

Le rut chez ces animaux commence en janvier ; ils se réunissent alors par bandes de dix à quinze têtes. Leur voix ressemble à un aboiement répété et aigu, coupé d'un hurlement.

Le renard se rencontre rarement dans le Thibet septentrional, mais son proche parent le renard de Tartarie, que les Mongols nomment korsak ou kiarsa, est beaucoup plus fréquent. Cet animal rusé vit dans toute la Mongolie, le Han-Sou, le Koukou-Nor et le Dzaïdam; souvent même on signale sa présence dans les steppes du Koukou-Nor, où d'innombrables lièvres nains lui servent de proie.

Personnellement, je n'ai malheureusement pu que très peu étudier les mœurs de ce renard, qui est toujours sur ses gardes au sujet de l'homme, dont la vue fait qu'il s'efface à ras du sol. Il affectionne surtout cette dernière manœuvre et, pendant l'époque du rut, où les renards vaguent réunis en bande, il la met en usage. Cette période s'étend de la mi-janvier jusqu'à la mi-février. Alors nuit et jour, on peut entendre la voix discordante des mâles qui rappellent : leur cri ressemble à celui du chat-huant. Le korsac se construit un terrier, où les Mongols et les Tangoutes le chassent de la façon suivante : à l'entrée du terrier, ils disposent un tas de pierres ou de fumier avec un piège à côté ; ce renard ayant, comme le chien, l'habitude d'uriner sur chaque nouvel objet qu'il découvre à sa portée, ne tarde pas, à la vue des pierres ou de ce fumier, de sortir pour satisfaire son besoin et tombe dans le piège.

Le haut plateau thibétain nous parut bien pauvre en oiseaux ; il est vrai que nous étions en hiver, époque où tous les hôtes ailés de la belle saison sont partis ; d'ailleurs la fâcheuse influence des conditions climatériques empêche qu'il n'existe dans cette région une faune ornithologique bien variée. En l'espace de deux mois et demi, nous n'avons observé que vingt-neuf espèces, dont une seule nouvelle, le *cinclus sp.* Toutes les autres se retrouvent dans le Han-Sou et en partie dans le Koukou-Nor. Il faut ajouter que les plus nombreuses elles-mêmes ne dépassent point la rivière Chouga. Quant à la partie du plateau qui s'étend de la Chouga au Mour-Oussou, les oiseaux y sont extraordinairement rares.

Les plus nombreux habitants des airs dans le Thibet septentrional sont les griffons (*vultur monachus*, *grips nivicola*, *gypaetos barbatus*) et les corbeaux ; après eux, viennent le solitaire [1], la linotte [2] et l'alouette [3] ; selon toute probabilité, ces derniers y passent seulement l'hiver. Il y faut ajouter le *po-*

1. *Syrraphtes thibetanus.*
2. *Linota brevirostris.*
3. *Melanocoripha maxima, alauda albigula.*

doces humilis et la *montifringilla sp.*, qui se rencontrent en masse dans le Koukou-Nor.

Mes digressions sur la flore et la faune m'ont fait perdre de vue la description de mon voyage; revenons-y maintenant.

Nous avions loué dans le Dzaïdam un guide pour nous conduire au delà du massif de Bourkhan-Bouddha. Afin de soulager nos chameaux, pour lesquels un fardeau quelque peu considérable est extrêmement pénible à supporter sur les hauts plateaux du Thibet, nous avions laissé dans le Dzaïdam une partie de nos provisions de bouche et de nos munitions, que nous avions enterrées dans les sables. Malgré cela, comme notre bagage scientifique s'augmentait sans cesse et embarrassait d'autant nos bêtes de somme, nous fûmes obligés d'enterrer aussi deux peaux de yak préparées pour nos collections; mais nous les reprîmes en revenant.

Les deux mois et demi que nous passâmes dans les déserts thibétains furent l'époque la plus pénible de toute notre expédition. Nous étions au cœur de l'hiver, assaillis par des tempêtes épouvantables et supportant des gelées terribles. Le manque même du nécessaire joint à beaucoup d'autres difficultés ruinait nos forces de jour en jour. Nous luttions réellement pour conserver notre existence, et seule la conviction de l'importance scientifique de notre entreprise nous donnait la force et le courage de la mener à bonne fin.

Pour nous garantir des froids rigoureux de l'hiver thibétain, nous nous servions de la iourte que nous avait donnée le prince de Koukou-Nor. Il est vrai qu'à l'arrivée et au départ c'était un embarras de plus; mais, une fois posée, elle était bien préférable à notre tente d'été.

Cette iourte avait onze pieds de diamètre à la base et neuf à l'orifice supérieur, qui nous servait de fenêtre et de cheminée. Une porte de trois pieds de haut lui servait d'entrée. Trois pièces de feutre en recouvraient la carcasse sur les côtés et deux autres formaient le toit. De plus nous la doublions en dedans de peaux d'orongo. Deux coffres, contenant nos cahiers de notes, nos instruments et nos collections, avec des feutres et divers autres objets composaient tout le mobilier. Nos armes étaient disposées le long des côtés; au milieu, était construit un foyer où l'argal brûlait tout le jour.

Peu à peu chacun attachait dans les interstices de la carcasse différentes choses : des bas, des bottes, des vêtements, des boites, etc. Voilà la pauvre masure où s'écoulait la triste vie que nous menions dans le Thibet septentrional.

Dès le matin, avant la pointe du jour, nous nous levions ; nous allumions le feu et préparions le thé en briques, qui avec le dzamba formait notre déjeuner. Quelquefois, pour varier notre ordinaire, nous faisions cuire le *zatouran* [1] ou des galettes de froment préparées sous la cendre chaude de l'argal. Au lever du soleil, nous commencions les préparatifs de voyage : on démontait la iourte et on la chargeait sur les chameaux avec les autres bagages. Cela nous prenait une heure et demi environ et nous nous mettions en route déjà fatigués. Au dehors régnait une gelée à pierre fendre, accompagnée d'un terrible vent qui nous coupait la figure. Impossible de cheminer à cheval par un froid pareil ; aller à pied était aussi pénible avec tout l'équipement que nous portions : fusil, révolver, sacoche, giberne, munitions, etc., dont le poids total était de vingt livres. Sur ce plateau élevé, la raréfaction de l'air augmente la pesanteur de tous les fardeaux ; la plus légère montée vous paraît difficile ; on est rapidement essoufflé, le cœur palpite violemment, les pieds et les mains tremblent, et parfois des vomissements se manifestent.

Il faut ajouter que nos vêtements chauds, après plus de deux ans de pérégrinations, étaient tellement usés, tellement couverts de reprises, qu'ils ne nous garantissaient plus suffisamment du froid. Mais, comme, nulle part, nous n'avions pu remonter notre garde-robe, nous étions obligés de nous contenter de pelisses et de culottes en peau de mouton trouées. Nos bottes avaient été usées jusqu'à l'empeigne et nous les avions remontées nous-mêmes avec des semelles en peau de yak. C'est avec ces chaussures que nous cheminions par les plus fortes gelées. Souvent vers midi, une violente tempête soulevait d'épais nuages de poussière ou de sable. Impossible alors de pousser plus loin, et parfois nous n'avions fait que dix verstes à peine. Même par le beau temps, l'étape de

1. Aliment préféré des cosaques du Trans-Baïkal et de l'Amour ; on fait un bouillon de thé en briques, où l'on jette une forte pincée de farine roussie au beurre et du sel.

vingt verstes dans cette contrée vous fatigue bien plus qu'une double dans des localités moins élevées.

A la halte, on déchargeait les chameaux et il fallait dresser la iourte, ce qui nous prenait une heure de temps. Ensuite on cassait la glace pour se procurer de l'eau, on ramassait de l'argal pour faire le feu et on attendait que le thé se mît à bouillir. On avalait enfin avec avidité ce révoltant mélange de dzamba et de beurre, tout heureux d'avoir un pareil aliment pour apaiser sa faim.

Après ce repas, si le temps le permettait, nous allions à la chasse; puis je rédigeais mes notes pendant que nos cosaques procédaient aux préparatifs de notre souper: il fallait de nouveau casser la glace et la viande que la gelée rendait dure comme de la pierre. Notre batterie de cuisine, composée d'une marmite et d'une théière, était tellement usée qu'il était nécessaire, avant de nous servir de nos ustensiles, de les calfater avec des morceaux de peau fraîche enduite de dzamba. Plus tard, nous parvînmes à les réparer d'une manière plus solide avec les enveloppes métalliques des cartouches de Berdan.

A six ou sept heures du soir, nous soupions: c'était notre meilleur repas, car nous pouvions manger tout à notre aise. La chasse nous fournissait assez de gibier pour alimenter plusieurs centaines d'hommes [1]; mais, à cette heure, nous ne pouvions pas toujours le préparer convenablement. La viande était à l'ordinaire tellement gelée qu'il était nécessaire au préalable de la dégeler et malheureusement, à cette altitude, l'argal, brûlant très mal, donnait peu de chaleur; l'ébullition de l'eau se produisait à + 68° R. et, dans ces conditions, la viande cuisait avec difficulté.

Après souper, se présentait une autre besogne. Comme toutes les flaques d'eau et les ruisseaux étaient gelés jusqu'au fond, il fallait faire fondre deux seaux de glace pour nos chevaux [2]. Puis arrivaient les heures les plus pénibles pour nous en cette interminable nuit d'hiver. On croirait qu'après toutes nos fati-

1. Nous avons tué dans le Thibet 76 pièces de gros gibier (sans compter le double de blessées), ce qui nous donna près de 900 pouds de viande pendant deux mois et demi.

2. Quant aux chameaux, nous leur donnions de petits morceaux de glace au lieu de neige.

gues nous passions la nuit tranquillement; il n'en était pas ainsi. Notre lassitude dépassait pourtant toutes les bornes; c'était un épuisement complet de l'organisme, mais un état presque maladif, et qui ne permettait pas le repos paisible. De plus, quand nous étions couchés, la rareté et la sécheresse de l'air déterminaient chez nous des crises d'asthme [1]; notre bouche et nos lèvres étaient complètement desséchées. Notre literie n'était composée que d'un feutre, tout imprégné de poussière et étendu sur la terre gelée. C'est sur ce grabat, par un froid terrible et dans une iourte sans feu, que nous nous roulions des heures de suite, la poitrine oppressée, la bouche en feu, sans pouvoir trouver dans le sommeil l'oubli de nos misères.

Les jours où nous pouvions chasser étaient les plus heureux, mais l'intensité du froid rendait souvent cet exercice difficile et parfois même impossible. Nous étions obligés de chasser extrêmement vêtus, avec des bonnets fourrés, rabattus sur les oreilles, et des mitaines fourrées aussi, qui gênaient beaucoup nos mouvements. Le vent était si fort que nos yeux se remplissaient de larmes, ce qui nous empêchait de viser juste. Les extrémités de nos doigts étaient tellement glacées que nous ne pouvions placer la cartouche dans le tonnerre sans les réchauffer à notre haleine. La chambre dans la carabine de Snider se comprimait au point qu'il fallait chasser la cartouche à coup de baguette. La carabine de Berdan ne présentait pas cet inconvénient; mais la poussière en remplissait tout le mécanisme, ce qui produisait des ratés. D'ailleurs, comme je l'ai dit, nous étions bien vite hors d'haleine. Cependant le gibier était si nombreux que nous n'avions pas besoin d'aller à plus de deux verstes de notre iourte. Une fois, nous étant laissé entraîner sur une piste, nous revînmes le soir assez tard; mon compagnon eut les pieds gelés et, pendant une semaine, ne put point faire un seul pas.

Durant les deux mois d'hiver (décembre et janvier), nous n'eûmes pas de neige, mais des gelées excessives et des ouragans de terre réduite en poudre.

Ces contrées sont situées plus au sud que les plus chaudes

1. Sur ce plateau, on ne peut dormir qu'à moitié assis ou sur un traversin bien relevé.

régions de l'Europe, et pourtant la rigueur du froid y rappelait celles du nord. Toutes les nuits sans interruption, le thermomètre marquait — 31° C [1]. Par des temps couverts, il remontait à — 12° C. Après le lever du soleil, la température s'élevait toujours assez vite et, quatre fois à midi, elle arriva au-dessus de zéro.

La neige tomba très rarement [2], en petite quantité, et toujours fine et sèche comme de la poudre. Parfois son épaisseur s'élevait à un pouce; une tempête survenait qui la balayait et la mêlait avec le sable et la poussière; elle fondait ensuite au premier rayon du soleil. En général, les déserts thibétains restent rarement couverts de neige, et toujours peu de temps [3]; même dans les régions septentrionales et les plus élevées, on n'en trouve qu'une couche peu épaisse.

Avec les gelées et l'absence de neige, les traits caractéristiques de l'hiver thibétain sont les ouragans de poussière, très fréquents et venant de l'ouest ou du nord-ouest. Ces tempêtes débutaient par un vent modéré qui, peu à peu, acquérait une plus grande intensité et soufflait jusqu'au coucher du soleil. Successivement le ciel devenait gris, d'une poussière qui s'épaississait comme de la fumée et à travers laquelle, à quelques centaines de pas, on n'apercevait plus les montagnes, même les plus hautes. Ouvrir les yeux ou respirer contre le vent devenait impossible. Malgré leur faim, les chameaux cessaient de paître et se couchaient par terre.

Pendant ces orages, le thermomètre marquait à peine quelques degrés au-dessous de zéro; parfois même, il dépassait le point de congélation. On peut admettre pour expliquer ce phénomène, que la poussière et le sable échauffés par le soleil communiquent à leur tour de la chaleur à l'atmosphère qu'ils traversent emportés par les vents.

Au coucher du soleil, la tempête s'apaisait ordinairement; mais la poussière restait suspendue dans l'air et, le lendemain

1. Vraisemblablement le froid fut plus rigoureux, mais notre thermomètre à minimum s'était brisé et nos observations nocturnes avaient lieu au lever du soleil.

2. Au mois de décembre, il y eut 4 jours, et au mois de janvier, 11 jours de neige.

3. Pourtant dans certaines années, au dire des Mongols, la neige tombe en assez grande quantité. Au reste la neige ne doit jamais être bien épaisse dans le Thibet, car autrement les innombrables herbivores qui y habitent périraient de faim.

Fig. 55. — Tchoutoun-Dzamba, notre guide.

matin, si un vent faible avait soufflé pendant la nuit, l'atmosphère avait la teinte d'un jaune gris.

Notre guide était un Mongol nommé Tchoutoun-Dzamba; il était âgé de cinquante-huit ans et *zanghin*, c'est-à-dire fonctionnaire. Il avait fait neuf fois la route jusqu'à Lhassa, de sorte qu'il connaissait parfaitement le pays.

Tchoutoun-Dzamba était certainement un des hommes les plus intelligents de tout le Dzaïdam et il nous donna beaucoup de renseignements intéressants sur les pays que nous parcourions; nous aurions acquis, sans doute, bien d'autres connaissances si notre cosaque interprète avait mieux parlé la langue du guide.

Comme tous ses compatriotes, Tchoutoun-Dzamba était un paresseux de la pire espèce. Juché sur son chameau pendant toute l'étape, il marmottait continuellement des prières et, pour rien au monde, il n'aurait fait un pas à pied; ni la rigueur du froid, ni les passages dangereux sur une rivière gelée ou à la descente d'une montagne, ne le décidaient à mettre pied à terre. On aurait pu croire que c'était un intrépide gaillard; on se serait trompé : la paresse était, chez lui, plus forte que la poltronnerie. Semblable à tous les dévots, il prenait un soin particulier de sa santé, et, pendant toute la route, il ne cessait de s'administrer des médicaments variés, qu'il prenait tantôt pour une indisposition, tantôt pour une autre, et toutes imaginaires. Il fut pourtant malade plusieurs fois, mais par suite de la gloutonnerie avec laquelle il absorbait ses aliments. Pendant le repas, il plaçait autour de lui de larges sections d'excréments gelés, et disposait sa viande pour la faire refroidir sur ces espèces d'assiettes. La chaleur ne tardait pas à faire fondre ces singuliers récipients et l'argal s'attachait à la viande; mais le Mongol ne l'essuyait même pas et avalait sa ration comme si elle eût été garnie d'une salade fraîche.

Après le repas, bourré à éclater, Tchoutoun-Dzamba ne tardait pas à se permettre les plus dégoûtantes incongruités, assurant que ses dégagements intestinaux étaient produits par le vent de la journée. Ensuite il consacrait ses loisirs à la destruction de la vermine qui grouillait dans sa fourrure et y mettait une ardeur telle qu'il avouait détruire jusqu'à cinquante de ses ennemis particuliers dans une seule séance. Par malheur pour lui, ce massacre n'en diminuait pas sensiblement le nombre.

Une autre passion de notre guide était de ramasser et de cacher dans son sac tout ce que nous jetions. Vieux morceaux de cuir, éclats de fer-blanc, mauvaises plumes d'acier, flacons brisés, morceaux de papier et enveloppes de cartouches : tous ces objets de rebut étaient enfouis dans sa sacoche. Aussi pour lui éviter la peine d'augmenter ainsi sa collection nous finîmes par faire disparaître en cachette ce dont nous n'avions plus besoin.

En cheminant à travers la petite chaîne de Baïan-Khara-Oula [1], le 10 janvier 1873, nous atteignons enfin les rives du Iang-Tzé-Kiang ou fleuve Bleu, appelé dans son cours supérieur Mour Oussou par les Mongols et Di-Tchou [1] par les Tangoutes. Cette rivière sort des montagnes Tan-La, traverse le haut plateau du Thibet septentrional et baigne la Chine propre, où bientôt elle atteint des proportions gigantesques. Son cours est très rapide ; sa largeur, au point où nous l'avons vue, c'est-à-dire au confluent de la rivière Naptchitaï-Oulan-Mouren, a cent soixante-dix sagènes ; mais, si l'on comprend toute l'étendue couverte de gros graviers qu'occupent ses bras, d'une rive à l'autre, cette largeur devient de huit cents sagènes. D'après notre guide, en été, pendant les pluies, l'eau couvre tout cet espace et déborde même sur les rives. En automne, les eaux diminuent ; mais on ne peut pourtant pas traverser à gué le Mour-Oussou, si ce n'est dans quelques rares endroits [2].

La vallée n'a pas plus de deux verstes de large et parfois les montagnes la rétrécissent davantage. La route du Thibet longe le Mour-Oussou supérieur pendant dix étapes ; c'est-à-

1. Le col du Baïan-Khara-Oula est une montée douce et peu élevée ; il est même possible de l'éviter en se dirigeant le long de la vallée de la Naptchitaï-Oulan-Mouren, comme nous le fîmes. Cependant le père Huc, dans sa narration, dépeint le Baïan-Khara-Oula comme un massif présentant des difficultés insurmontables ; il assure qu'en certains endroits il fut forcé de s'accrocher à la queue de son cheval et de le frapper à coups de fouet pour le décider à gravir l'escarpement (Huc ; *Souvenirs d'un voyage dans la Tartarie et le Thibet*, t. II, p. 220-223).

2. A partir de l'embouchure de la rivière Naptchitaï-Oulan-Mouren, on rencontre le premier gué à trente verstes en amont sur le Mour-Oussou.

Fig. 37. — Village thibétain.

dire presque jusqu'à ses sources dans le massif des Tan-La [1]. On n'y trouve aucune population, excepté quelques campements de Tangoutes, qui, au nombre de cinq cents environ, errent sur les rives du haut Mour-Oussou, à cent cinquante verstes en amont du confluent de la Naptchitaï-Oulan-Mouren. Quatre cents verstes plus loin, en aval, on rencontre dans la vallée une population tangoute assez dense, qui s'occupe d'agriculture. Le type de leurs villages est, paraît-il, le même pour tout le Thibet septentrional. Au dire des Mongols, le climat est ici beaucoup plus tempéré parce que la hauteur absolue du plateau tombe à un chiffre bien inférieur.

Les rives du fleuve Bleu marquaient la limite de notre expédition dans l'Asie centrale. Quoique Lhassa ne fût plus qu'à vingt-sept jours de marche, soit huit cents verstes environ, il nous était impossible d'y arriver. Les terribles épreuves des déserts avaient tellement épuisé nos bêtes de somme que, sur onze chameaux, trois étaient morts et que le reste avait peine à se traîner. En outre, nos ressources étaient tellement diminuées, qu'après avoir changé de chameaux dans le Dzaïdam, nous n'avions plus que cinq lans, tandis que des milliers de verstes nous restaient à franchir. Avec de pareilles conditions, nous courions trop de risques de compromettre les résultats acquis. Nous résolûmes donc de revenir dans les provinces du Koukou-Nor et du Han-Sou, pour y passer le printemps, et de là nous diriger dans l'Ala-Chan, par l'ancienne route déjà parcourue, où nous pouvions nous passer de guide.

Bien que ce retour eût été depuis longtemps décidé, ce ne fut pas sans un profond regret que nous quittâmes les rives du fleuve Bleu, en pensant que ni les hommes ni la nature ne nous faisaient obstacle, et que le manque d'argent seul nous empêchait d'atteindre la capitale du Thibet.

1. C'est cette route que suivent les caravanes de chameaux ; avec les yaks, on peut prendre un autre chemin ; mais ou l'on rencontre beaucoup de montagnes hautes et difficiles à franchir.

CHAPITRE XIII

LE PRINTEMPS PRÈS DU LAC KOUKOU-NOR ET DANS LES MONTAGNES DU HAN-SOU.

Précocité du printemps dans le Dzaïdam. — Aspect hivernal du Koukou-Nor. — Petit nombre des oiseaux de passage. — Rapide dégel du lac. — Voyage depuis Koukou-Nor jusqu'à Tcheïbsen. — Température d'avril. — Gypaëtes ou griffons des neiges. — Vie exubérante sur les montagnes au mois de mai. — Faisan. — Ours. — Marmotte. — Résistance de la flore des montagnes aux variations climatériques.

Au milieu de février, nous terminâmes nos explorations dans le Thibet septentrional et revînmes dans les plaines du Dzaïdam. Le contraste du climat de ces plaines avec celui des hauts plateaux était frappant : à mesure que nous descendions les rampes du Bourkhan-Bouddha, nous sentions, à chaque pas, un air plus chaud et comme un souffle printanier.

Du reste l'influence des plaines du Dzaïdam sur les régions voisines du Thibet se manifeste même à partir des monts Chouga : à peine engagés sur le versant septentrional de cette chaîne, nous avions trouvé une température sensiblement radoucie. Il est vrai de dire que, la nuit, les gelées atteignaient — 28° C. ; mais, pendant le jour, les rayons du soleil étaient assez chauds et, dès le 5 février, nous vîmes les premiers insectes sur le versant du Bourkhan-Bouddha qui regarde le Thibet.

Le printemps dans le Dzaïdam est en général très précoce et le climat se distingue par son caractère continental extrême. Ainsi, à la mi-février, les froids nocturnes atteignaient — 20° C. et, durant le jour, le thermomètre montait à + 13 C.

à l'ombre. La glace fondait partout. Le 10 février, apparurent les macreuses ; le 13, les canards sauvages[1] et, le jour suivant, les harles, les merles, les cygnes, de petits oiseaux, les faisans gris ; en un mot, le printemps semblait tout raviver.

Mais les symptômes de cette agréable saison étaient souvent troublés par des périodes de froid accompagnées de neige[2] et de tempêtes. Ces dernières arrivaient surtout de l'ouest et remplissaient l'air d'une poussière salée, qui obscurcissait l'atmosphère comme de la fumée, longtemps encore après que l'ouragan avait cessé.

Les gelées nocturnes eurent une influence si funeste sur la végétation qu'à la fin du mois le pays offrait le même aspect qu'au commencement. Quoique nous en eussions déjà constaté le passage de treize espèces[3], les oiseaux arrivaient en petit nombre, souvent même isolés. Leur vol doit être bien rapide à travers les solitudes du Thibet, car, à cette époque, les froids sévissent si cruellement qu'ils n'y doivent trouver ni eau ni nourriture.

Au commencement de mars, en arrivant sur les rives du Koukou-Nor, nous constations que le réveil de la nature était encore moins prononcé, presque en retard d'un mois. Le lac restait entièrement gelé et le rapide Boukhaïn-Gol n'était dégagé de sa glace, qui atteint en hiver jusqu'à trois pieds d'épaisseur, que dans un petit nombre d'endroits. Les oiseaux de passage étaient ici moins nombreux encore que dans le Dzaïdam.

On peut attribuer la différence climatérique qui existe entre les deux contrées à l'exhaussement plus considérable du bassin du Koukou-Nor, et à l'influence qu'exerce cette vaste nappe d'eau sur toute la contrée.

Après avoir résolu de rester sur les bords du lac jusqu'à

1. Cette espèce hiverne en partie dans le Dzaïdam sur les petits ruisseaux non gelés.

2. Durant la seconde quinzaine de février, il tomba de la neige dans le Dzaïdam quatre fois, mais quoiqu'elle couvrît le sol sur un ou deux pouces d'épaisseur, elle fondit rapidement.

3. Les voici dans l'ordre de leur apparition : *anas rutila, anas boschas, linota brevirostris, mergus merganser, turdus ruficolis, cygnus musicus, anas crecca, vanellus cristatus, ardea alba, anser cinereus, anas acuta, anthus pratensis, grus virgo.*

la moitié d'avril pour observer le passage des oiseaux, nous établîmes notre camp près d'un petit marais à peu de distance du Boukhaïn-Gol et des rives du lac. Les environs offraient de bons pâturages pour nos bêtes de somme, friandes du goudjir et du tamaris.

Le lac présentait alors un aspect tout différent de celui qu'il avait en automne dernier. Ses belles eaux salées, d'un bleu sombre, avaient disparu sous une couche de glace d'une blancheur éblouissante, et, pareil à un miroir gigantesque, il reposait dans son cadre de montagnes et de steppes. Aucune crevasse ne se montrait sur sa nappe glacée, unie comme un plancher et à peine couverte d'une légère couche de neige. Là où elle était nue, la glace miroitait au soleil, avec toutes les couleurs du prisme.

Les steppes riverains avaient une teinte jaunâtre, due à la présence des herbes desséchées et foulées par les antilopes, les onagres et les animaux domestiques. La monotonie générale du paysage n'était interrompue que par des mirages fréquents, si parfaits qu'ils nous empêchaient de chasser, les dzerens et les onagres nous apparaissant alors doués d'une taille prodigieuse.

Notre camp une fois établi, heureusement loin des Mongols et des Tangoutes, nous entreprîmes des excursions sur les rives du Koukou-Nor et du Boukhaïn-Gol. Mais, hélas ! les jours se succédaient sans amener l'arrivée des grands vols. Les oiseaux ne venaient qu'en nombre très restreint : à peine pouvions-nous entretenir notre table et augmenter nos collections de quelques rares spécimens. La pêche à laquelle nous nous livrions quelquefois sur les bras du Boukhaïn-Gol fut plus fructueuse. Quoique nous n'ayons jamais trouvé qu'une seule espèce de poisson [1], elle était en si grande abondance que nous avons capturé cent trente-six sujets, chacun d'un pied ou deux de longueur et pesant environ trois pouds. Le poisson et le gibier devinrent alors nos seules ressources alimentaires. Cependant les œufs des poissons nous furent nuisibles : la première fois que nous en fîmes usage nous éprouvâmes la nuit suivante de violents vomissements, accom-

1. Le *schizopygopsis nov. sp.*

pagnés de dyssenterie et de crampes d'estomac. Heureusement notre Mongol n'en avait pas mangé, de sorte qu'il put allumer du feu et nous préparer des cataplasmes. Notre pharmacie contenait de bons anti-cholériques et, peu de jours après, nous fûmes guéris des suites de cet empoisonnement.

Dans la seconde moitié de mars, le temps se radoucit. Le 17, les bouches du Boukhaïn-Gol se débarrassèrent de leur glace ; mais les rives du lac restèrent intactes, à l'exception de quelques petites surfaces vers les embouchures des rivières. La glace s'était pourtant ramollie; enfin, pendant la tempête du 25 mars, elle se brisa. Le jour suivant, on apercevait de vastes superficies d'eau libre, et d'énormes glaçons s'entassaient sur les rives ou sur la partie demeurée gelée. Ensuite la débâcle eut lieu si promptement qu'en une semaine les eaux furent complètement dégagées. Le vent accumulait les glaçons dans les baies de la rive occidentale ou les repoussait le long des bords.

Bien que le temps fût plus doux, les gelées nocturnes continuèrent d'être fréquentes et atteignirent — 12°,3 C. Dès le coucher du soleil, la température baissait avec rapidité, mais elle se relevait le matin aussi promptement. Les vents d'est et d'ouest régnèrent pendant tout le mois presque chaque jour. Les premiers toujours assez faibles apportaient le froid du lac; ceux d'ouest, quoique chauds, déterminaient de violentes tempêtes [1] et remplissaient l'atmosphère de poussière comme dans le Dzaïdam.

Pendant la seconde moitié de mars, le passage des oiseaux n'augmenta pas. Au 1er avril nous avions compté trente-neuf espèces (y compris celles du Dzaïdam); mais toutes étaient représentées par un petit nombre d'individus. Ainsi le mois de mars s'écoula sans que nous eussions aperçu un seul vol considérable. Les rives du lac et de ses affluents conservaient leur tristesse hivernale et nul endroit n'était animé par le joyeux désordre de la gent ailée. Bien rarement on entendait la voix d'une macreuse, les cris de l'oie, de la mouette ou du canard sauvage. Seule la grande alouette égayait un peu

1. Nous avons essuyé dans le Koukou-Nor six tempêtes ; mais aucune n'atteignit la violence de celles que nous avions éprouvées dans le Thibet et dans le sud-est de la Mongolie.

par ses doux chants les plages silencieuses du Koukou-Nor.

En général, le printemps de cette contrée ne répondait pas à l'idée que nous nous en étions faite et nous fûmes bien loin de trouver un nombre aussi considérable d'oiseaux que celui que nous avions vu deux ans auparavant sur les rives du Dalaï-Nor. Il est probable que les volées évitent le haut Koukou-Nor et se dirigent au nord-est et, en partie, à l'ouest de ce lac, vers la vallée du Hoang-Ho et la Chine propre. Cette route leur est plus facile, car elles n'ont pas à traverser les montagnes élevées du Han-Sou ni les sables de l'Ala-Chan. A l'appui de cette hypothèse, nous dirons qu'il y eut des espèces (*anser cycnoïdes*, *anas segetum*, *anas falcata*, *ardea cinerea*, *fulica atra*, etc.,) que nous n'aperçûmes pas dans la province du Koukou-Nor et que nous retrouvâmes ensuite sur le coude septentrional du fleuve Jaune.

Cette disette d'oiseaux de passage nous força de renoncer à notre intention de camper sur les bords du lac jusqu'au milieu d'avril. Au bout du mois, nous levions le camp et nous nous dirigions sur le couvent de Tcheïbsen par la route que nous avions déjà suivie. Une nouvelle voie nous était ouverte, il est vrai, par la ville de Donkir; mais nous savions par expérience les agréments qui nous attendaient au milieu des populations chinoises et nous préférions supporter toutes les difficultés de la route des montagnes plutôt que de nous y exposer de nouveau.

Pendant notre séjour à l'embouchure du Boukhaïn-Gol, nous avions complètement équipé à nouveau notre caravane. Nous avions échangé notre iourte en feutre contre plusieurs selles de chameaux dont nous manquions. A notre retour du Dzaïdam, plus de la moitié de nos chameaux était hors d'état de continuer le voyage; nous avions réussi à les échanger, mais, vu l'argent qu'il avait fallu donner en retour, il ne nous restait que cinq lans. Cependant, comme il était d'absolue nécessité de nous procurer encore trois chameaux, nous dûmes recourir au moyen extrême de vendre quelques révolvers aux notables indigènes. De douze de ces pistolets que nous possédions, nous en échangeâmes trois contre trois bons chameaux, et nous en vendîmes deux pour soixante-cinq lans. Grâce à cette somme, nous assurions notre voyage pour trois mois dans les provinces du Koukou-Nor et du Han-Sou.

Enfin le 1er avril, notre caravane réorganisée se mettait en route pour Tcheïbsen. Dès nos premiers pas dans les montagnes, le climat et le paysage changèrent. La sécheresse de l'air était remplacée par une atmosphère neigeuse, et le sol regorgeait d'humidité comme en automne. Le réveil printanier du Koukou-Nor ne se manifestait pas encore ici; tous les cours d'eau restaient rivés par la glace et les froids nocturnes étaient assez piquants[1]. Les oiseaux de passage étaient encore moins nombreux que près du Koukou-Nor. Les vols considérables de petits oiseaux n'avaient point paru, il n'était venu que des individus isolés. En un mot, l'aspect des monts du Han-Sou, au mois d'avril, était le même qu'au mois d'octobre. La marche dans les sentiers agrestes offrait encore plus de difficultés, car le sol dégelait après la nuit et faisait glisser les chameaux. De plus, la neige qui tombait chaque jour et fondait presque aussitôt, rendait la boue plus profonde. Il n'en restait guère que sur les cimes dominantes des versants septentrionaux. Une humidité si persistante augmentait le poids de nos colis et fatiguait d'autant nos chameaux. Ces pauvres bêtes, obligées de coucher la nuit sur une terre saturée d'humidité, s'enrhumaient et commençaient à maigrir. Nos chevaux, non ferrés, devenant incapables de nous porter, il nous fallut bientôt cheminer à pied. Or, les bottes de notre fabrication, avec leurs semelles en peau de yak appliquées sur les vieilles tiges, présentaient une parfaite ressemblance avec les pattes du chameau et n'étaient pas meilleures pour marcher dans la boue et dans les montagnes. Pour comble de désagrément nous dûmes traverser deux fois la Tétoung-Gol : la première, sur la glace tombée au fond du lit, et la seconde, à gué, par une profondeur de quatre pieds. Le courant était si rapide, le lit tellement jonché de pierres glissantes qu'au moindre faux pas des chameaux, toutes nos collections risquaient d'être englouties. Cependant nos travaux ordinaires s'étaient accrus d'un levé géodésique dont j'avais commencé à m'occuper depuis notre retour des rives du fleuve Bleu. Je n'avais pas osé entreprendre ce relèvement à notre premier

1. Les froids nocturnes, pendant la première moitié d'avril, atteignirent — 10° C.

voyage afin de ne pas éveiller l'attention de nos guides.

Les bandes de Doungans, qui l'année passée infestaient la contrée, avaient disparu ; mais nous redoutions maintenant de rencontrer les soldats chinois. En effet nous nous croisâmes avec un détachement, qui arrivait de San-Gouan, dans la vallée de la Tétoung, à l'endroit même où les Doungans nous avaient attaqué l'année précédente. Nous montrâmes notre passeport à l'officier ; mais, pendant que nous étions occupés avec lui, ses hommes nous volèrent un révolver dans la fonte d'une selle. Nous protestâmes énergiquement contre ce larcin et, quoique nous ne pussions nous exprimer que par signes, notre pantomime fut si expressive que l'officier comprit que nous voulions porter plainte contre lui. Il nous fit rendre l'arme volée et nous demanda en récompense un peu de poudre. Après lui en avoir donné quelques dizaines de charges, nous nous quittâmes amicalement.

Le 15 avril, nous arrivions à Tcheïbsen ; puis, après deux jours de repos au couvent, nous nous engagions dans ces mêmes montagnes du couvent de Tchertinton que nous avions parcourues l'année précédente.

Cependant vers la mi-avril le printemps s'accentua : le 9, apparurent les premiers papillons et, le 11, nous trouvions la première fleur, la *ficaria sp.* La verdure commença à percer sur les versants méridionaux et les vols de petits oiseaux devinrent plus nombreux. Près de Tcheïbsen, les champs étaient labourés et les céréales levées. Le 14 avril [1], un orage accompagné de violents coups de tonnerre annonça l'arrivée définitive de la belle saison, si longtemps attendue. Cependant la végétation se développait très lentement, retardée par les gelées nocturnes qui atteignaient — 9°,4 C. Au 1er mai, nous comptions douze espèces de fleurs, mais elles étaient en bien petit nombre, dispersées en spécimens solitaires, à l'abri d'une pierre ou d'un petit arbrisseau qui leur permettait d'échapper aux influences des gelées, des vents ou de la neige. Les vents soufflèrent presque chaque jour et chaque nuit ; leur direction la plus commune était ouest et est et variable, parfois ils se transformaient en ouragan. Pendant tout le mois, il n'y eut

1. Il n'y eut qu'un seul orage dans le courant d'avril.

Fig. 37. — Couvent fortifié de Tcheïbsen.

point de pluie et les jours de neige furent au nombre de dix-sept[1].

Malgré l'abondance des pressions atmosphériques et de l'humidité dont le sol regorgeait, les ruisseaux étaient beaucoup moins profonds qu'en été et même plusieurs étaient à sec. Les jours où il n'y avait ni neige ni pluie, l'hygromètre indiquait une extrême sécheresse de l'air. La cause de ce phénomène était probablement que le sol, gelé par les grands froids, absorbait toute l'humidité ; la sécheresse de l'atmosphère pendant les beaux jours provenait du voisinage des déserts où elle atteignait ses plus extrêmes limites.

Il n'y eut presque pas un seul beau jour de printemps pendant la durée de ce mois. Parfois il faisait assez chaud jusqu'à midi ; puis, à cette heure, le vent s'élevait ou la neige commençait et la température s'abaissait rapidement. Le 12 avril fut le jour de la plus grande chaleur que nous ayons observée ; elle atteignit + 24°,4 C. à l'ombre, tandis que, l'année précédente, dans la vallée du fleuve Jaune, le maximum d'avril avait été de 31°. Même à l'extrémité sud-est de la Mongolie, près de Kalgan, la plus grande chaleur d'avril, selon nos observations de 1871, marqua + 26°,3 C.

Il faut en conclure que le printemps dans le Han-Sou est aussi froid et aussi humide que l'été et l'automne. Ici, pendant le cours d'une année entière, il n'y eut pas un seul mois complet de ce beau temps que nous avions eu dans d'autres contrées. Le printemps est caractérisé par des neiges et des averses, l'automne encore par des neiges, et l'hiver par des froids excessifs et des ouragans, quoique le ciel dans cette saison soit habituellement serein.

De Tcheïbsen, nous nous dirigeons par les montagnes sur le côté méridional de la Tétoung-Gol. Nous restons la dernière dizaine d'avril dans les cantons alpestres, qui sont encore très peu animés à cette époque. Quelques volées de petits oiseaux, dont le grand passage n'a lieu qu'à la fin du mois, s'abattent de temps en temps dans les prairies ou sur les rochers; mais les hôtes définitifs du pays ne se montrent pas encore ; ils se tiennent dans des régions moins élevées et plus chaudes.

1. La neige ne tomba sur nous que dix-sept fois, mais à l'horizon elle tomba presque chaque jour à intervalles inégaux.

La végétation commence à peine à s'éveiller; nous rencontrons seulement la *ficaria sp.* et la *primula sp.* Chaque fois que, dans ces prairies alpestres, nous trouvons des végétaux à côté de superficies encore gelées, nous sommes toujours étonnés de voir se manifester un organisme végétal dans des conditions climatériques si défavorables. Nous remarquons, non seulement dans la zone alpestre mais aussi dans les vallées les plus sauvages situées plus bas, certaines fleurs (*primula, gentiana, iris*) qui résistent à — 9° C. et à la couche de neige dont elles sont couvertes la nuit. Pendant la journée, à peine le soleil darde-t-il ses rayons que ces filles du printemps relèvent leurs jolies têtes comme pour aspirer sa chaleur bienfaisante que remplacent quelques heures plus tard la tempête et la gelée.

Dans la zone supérieure, la faune ailée est représentée par les choucas, les gypaëtes ou griffons des neiges et les perdrix.

Cette dernière espèce (*megaloperdix thibetanus*) ne se rencontre nulle part en Mongolie ; mais, à partir des monts du Han-Sou, elle est localisée entre le Koukou-Nor et le Thibet. Elle habite exclusivement les rochers et les endroits couverts de gravier, à une hauteur absolue de dix mille pieds et ne dépasse jamais cette limite inférieure. La taille de cet oiseau est celle d'une gélinotte et, plus les rochers sont inaccessibles et le canton couvert de gros sable, plus le nombre de ces perdrix est considérable. Au printemps, elles vivent par paire et, le reste de l'année, par troupes de dix à quinze ; jamais elles ne se réunissent en vols nombreux. Cette perdrix, que les Mongols appellent *khaïlik*, est d'un caractère gai ; sa voix se fait entendre presque tout le jour et anime un peu le silence lugubre qui pèse sur les cimes élevées. Semblable à celle de la poule, cette voix est accompagnée d'un sifflement prolongé et de sons saccadés que la perdrix fait surtout entendre en volant. Comme tous les gallinacés, elle aime mieux courir que voler. Elle évite à la course le chasseur qui la suit avec peine, et elle se réfugie sur des pentes de rochers presque perpendiculaires. Quoique les indigènes ne les poursuivent pas, ces khaïliks sont très prudentes et, comme elles résistent bien aux blessures, on les tue malaisément.

D'ailleurs leur plumage gris, qui se confond avec les pierres environnantes et le gravier où elles se tapissent, rend leur chasse très peu commode. De grand matin et vers le soir, elles se posent dans les prairies ou les endroits sablonneux, pour se nourrir exclusivement de matières végétales. Je n'ai pas découvert d'insectes une seule fois dans leur gésier. En été, elles se délectent de l'oignon jaune, qui pousse en abondance dans les cantons alpestres. Les couvées, fortes de cinq à dix individus, sont soigneusement surveillées par les parents. En cas de danger et si les poussins sont encore trop petits, le père et la mère s'avancent d'une dizaine de pas vers le chasseur en faisant semblant d'être malades ou blessés. On rencontre souvent en été des couples isolés, dont probablement la couvée est morte de froid. Cette circonstance expliquerait le petit nombre de perdrix qu'on trouve dans les montagnes du Han-Sou et dans les chaînes du Thibet septentrional.

L'autre oiseau spécial à la zone alpestre du Han-Sou est le gypaëte (*gyps nivicola*) [1], dont la manière de vivre et les mœurs sont semblables à celles des autres griffons : un vol puissant et une grande gloutonnerie sont les traits qui le caractérisent.

Lorsque le soleil, depuis longtemps sur l'horizon, a réchauffé l'atmosphère, les gypaëtes quittent leur aire, toujours placée sur des sommets inaccessibles [2]. Ils volent d'abord très bas, puis s'élèvent en décrivant des cercles jusqu'à des hauteurs prodigieuses. Quelquefois notre tente était dressée à une altitude de douze mille pieds; cependant il fallait une lunette pour suivre l'évolution des gypaëtes, qui dans leur vol ascensionnel finissaient par disparaître aux yeux doués de la meilleure vue. L'œil de ces oiseaux est d'une force étonnante et distingue dans les moindres détails tout ce qui se passe sur la terre. Un gypaëte perdu dans les nues aperçoit-il des corbeaux se pressant autour d'un corps mort dans le fond d'une vallée? Aussitôt il replie ses ailes, abandonne son corps à son propre poids et se laisse tomber sur le sol en suivant une direction légèrement oblique. La rapidité d'une pa-

1. Le griffon noir (*vultur monachus*) se rencontre quelquefois dans le Han-Sou.

2. Pour la nuit, les griffons reviennent toujours au même endroit qui est marqué par une grande quantité de guano blanchâtre.

reille chute est vertigineuse ; on en perçoit même un bruit particulier ; mais le gypaëte combine adroitement ses mouvements et, avant d'arriver à terre, il déploie sa majestueuse envergure de façon à toucher doucement le sol. Aussitôt que d'autres gypaëtes ont aperçu un des leurs descendant sur la terre,

Fig. 38. — Gypaëte (*Gyps nivicola.*)

ils savent de quoi il s'agit et une dizaine de ces gigantesques oiseaux, dont on ne soupçonnait pas la présence, ne tardent pas à se rencontrer. Alors commencent les querelles pour le partage du butin : les gypaëtes, ailes déployées, se précipitent les uns sur les autres ; parfois leur lutte est sérieuse. Si le cadavre est encore entier, ils en dévorent d'abord les viscères, puis les chairs. Une fois repus, ils se retirent de côté, observant les nouveaux arrivés, qui viennent prendre part au festin. Les rapaces de taille inférieure, milans ou corbeaux, n'osent pas s'approcher ; mais attendent impatiemment, posés à quelque distance, que leurs rivaux aient terminé leur repas. Ils ne s'approchent qu'après que les grands carnassiers se sont élevés d'un vol pesant sur les cimes voisines pour digérer à leur aise.

Nous nous demandions avec étonnement dans le Han-Sou, comment les oiseaux de proie pouvaient trouver une pâture suffisante, vu leur nombre ; d'autant plus que les Mongols, les Tangoutes et les Chinois se nourrissent aussi d'animaux crevés, et qu'en été, pendant les pluies, il n'est pas facile de distinguer une proie de loin. A cette époque, en effet, les gypaëtes se transportent dans des localités très éloignées. Franchir quelques centaines de verstes n'est rien pour ces vigoureux voiliers, qui passent leur journée entière sans un battement d'ailes, planant dans les nuages.

La gloutonnerie de ces monstrueux oiseaux est si grande qu'elle l'emporte sur toute prudence ; ainsi les gypaëtes revenaient sur leur butin malgré les coups de fusil que nous leur tirions.

Leur force vitale est incroyable : ayant avec mon compagnon frappé l'un d'eux de douze coups de feu, nous n'avons pas pu l'abattre.

Pourtant le gypaëte n'est pas difficile à chasser. On commence par choisir une anfractuosité de rocher ou une grotte dont on masque l'entrée avec des buissons. On place, à quelque distance comme appât, des intestins ou d'autres viscères sur la peau d'un animal fraîchement tué. La pâture doit être mise à soixante-dix pas et même plus de l'embuscade, parce que cette distance est nécessaire pour frapper mortellement l'oiseau. Le chasseur doit se blottir dans l'embuscade entre huit ou neuf heures du matin, au moment que les grands rapaces quittent leurs aires. Aussi est-il préférable de construire son poste de chasse dans les cantons alpestres où se rendent tout de suite ces animaux ; dans les vallées, ils pourraient, voyant une habitation, ne pas descendre.

Cette chasse est pleine d'intérêt : à peine le chasseur est-il renfermé dans son poste que voici les gypaëtes qui viennent des nues en décrivant de larges circonvolutions au-dessus de l'appât; mais, se ravisant ou soupçonnant un piège, ils remontent dans les airs. Ils sont remplacés par les pies et les corbeaux qu'affriande cette proie. Ceux-ci sautent et volent à l'entour sans oser y toucher. Ils répètent un certain temps cette manœuvre et semblent se dire : Voilà une heureuse chance pour se procurer un morceau de viande. Puis, comme effrayés de leur audace, ils restent indécis. Enfin un plus hardi s'approche, hésite un instant et finit par donner un coup de bec. Alors la bande entière se précipite au banquet : ce sont des cris, des piaillements et des disputes renaissantes. Blotti dans son embuscade, le chasseur suit ce manège avec impatience : l'oiseau désiré ne se montre point. Enfin un bruit particulier annonce l'arrivée du grand rapace. Après avoir décrit des cercles dans les airs, le gypaëte va se poster sur un rocher voisin. Mais ses congénères n'apparaissent point encore : du haut de leurs nuages, ils observent sans doute le festin, et le chasseur ne peut pas les apercevoir de sa cachette. Une heure peut-être s'écoule ainsi; puis un lourd battement d'ailes se fait entendre; l'oiseau des sommets neigeux s'abat du rocher. La fièvre s'empare du chasseur, il n'ose pas faire un mouvement, de peur d'effrayer le prudent animal qui s'arrête d'abord à une certaine distance de l'appât, puis se rapproche d'une allure balancée et parfois sautillante. En un clin d'œil, toute la canaille ailée qui se gaudissait en paix s'envole, abandonnant la place au géant; un corbeau plus courageux reste seul posté sur l'autre extrémité de la proie. Le gypaëte affamé avale tout gloutonnement : morceaux de viande et intestins disparaissent avec rapidité ; mais une détonation retentit, une balle siffle et il tombe mortellement frappé.

D'autres griffons ne tardent point à s'abattre sur la proie au nombre de plusieurs dizaines et, si le chasseur recharge son arme, il peut tuer deux gypaëtes d'un seul coup.

Les bourrasques de neige qui tombaient souvent dans la zone alpestre, nous obligèrent à décamper vers la fin d'avril et à descendre dans la zone moyenne du massif. C'est d'ici que partirent M. de Piltzoff et un cosaque, pour aller au temple de Tchertinton réclamer nos collections et différents objets; entre autres, une paire de bottes, dont j'avais le plus grand besoin, afin de remplacer les mauvaises savattes glissantes que je m'étais confectionnées moi-même. Nous y avions aussi laissé cinq ou six livres de sucre, qui nous parurent une denrée de luxe au milieu de la privation complète de tout le confortable européen ; enfin nous voulions acheter des yaks et nous ravitailler de vivres pour un certain temps.

C'est au mois de mai, un des meilleurs de l'année, que, même dans le Han-Sou, commence réellement le printemps. La neige cessa de tomber et fut remplacée par des pluies qui, en général, n'étaient pas de longue durée. Malgré les petites gelées nocturnes, le soleil était fort chaud [1] pendant le jour et la végétation croissait avec rapidité. Vers le 15, les arbustes, dans la zone moyenne, se couvrirent de fleurs ; dans la zone basse, toutes les feuilles étaient déployées. Sur les rives des petits torrents agrestes, l'églantine, le cerisier, le groseillier, le chèvre-feuille, l'épine-vinette et l'odorante *daphné altaïca* commençaient à fleurir, ainsi que, sur les flancs découverts des montagnes, l'aubépine et le faux acacia. Parmi les plantes herbacées des forêts, on distinguait l'anémone, la violette, la pivoine et un grand nombre de fraisiers ; dans les vallées, fleurissaient l'iris, la dent de lion, l'alchimille, la primevère et, sur les côtés découverts, le saxifrage, l'immortelle, le *polygonatum roseum*, le *thermopsis sp.*, le *podophyllum sp.*, etc.

La faune ailée se montrait aussi pleine de vie : les chants et les cris du merle, du *pterorhinus Davidii*, du *trochalopteron sp.*, du coucou, du faisan et de beaucoup d'autres petits oiseaux, formaient un concert perpétuel qui animait ce frais paysage printanier. En un mot la vie jaillissait de tous côtés.

Cette fois-ci nos excursions ne furent pas infructueuses et nos collections s'enrichirent d'une série d'intéressants oiseaux, qui nous dédommagèrent de notre mauvaise chance de l'année précédente, pendant laquelle tout le gibier à plume était en mue.

Dans le nombre des espèces rares, nous parvînmes à tuer le faisan à grandes oreilles (*crossoptilon auritum*), que nous avions rencontré pendant la première partie de notre voyage dans l'Ala-Chan. Ce remarquable oiseau, appelé *chiaratna* par les Tangoutes, habite en grand nombre dans les forêts boisées de

1. Nous observâmes la plus haute température le 14 mai, dans la vallée de la Tetoung-Gol ; elle atteignait + 30°,4. C.

l'Ala-Chan, mais on ne le trouve pas dans les chaînes dénudées du Thibet septentrional. Sa nourriture paraît être exclusivement végétale, du moins au printemps, car je n'ai trouvé dans son gésier que de la jeune herbe, des racines et des feuilles d'églantier. A terre le chiaratna marche d'un pas mesuré portant sa superbe queue étendue horizontalement.

En automne et en hiver, ce faisan se tient en petites compagnies perché sur les arbres[1], peut-être pour se nourrir des bourgeons. Au printemps, ces compagnies se partagent en couples, qui se rendent dans des endroits déterminés pour faire leur couvée. Les nids sont établis avec des herbes dans des fouillis épais; on y trouve de cinq à sept œufs. Les Tangoutes chassent les chiaratnas quelquefois au fusil, mais le plus ordinairement aux lacets. La partie la plus précieuse de leur corps est la queue dont les quatre longues pennes du milieu sont employées à orner les chapeaux de cérémonie des officiers chinois. Prise sur place, chacune d'elles se paye cinq kopeks.

La voix du chiaratna est désagréable et ressemble au cri du paon, mais est un peu plus basse et saccadée; la femelle a le même cri que le mâle. De plus, la femelle ou le mâle, je ne sais lequel des deux, pousse de temps en temps des cris sourds, pareils au roucoulement des pigeons; enfin, quand il a peur, cet oiseau crie comme une pintade.

Même à l'époque des amours, le chiaratna ne jette pas de cris réguliers, comme les faisans ordinaires ou les gélinottes. Le mâle crie rarement, et le soleil est déjà haut sur l'horizon lorsqu'il fait entendre sa voix, bien que parfois elle retentisse avant l'aube.

Sa chasse, surtout au printemps, est assez difficile, car c'e un oiseau fort prudent, qui perche sur des rochers inaccessibles. Le chien n'y sert à rien, car il ne peut pas gravir de pareils endroits; le chasseur est donc obligé de s'en rapporter à ses propres sens, mais le faisan entend le bruit de ses pas et se sauve. Il prend rarement son vol, mais court avec une grande vitesse; on n'a pas le temps de le mettre en joue que déjà il a disparu. Il est aussi doué d'une grande résistance vitale et, même à quatre-vingts pas, il supporte une décharge de plomb

1. Au printemps et en automne, les faisans à grandes oreilles se tiennent exclusivement sur le sol.

qui lui laisse assez de force pour s'envoler. A-t-il une aile cassée ? Il continue sa route à pied avec la même vitesse et ne tarde pas à disparaître sous un buisson. En un mot, toutes les chances sont contre le chasseur, que la rareté seule d'un pareil coup de fusil peut décider à tenter une poursuite si peu profitable.

Pendant quinze jours, tous les matins, nous allions le chasser dans les forêts de la chaîne avec M. de Piltzoff et nous ne sommes parvenus à abattre que deux spécimens de ce faisan. Un chasseur tangoute, que nous avions loué à cet effet, grimpait toute la journée sur les rochers ; après la visite d'un grand nombre de nids, il parvint aussi à en capturer deux. On ne peut guère savoir où perche cet oiseau, car il ne crie que rarement et à des intervalles très éloignés. Lorsqu'il veut s'élever, son battement d'ailes fait si peu de bruit que le chasseur ne l'entend pas. Il ne se déplace pas à une grande distance en volant, et de loin il ressemble au coq de bruyère.

Parmi les mammifères qui attiraient notre attention, il faut citer la marmotte (*arctomys robustus*), qui se réveille de son sommeil hivernal au commencement d'avril[1]. Cet animal, appelé par les Mongols *tarabagan* et par les Tangoutes *choo*, ne se rencontre nulle part en Mongolie[2]. Nous l'avons remarqué pour la première fois dans le Han-Sou, d'où il se propage à travers le Koukou-Nor jusqu'au Thibet septentrional. Dans le massif du Han-Sou, la marmotte est localisée depuis la zone la plus basse jusqu'aux régions alpestres. Nous avons vu ses terriers à une hauteur de quinze mille pieds.

Cette tarabagan habite les versants couverts de pâturages ou les vallées de la zone alpestre; elle vit en société et creuse de profonds terriers, souvent dans un terrain rempli de pierres, et, de chacune de ces retraites, partent plusieurs couloirs qui servent de sorties.

Au soleil levant, la marmotte quitte son terrier pour s'ébattre et brouter. Si rien ne la dérange, elle s'amuse long-

1. C'est au 8 mars que nous vîmes les premières marmottes réveillées dans le Koukou-Nor ; dans le Han-Sou, ce fut seulement le 8 avril.

2. La marmotte du Transbaïkal (*arctomys bobac*) ne se rencontre en Mongolie qu'à cent verstes environ dans le sud d'Ourga.

temps, jusque vers dix heures du matin, puis se retire. Vers deux ou trois heures de l'après-midi, elle ressort et se tient en plein air jusqu'au coucher du soleil. Jamais cependant elle n'apparaît en temps de pluie, celle-ci durât-elle plusieurs jours.

La prudence et l'intelligence de cet animal sont grandes, surtout dans les localités où il est poursuivi par l'homme. Avant de sortir, il ne passe que sa tête en dehors de l'ouverture et pendant une demi-heure il inspecte le pays. Si tout va bien, il avance alors à moitié, écoute de nouveau, regarde de tous côtés, puis sort enfin entièrement et commence à paître. A l'approche du danger quoiqu'éloigné, il se précipite vers son terrier, se met debout sur les pattes de derrière et pousse de hauts cris, semblables à un sifflement prolongé. Si le péril devient imminent, il disparaît dans sa retraite.

On chasse la tarabagan au moyen d'embuscades pratiquées à peu de distance de son terrier et de manière qu'elle ne se doute de rien. Le chasseur s'y cache avant la sortie de la marmotte. Très résistante à la blessure, quoique frappée mortellement, elle a la force de gagner sa retraite. Il faut la foudroyer d'un seul coup de feu pour pouvoir s'en emparer. Le sommeil hivernal commence pour elle à la fin de septembre et, comme font les marmottes européennes, toute une bande s'endort dans un seul terrier.

Nous dirons maintenant quelques mots d'un autre mammifère du Han-Sou, l'ours (*ursus sp.*).

Bien avant notre arrivée dans le Han-Sou, nous avions entendu les Mongols parler d'un animal extraordinaire qui habitait cette province et s'appelait khoun-gouraissou, c'est-à-dire l'homme-bête. Les narrateurs prétendaient que cet animal avait un visage plat semblable à celui de l'homme, qu'il marchait habituellement sur deux pieds, que son corps était orné de poils noirs épais et ses pattes munies d'énormes griffes. Sa force était tellement redoutable que non seulement les chasseurs ne l'attaquaient pas, mais que les habitants décampaient aussitôt qu'ils s'apercevaient de sa présence.

D'autres narrateurs nous assuraient qu'on le trouvait dans le massif du Han-Sou, mais, à la vérité, très rarement. Sur notre demande si le khoun-gouraissou n'était pas simplement un ours? nos interlocuteurs hochaient la tête en répondant qu'ils connaissaient bien l'ours.

En arrivant pendant l'été de 1872 dans les montagnes du Han-Sou, nous avions promis une récompense à qui nous montrerait le gîte de cet animal fabuleux; mais personne ne se présenta; seul un Tangoute nous apprit que le khoun-gourais-sou se tenait toujours dans les rochers du Hadjour, où nous campâmes au commencement d'août. Nous désespérions de jamais voir cet animal, lorsque nous apprîmes, par hasard, que, dans un petit couvent, à quinze verstes de Tchertinton, il s'en trouvait une dépouille. Au moyen d'un présent reçu par le supérieur, celui-ci consentit à nous la montrer, et qu'est-ce que nous avons vu? — Un petit ours empaillé. — Tous ces merveilleux récits n'étaient que des fables; nous assurâmes que c'était un ours; les Mongols nous affirmèrent alors que celui dont ils parlaient n'avait pas l'habitude de se montrer, mais que le chasseur pouvait le suivre à la piste.

L'ours empaillé que nous vîmes dans ce monastère avait environ quatre pieds et demi de hauteur, le museau allongé et le devant du corps d'un blanc sale, l'arrière plus foncé et les pattes presque noires. La plante des pieds de derrière était longue et étroite ; les ongles des pattes de devant avaient une courbure de près d'un pouce, ils étaient émoussés et de couleur noire. Nous ne pûmes malheureusement continuer une plus longue inspection par crainte d'attirer la méfiance.

Au printemps de l'année suivante, il nous arriva d'apercevoir un ours chassant des logomys; nous revenions du Koukou-Nor à Tcheïbsen. Nous nous mîmes à sa poursuite, nos chiens s'élancèrent sans pouvoir le faire arrêter. Nous lui tirâmes plusieurs coups de feu; l'un d'eux l'atteignit, mais il parvint à nous échapper, ce qui nous contraria beaucoup.

Au dire des Mongols, les ours seraient en assez grand nombre dans les monts Bourkhan-Bouddha et Chouga du Thibet; en été, ils iraient dans la plaine et même se montreraient sur les rives du Mour-Oussou.

Dans la seconde quinzaine de mai, nous descendîmes de la zone moyenne dans la vallée de la Tétoung, où une semaine fut consacrée aux excursions. Bientôt nous dûmes cesser la chasse aux petits oiseaux, faute de cendrée. Notre collection d'œufs ne fut pas nombreuse : quoique leurs nids fussent préparés, beaucoup d'oiseaux n'avaient pas commencé la ponte. Au commencement de juin, on aurait pu réunir certainement une riche collection d'œufs les plus rares dans les épaisses jungles des rivières; mais le manque d'argent nous empêcha de prolonger notre séjour à Tchertinton : un petit lingot de quelques lans était notre unique ressource. Nous suivîmes la route que nous avions prise l'année précédente avec la caravane tangoute. Les mêmes villages ruinés apparaissaient successivement, cependant quelques Chinois étaient revenus les occuper. Dans quelques années, toutes ces fanzas seront certainement rebâties, et leur nombreuse population reprendra ses travaux habituels interrompus par l'insurrection.

Contre toute attente, la seconde quinzaine de mai fut signalée par une température rigoureuse et variable. Le 16, il tomba de la neige, même dans la vallée de la Tétoung; puis, pendant quatre jours de suite, les gelées nocturnes atteignirent — 4°,0 C., et la fin du mois fut encore plus mauvaise. Presque toute la journée du 28, nous essuyâmes une grande tourmente qui couvrit la terre d'un demi-pied de neige ; le lendemain matin, il gela à — 5,3° C. Nous étions pourtant au 38° de latitude et l'on comptait déjà soixante-seize espèces de fleurs. Elles ne parurent pas souffrir du froid, tant elles étaient faites au dur climat de leur sol natal. La sécheresse de l'air exerce sur elles une influence beaucoup plus funeste. Il m'est arrivé de déterrer du sol gelé le pavot jaune (*papaver alpinum*) ; il était très sain, mais il serait mort faute de pluies fréquentes.

Nous fîmes enfin nos adieux aux montagnes du Han-Sou, après avoir enduré une dernière fois les rigoureuses intempéries de leur climat. Néanmoins notre séjour dans ce pays fut le meilleur temps de notre expédition, eu égard à l'abondance des matériaux scientifiques de tous genres qu'il nous fut donné d'y recueillir.

CHAPITRE XIV

RETOUR DANS L'ALA-CHAN. — ROUTE D'OURGA PAR LE GOBI CENTRAL.

Traversée de l'Ala-Chan méridional. — Rencontre avec la caravane des pèlerins. — Arrivée à Din-Iouan-In. — Montagnes de l'Ala-Chan pendant la belle saison. — Inondation imprévue. — Marche sur Ourga. — Mort de notre chien Faust. — Caractère du désert de l'Ala-Chan jusqu'au massif de Kourkhou. — Description de ce massif. — Les routes de Koukou-Khoto à Ouliassoutaï. — Transformation du désert en steppe. — Arrivée à Ourga. — Fin du voyage.

A la fin du mois de mai, nous quittâmes le Han-Sou pour entrer dans le désert de l'Ala-Chan. Une mer de sable sans rivages s'étendait partout autour de nous et ce ne fut qu'avec une certaine frayeur que nous traversâmes cet empire de la mort. Privés de la ressource d'un guide, nous cheminions difficilement nous dirigeant d'après les points de repère que j'avais marqués l'année précédente pendant le trajet avec la caravane tangoute, souvent au hasard et sans pouvoir déterminer la route exactement. Cet itinéraire était tel qu'il ne laissait pas que d'être peu rassurant, mais il était notre seul moyen de nous gouverner dans le désert.

Toutefois nous exécutâmes heureusement ce pénible trajet; mais nous mîmes quinze jours à nous rendre de Dadjin jusqu'à Din-Iouan-In. Une seule fois nous nous égarâmes, ce fut le 9 juin, pendant l'étape comprise entre le lac Sérik-Dolon et le puits Changhin-Dalaï. Partis de grand matin de Sérik-Dolon, après avoir franchi quelques verstes à travers les dunes, nous atteignîmes un petit plateau argileux où le sentier se divisait en deux. Nous avions traversé ce canton l'année précédente pendant la nuit, de sorte que nous n'y trouvions aucun point de repère et que nous en étions réduits à deviner l'embranchement qu'il fallait prendre. Notre embarras devint d'autant plus grand que les deux chemins divergeaient sous un angle très aigu et que, même avec la boussole, il nous était difficile de préciser la juste direction. Le sentier de droite nous parut plus battu, nous résolûmes de le prendre et malheureusement nous nous trompions.

Nous parcourûmes quelques verstes sans nous apercevoir de notre méprise, mais bientôt apparurent un grand nombre d'autres voies qui nous déroutèrent complètement et enfin nous aboutîmes à une route qui semblait assez fréquentée [1]. Prendre cette route était hasardeux : nous ne savions où elle menait; revenir à l'ancien carrefour était aussi chanceux : nous l'avions laissé déjà loin derrière nous; d'ailleurs nous ignorions si l'autre sentier était le bon chemin. Nous résolûmes donc de garder la même direction avec l'espoir que nous finirions par apercevoir un petit groupe de collines au pied desquelles devait se trouver le puits de Changhin-Dalaï.

Midi survint, la chaleur était torride et nous fîmes halte pendant deux ou trois heures. Nous reprîmes notre route en marchant droit d'après la direction de la boussole et nous aperçûmes enfin sur notre droite un groupe de collines que nous supposâmes être celui de Changhin-Dalaï. Comme un vent violent soulevait depuis le matin des nuages de poussière, nous ne pûmes distinguer nettement, même avec le secours de la jumelle, le contour de ces collines. La nuit tomba; nous fîmes halte pour camper, espérant que c'étaient bien les collines désirées que nous avions en vue et nous traçâmes sur notre carte la route parcourue. Je remarquai pourtant que nous avions incliné fortement à l'est et qu'il était possible que nous fussions hors de la bonne voie. Cependant notre provision d'eau contenait à peine deux védros [2] et encore

1. Plus tard nous avons appris que cette route conduisait de Din-Iouan-In à la ville de Dirissoun-Khoto (nom mongol), située dans le sud-est de la frontière de l'Ala-Chan.

2. Lorsqu'on voyage dans le désert par les grandes chaleurs, l'eau contenue dans les barils en bois s'évapore, de sorte qu'un baril rempli le matin a perdu plusieurs bouteilles le soir. — Le vedro russe est égal à 10 litres 22 cent. (*Note du traducteur*).

nous n'avions pas donné à boire aux chevaux qui mouraient de soif; à peine pouvaient-ils se traîner. Trouverions-nous le lendemain un puits, oui ou non? C'était pour nous une question de vie ou de mort, et l'on comprend sous quelle pénible impression nous passâmes la soirée. Dès l'aube, j'examinai soigneusement les environs avec ma longue vue; les collines de la veille apparaissaient distinctement, mais, en même temps, au nord de notre bivouac, on apercevait le sommet d'une petite arête qui pouvait être aussi bien Changhin-Dalaï. Laquelle des deux directions devions-nous choisir? Je marquai sur ma carte la position de ces dernières collines et, comparant leur situation avec les notes que j'avais pu prendre l'année précédente, je résolus de faire route sur la chaîne du nord.

En proie à une poignante inquiétude, nous levâmes le camp et nous mîmes en route. Le sommet qui attirait nos regards tantôt se dérobait derrière les élévations de la plaine, tantôt les surmontait. En vain, l'œil fixé à la longue vue, nous cherchions le point de repère inscrit sur mon carnet : « un *obo* [1], ou amoncellement de pierres, sur le faîte de la chaîne. » On ne l'apercevait pas; nous étions encore trop éloignés. Enfin, à dix verstes du point où nous avions campé la nuit, nous finissons par voir l'obo tant désiré; l'espoir se ranime, nous accélérons notre marche et, quelques heures après, nous arrivons au puits vers lequel se précipitent nos pauvres bêtes haletantes et joyeuses.

Pendant une de nos étapes dans l'Ala-Chan méridional, nous rencontrâmes une caravane de pèlerins mongols venant d'Ourga et se rendant à Lhassa. Depuis le commencement de l'insurrection, c'est-à-dire depuis onze ans, aucun convoi de pèlerins n'avait osé se rendre dans la capitale du dalaï-lama; mais, après l'occupation de la partie centrale du Han-Sou par les forces chinoises, une grande [2] caravane s'était formée à Ourga pour ramener dans sa ville pontificale le nouveau

1. L'*obo* est formé de deux ou de plusieurs pierres, levées ou amoncelées, et souvent sculptées plus ou moins grossièrement afin de représenter l'image de Bouddha. Ce sont des autels en plein air, consacrés souvent par des lamas. On en voit fréquemment dans le Gobi. Tout fidèle bouddhiste est tenu d'y faire en passant sa prière. (Voir *Tour du monde*, 1er semestre de 1865, p. 246.)

2. Cette caravane comptait mille tentes au dire des Mongols.

koutoukta. Les pieux voyageurs avaient cheminé par détachements séparés, qui tous s'étaient ralliés au Koukou-Nor. A notre aspect, ils poussèrent de grandes exclamations : « Voyez donc jusqu'où sont parvenus ces braves ! » s'écriaient-ils et sans que d'abord ils voulussent croire que quatre hommes seuls avaient osé s'enfoncer si loin dans le Thibet.

Mais il est difficile de représenter à quoi « les quatre braves » ressemblaient lorsqu'ils rencontrèrent ces pèlerins mongols. A moitié morts de faim, sales, les vêtements en lambeaux, les chaussures déchirées, nous avions l'air de véritables mendiants. Nous ressemblions si peu à des Européens qu'en arrivant à Din-Iouan-In, les habitants disaient en nous voyant : « Comme ils ressemblent maintenant à nos gens : ils sont « devenus de véritables Mongols. »

C'est dans cette ville que nous reçûmes une somme de mille lans que nous envoyait le général Vlangali. A cet argent, étaient joints des lettres de Russie et les trois derniers numéros du *Golos* de 1872. Avec quelle joie fiévreuse nous nous jetâmes sur notre courrier et dévorâmes lettres et journaux ! Tout était nouveau pour nous, quoiqu'il n'y eût qu'une année que nous fussions sans nouvelles. L'Europe, la patrie et notre vie passée reparaissaient devant nous. Nous nous sentions revivre et devenir plus forts au milieu de ces populations si étrangères à nous, depuis leur visage jusqu'à la plus légère nuance de leur caractère, et parmi lesquelles nous étions si isolés !

Le prince de l'Ala-Chan et ses fils étaient à Pékin et n'en devaient pas revenir avant l'automne.

Nous décidâmes de nous diriger sur Ourga en passant par le Gobi central ; cet itinéraire n'avait jamais encore été parcouru par un Européen et devait certainement offrir un grand intérêt scientifique. Mais nous résolûmes, avant de continuer notre route, de nous reposer quelques jours et de profiter de la halte pour explorer plus en détail la chaîne de l'Ala-Chan.

Ces montagnes n'étaient plus aussi désertes qu'en 1871. Depuis que les Doungans avaient disparu, les campements mongols étaient revenus : on rebâtissait les monastères détruits et plusieurs centaines de Chinois arrivés de la ville de Nin-Sia s'occupaient à abattre des arbres. Aussi trouvâmes-

Fig. 39. — Mongols faisant leurs dévotions à un Obo.

nous bien difficilement une petite gorge solitaire [1] où ne retentissait pas la hache du bûcheron, mais qui était complètement dépourvue d'eau ; pourtant nous préférâmes faire chaque jour trois ou quatre verstes pour trouver un puits, à nous installer côte à côte avec les Chinois ou les Mongols. Nous envoyâmes paître nos chameaux à cinquante verstes de Din-Iouan-In et nous ne gardâmes avec nous que deux chevaux, qui tour à tour devaient faire la corvée d'eau.

Trois semaines d'explorations dans ces montagnes nous convainquirent que leur flore et leur faune étaient généralement peu riches. La végétation, au moins pour le versant occidental, théâtre de nos recherches, peut être divisée en trois zones : la partie inférieure, la zone forestière et la ceinture des prairies alpestres.

La base du massif et le steppe [2] étroit et ondulé qui lui est adjacent sont caractérisés par un sol argileux semé de gros cailloux ou d'espèces minérales tombées en efflorescence. Les rochers sont moins nombreux que dans les deux autres zones et n'atteignent pas des proportions aussi gigantesques. Ce canton occupe une largeur d'environ deux verstes et quelquefois moins. Les essences forestières y sont représentées par quelques rares spécimens rabougris de l'orme (*ulmus sp.*). Parmi les arbrisseaux nous avons remarqué l'églantier (*rosa pimpinellifolia*), le faux acacia (*caragana sp.*) et rarement l'uvette (*ephedra distachya*), que nous avions trouvée aussi dans le Dzaïdam, au pied du versant septentrional du Bourkhan-Bouddha. Dans le steppe contigu au massif, croissent le liseron *convolvulus* (*convolvulus tragacanthoïdes*) et l'astragale (*oxytropis acyphylla*). Les herbes dominantes sont le thym (*thymus serpyllum*), l'actée épiée (*polygonatum officinale*), le *pegonum nigellastrum*, ce dernier se rencontre exclusivement dans le steppe, où est fréquent l'oignon sauvage, ainsi que, dans la zone alpestre, l'*androsace sp.*, sur les rochers, et la

1. Elle se trouve à dix-sept verstes au S.-O. de Din-Iouan-In.

2. Une bande steppienne, large de 15 à 20 verstes et contiguë aux monts de l'Ala-Chan à l'O., offre un caractère différent des autres parties de la contrée. Le sol est sillonné de profonds ravins, parfois très grands, et est composé d'argile, de gros sable, de cailloux et de pierres descendues des hauteurs voisines. Les sources sont fréquentes et la végétation, analogue à celle des autres steppes, comprend aussi les espèces particulières aux montagnes.

polygala siberica ; la clématite grimpe sur les arbustes au débouché des gorges, mais elle est plus rare dans le steppe, et la rhubarbe [1] apparaît dans les trois zones.

La zone forestière se manifeste à une hauteur absolue de dix mille pieds. Les forêts nombreuses sur le versant occidental croissent notamment sur les pentes septentrionales des gorges. Toutefois les essences sont peu variées et les trois principales sont le sapin (*abies obovata*), le tremble (*populus tremula*) et le saule (*salix sp.*). On remarque au milieu d'elles un petit nombre de genévriers arborescents et de bouleaux. Sur le versant oriental, apparaît le pin. Tous ces arbres sont petits, rabougris et ne peuvent pas être comparés à ceux du Han-Sou.

Les arbustes sont assez clair-semés ; ce sont la spirée, la potentille (*glabra* et *tenuifolia*), le coudrier, sur les pentes découvertes des gorges et principalement sur le versant oriental ; le chèvre-feuille (*lonicera sp.*) tapisse les rochers, et le genévrier se rencontre aussi dans la zone inférieure.

Dans les forêts des gorges, les arbustes sont plus variés ; ce sont le lilas, qui ressemble beaucoup à celui des jardins ; le cornouiller (*cotoneaster sp.*), qui croît sur les rochers ; deux espèces de groseillers (*ribes pulchellum* et *ribes sp*), le framboisier et l'atragène (*alpina*) grimpante.

On trouve encore, dans les autres cantons forestiers, le lis, le sainfoin, à la limite des prairies alpestres ; l'astragale, la violette, la pédiculaire, dont une avec des feuilles roses ; le *rhaponticum uniflorum*, le *polygonatum sibiricum*. Dans les gorges humides, la végétation est souvent très variée ; on y voit la valériane, la rue des prés, l'épilobe, la dent de lion, l'ancolie, l'absinthe, le *silene repens*, la *rubia cordifolia*, la *sanguisorba alpina*, qui recouvrent parfois d'assez larges surperficies et montent jusqu'à la zone des prairies. Généralement la flore forestière est plus variée que celle des deux autres zones.

La région alpestre commence à peu près à une altitude de dix mille pieds et occupe relativement une superficie beaucoup moindre que dans les Mouni-Oula. Aux environs de la zone forestière, croissent le caragana *jubata*, jolie plante épineuse, couverte en juin de fleurs roses et blanches ; la spirée,

1. Cette rhubarbe n'est pas officinale et diffère des deux espèces du Han-Sou.

la potentille blanche et le petit saule. Dans la partie la plus basse de la région alpestre, nous remarquons toute la flore forestière, à laquelle il faut ajouter l'aconit, la grande consoude, l'ail, l'œillet et la *corydalis sp*.

A cette hauteur, les arbustes ont complétement disparu excepté le caragan épineux qui monte jusqu'au sommet du Bougoutouï, mais qui est devenu un arbuste nain. A mesure que l'on s'élève la diversité de la flore diminue rapidement, et le sol argileux est simplement recouvert d'une petite herbe; c'est là qu'on rencontre le plus ordinairement le *polygonum sp.*, la *saussurea pygmaeata*, l'*hesperis sp*.

En général, la flore des prairies alpestres de l'Ala-Chan est pauvre. Toute la végétation et les montagnes elles-mêmes portent l'empreinte du vent du désert. Le Han-Sou et les Mouni-Oula ont une flore bien autrement riche.

Nous avons déjà énuméré au chapitre VI les représentants mammifères de la faune de ce massif. Quant aux oiseaux, même en été, ils sont peu nombreux; outre ceux dont nous avons déjà parlé, nous avons remarqué le bouvreuil, deux espèces de *carpodacus*, le martinet, le coucou, l'*emberiza sp.*, la *ruticilla erythronota*, la *ruticilla sp.*, le merle des rochers; les faisans ni les pics ne s'y trouvent.

Cette rareté d'oiseaux pendant la belle saison rend tristes toutes les montagnes de l'Ala-Chan. Jamais les échos des sombres forêts et des lugubres rochers n'y sont animés par les joyeuses roulades des chanteurs ailés. A peine, de temps à autre, perçoit-on un faible cri; et pendant la nuit, rien ne rompt la profondeur du silence mortel qui enveloppe toute la nature.

Relativement aux mammifères, aux oiseaux et même à la flore, le massif de l'Ala-Chan a plus d'analogie avec le Han-Sou qu'avec l'In-Chan.

On croirait volontiers que, dans ces montagnes privées d'eau, nous risquions moins de périr par immersion que partout ailleurs. Il n'en fut rien. On aurait dit vraiment que le sort voulait nous accabler sur la fin de notre expédition de toutes les misères possibles. Sans que nous pussions le prévoir, il survint une inondation telle que nous n'en avions jamais vu jusqu'alors.

Voici comment l'événement eut lieu.

Le premier juillet au matin les sommets de la chaîne restèrent enveloppés de nuages, présage ordinaire de la pluie. Cependant vers midi, le ciel redevint pur et le temps parut se remettre au beau, quand tout à coup, sur les trois heures, les nuages s'abaissèrent brusquement sur les sommets et une pluie torrentielle se mit à tomber. Réfugiés sous notre tente, qui fut rapidement transpercée, nous nous occupions à creuser de petites rigoles pour faire écouler l'eau qui menaçait de la remplir. Une heure se passa ainsi et la trombe continuait avec la même violence. La terre finit par ne plus pouvoir absorber l'énorme masse d'eau qui se précipitait en cascades de toutes les pentes des versants, et bientôt les ruisseaux vinrent se réunir dans le fond de la gorge où nous avions établi notre camp. Ils formèrent un torrent qui se précipitait avec une effrayante rapidité en grondant et en mugissant. Un bruit sourd nous annonçait de loin l'approche de cette masse d'eau, noire comme du café, qui roulait avec fracas sur une pente fort inclinée en chassant devant elle d'énormes pierres et des amas de terre, de sable et de gravier, arrachés aux flancs des rochers. Au milieu du tumulte des eaux, on entendait le bruit des pierres entraînées, heurtant contre les rochers, et tout le sol tremblait comme secoué par une commotion volcanique. Les parties les moins solides de la gorge s'effondraient; la forêt qui recouvrait le sol disparaissait et les arbres déracinés étaient brisés et broyés en petits morceaux.

Cependant la pluie continuait, l'élément déchaîné redoublait de violence; les pierres, les sables et les débris d'arbres réunis s'accumulaient et faisaient sortir l'eau par dessus le lit de la gorge. Elle montait toujours et atteignait des endroits non inondés un instant auparavant.

Voici donc le torrent destructeur à trois sagènes seulement de notre tente; il anéantit avec une force irrésistible ce qui se trouve sur son passage. Encore une minute, encore un pied de plus, et l'eau va engloutir toutes nos collections; le fruit de tous nos labeurs n'existera plus!... Il n'y avait pas même à songer à rien sauver: l'apparition du fléau avait été si brusque qu'il était difficile de nous sauver nous-mêmes sur les rochers voisins. Si grande, si inattendue était cette catastrophe que je restais anéanti, pétrifié! Je n'en croyais pas mes yeux et, en face du désastre imminent, je doutais encore si cela était vrai, si tout allait périr!....

Tout à coup la chance tourna. En avant de notre tente, le sol était légèrement coupé à pic. Les vagues transportaient en cet endroit des pierres, qui s'accumulèrent en telle quantité qu'elles refoulèrent l'eau, et nous fûmes sauvés.

Vers le soir, la pluie diminua, les eaux baissèrent rapidement et, le lendemain matin, un petit ruisseau coulait seul là où la veille grondait le torrent impétueux. Un radieux soleil éclairait le paysage et notre gorge présentait un aspect si nouveau que nous ne la reconnaissions pas nous-mêmes. Quant au torrent, il s'était perdu dans les sables.

Revenus à Din-louan-In, nous nous occupâmes de préparer le départ; nous échangeâmes nos mauvais chameaux, en achetâmes de nouveaux et, le 14 juillet au matin, nous nous remîmes en route. Grâce à notre passeport et surtout à un cadeau que nous offrîmes au fonctionnaire qui remplaçait le prince, nous obtînmes deux guides. Ils devaient nous conduire jusqu'à la frontière de l'Ala-Chan et nous aider à trouver deux autres guides comme le portait le sauf-conduit qu'on nous délivra. Cette recommandation devait être transmise plus loin, de sorte que nous eûmes partout deux guides. C'était pour nous un point d'une extrême importance, car notre itinéraire traversait la partie la plus déserte du Gobi dans la direction de l'Ala-Chan à Ourga, et il nous était impossible de nous y aventurer sans conducteurs.

C'est alors que commença pour nous une longue série de jours difficiles. Nous souffrions toujours de plus en plus de la chaleur qui atteignait + 45°,0 C. à l'ombre et + 25°,5 pendant la nuit. Dès l'aube, à peine le soleil se montrait-il sur l'horizon que déjà l'air devenait brûlant. Pendant la journée, nous marchions entre deux fournaises : en haut le soleil, en bas le sol embrasé. Si le vent s'élevait, il ne rafraîchissait pas l'atmosphère ; au contraire, en soulevant la couche inférieure de cet air échauffé, il ne faisait qu'élever la température. Pas un seul nuage ne couvrait le ciel et, pendant ces journées suffocantes, la couche de corps gazeux apparaissait d'une couleur sale. La température du sol s'élevait à + 63°,0 C. et probablement dans les dunes, elle était plus haute. A deux pieds de profondeur dans la terre, le thermomètre marquait encore + 26° C.

La tente ne nous garantissait nullement contre la chaleur; nous avions beau en relever les flancs, nous étouffions à l'intérieur plus qu'au dehors. Vainement nous l'arrosions, ainsi que le sol qu'elle recouvrait; c'était peine perdue: une heure après, tout était sec et nous ne savions où nous abriter pour nous préserver de cette température torride.

La sécheresse de l'atmosphère était intolérable; les nuages pluvieux se déchargeaient en des gouttes qui paraissaient à peine sur le sol. Même plusieurs fois il nous est arrivé d'observer un cas météorologique intéressant, surtout dans le sud de l'Ala-Chan et près des montagnes du Han-Sou: la pluie qui tombait d'un nuage n'arrivait pas jusqu'à terre, mais, rencontrant la couche chaude inférieure de l'atmosphère, se transformait de nouveau en vapeur[1]. Les orages étaient rares[2], mais, par contre, les vents soufflaient presque constamment; leur direction habituelle était sud-est et sud-ouest. Même pendant les jours calmes, il s'élevait vers midi de violents tourbillons qui duraient souvent la moitié de la journée.

Pour éviter autant que possible la forte chaleur, nous nous levions avant le jour; mais le thé, la nonchalance des guides et le chargement des bêtes de somme nous faisaient perdre beaucoup de temps. Nous ne partions jamais avant quatre ou cinq heures du matin. A la vérité, nous aurions pu éviter beaucoup de fatigues en voyageant la nuit; mais, dans ce cas, il aurait fallu renoncer aux levés topographiques, une de nos principales études. Sur la carte annexée à notre livre, notre marche de Din-Iouan-In est représentée par une ligne d'un peu plus de deux pieds, et nous n'avons pu la parcourir qu'au prix de quarante-quatre étapes accomplies presque toujours par la chaleur la plus suffocante.

Notre voyage commença sous de mauvais auspices: le sixième jour après notre départ de Din-Iouan-In, nous perdions le fidèle compagnon de tout le voyage, notre chien

1. Ce phénomène ne se manifestait que pour les petits nuages qui ne pouvaient refroidir suffisamment l'atmosphère.

2. En juillet, il n'y eut que trois orages.

Faust, et nous manquions nous-mêmes périr sous les sables.

Le 19 juillet au matin, nous quittions le lac Djarataï-Dabasou et nous nous dirigions vers la chaîne de Khan-Oula. Selon notre guide, l'étape serait de vingt-cinq verstes et nous devions trouver deux puits à huit verstes l'un de l'autre.

Effectivement cette distance parcourue, nous trouvâmes un puits où bêtes et gens purent se désaltérer. Nous continuâmes notre route avec l'espoir de trouver le second abreuvoir huit verstes plus loin et d'y faire halte, car, quoiqu'il fût à peine sept heures du matin, la chaleur était déjà très grande. Notre certitude de trouver un second puits était si complète que nos cosaques voulaient vider les barils d'eau pour soulager les chameaux; heureusement que je le leur défendis. Au bout de dix verstes parcourues sans rencontrer de puits, notre guide annonça qu'il s'était égaré et grimpa sur la dune la plus voisine pour reconnaître le pays. Quelques instants après, il nous fit signe de le suivre, nous le rejoignîmes aussitôt et alors il nous assura que nous avions dépassé le second puits, mais qu'un troisième, auprès duquel nous étions convenus de faire la halte de nuit, ne se trouvait plus qu'à cinq ou six verstes.

Nous suivons la route qu'il nous indique. Cependant midi arrive et la chaleur devient intolérable. Un vent impétueux agite la couche inférieure de l'atmosphère brûlante et nous enveloppe de sable chaud et d'une poussière salée. Il est de plus en plus difficile de s'avancer, nos pauvres bêtes et surtout nos chiens ne peuvent appuyer leur pattes sur ce sol embrasé qui marque + 63°,0 C. De temps en temps, nous faisons halte, nous nous mouillons le visage et trempons dans l'eau la tête de nos bêtes et les faisons boire. Enfin notre provision d'eau s'épuise, il en reste moins d'un demi-vedro [1], et il devient indispensable de conserver cette dernière ressource. Sommes-nous encore loin du puits? demandons-nous au guide à chaque instant, et toujours nous recevons la même réponse : il n'est pas loin, mais derrière telle ou telle colline. Nous faisons ainsi dix verstes, et toujours point d'eau. Cependant notre pauvre Faust, ne recevant plus à boire, commence à se coucher et à gémir comme pour nous apprendre que ses forces sont

1. 6 litres (*Traducteur*).

épuisées. Nous nous arrêtons et nous décidons que le guide et M. de Piltzoff continueront jusqu'au puits ; ils emmènent Faust qui ne peut plus marcher et le guide le place sur son chameau. Le Mongol ne cessait d'affirmer que l'eau était proche ; mais, lorsque tous deux se furent éloignés de deux verstes de notre caravane, il montra du haut d'une colline à M. de Piltzoff l'endroit où se trouvait le puits : il y avait encore cinq grandes verstes à parcourir. Le destin de notre pauvre Faust devait s'accomplir : avec lui, il n'était pas possible de gagner rapidement le puits, et l'endroit où nous étions arrêtés était aussi trop éloigné pour qu'on pût lui donner un verre d'eau. M. de Piltzoff fit halte pour nous permettre d'arriver et plaça Faust sous un buisson qu'il recouvrit d'une pièce de feutre. Le pauvre animal perdait à chaque instant ses forces ; enfin il se mit à râler, poussa deux ou trois soupirs et expira.

Nous déposâmes le corps de Faust sur des colis et nous continuâmes notre route vers l'endroit désigné par le Mongol, qui s'était déjà trompé si souvent. Notre position devenait atroce : à peine nous restait-il encore quelques verres d'eau. Chacun en prenait une petite gorgée pour rafraîchir quelques instants sa bouche, où la langue était presque desséchée ; tous les membres nous brûlaient comme du feu et la tête prise de vertige nous tournait à en perdre connaissance.

J'ordonnai alors à un des cosaques de prendre un bidon et de partir au galop avec le Mongol vers ce puits introuvable et, si le guide voulait ralentir son allure, de lui tirer dessus.

Nos hommes disparurent rapidement dans des tourbillons de poussière et nous nous traînâmes sur leurs traces, écrasés par une anxiété qu'il est facile de comprendre. Une demi-heure s'écoula, puis nous aperçûmes notre cosaque revenant au galop ; mais quelle nouvelle nous apportait-il ? le salut où la mort ? Donnant un dernier coup d'éperon à nos chevaux épuisés, nous nous précipitâmes à sa rencontre pour mettre plus vite un terme à cette épouvantable angoisse dont le cœur de l'homme est étreint lorsqu'il sent une mort affreuse suspendue sur sa tête. Nous étions sauvés ! Notre compagnon nous apprit qu'effectivement il y avait un puits et nous remit le bidon plein d'eau fraîche. Après avoir bu et nous être rafraichis, nous continuâmes notre route et nous arrivâmes enfin au

Fig. 40. — Retour du Cosaque.

puits de Boro-Sondji. Il était alors deux heures de l'après-midi et, par une chaleur torride, nous avions marché dix heures et franchi trente-quatre verstes.

Après avoir déchargé les chameaux, nous envoyâmes un cosaque et le Mongol chercher le colis abandonné sur la route avec l'autre chien qui avait été notre fidèle compagnon de route depuis près de deux ans; il vivait encore et nos hommes le trouvèrent couché à l'ombre du colis; l'eau qu'on lui apportait lui rendit ses forces et il revint au camp.

Malgré notre prostration physique et morale, la mort de Faust nous fut si pénible que nous ne pûmes rien manger et passâmes la nuit sans sommeil. Au matin, nous creusâmes une petite fosse et confiâmes à la terre les restes de ce véritable ami. En lui rendant cet honneur, M. de Piltzoff et moi, nous pleurions comme des enfants! Que de fois, dans des moments difficiles, en des heures de découragement, les caresses du bon animal ne nous avaient-elles pas fait oublier à moitié nos misères? Depuis près de trois ans, ce dévoué serviteur nous suivait : ni les terribles gelées, ni les effroyables tempêtes de neige du Thibet, ni les pluies, ni la neige du Han-Sou, ni les marches interminables pendant des milliers de verstes n'étaient venues à bout de lui. Il avait succombé à la chaleur brûlante de l'Ala-Chan et, deux mois plus tard, notre expédition allait être terminée! N'était-ce pas là une triste fatalité?

La route habituelle que suivent, en se rendant d'Ourga dans l'Ala-Chan, les caravanes des pèlerins septentrionaux en se dirigeant vers le Thibet, tourne un peu à l'ouest à partir de la chaîne de Khan-Oula et passe sur le territoire de Khalka. Cependant nous ne choisîmes pas cet itinéraire, car le nombre des puits y avait diminué et, depuis l'insurrection doungane, les caravanes ne passaient plus par là [1].

Nous suivîmes une direction directe au nord [2] et, après avoir traversé les ramifications occidentales du Kara-Narin-Oula,

1. La caravane d'Ourga, envoyée à Lhassa pour chercher le koutoukta, pendant l'été de 1873, traversa le Gobi en petites troupes et par des chemins différents. Sur la grande route, on avait envoyé préalablement des ouvriers pour creuser et nettoyer les puits et encore y trouva-t-on fort peu d'eau.

2. Il n'y a pas de route proprement dite et souvent, sur plus de 100 verstes, on ne rencontre aucun sentier.

nous entrâmes sur le territoire des Ouroti, dont un petit coin s'enfonce entre l'Ala-Chan et Khalka.

Le pays s'élève ici beaucoup plus haut que dans l'Ala-Chan, mais ne tarde point à s'abaisser en pente excessivement douce vers la plaine de Galbin-Gobi, dont la hauteur absolue atteint à peine trois mille deux cents pieds. Ensuite le sol s'exhausse de nouveau dans la direction du nord, vers les monts Khourkou. Ces derniers séparent, d'une manière très accentuée, le désert aride qui s'étend au sud de la région plus steppienne qu'on rencontre au nord. Enfin les chaînes qui circonscrivent la vallée du Hoang-Ho s'abaissent aussi peu à peu à l'ouest vers le Galbin-Gobi, de sorte que cette plaine inculte, s'étendant, au dire des Mongols, sur un espace de vingt-cinq journées de marche, présente une dépression aussi profonde que le cirque du lac Djorataï-Dabasou dans l'Ala-Chan. Le terrain du Galbin-Gobi, dans la partie qui nous occupe, est formé de petits cailloux ou d'argile salée et presque entièrement dépourvu de végétation. Sur toute son étendue, de l'Ala-Chan à l'arête de Khourkou, c'est un désert aussi aride, aussi sauvage que l'Ala-Chan, avec seulement quelques caractères physiques différents. Ainsi les lises sont ici moins nombreuses; elles sont remplacées par de l'argile pure et des cailloux; des roches dénudées, où domine le gneiss, affleurent comme des îles au milieu des sables.

La végétation est représentée par des arbustes rabougris, tels que le *callidium gracile*, le *xaloxylon sp.* et la *nitraria Scholeri*, au milieu desquels croissent quelques herbes; dans les endroits sablonneux, domine l'*agriophyllum gobicum*. L'orme [1] est l'arbre caractéristique de la contrée; on le rencontre spécialement sur le territoire des Ouroti, où il forme de petits bosquets. De plus on trouve encore le pêcher sauvage [2], qui ne pousse pas dans l'Ala-Chan.

Le règne animal est ici d'une grande pauvreté : en fait d'oiseaux ou de mammifères, nous n'avons reconnu qu'une seule

1. Ces arbres ont habituellement 15 à 20 pieds de hauteur et 2 ou 4 de diamètre ; ils croissent surtout dans les lits desséchés des torrents, car ils trouvent là un sol un peu plus humide.

2. Le pêcher sauvage ne se rencontre ni dans les monts de l'Ala-Chan, ni dans ceux de Han-Sou, ni dans le Thibet septentrional.

nouvelle espèce. Il nous est arrivé souvent de cheminer des heures entières sans rencontrer un oiseau. Les indigènes habitent autour des puits ou des petits ruisseaux disséminés dans le désert, à de longs intervalles les uns des autres. Leur bétail se compose de chameaux avec un petit nombre de moutons et de chèvres.

Pendant notre voyage, dans la première moitié d'août, les chaleurs furent très fortes sans pourtant atteindre le degré excessif de celles de l'Ala-Chan. Les vents soufflaient presque nuit et jour, souvent devenaient tempétueux et remplissaient l'atmosphère de sable et de poussière salée. Ces poussières ensablent les puits, qui sont aussi détruits par les pluies, rares il est vrai, mais qui s'abattent en trombe. Alors, pendant une heure ou deux, coulent de véritables rivières qui charrient de la boue et du sable jusqu'aux puits toujours creusés aux endroits les plus bas. Traverser une pareille contrée sans guide est impossible : la mort vous menace à chaque minute, à chaque pas. En un mot, ce désert et celui de l'Ala-Chan sont si terribles que, comparativement, ceux du Thibet peuvent être considérés comme une terre bénie. Là au moins, on rencontre souvent de l'eau, et les vallées des rivières possèdent de bons pâturages. Ici, rien de tout cela, pas même une seule oasis, partout l'absence de la vie, partout le silence absolu, c'est le pays de la mort dans la pleine acception du mot. Le Sahara peut difficilement être plus terrible que ces vastes solitudes, dont l'étendue se mesure par des centaines de verstes en latitude et en longitude.

La chaîne de Khourkou, qui, au point où nous l'avons traversée, délimite la frontière septentrionale de la région la plus sauvage et la plus déserte du Gobi, se profile en arête bien accusée du sud-est au nord-ouest. A quels points court-elle dans ces deux directions? Nous n'avons pas pu l'apprendre positivement; mais les indigènes nous ont dit que, dans le sud-est, le Khourkou s'étendait jusqu'aux montagnes formant la vallée du Hoang-Ho, et qu'à l'ouest il atteignait aussi, avec quelques petites solutions de continuité, d'autres montagnes élevées. Si l'on ajoute foi à cette assertion, l'on peut supposer que le Khourkou rejoint à l'ouest le Thian-Chan, formant ainsi le lien entre ce système et celui de l'In-Chan, fait excessivement intéressant, mais dont la réalité ne pourra être prouvée que par de nouvelles explorations.

La largeur du massif de Khourkou, au point où nous l'avons franchi, est de dix verstes, et sa hauteur au-dessus de la plaine dépasse à peine mille pieds. L'espèce minérale la plus commune ici est le porphyre qu'on trouve parmi tous les rochers à fleur de terre. L'eau est très rare et, en général, cette chaîne, comme ses voisines, présente un caractère triste et inanimé. Ses flancs complètement nus sont hérissés çà et là de touffes de pêchers sauvages, de faux acacias et, dans les lits desséchés des torrents, apparaissent la *nitraria Scholeri*, le dirissou en petit nombre et l'orme encore plus rare. En fait d'oiseaux, nous n'avons vu que le gypaëte, le crécerelle, la perdrix et le traquet.

Cependant, malgré l'aridité de cette contrée, on y rencontre un bel animal sauvage : le bouquetin, appelé par les Mongols oulan-laman [1]. Les Mongols prétendent que le bouquetin habite aussi le nord-ouest de l'Ala-Chan dans les monts Eugraï-Oula, situés non loin de la ville de Sogo [2].

Sur toute la région que nous venions de parcourir, le bouquetin ne se trouvait que dans le Khourkou ; aussi désirions-nous vivement ajouter sa robe à nos collections. Malheureusement nous ne pûmes nous donner cette satisfaction, car nous manquions de chaussures convenables pour grimper sur les rochers, escalader les pentes abruptes, couvertes de sable ou de gros cailloux. Nos bottes, que nous avions confectionnées nous-mêmes [3], n'étaient pas capables de nous rendre un pareil service ; nous n'aurions pu faire un pas dans ces endroits dangereux sans risquer de tomber et de nous casser la tête ou de briser nos armes. Nous avons pourtant essayé et nous sommes restés avec mes compagnons, une demi-journée entière, littéralement à quatre pattes sur les rochers. Fourbus par un pareil exercice, nous avons reconnu qu'il était impossible avec les chaussures de notre fabrication d'espérer tuer un animal si prudent.

1. C'est-à-dire bouc rouge.

2. Cette ville est à dix étapes (250 v. environ) au N.-O. de la ville de Din-Iouan-In ; elle n'a pas été prise par les Doungans.

3. Les bottes chinoises, avec leur semelle en feutre, ne peuvent être portées par les Européens. Nous avons essayé d'en faire usage ; mais, après une heure de marche, nous avions les pieds couverts d'ampoules.

Sur le côté méridional de la chaîne, passe la route commerciale de Pékin par Koukou-Khoto et Baoutou, vers l'ouest; elle traverse les villes de Kami, d'Ouroumzi et plus loin l'ancienne province d'Ili. Près de la source de Bordzon, où nous passâmes la nuit, un embranchement se détache de la grande route et conduit à la ville de Sou-Tchéou. Si nous en croyons les indigènes, avant l'insurrection, le mouvement commercial était considérable sur cette grande voie de communication ; mais, tous les puits ayant été détruits, personne ne la prenait plus.

Le Khourkou forme la limite que ne dépasse pas le *xaloxylon*[1] ; avec lui disparaissent aussi le passereau et le moineau de l'Ala-Chan, et, pour la dernière fois, nous apercevons la perdrix *choukor*.

Au nord de la chaîne, la topographie du désert change assez sensiblement. Les lises, nombreuses encore dans le territoire des Ourotis, disparaissent ici[2] et sont remplacées par un sol argileux et des cailloux de toutes les dimensions[3]. Cependant le relief de la contrée reste le même et offre comme précédemment des plaines unies ou légèrement ondulées ; des collines peu élevées se montrent tantôt en petites chaînes, tantôt dispersées en groupes isolés. Elles sont composées de schiste argileux, de gneiss et parfois de minéraux de formation volcanique récente. Elles sont totalement privées de végétation. Sur les surfaces salines, nous retrouvons la *nitraria Scholeri* et le *callidium gracile*, et dès que le sol est de meilleure qualité on voit la petite absinthe et l'ail sauvage, plante caractéristique du pays ; enfin le dirissou et quelques autres plantes complètent la flore du désert. Comme dans tout le Gobi, la végétation est en rapport direct avec la pluie. A peine quelques ondées rafraîchissantes se sont-elles manifestées que, sous l'influence du soleil brûlant,

1. Cependant les Mongols nous ont dit que le *xaloxylon* se trouve encore au N. du Khourkou, dans les sables mouvants, près de la route commerciale de Koukou-Khoto à Ouliassoutaï.

2. Nous devons faire observer que les sables mouvants se rencontrent sporadiquement dans tout le Gobi, mais ici ils ne prédominent pas comme dans l'Ala-Chan ou dans le territoire des Ouroti.

3. Les vents constants balayent la couche supérieure de l'argile qui se trouve entre les cailloux, de sorte que le sol ressemble à une route nouvellement ferrée.

les jeunes pousses des herbes surgissent et se développent avec une étonnante rapidité ; en même temps, le désert desséché se couvre d'oasis verdoyantes. Alors surviennent les antilopes ; l'alouette de Mongolie égaye la nature de son chant ; les Mongols arrivent avec leurs immenses troupeaux, et un joyeux bourdonnement de vie interrompt la monotonie habituelle. Mais ce n'est pas pour longtemps : les rayons du soleil transforment rapidement en vapeur la quantité d'eau qu'avait absorbée le sol, l'herbe foulée par les bestiaux se fane et jaunit, les Mongols décampent, les antilopes dzerens s'enfuient, les alouettes s'envolent et le désert redevient silencieux comme la tombe.

Sur notre route, la hauteur absolue du Gobi, depuis la chaîne de Khourkou jusqu'à Ourga, ne dépassait nulle part cinq mille cinq cents pieds, de même que, nulle part, elle ne s'abaissait au-dessous de quatre mille. Les dépressions semblables à celles du lac Djarataï-Dabasou et du Galbin-Gobi, ou de la route de Kiakta à Kalgan, ne se retrouvent plus, et toute la contrée présente un plateau élevé dont l'altitude oscille entre les chiffres précités.

Le Gobi central ressemble aux autres parties de ce désert. Complètement privé de système hydrographique, il n'a point ou n'a que très peu de sources, comme nous en rencontrions parfois dans le Khourkou. Après des pluies abondantes, les eaux se rassemblent dans des dépressions argileuses et fournissent en été la provision nécessaire aux nomades ; en hiver, ceux-ci se contentent de neige ; aussi pendant la belle saison changent-ils fréquemment de pâturages.

On rencontre assez souvent des indigènes qui vivent dans une certaine aisance. D'immenses troupeaux de moutons paissent près des douars : les chameaux, les chevaux et les bêtes à cornes sont nombreux. Tout ce bétail est excessivement gras à la fin de l'été, ce qui ne laisse pas d'étonner lorsqu'on connaît la mauvaise qualité des pâturages. J'attribuerais volontiers cet embonpoint à la liberté dont jouissent les animaux et à l'absence des insectes qui, dans des localités plus fertiles, sont un véritable fléau [1].

1. La preuve en est que, dans le Dzaïdam, où les pâturages sont excellents, mais où les moustiques et les taons sont nombreux, les bestiaux dépérissent pendant l'été

Fig. 41. — Les troupeaux dans le Gobi.

Arrivés sur le territoire de Khalka, nous entrions dans le ressort administratif du Touchetou-Khan et nous poursuivions à marches forcées notre route sur Ourga, qui nous paraissait maintenant la terre promise. En effet près de trois années consécutives d'explorations, accompagnées de souffrances et de privations de toute espèce, avaient tellement ruiné nos forces physiques et morales que l'on comprendra facilement notre vif désir de terminer ce pénible voyage. Il faut ajouter à cela que nous traversions la région la plus sauvage du Gobi, où 'absence d'eau, les chaleurs excessives, les tempêtes effroyables étaient liguées contre nous et, de jour en jour, nous enlevaient le peu qui nous restait de forces. On ne saurait croire de quelle eau nous faisions usage lorsque nous remontions au nord des monts Khourkou. Peu de temps avant notre passage, des pluies torrentielles avaient ruiné les puits et formé des lacs temporaires, vers lesquels ne tardèrent pas à affluer les Mongols et leurs troupeaux. Ces petits lacs n'avaient pas plus de cent pas de diamètre avec une profondeur de deux ou trois pieds; une dizaine de iourtes s'échelonnaient à l'entour. Chaque jour on amenait de grands troupeaux qui entraient dans l'étang, troublaient l'eau et la salissaient de leurs ordures; de plus, cette eau, chargée de sel, était à une chaleur de 25° C. Pour tout homme autre qu'un explorateur, un pareil liquide l'aurait fait reculer d'horreur; nous étions cependant, comme les indigènes, obligés de le boire après l'avoir fait bouillir et y avoir ajouté une infusion de thé en brique.

Le mirage, pareil au mauvais génie du désert, venait presque chaque jour nous faire illusion et nous montrer de fraîches chutes d'eau descendant des collines ou des rochers voisins. Enfin la chaleur était atroce, et les tempêtes nous privaient de tout repos, même pendant la nuit et après les pénibles étapes de la journée.

Nous n'étions du reste pas les seuls pour lesquels le désert mongolien se montrait un hôte si dur. Les oiseaux voyageurs qui arrivèrent dans les premiers jours d'août souffraient aussi de la faim et de la soif. Les vols d'oies et de canards s'abattaient sur les moindres flaques; les petits oiseaux épuisés se

et ne reprennent leur embonpoint qu'en hiver, lorsque ces insectes insupportables ont disparu.

réfugiaient jusque dans notre tente et se laissaient prendre à la main. Que de fois nous rencontrâmes de ces voyageurs ailés, étendus morts sur le sable du désert! Il est probable que cette traversée du Gobi fait toujours beaucoup de victimes.

Le vol le plus considérable eut lieu dans la seconde moitié d'août [1] et, le 1er septembre, nous observâmes vingt-quatre volées. Autant que nous en pûmes juger, les troupes d'oies se dirigeaient vers le sud-est, juste au-dessus du coude septentrional du fleuve Jaune.

A cent trente verstes au nord du Khourkou, nous trouvâmes une seconde route commerciale, qui mène de Koukou-Khoto à Ouliassoutaï [2]. Cette voie est carrossable, des puits y sont pratiqués de distance en distance, mais les transports y ont lieu le plus habituellement à dos de chameau. Depuis l'insurrection, la garnison chinoise d'Ouliassoutaï avait été augmentée ; après la prise de la ville par les Doungans, la route continua de servir à un mouvement considérable de transports, de vivres et de munitions pour les armées. Les marchands chinois la suivent aussi, avec leurs pacotilles, qu'ils viennent échanger contre la laine, le cuir et le bétail des Mongols [3].

L'autre route de Koukou-Khoto passe à cent cinquante verstes plus au nord de celle-ci ; c'est la voie postale que prennent les fonctionnaires et le courrier ; on y entretient des relais. La route postale d'Ouliassoutaï sort de Koukou-Khoto se dirigeant sur Kalgan-Ourga, puis continue jusqu'à la station de Saïr-Oussou [4] et tourne alors vers Ouliassoutaï.

Après la route postale d'Ouliassoutaï, le Gobi change encore d'aspect; mais cette fois c'est pour le mieux; il se transforme en un steppe qui, en s'avançant vers le nord, devient de plus en plus fertile. Les cailloux cèdent la place au gravier, puis au sable, qui est mêlé à une petite quantité d'argile. Tout le pays devient accidenté; la plaine unie est coupée de petites

1. Et dans la première moitié de septembre ; mais nous étions alors à Ourga, la traversée du désert était terminée.

2. Selon toute probabilité, cette route est la même que celle où nous nous trouvions en 1871, et où nos chameaux furent enlevés près du temple de Chireti-Dzou.

3. En été, dans toute la Mongolie (ou tout au moins dans l'est et le centre), des marchands chinois parcourent le pays vendant et échangeant.

4. La station postale de Saïr-Oussou est à 330 verstes au S.-E. d'Ourga.

collines[1] à pente douce qui s'entre-croisent dans toutes les directions et forment le trait caractéristique de cette région, que les Mongols appellent « Khangaï » c'est-à-dire Montagnes. Le pays conserve la même aspect topographique pendant cent soixante verstes au nord de la route postale d'Ouliassoutaï. Puis, à la limite du désert privé d'eau et du bassin du Baïkal, se détachent les lignes rocheuses de petites montagnes qui finissent par se grouper en une seule chaîne, le Ganghin-Daban, derrière laquelle se cachent les riches cantons bien arrosés de la Mongolie septentrionale.

Dans la zone où nous sommes arrivés, les maigres pâturages font place à de belles prairies qui, à mesure qu'on approche d'Ourga, deviennent de plus en plus luxuriantes. Les trois plantes qu'on a vues exclusivement dans le Gobi central ne sont plus seules; il y faut ajouter diverses graminées, légumineuses, caryophyllées et composées. La vie animale se manifeste aussi par un plus grand nombre de représentants : les nombreuses antilopes dzerens broutent les succulents herbages [2], les lièvres nains (*logomys*) courent d'un terrier à l'autre, les marmottes se chauffent au soleil et les alouettes, que nous n'avons pas rencontrées depuis le Han-Sou, peuplent les airs.

Cependant la disette d'eau persiste encore, les lacs et les rivières manquent, les puits et les petites sources sont rares, et, comme dans tout le Gobi, les puits sont peu profonds [3]. Sur toute la route de l'Ala-Chan à Ourga, nous n'en avons jamais trouvé dont la profondeur dépassât huit pieds, et l'eau se rencontrait même à une moindre profondeur si l'endroit avait été bien choisi.

Pendant le dernier mois que nous passâmes en Mongolie, la température fut semblable à celle du mois de juillet : chaleurs extrêmes et persistantes atteignant 36°6' C., à l'ombre.

Les nuits elles-mêmes étaient chaudes, parfois même brûlantes [4]; la sécheresse de l'air était extrême, il n'y avait point

1. Les collines de cette partie du Gobi ne sont pas en général rocheuses.

2. Dans le Gobi central, nous n'avons pas vu d'antilopes ; elles ne s'y montrent qu'accidentellement lorsqu'elles découvrent de bons pâturages.

3. Même dans l'Ala-Chan, les puits ne sont pas très profonds.

4. Deux fois seulement, le 9 et le 12 août, la température au lever du soleil était descendue à + 6°,0 et à + 5°,4 C.

de rosée. Nous n'eûmes pas une seule fois de la pluie, quoique de temps à autre d'épais nuages s'amoncelassent au-dessus de la caravane. Cependant, un peu avant notre arrivée dans le centre de Gobi, en juillet, il y avait eu une pluie terrible mêlée de grêle; des hommes et des bestiaux périrent dans cette tourmente.

La plus grande partie du mois d'août, le temps fut serein; mais les vents soufflèrent parfois en tempête nuit et jour avec plusieurs sautes différentes dans la même journée. En général, la direction était ouest avec inclinaison au nord et au sud.

Ce mois fut remarquable par des transitions de température brusques et considérables. Ainsi, le 27 à midi, le thermomètre marquait à l'ombre +23°3 C.; le lendemain, régnait un vent du nord impétueux, la neige tomba et, au lever du soleil, le thermomètre était à 0°.

Notre impatience d'arriver à Ourga croissait de plus en plus; au lieu de compter par mois, par semaines, nous comptions par jours. Enfin, après avoir franchi la petite chaîne de Ganghin-Daban, nous atteignons les rives de la Tola, cette première rivière que nous avions rencontrée en Mongolie. Depuis le Han-Sou jusqu'ici, sur une étendue de treize cents verstes, nous n'avions pas vu un seul ruisseau ni le plus petit lac, à l'exception des flaques salées produites par les pluies. Avec l'eau, on revoit les forêts, dont l'ombre épaisse se dessine sur les versants abrupts des monts Khan-Oula. Le cœur ému et joyeux nous franchissons notre dernière étape. Le 5 septembre, nous arrivions à Ourga où nous recevions de notre consul le plus cordial et sympathique accueil.

Je n'essayerai pas de peindre les impressions de ce moment, lorsque, pour la première fois, il nous fut donné d'entendre les accents de la langue maternelle, d'apercevoir des visages amis, de nous trouver enfin au milieu d'une société européenne! Avec quelle avidité nous pressions nos amis de questions sur ce qui se passait dans le monde civilisé! Avec quel bonheur nous parcourions les lettres qui nous attendaient! Pareils à des enfants, nous ne savions pas borner l'expansion de notre joie! Ce ne fut qu'au bout de quelques jours que nous reprîmes les habitudes de la vie civilisée, dont nos longues pérégrinations nous avaient désaccoutumés. Le contraste avec ce qui avait lieu si récemment encore et ce qui nous entourait à l'heure actuelle, avait été si brusque que toute notre existence voyageuse nous apparaissait comme un mauvais rêve. Quand, pour la première fois, nous avions franchi la frontière de Mongolie, un avenir insondable se dressait devant nous ; maintenant, ce que nous avions fait depuis, tout ce que nous avions éprouvé, se représentait à notre esprit, et nous étions étonnés de la bonne fortune extraordinaire qui nous avait accompagnés. Nous étions partis à peu près sans ressources, une série d'heureuses chances avait assuré le succès de notre entreprise. Que de fois la réussite n'avait tenu qu'à l'épaisseur d'un cheveu; mais notre bonne étoile nous avait sauvés en nous donnant la possibilité d'accomplir, dans la mesure de nos forces, l'exploration des contrées les moins connues et les plus inaccessibles de l'Asie centrale!

FIN.

TABLE DES GRAVURES

TABLE DES CARTES

TABLE DES MATIÈRES

CHAPITRE IV

RÉGION SUD-EST DU PLATEAU DE MONGOLIE (SUITE).

CHAPITRE V

L'ORDOSS.

CHAPITRE VI

ALA-CHAN.

CHAPITRE VII

RETOUR A KALGAN.

CHAPITRE VIII

SECOND VOYAGE DANS L'ALA-CHAN.

CHAPITRE IX

PROVINCE DU HAN-SOU.

CHAPITRE X

LES TANGOUTES ET LES DOUNGANS.

CHAPITRE XI

KOUKOU-NOR ET DZAIDAM.

CHAPITRE XII

THIBET SEPTENTRIONAL.

CHAPITRE XIII

LE PRINTEMPS PRÈS DU LAC KOUKOU-NOR ET DANS LES MONTAGNES DU HAN-SOU.

CHAPITRE XIV

RETOUR DANS L'ALA-CHAN. — ROUTE D'OURGA PAR LE GOBI CENTRAL.

FIN DE LA TABLE DES MATIÈRES.

7852-79. — Corbeil, typ. et stér. Crété.

www.ingramcontent.com/pod-product-compliance
Ingram Content Group UK Ltd.
Pitfield, Milton Keynes, MK11 3LW, UK
UKHW020127220726
13923UKWH00001B/31